关怀现实，沟通学术与大众

◆◆◆ JANE HATHAWAY ◆◆◆

[美]简·海瑟薇 著 张英杰 译

The Chief Eunuch of the Ottoman Harem

从非洲奴隶到权力掮客

奥斯曼的宦官

From African Slave to Power-Broker

SPM 南方传媒 | 广东人民出版社
·广州·

图书在版编目（CIP）数据

奥斯曼的宦官：从非洲奴隶到权力掮客／（美）简·海瑟薇著；张英杰译. -- 广州：广东人民出版社，2025. 4. -- （万有引力书系）. -- ISBN 978-7-218-16456-4

Ⅰ. D737.49

中国国家版本馆 CIP 数据核字第 2024U5J941 号

著作权合同登记号：图字19-2023-067号

This is a Simplified-Chinese translation edition of the following title published by Cambridge University Press:
The Chief Eunuch of the Ottoman Harem: From African Slave to Power-Broker
ISBN 978-1-107-10829-5
This Simplified-Chinese translation edition for the People's Republic of China (excluding Hong Kong, Macau and Taiwan) is published by arrangement with the Press Syndicate of the University of Cambridge, Cambridge, United Kingdom.
© Guangdong People's Publishing House 2025
This Simplified-Chinese translation edition is authorized for sale in the People's Republic of China (excluding Hong Kong, Macau and Taiwan) only. Unauthorized export of this Simplified-Chinese translation edition is a violation of the Copyright Act. No part of this publication may be reproduced or distributed by any means, or stored in a database or retrieval system, without the prior written permission of Cambridge University Press and Guangdong People's Publishing House.
Copies of this book sold without a Cambridge University Press sticker on the cover are unauthorized and illegal.
本书封面贴有 Cambridge University Press 防伪标签，无标签者不得销售。

AOSIMAN DE HUANGUAN——CONG FEIZHOU NULI DAO QUANLI QIANKE

奥斯曼的宦官——从非洲奴隶到权力掮客

［美］简·海瑟薇 著 张英杰 译　　版权所有　翻印必究

出 版 人：肖风华

书系主编：施　勇　钱　丰
责任编辑：陈　晔
特约编辑：柳承旭
营销编辑：常同同
责任技编：吴彦斌

出版发行：广东人民出版社
地　　址：广州市越秀区大沙头四马路10号（邮政编码：510199）
电　　话：（020）85716809（总编室）
传　　真：（020）83289585
网　　址：http://www.gdpph.com
印　　刷：广州一龙印刷有限公司
开　　本：889毫米×1194毫米　1/32
印　　张：15.5　字　　数：294千
版　　次：2025年4月第1版
印　　次：2025年4月第1次印刷
定　　价：98.00元

如发现印装质量问题，影响阅读，请与出版社（020-85716849）联系调换。
售书热线：（020）87716172

纪念梅格·海瑟薇(1927—2014年)

中文版编辑说明

一、为减少中西文混排的杂乱感，便于读者阅读，本书对于在注释的引证文献中已经注明的作者和著作原名，正文中将不再单独进行括注。此外，本书附录"奥斯曼帝国历任后宫总管太监"中已有原名对照，所以正文中也不再对总管太监的原名进行括注。

二、原书中，英语音译的土耳其语和阿拉伯语词语（人名、地名除外）均采用斜体，中译本也遵循这一体例。

三、奥斯曼时期，阿拉伯人与奥斯曼人都没有姓，名字里往往会有出生地、绰号、职业等。在此对常见的称呼语和官职作简单注释：

苏丹（Sultan）：拥有最高权威的统治者，亦用于奥斯曼皇族王子和高阶妇女。

帕夏（Pasha）：奥斯曼帝国行政系统里的高级官员，常见于军队指挥官或政治人物。

维齐尔（Vezir）：同时拥有军事和政治权的大臣的头衔，其中最高阶者为大维齐尔。

阿迦（Agha）：苏丹个人寝宫的总管，也用于指苏丹部队指挥官。

卡迪（Kadi）：伊斯兰教教职称谓，即教法执行官。

埃芬迪（Efendi）：也译为"阿凡提"，对学者或高阶政府官员的尊称，意为"先生"。

穆夫提（Mufti）：伊斯兰教教职称谓，即教法说明官。其最高阶者为大穆夫提。

埃米尔（Emir）：穆斯林部落或小王国（埃米尔国）王侯的尊称。

拜洛（Bailo）：威尼斯人对其特使或大使的称谓，特别指威尼斯派驻苏丹宫廷的代表。

致　谢

　　本书历时良久才得以完成，其间有诸多个人、机构给予了我帮助，我要感谢他们。为此，我在书中恰当的地方加了注释，以表达我的感激之情，除此之外，我还有很多感谢的话要说。

　　感谢美国国家人文基金会以及美国学术团体协会为本项目的早期研究慷慨解囊。本书写作伊始，我还在弗吉尼亚州的里士满大学做访问教授（道格拉斯·索萨尔·弗里曼历史教授职位），之后在新泽西州的普林斯顿高等研究院成为格拉迪斯·克利伯·德尔马斯基金会（Gladys Krieble Delmas Foundation）成员期间，我完成了大部分章节的初稿。感谢俄亥俄州立大学文理学院准允我接受这两个职位，并于 2017 年春资助了一个特别任务，使我得以完成整部书的初稿。

　　感谢位于伊斯坦布尔的奥斯曼帝国档案馆、苏莱曼尼耶图书馆、科普鲁律图书馆、托普卡帕宫博物馆的诸位馆员与馆长，感谢他们让我借阅馆藏，同时也感谢安东尼·格林伍德博士以及美国研究所土耳其伊斯坦布尔分所（ARIT）的员工多次为我提供僻静的处所。多年以来，我的一些同事和学生为我获取研究资料提供了帮助。其中，我要特别感谢穆罕默德·胡萨姆丁·伊斯梅尔·阿卜杜勒·法塔赫、冈汗·博雷克齐、埃米内·费特瓦奇、贝图尔·伊普西里·阿吉特、乔治·琼恩、斯维特拉娜·克里丽娜、米哈伊尔·迈耶、奥斯古·厄兹德米尔、多加·奥斯图克、阿塔·波托克。感谢卡罗琳·芬克尔、卡塔丽娜·亨特、戴维森·麦克拉伦、达林·斯特法诺夫，以及阿卜杜勒·法塔赫教授指导的就读于艾因·夏姆斯大学的各位研究生，感谢他们帮我找到了多名宦官的历史遗迹和坟墓；另外，卡罗琳·芬克尔还帮我细读了本书手稿。

感谢尼古拉斯·瓦丁邀请我于2008年春去索邦大学讲课（此次活动的主办方是法国社会科学高等研究院），多亏这一系列讲座，我才有了写作本书的念头。我也要感谢已故的帕特里夏·克朗委托我撰写朝觐者贝希尔阿迦的简短传记（2006年），本书的前身便是这部传记。

感谢剑桥大学出版社的两位匿名审读者。另外，还要特别感谢我的同事斯蒂芬·戴尔（现已退休），他于2017年夏阅读了整部书的手稿，并对每一章节都作了评论。当然，本书若有任何错漏，责任全在我。任职于俄亥俄州立大学哥德堡卓越教学中心的劳拉·西格对书中图片的准备起到了关键作用。

如果没有我丈夫罗伯特·米马尔·鲍勃·西姆金斯的鼓励，没有佩林和塔莎的支持（她们分别是传奇人物贝希尔和斯特拉的可敬的后代），我不可能完成本书的写作。

谨以此书纪念我的母亲梅格·海瑟薇，在我的家人中，只有她看过我的每一本书。最后一次见到她是在2014年5月，当时，她问我有没有写好的新书可以给她看。妈妈，这就是我新写的书，只可惜晚了几年。

关于音译与变音符的说明

我在研究过程中采用的一手文献既有奥斯曼土耳其语文献，又有阿拉伯语文献，因此，我经常遇到一个问题：我在自己的书中到底要采用哪种音译系统呢？由于本书讲的是主要在帝都任职的奥斯曼帝国官员（虽说也有被流放到开罗的情况），因此我决定以土耳其语音译为主。对于奥斯曼帝国的官员名字、官职名称，大部分奥斯曼帝国的机构，用奥斯曼土耳其语写的书的书名，以及伊斯兰历的月份名称，我都采用了土耳其语音译。对于阿拉伯语书籍的书名和大部分阿拉伯语作者的名字，则用阿拉伯语音译。译法根据《国际中东研究杂志》（*International Journal of Middle East Studies*）的音译系统。不过，在与我的编辑讨论之后，我决定略去除 'ayn（向后撇号表示）和 hamza（向前撇号表示）之外的所有变音符号。

可以在当代英语词典里找到的伊斯兰教组织及官职的名称，其拼写都保持不变（如 hadith，madrasa，qadi，Sufi）。

除此之外，现代土耳其语字母表中特有的字母所表示的读音如下：

字母	读音
c	j
ç	ch

(续上表)

字母	读音
ğ	长元音，同"espagnol"中的 g
ı	短 u 音，同"put"中的 u
ö	er，同"pert"中的 er，或法语的 oe
ş	sh
ü	长 u 音，同"cute"中的 u，或法语的 u

缩略词

BOA　奥斯曼帝国档案馆（位于伊斯坦布尔）
　　　（Başbakanlık Osmanlı Arşivi）
*EI*²　《伊斯兰百科全书》（*Encyclopaedia of Islam*）第 2 版（Leiden，1960—2004 年）
*EI*³　《伊斯兰百科全书·三》（Leiden，2007 年至今）
MD　《要事登记簿》（*Mühimme Defteri*）
TDVİA　《土耳其伊斯兰瓦合甫百科全书》（*Türkiye Diyanet Vakfı İslam Ansiklopedisi*）

我发现奥斯曼帝国档案馆目前采用的分类缩略词会造成极大混乱，因此，我在注释中未使用这些缩略词。不过，附录部分的参考文献目录保留了这些缩略词（标注在每个主要分类名之后的括号中）。

目 录

第 1 章　关于后宫总管太监

本书简介　　3
为什么写宦官？　　6
后宫、性别、性生活　　10
奥斯曼宦官的特点　　12

第 2 章　与非洲的联系

奥斯曼帝国建立前伊斯兰帝国中的非洲阉奴和未去势奴隶　　20
非洲的非洲裔阉奴　　27
芬吉苏丹国与奥斯曼哈比沙行省　　35
奴役与阉割　　38
种族成见与性成见　　44
结语　　49

第 3 章　黑白之分——奥斯曼宫廷宦官

早期奥斯曼的宦官	53
征服君士坦丁堡之后	57
许蕾姆移居托普卡帕宫（约 1530 年）	63
后宫黑人宦官与吉庆门白人宦官	65
穆拉德三世移居后宫	67

第 4 章　总管太监一职的设立与哈比沙阿迦的宦途

哈比沙·穆罕默德的早期宦途	74
埃夫卡弗 – 哈瑞门	79
哈比沙·穆罕默德的侍从：费尔哈德与纳苏赫	83
与加赞夫的较量：穆斯塔法·阿里的证据	87
纪念性建筑	91
结语	98

第 5 章　17 世纪的危机岁月

帝国危机与后宫	105
危机时期的宫廷派系斗争	106
欧斯曼阿迦 / 加赞夫时期	110
朝觐者穆斯塔法阿迦	116
森布阿迦	130
拉拉·苏莱曼阿迦	132
结语	138

目 录

第 6 章 科普鲁律家族的改革与优素福阿迦

拜润阿迦与悬铃树事件	145
科普鲁律·穆罕默德帕夏	148
科普鲁律·穆罕默德之后	151
优素福阿迦	152
圣地谢赫	160
结语	169

第 7 章 新的范式：贝希尔阿迦及其继任者

索拉克·尼兹尔阿迦与埃迪尔内事件	179
乌尊·苏莱曼阿迦	184
朝觐者贝希尔阿迦	187
摩拉勒·贝希尔阿迦	204
大马士革与朝觐队伍	210
结语	215

第 8 章 流放与王国：后宫总管太监与埃及

埃及的政治局势	221
与埃及的早期联系	223
埃及与埃夫卡弗－哈瑞门	227
后宫代理人	233
流放	237
优素福阿迦与皇太后代理人：当上名誉显贵的流放总管太监	247

经济基础设施与经济事业	250
团结的流放后宫宦官	257
结语	260

第 9 章　总管太监与奥斯曼宗教文化生活

古兰经学校 / 喷泉亭学校	265
伊斯兰学校	274
图书馆与书籍捐赠	282
苏菲派道堂	287
卡杜扎德利运动	294
教派化与正统斗争	298

第 10 章　改革出局——后宫总管太监的下场

18 世纪末的改革轨迹	308
后宫宦官的宦途新轨迹	310
改革与宗教捐献产业	312
罢黜、处死——塞利姆三世的下场	317
穆罕默德·阿里与圣地	322
坦志麦特改革	324
英国人与穆罕默德·阿里	327
公众可见度降低	329
纳迪尔阿迦	330
结语	337

第 11 章　纪念后宫总管太监

细密画中的后宫总管太监	343
陵墓与坟墓	362
伊斯坦布尔之外的坟墓	373
结语	376

第 12 章　结　论

帝国的轨迹	380
繁衍与延续	382
瓦合甫、基础设施、影响力	384
全球图景	386
自我与人格	389
奥斯曼帝国历任后宫总管太监	391
注　释	399
参考文献	452

第1章
关于后宫总管太监

我们先从彩插图说起。在这幅图中，朝觐者贝希尔阿迦——奥斯曼帝国史上权力最大的后宫总管太监——正领着苏丹艾哈迈德三世（1703—1730年在位）的三个儿子穿过托普卡帕宫的第三庭院。此时是1720年，小皇子们即将被带到第四庭院的割礼室行割礼。每位皇子两侧各有一名维齐尔搀扶。贝希尔阿迦位于画面前方，紧挨着画框。就连大维齐尔——据说是奥斯曼帝国当时权力最大的人物——都走在他的后面，搀着大皇子的右手臂。这说明什么？说明朝觐者贝希尔阿迦在皇宫里的权力，要远超大维齐尔和任何一位皇子。他掌握着皇子们的命运，而这也暗示着帝国的命运掌握在他手中。但他同时还守卫着一道将观画者和各位皇子与维齐尔分隔开来的屏障。这样看来，他既是一位中心人物，也是一位边缘人物；既是各位皇子和维齐尔的主人，又是他们的仆人。另外，作为画中唯一一个黑皮肤的人物，他引领着画中的所有白人。

这幅画看上去是不是有些矛盾？没错。奥斯曼帝国后宫中的总管太监，本身就是各种矛盾的集合体。他是非洲阉奴，和原生家庭永世分离，又不能组建自己的家庭。然而，他却和奥斯曼皇室过从甚密：他负责向苏丹宣布皇子或公主出生的消息，监督皇子的学习，在公主的婚礼上代表新郎，将皇太后的死讯告知苏丹。我们也许会觉得奇怪，无法理解为什么世间竟存在着这样的人，然而事实是：后宫总管太监这一官职在奥斯曼帝国存续了300多年，而且其先例可追溯到人类文明早期。本书旨在探究这一官职以及这三个世纪中的任职者们有何特点，仔细考察在这段漫长的时期中，该官职如何随着奥斯曼社会以及奥斯曼宫廷生活的巨变而发生变化。

本书简介

让人诧异的是，迄今为止尚未有专著研究这个关键而又神秘的角色。在一部研究奥斯曼宫廷制度的开创性著作中（1945年出版），土耳其历史学家伊斯梅尔·哈克·乌峥查尔舍勒对这一官职的职责作出了最恰当的描述。[1] 此后，多部有关托普卡帕宫以及托普卡帕后宫的著作讨论了宫廷宦官（包括非洲宦官和白人宦官，也包括总管太监）的职责和地位。[2] 一部土耳其语的后宫宦官通俗概述于1997年问世，而一本基于二手文献的英文著作则出版于2016年。[3] 我在本书中尝试以一手文献为基础，不仅研究这一官职的发展过程，但我希望这不仅仅是一部研究专著，而且能够提供一种多方面的思考，即思考后宫总管太监一职在其存续时期内，是如何与奥斯曼帝国共同发展的。

首先提出我们要探讨的问题：哪些社会使用过阉奴？阉奴来自哪里？发挥了什么样的作用？接下来，我们把问题细化：使用非洲阉奴来护卫后宫或者做其他工作的做法起源于哪里？奥斯曼帝国为什么采取这一做法？奥斯曼后宫是一个什么样的地方？它位于皇宫中的哪个位置？本书1—3章将会讨论这些问题。

接下来，我们具体关注奥斯曼帝国后宫总管太监的宦途。我并非仅仅列举出所有 76 位总管太监的成败事迹，而是尝试展现出重要总管太监的宦途如何反映出奥斯曼帝国政治史、社会史、制度史的巨变，他们的宦途又因为这些巨变受到了什么样的影响。"吉庆宫阿迦"（*Ağa-yı Darü's-sa'ade* 或 *Darüssaade Ağası*）[①]这一官职是在苏丹穆拉德三世（1574—1595 年在位）住进后宫之后不久设立的。搬进后宫之后，穆拉德三世开始在那里度过大部分"闲暇"时光，很少再去自己位于皇宫第三庭院的私人住所，后宫总管太监哈比沙·穆罕默德阿迦也成了他最常见面的人之一。也正是在这一时期（这并非出于巧合），他将哈比沙·穆罕默德封为圣地宗教捐献产业的主管［圣地宗教捐献产业在奥斯曼土耳其语中被称为"埃夫卡弗－哈瑞门"（Evkafü'l-Haremeyn），服务于麦加和麦地那这两处穆斯林圣地］，这一官职此前由第三庭院白人宦官的首领担任。

第 4 章讨论了哈比沙·穆罕默德阿迦的宦途。他在职的 17 年间，开创了多个影响长远的先例。他死后不久，17 世纪持久的危机便降临奥斯曼帝国。在此期间，奥斯曼帝国先后由数名年轻的苏丹统治，他们要么未留下子嗣便故去，要么只留下了年幼的后代。于是，皇太后与宠妃相互竞争，意图填补苏丹死后留下的权力空白，后宫总管太监成了她们在争夺权力过程中的盟友。第 5 章阐释了在这段危机四伏的岁月中，这种混乱的竞争氛围如何导致了后宫的派系斗争，以及后宫总管太监如何参与其中并操纵这类斗争。

科普鲁律家族大维齐尔的改革，标志着这场危机的结束。第 6

[①] 即后宫总管太监。（本书脚注均为译者注或编者注。）

第1章 关于后宫总管太监

章展现了这个家族如何将自己的侍从调到后宫总管太监的职位上，或者至少是提拔目标与他们一致的总管太监的。通过科普鲁律家族的改革，后宫总管太监一职开始与麦地那先知陵墓的守陵宦官群体产生直接联系，因为科普鲁律家族采取了这样一种做法：指定前任后宫总管太监来统领守陵宦官。总之，科普鲁律家族试图确保大维齐尔能够控制帝都内的所有任命和决定。不过，18世纪中期之后，大维齐尔的影响力才能真正凌驾于总管太监之上（第7章论证了这一点），而即便到了那个时候，总管太监也绝非毫无权势。至少在19世纪的西化改革之前，总管太监还可以通过埃及来影响中枢。埃及向圣地宗教捐献产业供应粮食，而且被罢免的后宫总管太监可以在那里过上安逸的退休生活。因此，第8章讨论的是总管太监与奥斯曼帝国的这个重要行省之间的联系。

第4—8章的讨论基本上按照时间顺序排列，但有几个关键主题不断从中涌现：总管太监与苏丹及其母亲的关系、对圣地宗教捐献产业的关注、与大维齐尔之间的竞争、与埃及的联系，以及几种不同类型的宫廷派系斗争的相互影响。我决定在论及后宫总管太监一职的时候强调这些主题，而非试图给论题强加一个外部的理论框架。最重要的是，我力图展现后宫总管太监一职是如何反映出奥斯曼帝国的沧桑变迁的：17世纪痛苦的多方面危机、17世纪末及18世纪初的逐渐适应、18世纪下半叶的经济繁荣、国际贸易扩张、帝国制度逐渐走向正轨，以及19世纪使帝国政府发生巨变的改革。

第9—11章论述的主题贯穿了后宫总管太监一职活跃的300年，同时，这三章也思考了后宫总管太监的历史是如何走向终点的。第9章考察了总管太监通过建立教育机构，建造宗教建筑、图书馆，从而对奥斯曼帝国的宗教和文化生活产生巨大的影响，这些机构有许多直到今天仍在运转。在第10章中，我们将会看到19世纪的西化改革如何急剧削弱这种遍及全社会的影响力。后宫总管太监一职在其存续的最后75年里（大概是1834—1909年）纯粹只是个宫廷里的职位，基本上与帝国大业再不相干。

鉴于总管太监的地位和命运在三个世纪中发生的这些巨变，第11章提出了如下问题：后宫总管太监给后世留下了什么样的记忆？他们如何利用细密画、坟墓和墓碑让后世记住自己？对这些问题的思考为结论部分提供了恰当的过渡。结论一章考量了总管太监在奥斯曼帝国的漫长历史，乃至在世界历史中的地位。

为什么写宦官？

如今，很多学生——更不用说广大读者了——无法理解为什么宦官能成为历史上的一种制度。他们认为阉割是一种恶劣的惩罚，受害者肯定一生都会对此心怀怨恨，日日夜夜渴望着复仇。但如果真的是这样，世界上大部分地区（除了西欧，可能还要除去殖民前的美洲）又怎么会使用宦官担任统治者身边的要职呢？对于地中海沿岸和亚洲的大部分帝国而言，宦官都是根深蒂固的制度：美索不达米亚诸帝国至少从新亚述时期开始，波斯诸帝国（阿契美尼德帝国、安息帝国、萨珊帝国），罗马及拜占庭帝国，从西周到清朝的中国所有王朝，甚至撒哈拉以南的很多非洲王国都有宦官（第2章对此有讨论）。我们唯一不确定是否有宦官存在的古代文明是法老统治下的埃及。⁴ 这一传统一直延续到中世纪以及近代早期的亚洲和非洲的主要帝国,包括至少从阿拔斯王朝开始的所有伊斯兰帝国。西欧诸王国虽然没有这类"护卫"宦官,但到了 16 世纪中期,梵蒂冈的教堂唱诗班已经出现了被称为"castrati"的阉伶歌手,直到 19 世纪 20 年代,他们都是极受欢迎的歌剧演唱者。⁵ 这类歌手的前身可能是拜占庭帝国的去势教堂歌手。事实上,宦官这一制度相当普遍。因此,也许我们不应该问"为什么有很多社会使用过宦官",而应该问"为什么其他社会没有使用过宦官"。

那么,为什么这些政体使用宦官,尤其是宫廷宦官呢?除了西欧诸王国,所有这些政体都有三个共同特征,正是这些特征使得它们需要使用宦官。第一个共同特征:它们的君主大多比较专制,与臣民相隔绝,有时甚至被奉若神明。奥兰多·帕特森注意到,"拥有绝对权力且通常手握神权的君主似乎偏爱——甚至是需要——去势的奴才"⁶。由于存在发生刺杀或叛乱的风险,接近君主的人必须经过严格限制,所以君主需要没有家庭关系或地方关系的仆人和心腹,只有这类人才会绝对效忠于他——家庭和家乡的牵绊会削弱人的忠诚度。宦官,尤其是来自帝国之外或帝国周边的宦官,正符合君主的需求。

但专制君主需要宦官,不仅仅是因为需要实实在在的保护。专制君主的居所是近乎神圣、不可亵渎的地方,相当于寺庙内部的圣所。宦官起到了类似"封锁线"的作用,这样一来,君王居住的禁区就不会因为与平民接触而被"污染"。作为中介者,他们大概就像半神或者天使一样。⁷ 不过他们与天使和半神的区别在于:他们处于一个危险的暧昧地带,因为他们不能和"神圣的"君主走得太近,否则会贬损君主的地位,同时又失去了与大众的联系。打个比方,他们就像行走在一根细线上,一边是神圣、纯洁的君主,另一边是君主的臣民——污浊的庸众。

第二个共同特征:所有这些帝国都采取了将皇室后宫的女性成员与外界隔离的做法,这是为了控制皇室的繁衍。君主的所有潜在性伴侣(以及她们的诸多仆人和助手)被限制在一个指定的地点,这样可以控制每位妻妾所生子女(尤其是儿子)的数量,并确保这些女人永远不会和君主以外的男人发生性关系。这就是有名的后宫制度,也称为"内宫"制度。除伊斯兰帝国以外,帝制时期的中国,以及罗马、拜占庭、古波斯帝国都采取了这一制度。尽管有些帝国会与邻近的政体联姻,但是他国公主在嫁入本国之后也要入住后宫,通常还会与妾室同处一片屋檐下。于是,在这种情况下,宦官把守着皇室女子与君主及其男仆(包括去势和未去势的男仆)这两个群体之间的边界。[8]

第三个共同特征则不太明显:这些政体中有很多(即使不是全部)都雇用了精锐的军事-行政奴隶。在伊斯兰帝国,这类奴隶通常被叫作"马穆鲁克"或"古拉姆"。已故的大卫·阿亚隆认为,各个政体在使用宦官的同时,也一定使用了未去势的精锐男奴,要么用于军事目的,要么用作君主的仆人。他的论证合乎逻辑:一大群新招募的年轻男兵,通常来自偏远的地区,不懂新主子的语言和习俗,住在营房或其他类似的地方,和先到的成员一起训练,而且很可能受到先到成员的虐待——包括性虐待和其他形式的虐待。因此,君主就会让宦官驻守在营房中,以避免此类情况发生。[9]宦官在营房中的职责也反映了他们在后宫的作用:控制军事奴隶和行政奴隶的性生活。阿亚隆的分析所明确的事实也被研究奥斯曼帝国的学者注意到了，即君主及其仆人居住的地方类似一个"男性后宫"[10]。在奥斯曼帝国的皇宫里，这个男性后宫（即第三庭院，包括苏丹的私人寝宫）有其专属的一群宦官，他们可能会和后宫宦官相互竞争。

这三个特征体现了使用宦官的政体中统治精英的独特做法。不过，更为宏观的社会经济方面的考量也许有助于解释如下问题：为什么在这些精英统治的社会中，阉割能够为人所接受？我们可以设想一下在亚洲、东欧或者非洲的某个前现代政体中，普通臣民的生活是什么样的。他们生活在乡村，预期寿命很短——大多很难超过三四十岁。疾病、食物短缺、自然灾害，以及在机械化普及以前的乡村环境中可能发生的无数意外，都会夺走他们的性命。

精英奴隶的生活则迥然相异。他们住在君主的宫殿中，穿着体面甚至考究，永远不会挨饿，享受着最好的医疗条件，而且在很多（虽然不是所有）情况下能够接受教育。去势之后，他们还可以做君主的贴身侍从。尽管宦官遭受了生理痛苦，但为了获得上述安稳、优越的生活，阉割也许算是一个可以接受的代价——至少对统治精英阶层以及整个社会而言是这样；而对阉人自身而言，他们几乎全部是奴隶，基本上不能自主决定是否接受阉割。在前现代或近代早期社会中，阉割类似一种"安全许可"。接受阉割要付出巨大的代价，但也会得到巨额回报。

后宫、性别、性生活

后宫女性的性生活显然是皇室繁衍的关键。尽管如此，她们的性生活仍受到严格控制。奥斯曼帝国的皇室会设法控制君主妻妾所生男性子嗣的数量，从而在保证皇位有人继承的同时，又避免皇子过多所造成的混乱局面——皇子之母积极协助她们的儿子争夺皇位。莱斯利·皮尔斯（Leslie Peirce）指出，到了16世纪末——刚好是总管太监成为要职之时——奥斯曼帝国后宫的女性中出现了严格的年龄和地位划分。在君主的妻妾中，生出儿子的女人地位较高，而这些女人之间的地位则取决于她们儿子的年龄：长子之母的地位最高，幼子之母的地位最低。而苏丹之母的地位可谓万人之上，尤其是在17世纪的危机期间——当时，这些强势的皇太后通常是实际掌权者，而她们年幼的儿子只不过是傀儡苏丹。因此，这一时期后来被称为"苏丹女权时期"[11]。

和其他专制帝国一样，奥斯曼帝国的后宫宦官占据着一个"无性空间"，这个空间将男性后宫——即君主及其男仆居住的第三庭院——与女性后宫分隔开来。皮尔斯解释道："就男性而言，除苏丹以外，只有尚未完全成年的男子才能经常出入宫殿内部：一是男性后宫，其中有男孩、青年男子、宦官、侏儒、哑巴；二是皇室后宫，其中住着女人和孩子。"[12]根据她的描述，后宫宦官基本上不会踏入宫中女性的居所，而是待在后宫入口处的通道里——这就是他们的住处。[13]总管太监扮演着类似联络员的角色，沟通两方：一方是后宫中女性的首领——一般是苏丹的宠妾，如果是在17世纪，则是皇太后；另一方是苏丹及其男仆，男仆中至少有一部分是来自巴尔干半岛和高加索地区的白人宦官。

非洲宦官和白人宦官都可以在此处工作，因为他们的性能力受到了限制。他们与其说是第三性人，不如说是被抑制的男性。他们就像年轻男子一样具有"双性"特征。肖恩·马蒙形象地将后宫宦官比作莫扎特的歌剧《魔笛》中的三个男孩，这些男孩"扮演着中立信使的角色，来回于两个世界之间：夜女王所处的危险、混乱的女性世界，以及萨拉斯特罗所处的阳光普照的理性世界"。她还补充道："宦官／男孩是中间人，他们可以安全地在两个世界中游走，却不属于任何一个世界。"[14] 正因如此，如同永远长不大的孩童一般的后宫宦官才能斡旋于女性／男性后宫这一禁区与托普卡帕宫的公共区域之间。从这个意义上来说，他们也类似守护神或者守护天使（如前所述）。

对于历史上存在过宦官的社会以及相关的学术研究而言，宦官的性别难以界定，主要就是因为这种中间性（liminality）。人们至今仍未就这一问题达成共识：穿着如同男子一般的宫廷宦官究竟是男性，还是属于某种另外的性别？对于有关罗马和拜占庭帝国的学术研究来说，这是个关键问题。这一研究领域的学者已经从性别角度对宦官作了详尽的考察。[15] 即使宫廷宦官属于男性，那他们也并非标准的成年男性，而是非标准男性或者说另类男性。因此，宦官的性别显然颠覆了社会对男性的定义。在伊斯兰社会中，男性的定义包括生育能力以及长出胡须的能力。另外，宦官的另类性别是手术干预的结果。世界各地的前现代社会以及近代早期社会都意识到了这样一种需要：通过手术干预让常规性别类型变得复杂。但这种做法也凸显了常规性别，因为从某种意义上来说，宦官的存在衬托着常规性别。正如马蒙所强调的那样，守卫两个不同领域的人，肯定在这两个领域都从容自如，但又不属于这两者中的任何一个领域。似乎正是由于宦官不属于任何一方，所以他们才凸显了两方之间的边界。

奥斯曼宦官的特点

奥斯曼的宦官制度深受此前各个伊斯兰政体的影响，包括：阿拔斯王朝、塞尔柱帝国，以及从属于这两个帝国或王朝的其他位于今伊拉克、伊朗、中亚地区的王国；位于安纳托利亚的罗姆苏丹国；位于埃及、叙利亚、安纳托利亚东南部的马穆鲁克苏丹国。另外，这一制度也受到了非穆斯林政权的影响，尤其是拜占庭帝国。第3章将会指出，尽管拜占庭并非奥斯曼模仿的唯一对象，但奥斯曼的宫廷制度直接沿袭自拜占庭帝国。拜占庭帝国的宦官制度与其他帝国或王朝的宦官制度之间存在关键区别，其中尤为重要的区别在于，拜占庭的宦官没有被完全阉割，而伊斯兰帝国的宦官被完全阉割，而且拜占庭的宦官可以加入教会统治集团，甚至可以成为正教会的大牧首——至少在13世纪之前是这样的。[16] 相比之下，伊斯兰诸帝国的宦官则不能担任官方的宗教职位，例如穆斯林法院的教法执行官（卡迪）或者大穆夫提——根据伊斯兰律法作出法律判决的官员（法特瓦）。不过，他们通常博览伊斯兰律法及神学著作，而且可能收藏了各个领域的大量书籍。他们甚至可以建立清真寺、古兰经学校（土耳其语：mekteb；阿拉伯语：kuttab）、伊斯兰学校等。与中国明朝的宦官相比，他们的知识要丰富得多。有一些明朝宦官完全没受过教育，甚至是文盲，①尽管他们担任着政治与经济方面的诸多职务。[17] 有一部分政权中的宦官还能担任军职，比如拜占庭帝国、帝制时期的中国，以及大部分中世纪伊斯兰帝国。在一部分中世纪伊斯兰帝国，军中的宦官可以去后宫效力，反之亦然。[18]

埃夫卡弗－哈瑞门　尽管后宫总管太监的职责显然以后宫为中心，但这一职位的存在，要归功于麦加和麦地那这两处穆斯林圣地。后宫总管太监这一职位设立于1588年，同年，苏丹穆拉德三世把对帝国圣地宗教捐献产业的监管权从第三庭院白人宦官的首领手中转移到了后宫宦官的首领手中，而后宫宦官大多是非洲人。如前所述，这类宗教捐献产业叫作"埃夫卡弗－哈瑞门"，在阿拉伯语中则称为"瓦克夫－哈若门"，字面意思为"两大哈让的宗教捐献"，因为麦加的大清真寺和麦地那的先知清真寺皆被视为"哈让"，即外人及不守礼之人不得入内的神圣禁地。"哈让"（harim）这个阿拉伯语单词和英语中的"后宫"（harem）一词有着相同的词根，而后者指的也是外人不得入内的禁区——这里的"外人"指的是成年男子，尤其是与君主没有血亲关系的成年男子。

大致从设立总管太监一职开始，管理圣地宗教捐献产业就一直是总管太监的重要职责。到19世纪中期，总管太监一职的影响力大为衰落，当时，奥斯曼帝国掀起了自上而下的改革浪潮，其中一

---

①　明朝宦官大多出身低微，入宫前文化水平普遍很低，但明宣宗时期设立了专门教育宦官的机构——内书堂，由翰林院官员教授儒家经典、历史、文学等。

项举措便是成立宗教捐献事务部。托普卡帕宫中随处可见体现后宫与圣地关联的物件：后宫入口处就有一排排靠在墙边的壁柜，里面储存着有关宗教捐献产业的文件[19]；装饰后宫入口走廊的瓷砖上画着麦加的卡巴天房及天房周围的场景。后宫总管太监在任期间常常操心埃夫卡弗－哈瑞门的资金问题：他要从帝国的各个偏远行省为宗教捐献产业征收财物。即便他遭到罢免并被流放到埃及，也很难忘记自己曾经掌管过的这些产业，因为给麦加和麦地那生产粮食的那些村子，就位于埃及行省境内。

从 17 世纪末开始，遭到罢免的后宫总管太监通常会被重新委派到麦地那，负责统领看护先知穆罕默德之墓的宦官（第 6 章对此有详述）。这座陵墓是一处圣地，其历史可追溯到 12 世纪末。这种重新委派的做法表明，即便在总管太监被罢免很长一段时间之后，圣地宗教捐献产业对他而言仍然很重要。"向先知希吉拉（hijra）"象征性地改变了后宫宦官的身份（"希吉拉"即"迁徙"之意，这里特指先知穆罕默德于 622 年从麦加迁往麦地那）。一般来说，宦官离开皇宫之后即视为被释放，获得自由。到了麦地那，他们会娶非洲女奴为妻。这样一来，他们便有生以来第一次成了自由、成熟的穆斯林男人。这标志着精神上的圆满，而对于宦官的性事来说，这种圆满具有显著的意义，虽然我们无从得知守陵宦官娶妻之后是否有任何形式的性生活。[20] 矛盾之处在于：宦官在先知死去的地方享受着家庭生活的幸福（至少表面上如此），而之前在后宫这个皇室繁衍的地方，他们却过着如同僧侣一般的生活。不过这也说得通：宦官的性事，无论真假，都不会威胁到先知。而且因为他们是自由的穆斯林男子，所以让他们来陪伴先

第1章 关于后宫总管太监

知正合适。

无论如何，我们都有理由说，后宫总管太监的心思总有一部分放在"另一个圣地"，即先知清真寺和先知陵墓所在的圣地上，虽然麦地那这处穆斯林圣地似乎消隐在了忙碌的宫廷日常生活中。通过提出总管太监与麦地那的联系，更具体地说是与圣地宗教捐献产业的联系，我希望能够强调如下论点：后宫总管太监是一个与这些产业密不可分的行政官职。在马穆鲁克苏丹国于 1517 年被征服后，奥斯曼帝国的苏丹由于担任"两圣地的仆人"而获得了很高的威望（两圣地即麦加和麦地那）。无论是不是巧合，早在阿拔斯王朝时期，阿拉伯语中表示"仆人"的单词（khadim）就被用来指代宦官了；到了奥斯曼帝国时期，"khadim"已经成了宦官的同义词。[21] 总管太监也可以说是"两圣地的仆人"，只不过这里的"两圣地"指的是宫廷中的后宫和麦地那的先知陵墓。从某些方面来看，后宫总管太监的宦途辗转于这两个禁地之间，只不过不同时期对于这两地的侧重有所不同。

总管太监既确保了皇室的繁衍，同时又掌控着圣地的宗教捐献产业——这是奥斯曼帝国合法性的两大支柱。因此，总管太监是奥斯曼统治者不可缺少的助手，至少在 19 世纪的西化改革之前是这样。这就解释了为什么尽管有那么多人担任过后宫总管太监，尽管宫廷内外的政敌制造过多起阴谋，尽管某些大维齐尔——尤其是在 18 世纪——试图禁止非洲阉奴输入奥斯曼帝国境内，这一官职还是存续了 300 余年。

第 3 章的主题是奥斯曼后宫制度的演变。正是后宫制度使得后宫总管太监一职有了存在的可能和必要。不过，在讨论后宫之前，我们要提出一个基本问题：为什么几乎所有的后宫总管太监——更宽泛地说，为什么几乎所有奥斯曼后宫的宦官——都是非洲人？这是第 2 章的研究主题。

第 2 章
与非洲的联系

大部分守卫奥斯曼苏丹后宫（以及高级政府官员、行省总督、显贵人物的府邸）的宦官是非洲人。为什么会这样呢？这可能涉及四个方面的考量。

其一，方便、易得，这可能是最重要的因素。奥斯曼帝国于1517年征服埃及之后，非洲——具体来说是东非——便与帝国领土接壤了。在某些时期，东非甚至有大片土地属于奥斯曼帝国。因此，去东非招募阉奴很方便。

其二，奴役并阉割帝国的核心人口是一种普遍（尽管并非绝对）的禁忌。对于大部分使用宦官的帝国而言，阉奴都来自国界之外或帝国的边缘地区。[1]东非自然就成了向奥斯曼帝国输送阉奴的地区之一。另外，对于伊斯兰帝国来说，奴役或阉割穆斯林都违反伊斯兰教律，因此，阉割对象只能是非穆斯林俘虏，阉割手术也只能由非穆斯林人士来操刀，而且手术地点最好是在穆斯林的领土之外或领土边缘。东非信仰基督教和泛灵论的人群满足第一点要求（偶有违反的情况），而上埃及大部分科普特人所在的地区则满足第二点要求——后面马上就会讲到。

其三，非洲地区先前就有奴隶贸易存在。早在奥斯曼帝国于16世纪征服埃及和北非其他地区以前，东非便存在着发达的奴隶贸易，因此，奥斯曼人参与其中比较容易。

第 2 章 与非洲的联系

其四,与第三点有关:宦官基本上是从奴隶群体中挑选出来的,因此可以说,宦官是来自原籍地的奴隶群体的一个子集,这些奴隶有男有女,有精英也有平民。可以想见,奥斯曼帝国宦官应该来自先前就已经向帝国输送过奴隶的地区,其中自然包括东非。同时,非洲宦官又是更大的宦官群体的一个子集,即除非洲宦官之外,还有很多来自其他地区的宦官。因此,宫廷就会将来自非洲以外的宦官不做的工作分配给非洲宦官。服侍后宫便是其中一项主要工作。

其实还有第五个因素,只不过这个因素不太明显:肤色、种族偏见,再加上"另类"的观念,使得伊斯兰世界随处可见担任后宫卫士的东非宦官,这一情形持续了 1000 多年。就奥斯曼人而言,他们最开始接触大量东非人的时候,奥斯曼帝国一些边境地区的人口结构正发生着剧变。更为广泛的种族地域敌对情绪,使得奥斯曼社会中出现了种族歧视现象。

本章讨论的便是以上因素,因为它们不仅牵涉到奥斯曼帝国,还与早期伊斯兰帝国以及东非政体有关。我们将会看到,在奥斯曼帝国建立之前,地中海以东以及新月沃土上的伊斯兰政权就已经在使用非洲奴隶(其中包括宦官),并建立了一些固定模式,之后的奥斯曼帝国也效仿了这些模式。同时,我们也将留意到,在这些社会中,对宦官的使用隶属于一个更为广泛的模式:精英奴隶制。非洲当地的一些做法同样也影响了奥斯曼帝国对非洲奴隶(无论是阉奴还是未去势奴隶)的获取,因此,本章第二部分将讨论东非的阉奴和未去势奴隶在该地区多个王国中的流转,以及埃塞俄比亚这个基督教王国在其中扮演的非常规角色。第三部分的主题是 16 世纪新出现的一些地缘政治特点，正是这些特点促进了奥斯曼帝国对东非奴隶的获取。第四部分把目光转向非洲阉奴的交易，描述了东非奴隶贸易的主要路线以及阉割东非奴隶的方式。最后一部分则讨论一个棘手问题：种族歧视和性成见。

奥斯曼帝国建立前伊斯兰帝国中的非洲阉奴和未去势奴隶

奥斯曼人对非洲奴隶尤其是非洲阉奴的使用，受到了此前一长串伊斯兰帝国的影响。阿拔斯王朝于 8 世纪兴起之前，中东腹地有关非洲阉奴存在的证据还很匮乏，但早在伊斯兰教兴起之前，东非的未去势奴隶贸易就在该地区稳稳扎根了，而且这个早期的穆斯林国家还在某种程度上参与了此类贸易。652 年，由于没能征服努比亚的基督教王国马库里亚王国（Muqurra[①]），埃及的穆斯林总督与努比亚人达成了一项著名的条约（baqt）。该条约称，若努比亚人能履行某些义务，其中包括每年送给埃及一定数量的奴隶，那么努比亚的独立便不会受到侵犯。[2] 这些奴隶中是否有阉奴，还不能确定。当然，早期的穆斯林由于和拜占庭人、萨珊人有交往，所以他们对阉奴应该很熟悉。事实上，先知穆罕默德的传记就记载了这样一件事：拜占庭帝国的亚历山大港牧首将科普特人玛利亚（Marya）作为姜室，送给了先知穆罕默德。当时玛利亚由她的阉奴尤拉伊（Jurayj）陪同。[3]

[①] 英语一般拼作 Makuria。

第 2 章 与非洲的联系

无论如何，我们有理由相信，倭马亚王朝的宫廷使用过宦官。尽管有关倭马亚王朝的制度和宫廷惯例的文献史料很少，无法完全确定这一点，不过后世的作者认为，宦官制度是由倭马亚王朝的开国君主穆阿维叶一世（661—680 年在位）首先采用的。[4]

750 年，倭马亚王朝被推翻，阿拔斯王朝在巴格达建立了新的都城。我们可以完全确定的是，阿拔斯王朝使用了非洲阉奴。这些阉奴属于一个庞大的奴隶群体，这个奴隶群体中既有阉奴，也有未去势奴隶，他们来自各个不同的地方。在描述 9 世纪末的巴格达时，旅行家雅库比提到，"服务于[哈里发]个人的黑奴"——几乎可以肯定他们就是阉奴——的住处围绕着位于都城正中央的哈里发的宫殿。[5] 非洲宦官同样也在几乎所有阿拔斯时代的文献中出现过，无论是官方编年史，还是《一千零一夜》之中，都有他们的身影。《一千零一夜》中的非洲宦官几乎都是后宫卫士，有时候还是后宫女人的淫奴。[6]

事实上，阿拔斯王朝是第一个将东非阉奴培训为后宫卫士的伊斯兰帝国。不过，这并不是说东非是阿拔斯王朝唯一的阉奴来源地。一个叫希拉尔·萨比（969—约 1056 年）的官僚对阿拔斯宫廷及宫廷礼仪有过描述。根据他的说法，王宫中有 11 000 名宦官，其中 7000 名为黑人，4000 名是所谓的萨卡里巴人（Saqaliba）。穆斯林统治下的西班牙的宦官也主要是萨卡里巴人。[7] 有趣的是，根据编年史作者塔巴里（al-Tabari，838—923 年）的记述，传奇哈里发哈伦·拉希德的长子哈里发阿明（al-Amin，809—813 年在位）将宫中宦官分为黑白两个阵营。这可以说是对大约 700 年后奥斯曼帝国后宫划分方式的预言，尽管两个阵营的职责似乎并没有太大区别，而且也没有证据表明，阿明将宦官分为黑白两个阵营对后来的奥斯曼帝国有什么影响（阿明的短暂统治结束后，这一做法也就终止了）。[8]

阿拔斯王朝印证了历史学家阿亚隆的观点，即使用阉奴的社会也雇用了精英军事奴隶，即"马穆鲁克"或"古拉姆"。从9世纪中叶开始，以军奴身份为阿拔斯王朝效力的中亚突厥人可谓家喻户晓。[9]一个原籍不明的宦官监督一群看守阿拔斯哈里发宫殿的年轻古拉姆（他们并非阉奴），阿亚隆认为，这是宦官通常履行的一种职责，其目的是防止发生性虐待。[10]宦官还有如下职责：陪伴哈里发、监督哈里发之子的学习、在王室成员之间传达密信。[11]伊朗和中亚突厥裔的宦官也在塔巴里开创性的历史著作中出现了（塔巴里对阿拔斯宫廷非常熟悉），[12]不过，这些宦官不仅能在宫中当差，还可以担任军事指挥官。

几乎所有管理阿拔斯王朝各个省份的地方政权，都使用了来自非洲以及非洲以外地区的阉奴，也招募了突厥马穆鲁克。[13]在这些政权中，唯一显然未使用过非洲阉奴的是罗姆的塞尔柱帝国。塞尔柱人统治的是此前罗马（即拜占庭）帝国在安纳托利亚中部以及东部的领土，所以他们的政权被称为"罗姆"的塞尔柱帝国。虽然他们使用过希腊和亚美尼亚的阉奴，以及突厥和其他种族的马穆鲁克（塞尔柱人称其为古拉姆）[14]，但没有记录显示他们的疆域内存在过非洲奴隶，这可能是由于他们的领土距非洲较远——位于非洲以北，中间还隔着敌国的地盘。

为阿拔斯王朝效力过的最出名的阉奴也许是卡佛·伊赫昔迪（Kafur al-Ikhshidi，虽然他只是间接服务于哈里发）。他是一名埃塞俄比亚阉奴,曾担任一个地方政权最后两任君主的摄政王。这个地方政权以阿拔斯王朝的名义统治埃及,由一位突厥马穆鲁克创立,其君主的头衔为"伊赫昔迪",这是古老的粟特语中的一个词,意为"王子"。14世纪末的历史学家麦格里齐对卡佛的评价是:"他执掌任免赏罚之权;在主麻日聚礼中,所有的布道坛都会提到他的名字。"[15] 卡佛同时还是一名军事指挥官,曾带兵击败过企图从西面征服埃及的法蒂玛军队。不久后卡佛就死了。据说,正是因为他的死,法蒂玛王朝才得以接管埃及。[16]

法蒂玛王朝在统治埃及的200余年里(969—1171年)从苏丹输入了大量奴隶。在位长达数十年的哈里发穆斯坦绥尔·比拉(al-Mustansir billah,约1036—1094年在位)就是一名苏丹女奴的儿子。大概就是因为受母亲的影响,穆斯坦绥尔组建了一支由苏丹军奴组成的兵团,这些军奴和他已有的中亚突厥马穆鲁克发生了激烈冲突。[17] 和伊赫昔迪王朝以及其他几个地方王朝一样,法蒂玛王朝也强迫非洲奴隶服兵役,不过据我们所知,在为法蒂玛王朝效力的苏丹士兵中,没有一个是阉奴。相比之下,埃塞俄比亚和努比亚的阉奴的确曾在支持阿拔斯王朝的一些地方小王朝中当过军事指挥。[18]

不过,法蒂玛王朝确实使用了大量来自非洲和其他地区的阉奴。法蒂玛王朝于1171年覆灭时,位于开罗的王宫中还有好几千名宦官。事实上,除了王室成员,宫中所有人都是宦官。和阿拔斯王朝的宫廷宦官一样,这几千名宦官都是东非人和萨卡里巴人。[19] 这些宫廷宦官的职责之一是监督从法蒂玛王朝的战俘中挑选出来的男孩,以及已故的军事指挥官和高级行政官员的儿子,让他们接受军事化训练;这些宦官同样也负责约束新兵的性行为。[20] 表现突出的法蒂玛宦官还能当上哈里发的心腹、国库管理员、行省总督、军事指挥官。[21] 虽然我们对法蒂玛后宫的了解极为有限，但可以确定的是，法蒂玛后宫由宦官负责护卫，这些宦官中的一部分（即使不是大部分）有可能来自东非。相比之下，作为陆海军指挥官，为法蒂玛王朝效力的大部分阉奴是萨卡里巴人，其中包括昭海尔·绥基利（Jawhar al-Siqilli）——那个征服埃及、兴建开罗城的将军。[22]

总的来说，在使用服务于后宫的宦官时，所有这些中世纪穆斯林王朝都偏好使用非洲阉奴，只有在得不到非洲阉奴的时候，才会勉强用其他阉奴——尤其是萨卡里巴阉奴，偶尔也用印度阉奴。[23] 分别统治印度和伊朗的莫卧儿王朝（逊尼派）和萨非王朝（什叶派的十二伊玛目派）也是如此。两个王朝都使用东非阉奴来护卫后宫，并分别用孟加拉阉奴（莫卧儿王朝）和格鲁吉亚阉奴（萨非王朝）作为补充。[24] 在每一个穆斯林政体中，都有一小部分来自非洲以外的阉奴和非洲阉奴一起为后宫服务。不过，如果可以经常买到足够的非洲阉奴，这些王朝便不会用太多其他地方的阉奴来护卫后宫。我们可以作一个类比：从大约9世纪一直到13世纪，很多王朝都喜欢雇用中亚突厥人来当马穆鲁克。只有因为距离中亚草原太远，所以无法引入大量突厥马穆鲁克的王国——比如西班牙的那些穆斯林王国——才会勉强雇用其他种族的人（尤其是萨卡里巴人）来当马穆鲁克。[25] 突厥人的确因骁勇善战而闻名于世，但这并不是说其他种族的人就不适合当马穆鲁克。从9世纪到13世纪，马穆鲁克几乎就等同于突厥人，这其实是因为当时有大量突厥人穿过了中亚草原，阿拔斯王朝及其附庸国在向东扩张的过程中遇到并雇用了他们。由于同样的原因，到了15世纪，后宫宦官也就几乎等同于东非阉奴,不过除了这一基本原因外,导致这一现象的因素肯定还包括各种偏见与成见,本章末尾对此有详述。

马穆鲁克苏丹国的范例 就使用奴隶而言(无论是非洲还是非洲以外的阉奴及未去势奴隶),所有这些中世纪伊斯兰政权——尤其是与奥斯曼帝国相邻的塞尔柱帝国——都影响了早期的奥斯曼帝国。不过,到了15世纪末,马穆鲁克苏丹国可能已经成为所有伊斯兰帝国效仿的对象,其影响直接而深远。这个苏丹国的创立者是为阿尤布王朝效力的突厥马穆鲁克,故而得此国名,阿尤布王朝于1171年由抗击十字军的著名将领萨拉丁(Salah al-Din)创立。马穆鲁克苏丹国的大部分君主是被解放的马穆鲁克,而且该国的官员和军队中的精锐兵团也主要由马穆鲁克组成。[26](阿尤布王朝和马穆鲁克苏丹国曾先后统治过埃及和叙利亚,但两个政权都没有沿用法蒂玛王朝使用东非军奴的做法。)1453年,奥斯曼帝国攻下了君士坦丁堡,当时,马穆鲁克苏丹国的军奴绝大部分来自高加索地区,特别是位于今俄罗斯南部的切尔克西亚(Circassia)。运送这些军奴的路线为:沿黑海南岸穿过君士坦丁堡,或沿陆路穿过安纳托利亚中部。早期的奥斯曼人不仅熟知这条路线上的奴隶运输,还会设法掌控这条运输线。[27]15世纪末,奥斯曼帝国与马穆鲁克苏丹国在安纳托利亚的东南部交战;[28]1516—1517年,奥斯曼帝国吞并了马穆鲁克苏丹国。因此,奥斯曼帝国对马穆鲁克帝国的奴隶采购系统有深入的了解,当然,还深入了解了它的行政机构,后者对奥斯曼帝国的发展产生了深远影响。到了17世纪,奥斯曼帝国也开始引入来自切尔克西亚和格鲁吉亚的马穆鲁克,用他们来替代一部分桀骜不驯的宫廷奴仆(土耳其语中奴仆的复数形式为 *kullar*),这部分奴隶是通过"德夫希尔梅"（devshirme）制度征召进奥斯曼帝国并为其效力的。"德夫希尔梅"是奥斯曼帝国特有的一种制度，即从巴尔干半岛和安纳托利亚的基督教臣民中"征召"男孩，让他们改信伊斯兰教，并把他们培养成"耶尼切里"[①]或者宫廷男仆。[29]

马穆鲁克苏丹国使用阉奴的方式，也同样为奥斯曼帝国提供了关键的范例。不过，这并不是说奥斯曼帝国没有受到其他政权（包括穆斯林和非穆斯林政权）的影响。在马穆鲁克苏丹国的统治下，来自东非、希腊、巴尔干半岛其他地区以及印度的阉奴，不仅负责看护王室女性的居所，还负责看管马穆鲁克新兵接受训练的营房——有这些阉奴在场，就可以避免新兵遭到老兵的性虐待。[30] 这基本上沿用了阿拔斯王朝、法蒂玛王朝以及诸多地方政权的做法：让宦官辅佐太子，并监督训练中的士兵和仆人。虽然奥斯曼帝国并未在军营中安插宦官，但的确有白人宦官负责监督奥斯曼宫中的仆人，而非洲宦官则负责皇子们的早期教育（见第 3 章）。在所有这些案例中，利用宦官来约束未去势的受训年轻男子性行为的做法，都遵循了阿亚隆所观察到的特定模式。

在马穆鲁克苏丹国统治期间，总有一名阉奴卫士在苏丹的谒见厅门口巡逻（谒见厅位于开罗的城堡中）[31]。与此类似，在托普卡帕宫中，也有一队白人宦官在奥斯曼苏丹的谒见厅门口看守着。还有一个影响更为深远的惯例：马穆鲁克苏丹们位于开罗的陵墓以及先知穆罕默德位于麦地那的陵墓都由宦官看守。这后一种惯例似乎

[①] 奥斯曼土耳其语，意为"新兵"；耶尼切里军团为苏丹禁卫军，是一支精英步兵军团。

源自阿尤布王朝，或是阿尤布王朝的前身——赞吉王朝，不过这一安排的起源仍然不得而知。1184 年（当时麦地那已经被阿尤布王朝控制了 13 年），安达卢西亚旅行家伊本·朱拜尔写道："［陵墓的］看守人是埃塞俄比亚和斯拉夫的阉人。他们外表优雅，穿着整洁，举止考究。"[32] 在马穆鲁克苏丹国以及此前的阿尤布王朝统治期间，麦地那的这帮守陵宦官不完全是非洲人，还包括来自印度、希腊以及巴尔干半岛其他地区的阉奴。[33] 奥斯曼帝国则使用了完全由非洲宦官组成的护卫队来看守先知陵墓，这个传统一直持续到了 20 世纪。

非洲的非洲裔阉奴

虽然伊斯兰帝国的确设法从东非获取各种奴隶——包括阉奴、女奴、未去势的男奴，但这并不代表东非只是被动地提供奴隶资源。早在奥斯曼帝国扩张到非洲大陆之前，东非内部就已经存在着生产、传播阉奴的体系。与新月沃土的情况不同，非洲最早的文明显然并没有使用宫廷宦官。没有确凿的证据能够表明法老统治时期的埃及存在阉奴。埃及的阉奴显然是在亚历山大大帝于公元前 331 年征服此地后才被引入的。在托勒密王朝以及罗马和拜占庭帝国统治期间，阉奴成了宫廷文化的重要组成部分（托勒密王朝由亚历山大的将军托勒密创立，统治埃及地区，直到公元前 30 年被罗马帝国接管）。不过，这些阉奴主要来自欧洲和亚洲[34]。

最早提到非洲宫廷中的非洲宦官的文献是《新约·使徒行传》，

其中有这样的描述:"有埃提阿伯人,是个有大权的宦官,在埃提阿伯女王干大基(Candace 或 Kandake)的手下总管银库。"这个宦官显然是犹太人,他有一次去耶路撒冷朝圣,回来的途中,传福音者腓利让他改信了基督教。虽然这个故事称女王为埃提阿伯(埃塞俄比亚)人,但她实际上应该是库施王国的君主。这个王国位于如今的苏丹,其首都位于尼罗河岸的麦罗埃。"干大基"是古努比亚语中女王的头衔,库施王国一共有过 11 位干大基,她们的统治时期为公元前 4 世纪到 4 世纪[35]。这个故事显然表明,库施王国的宫廷使用过来自周边地区的宦官,而直到 6 世纪,库施王国之后的三个努比亚王国①才接受基督教。[36] 因此,当早期的穆斯林与信仰基督教的努比亚于 652 年签订那份著名条约时,努比亚当地应该已经有相当数量的宦官了。

中世纪以及近代早期,东非地区的某些穆斯林王国监管着阉奴的生产和贩卖过程,同时也使用宦官来为他们的宫廷服务。在被埃塞俄比亚于 1332 年征服之前,哈迪亚城(Hadiya)一直是向穆斯林地区(包括埃及)出口阉奴及其他奴隶的一个枢纽[37]。这座城市是哈迪亚王国的首都,该王国曾在数十年的时间里控制着亚的斯亚贝巴(Addis Ababa,今埃塞俄比亚首都)的西南部地区。阉割手术的地点位于瓦施鲁(Washilu),这是哈迪亚王国境内哈迪亚城以南的一个镇子。[38] 位于哈迪亚城以东的阿达尔王国的宫廷中也有宦官[宫廷位于索马里的港口城市塞拉(Zayla)],这可以从一个故事中找到印证,这个故事旨在解释埃塞俄比亚为何决定攻打这

---

① 即诺巴提亚王国、马库里亚王国、阿洛迪亚王国。

个穆斯林王国：埃塞俄比亚皇帝指责阿达尔王国的君主，说这个君主"骂他是个宦官，还说他只配服侍阿达尔王国后宫的女人"[39]。500多年后，住在哈勒尔（Harar，16世纪时成为阿达尔王国的首都）的理查德·弗朗西斯·伯顿描述了一个"苏丹，他是个病怏怏的老朽宦官，在服侍了五位埃米尔之后，得以留在宫中"[40]。芬吉苏丹国（1505—1821年）位于今苏丹东部，首都为森纳尔（Sennar），是一个贸易繁荣的地方政权，该国的苏丹们也使用"黑奴"来伺候他们后宫的妻妾。"黑奴"是苏格兰探险家詹姆斯·布鲁斯（James Bruce）使用的称呼，他曾于1768—1773年遍游了该地区。[41]

位于苏丹以西的达尔富尔王国显然借鉴了西边诸穆斯林王国的传统，这些穆斯林王国位于乍得湖周边及尼日利亚北部地区，主要包括加奈姆-博尔努王国、巴吉尔米王国、瓦达伊王国。正是在所有这些政权的统治下，高度专业化的宫廷宦官等级制度得以形成，其中地位最高的两三名宦官身负多项任务：征伐、外交、征税、管理边境、服侍后宫、教导王子与公主、管理宫中财物、管理宫中物资供给。[42]这些传统一直传播到了西边的桑海帝国，该国从14世纪初到16世纪末控制着西非的一片土地，这片土地从今尼日利亚境内一直延伸至大西洋。[43]这些王国使用的宦官是从战俘、被阉割的罪犯（阉割是惩治这些罪犯的一种刑罚），以及信仰泛灵论的南方族群中挑选出来的。[44]巴吉尔米王国和加奈姆-博尔努王国都曾向麦加的大清真寺供应过阉奴，这两个王国以及瓦达伊王国的君主和达官显贵们，偶尔也会向奥斯曼宫廷进献阉奴。[45]

在非洲中部和西部，使用阉奴的不只有穆斯林王国。比如，奥约帝国的君主就养了一大群宦官，并任命其中品级最高的三位担任司法、宗教、行政方面的官职（奥约帝国成立于14世纪，直到19世纪末之前一直统治着尼日利亚北部及西部地区，其国民是信仰泛灵论的约鲁巴人）。[46]在邻近奥约帝国的伊加拉王国（统治时期为16—20世纪初），宦官行使的职能也是类似的。该国的宦官主要从造反或者以其他方式触犯君主的臣民中挑选[47]。

埃塞俄比亚 与其他所有非洲政体相比，埃塞俄比亚的独特之处在于其官方信仰为4世纪就扎根于此的基督教。到了中世纪，一个信仰基督教、主要为安哈拉族的精英群体（他们聚居在埃塞俄比亚帝国的地理中心）统治着由各个不同族群构成的臣民，臣民中有的是泛灵论信徒，有的是穆斯林，而且穆斯林的数量正逐渐增长。埃塞俄比亚教会原则上反对奴隶贸易，但该国的精英奴隶制由来已久，尽管大多数这类奴隶来自帝国边疆的非基督教族群。

不过，埃塞俄比亚帝国的皇帝似乎严格执行了教会对阉割的禁令。[48]这样做的结果是，埃塞俄比亚皇宫中很少有宦官。即便如此，皇宫中与皇帝联系密切的官职之间，也存在和前文所述类似的等级划分，只不过区别在于，在其他社会中，这些职位通常由宦官担任。根据詹姆斯·布鲁斯的叙述，这些官职从低到高分别为：御寝侍从—御用圣带（一种仪式性衣饰）男仆—御用管家。[49]最后一个官职负责监督埃塞俄比亚的所有行省总督，并从他们那里收取税款。[50]

在拜占庭帝国、古代中国、伊斯兰诸帝国，当然还有西非诸王国，这些与君主过从甚密的要职皆由宦官担任。在奥斯曼帝国，这些官职一般由第三庭院的白人宦官担任，不过在穆拉德三世搬到后宫居住以后，他的寝宫便由年长女性守卫（见第3章）。在埃塞俄比亚，尽管这些职位通常由奴隶担任，但其中只有少数是宦官。在

第 2 章 与非洲的联系

布鲁斯提到的六名御用管家中，只有一名可以确定是宦官，他叫凯福拉·瓦哈德（Kefla Wahad），活跃于 17 世纪初。[51] 其余五名中，有一名是君主的亲戚，还有一名甚至是未来的国王。[52]

埃塞俄比亚的确是个特例：其他社会通常是雇用阉奴来担任这些官职，它却很少这么做。布鲁斯还观察到在国王的"接见厅"门口负责守卫的"黑奴"（仍未明确指出是否为阉奴），他们就像守卫在奥斯曼苏丹的谒见厅门口的白人宦官一样。布鲁斯反复提到被埃塞俄比亚宫廷收为奴隶的年轻男女[53]，在其他政体中（包括与埃塞俄比亚接壤的诸国），年轻男子最有可能成为阉割对象——根据许多近代早期帝国的逻辑，阉割可以让奴隶更加忠于他们所服务的王朝。布鲁斯描述了一种制度：国王让 17 岁或 18 岁以下的男女奴隶改信基督教，并教导他们，之后送他们去服侍"阿比西尼亚①的大户人家"。这些奴隶中的佼佼者则成为国王的贴身侍从。[54] 这种惯例似乎与奥斯曼帝国宦官的升迁过程类似：在被引荐到皇宫之前，非洲阉奴可能会在埃及总督或埃及某位大人物家中当差。[55] 不过，在布鲁斯的描述中，并未有迹象表明这些年轻男奴接受了阉割手术，考虑到教会的阉割禁令，我们可以认为他们并非阉奴。[56]

由于埃塞俄比亚并不实行阉割，我们只好认为，进入埃塞俄比亚宫廷当差的宦官都是此前在其他地方接受的阉割手术。像凯福拉·瓦哈德这样的宦官之前可能是来自芬吉苏丹国或奥斯曼帝国哈比沙（Habesh）行省的去势战俘。尽管埃塞俄比亚教会原则上禁止蓄奴，但埃塞俄比亚的确侵犯过与其相邻的穆斯林诸国，并奴役了

---

① 埃塞俄比亚的旧称。

大量战俘。[57]

另外，和许多其他政体一样，埃塞俄比亚也经常袭击国内边境地区的族群，掳掠他们去做奴隶（不去势）。这些族群几乎都不是基督徒，大部分是泛灵论信徒。在诸多案例中，这些族群对埃塞俄比亚君主的反抗，让君主有了征讨他们的理由，这导致他们中的很多人被俘获成奴隶。布鲁斯用两页篇幅描述了17世纪初的一个君主对数个族群的袭击：其一为古代犹太人（俗称"法拉沙人"，含贬义），另外两个族群都是奥罗莫人（俗称"加拉人"，含贬义）。在每次袭击中，这个君主和他的军队都强迫遭袭的幸存者改信基督教，并将俘获的女人和孩子当作奴隶贩卖。[58]在这个君主征服远在埃塞俄比亚南部的那瑞尔（Narea）公国并强迫该国改信基督教之前，奥罗莫战士就经常袭击该地区，然后将战俘卖给穆斯林奴隶贩子，奴隶贩子们又将战俘运到当时埃塞俄比亚的首都贡德尔（Gondar）贩卖。[59]

17世纪的其他埃塞俄比亚皇帝则从尚嘎拉人（Shangalla）中挑选奴隶。布鲁斯将尚嘎拉人称为"异教黑人"，他们住在埃塞俄比亚东北部的山洞中，崇拜"尼罗河与某种树"[60]。与尚嘎拉人的领地接壤的各地区的总督，每年都要奉命向国王①进献一定数量的尚嘎拉奴隶。埃塞俄比亚宫中的许多奴隶显然是通过这一渠道输入的。[61]另外，布鲁斯也记述了尚嘎拉人为获取奴隶而对阿高人（Agew，又称 Agau、Agew，一个聚居在靠近尼罗河源头的大部族，

---

① 在称呼埃塞俄比亚的君主时，作者似将"皇帝"（emperor）与"国王"（king）混用。

第 2 章 与非洲的联系

信仰泛灵论）发动的袭击。[62] 在布鲁斯逗留期间（18 世纪 60 年代末到 70 年代初），阿高族男性也曾效力于皇家军队。[63] 同时，奥罗莫族的奴隶充任皇室骑兵，而所谓的法拉沙人则服务于帝国卫队。[64]

尽管这些奴隶在进入埃塞俄比亚宫廷中当差时不会被阉割，但倘若落入与埃塞俄比亚接壤的使用阉奴的政体手中——无论是通过战争，还是通过来自埃塞俄比亚或邻国的商人开展的奴隶贸易（这种方式更常见），等待他们的命运就可能是成为阉奴。中世纪时期，埃塞俄比亚商人经常向东边的穆斯林公国阿达尔供应奴隶，以换取岩盐，虽然说阿达尔公国应为埃塞俄比亚的属国。[65] 17 世纪初，穆斯林商人开始贩卖来自信仰泛灵论的那瑞尔的犯人，贩卖地点除贡德尔之外，还有"君士坦丁堡、印度、开罗"[66]。穆斯林商人还大量买进被尚嘎拉人俘获的阿高族奴隶。[67] 布鲁斯在埃塞俄比亚逗留期间，该国北方省份提格雷（Tigray）的强悍总督把奴隶卖到"阿拉伯"（应指奥斯曼统治的汉志）以换取火器。这些奴隶不仅包括来自贡德尔市场的"异教徒"，还包括数以百计被绑架的基督教儿童。该总督有权首先挑选途经他那里的所有奴隶。[68]

此外，埃塞俄比亚的基督徒，包括安哈拉人（埃塞俄比亚的主要人口），经常被劫掠者俘获后卖给穆斯林奴隶贩子，奴隶贩子有时会把他们由红海运到汉志、也门，或者经陆路运到埃及，然后再转运到安纳托利亚或叙利亚。14 世纪，一位强悍的国王抱怨道，阿达尔和相邻的穆斯林国家摩拉（Mora）的统治者特意为了"奴役埃塞俄比亚儿童"而向他发起战争。[69] 哈勒尔的总督被指控将多个埃塞俄比亚村庄的人口全部卖给阿拉伯、印度以及"亚洲所有地区"。[70] 奥斯曼帝国征服埃及之后的数年里，运送埃塞俄比亚基督徒前往耶路撒冷朝圣的队伍不断遭到奥斯曼军队的袭击,其中至少有一次袭击,令队伍中年老的朝觐者被杀害,年轻的则被当作奴隶贩卖。[71] 16世纪下半叶,奥斯曼帝国哈比沙行省的总督经常袭击埃塞俄比亚领地,并把俘虏运到位于马萨瓦(Massawa)的奴隶市场。[72] 来自波西米亚的方济会修士雷梅迪厄斯·普鲁特基(Remedius Prutky)曾受埃塞俄比亚皇帝之邀,于1751年带领传教团来到该国,他记述了阿拉伯劫掠者的行径:在边境地区绑架埃塞俄比亚儿童,然后把他们卖给奴隶贩子,奴隶贩子再把这些儿童运到埃及、汉志、也门,"以及世界上其他地方"。[73]

大约20年后,布鲁斯来到埃塞俄比亚。在此逗留期间,国王与提格雷省总督之间的内战造成种种恐怖情形,甚至有埃塞俄比亚基督徒偷来其他基督徒的子女,把他们卖给穆斯林人贩子,人贩子又把这些孩子运到马萨瓦,卖给来自阿拉伯和印度的商贩。在德西(Dessie)这座基督徒与穆斯林混住的小镇,就发生过这种事情。德西位于提格雷省与贝格门德省(Begmender)交界处,提格雷省总督准许本省牧师参与此项交易,但条件是要向他供应来自哈比沙省的火器。[74] 两方的"游兵"抢夺女性基督徒和儿童,"将他们贱卖给突厥人"[75]。

以上所引例子表明,很多在东非奴隶贸易中被掳掠的埃塞俄比亚人都是15岁或年纪更小的儿童。他们正是阉奴的来源之一,而且我们可以推断,被俘获的男童中有相当一部分最后成了阉奴,要么在宫廷中当差,要么服务于大户人家。法国药剂师夏尔·雅克·蓬塞(Charles Jacques Poncet)的报告似乎也印证了这一点。他曾从开罗前往贡德尔,去医治埃塞俄比亚皇帝及其儿子的皮肤病。回程时，有一名亚美尼亚商人与他同行，这名商人买了一个埃塞俄比亚男童，正当庞塞和商人准备登上停泊在尼罗河港口布拉克（Bulaq）的一艘船时，埃及的耶尼切里将该男童俘获，并带到他们兵团的团长（kethüda）穆斯塔法·喀兹达勒（Mustafa al-Kazdağlı）那里（喀兹达勒建立的家族从18世纪末开始统治埃及）。[76] 即便该男童当时尚未被阉割，不久之后他肯定也会遭遇这样的命运，因为喀兹达勒家族通常会使用埃塞俄比亚阉奴（第8章对此有详述）。

简而言之，埃塞俄比亚是邻国以及奥斯曼帝国阉奴的来源地，尽管向这些王国输送阉奴并非埃塞俄比亚的自愿行为，至少并非有意之举。另外，有文献多次提到埃塞俄比亚奴隶被运到印度，据此可推测莫卧儿王朝（也有可能包括萨非王朝）亦为埃塞俄比亚阉奴的输入地。[77] 尽管这些埃塞俄比亚阉奴很可能包括该王国的核心人口——安哈拉人，但他们主要是来自埃塞俄比亚边疆的族群。对于阉奴中各个族群的比例，我们只能靠猜测，但可以想见，奥罗莫人占了很大的比例，尤其是在考虑到19世纪和20世纪初，该族人口众多的情况下。

芬吉苏丹国与奥斯曼哈比沙行省

奥斯曼帝国征服马穆鲁克苏丹国之前，埃塞俄比亚与埃及和地中海东部地区的各个穆斯林统治者基本上没有什么直接联系。大多数情况下，这些地区的奴隶贩子并没有亲自去埃塞俄比亚收购当地奴隶，而是通过中间商来操作，这些中间商一般来自沿海地区的穆斯林诸王国（位于今索马里、厄立特里亚、吉布提），或者来自位于如今苏丹境内的诸王国。

到了 16 世纪初，这种情况开始改变，这不仅是由于奥斯曼帝国向埃及和红海地区扩张，也是因为芬吉苏丹国的崛起。芬吉族的族源相当神秘，不过他们显然来自今苏丹共和国的南端，后来向北迁移，1504—1505 年建都于森纳尔（今苏丹城市），此城位于青尼罗河河畔，可谓战略要地。之后数十年间，芬吉人不断扩张统治区域，占据了苏丹东南部及中部的广阔土地，包括古基督王国上努比亚的领土，该国于 1500 年左右被一个阿拉伯部落联盟征服。芬吉苏丹国还与周边各个王国结盟，包括苏丹西部的达尔富尔。[78] 芬吉族原先信仰泛灵论，16 世纪 20 年代在一名来自苏丹的苏菲派学者的倡议下改信了伊斯兰教。[79]

这片疆土先由芬吉苏丹国的苏丹们统治，1761 年之后由哈马杰（Hamaj）部落的领袖摄政[80]，前后共计四个世纪。在此期间，大规模奴隶商队的起点都位于该国境内。由于芬吉苏丹国有效联合了苏丹中部及南部的大部分地区，因此向奥斯曼帝国输送来自埃塞俄比亚、努比亚以及其他东非地区的奴隶就比较便利了。的确，倘若没有芬吉苏丹国的积极配合，就不可能每年有数以千计的非洲奴隶从苏丹运送到奥斯曼帝国统治下的埃及——尽管芬吉苏丹国与奥斯曼帝国在 16 世纪后期有一些摩擦。

埃塞俄比亚王国对芬吉苏丹国采取敌对态度，在苏丹东南部的边境地区向其发起过数次侵略，而芬吉人也经常袭击该地区的埃塞俄比亚人，把他们抓来做奴隶。[81] 从已知的文献来看，《芬吉编年史》是该苏丹国自己编写的唯一一部史书,它对18世纪前芬吉苏丹国与埃塞俄比亚之间的关系缄默不言,但记载了埃塞俄比亚于18世纪40年代发动的一次侵略,以及19世纪30年代和40年代对芬吉苏丹国边境的袭击,彼时芬吉苏丹国的领土已被穆罕默德·阿里帕夏(奥斯曼埃及的自治总督)的政权征服。在所有这些有记载的战例中,埃塞俄比亚人都被击退,他们军中的一些士兵也沦为战俘而被奴役。[82]

如果说芬吉苏丹国的兴起促进了埃塞俄比亚奴隶向奥斯曼帝国的输送,那么奥斯曼帝国哈比沙行省的建立则基本保证了埃塞俄比亚奴隶的稳定供应。哈比沙行省基本上就是如今的厄立特里亚(Eritrea),该行省建于1560年,也就是在马穆鲁克统帅厄兹德米尔(Özdemir)帕夏完成征服多地的壮举之后。[83]厄兹德米尔帕夏的英勇事迹仅仅过去数十年,伊斯坦布尔的托普卡帕宫后宫所使用的埃塞俄比亚宦官数量就达到了顶峰(大概有400人),这不可能完全是巧合。另外,厄兹德米尔开展征服行动期间,奥斯曼人正在红海地区积极追逐他们的帝国野心。然而,即便是当埃塞俄比亚王国似乎在军事上相较于芬吉苏丹国和奥斯曼帝国哈比沙行省占了上风之时,奴隶贸易仍在迅速发展。这说明埃塞俄比亚对奴隶贸易还是有一定兴趣的,埃塞俄比亚境内的奴隶贩子可能将他们的一部分奴隶(主要获取自该王国的边境地区,且大部分是非基督教族群)卖给了苏丹商队以及红海地区的奴隶市场。输送到这个国际市场的奴隶肯定有一部分在日后成为阉奴。

奴役与阉割

奴隶贸易路线　如前所述，从非洲进入奥斯曼帝国的奴隶中，东非阉奴占了一小部分。从16世纪一直到19世纪末，每年都有数千名来自埃塞俄比亚、努比亚和苏丹南部的奴隶抵达开罗的奴隶市场[84]，其中又有数百人从这个市场被卖到伊斯坦布尔以及奥斯曼其他行省的首府。这数千名奴隶中的大部分是跟着每年从苏丹启程的奴隶商队过来的。其中较大的一个商队来自苏丹西部的达尔富尔，该商队向埃及输送了几千名奴隶。同时，位于苏丹东南部的芬吉苏丹国首都森纳尔以及其他几个苏丹国的贸易中心也派出了小型商队，这些商队在埃及边境会合。在埃及，它们被称为森纳尔商队，运送的奴隶加起来有几百名。[85]在这些贸易路线上，奴隶的生存条件可能相当恶劣，因为贪婪的奴隶贩子为了把运输成本压缩到最低，经常给奴隶断粮断水，也不给他们提供能遮风挡雨的地方。[86]

不过，瑞士东方学家约翰·路德维希·布尔克哈特（John Ludwig Burckhardt）告诉我们，到19世纪初，从苏丹被卖到北边的奴隶中很少有埃塞俄比亚人，因为"在阿拉伯和埃及地区，来自马索阿（Massouah）的杰伯特（Djebert）商贩能够以更低的价钱买到阿比西尼亚奴隶，然后再把这些奴隶运到吉达（Djidda）出售"。[87]来自努比亚、达尔富尔以及其他苏丹西部地区的奴隶由陆路进入埃及，而大部分埃塞俄比亚奴隶则走水路，从马萨瓦以及奥斯曼哈比沙行省的其他港口城市坐船经红海到吉达——一个服务于麦加的阿拉伯半岛港口。[88]走这条海路的奴隶贩子是俗称"贾巴特"（Jabart）的埃塞俄比亚穆斯林。这种运输方式的速度通常比走陆路的商队快，所以走海路的奴隶大概可以少受点苦。不过，奴隶被运到吉达后，如果由埃及人买下，他们就会被运回去：穿越红海，到达苏伊士，然后走陆路到开罗或其他城镇。这样一来，他们就得在马萨瓦和吉达的港口——更不用说在这两个城市的奴隶市场——忍受漫长的等待。在各个地方耽搁的时间加起来可能长达数月，差不多相当于苏丹东南部的商队走陆路到达埃及南部边界所需的时间。

无论走哪条路线，这些东非奴隶（其中一部分会成为阉奴）和所有被运往埃及的其他奴隶一样，都要遭受同样的命运：辗转各处，多次易主，在被主人买下之前都要和其他奴隶绑在一起，这一过程长达数月甚至数年。[89] 值得注意的是，特地开发这些路线的目的是将东非奴隶带到地中海东部地区，供给统治当地的穆斯林政权。尽管有一支商队偶尔会从如今的利比亚抵达开罗，运来乍得湖地区的奴隶，[90] 但除了北非的最西端，西非从来都不是奥斯曼帝国以及此前各个伊斯兰帝国的主要奴隶供应地。[91]

东非与埃及的阉割惯例 根据目前已有的证据，我们几乎可以断定，至少从阿拔斯时代开始，大部分在各个穆斯林王国和帝国当差的宦官被完全阉割了。也就是说，他们的外生殖器——包括阴茎和睾丸——被完全移除了，无论他们来自何方（比如非洲、安纳托利亚、巴尔干半岛、高加索地区），也无论阉割手术是在哪里做的。[92] 另外，不光是后宫宦官，就连买来陪伴君主、监督年轻士兵、统率军队的宦官通常也是被完全阉割的。这种做法类似帝制时期的中国，虽然并没有确切的证据证明，阿拔斯王朝及其东部地区的地方政权或许受到了中国的影响。

不过，尽管拜占庭帝国的方方面面都是许多伊斯兰政权效仿的对象（使用宦官即为一例），但拜占庭本身并未采取完全阉割的做法。拜占庭的大部分宦官只是被移除了睾丸，而阴茎得以保留。9世纪的阿拉伯散文作家贾希兹（al-Jahiz）抨击了拜占庭在这方面的疏忽："他们好像觉得，只要防止孩子把他们的女人和修女的肚子搞大［所以他们把孩子阉割后献给教堂］，其他的事就不用担心了！"[93] 在贾希兹以及许多其他前现代的穆斯林评论家看来，更为谨慎的做法应当是杜绝宦官与王宫中其他成员（后宫佳丽、君主本人及其儿子、受训中的年轻士兵等）发生性接触的可能，至少要让这种可能性降到最低。这样一来，掌权者不仅避免了出现私生子的情况，同时也维护了为宫廷效力的年轻男女的贞洁，确保宦官对君主的敬重和忠诚不被玷损。[94]

相关记载表明，在东非，对奴隶实行完全阉割主要是为了"制造"用于出口的阉奴。前文已提到，14世纪前，哈迪亚王国和位于哈迪亚城以南的瓦施鲁镇就已经实行了这种做法。16世纪末，一名葡萄牙牧师在索马里港口摩加迪沙碰见一个部落，据说他们会阉割掉部落中的男童，这也许是为了把这些男童转卖到红海对岸。[95] 不过，多数情况下，运往埃及北部和东部的奴隶（他们来自埃塞俄比亚、努比亚、苏丹）在跟随奴隶商队或红海船只抵达目的地后，才会在上埃及接受阉割手术，因为伤口未完全愈合就开始运输是比较危险的。[96] 因此，布尔克哈特也注意到，在苏丹，将奴隶阉割后再转运的做法比较罕见，只有在达尔富尔以西的波尔戈（Borgho）对少数奴隶采取这种做法：将他们阉割后运送到埃及，"或者作为黑人君主赠送的礼物，经由萨瓦金（Souakin）送到麦加和麦地那的大清真寺"[97]。

第 2 章　与非洲的联系

在伊斯兰时代的大部分时期，阉奴的产地似乎都是在尼罗河中部的艾斯尤特城（Asyut）附近。根据在法国入侵前游历了整个埃及的法国医生路易斯·弗兰克（Louis Frank，1761—1825 年）的说法，在法国占领埃及（1798—1801 年）之前，阉割中心位于艾斯尤特的阿布提格镇（Abu Tig）。[98] 不过，大约 20 年后，布尔克哈特写道：为奥斯曼帝国供应非洲阉奴的"大型制造厂"位于附近的扎维亚特－达尔村（Zawiyat al-Dayr），村民多为科普特基督徒。布尔克哈特曾于 1813—1814 年在此地逗留，当时负责阉割手术的是"两个科普特僧人，他们有一间房屋用于接收即将惨遭阉割的奴隶。据说二人的手法比之前所有的阉割师都要娴熟"[99]。一批奴隶抵达艾斯尤特之后，经过挑选的数名男童会立刻被带到两个僧人的屋中接受阉割手术。我们无法得知接受阉割手术的奴隶是怎样被挑选出来的。奴隶贩子可能知道皇宫以及各个维齐尔和行省总督某一年需要多少个阉奴。布尔克哈特断言，每年生产的阉奴大概有 150 名。19 世纪之前阉奴的数目肯定大于 150 名，因为他还提道："在埃及和叙利亚，蓄养阉奴已经远远不如从前流行了。"[100] 另外，青春期之前的男童（通常为 8—12 岁）是首选的阉割对象，因为他们尚未出现由激素引起的生理变化，包括长胡子、声音变低沉、产生性欲。[101]

所以，我们可以想象一下，一个埃塞俄比亚/努比亚/苏丹男孩跟着奴隶商队跋涉数月之后，或者在红海上历经几周的艰苦航行之后，接着又和其他同龄男孩一起被调往上埃及地区的一个村子里（而不是直接被运到开罗的奴隶市场），接受改变他们一生的剧痛手术，那他该感到多么迷茫、恐惧。基本的手术有两种，男孩做的是其中一种。游历甚广的地理学家穆卡达西（al-Muqaddasi，约945—1000年）早在10世纪就对这两种手术进行过描述：一种是用剃刀把阴茎和阴囊一刀切下，另一种是"将阴囊剖开，取出睾丸，然后将一块木片置于生殖器之下，将其沿根部切断"[102]。在两种手术中，做完上述步骤之后，都要将一根铅棒插入尿道，以免此处伤口结疤后堵住尿道（瓦施鲁的阉割手术显然没有采取这一步骤，对于在那里接受手术的奴隶来说，尿道堵塞和感染极为普遍）。大约700年后，奥斯曼旅行家爱维亚·切勒比（Evliya Çelebi）在介绍埃及的"奴隶外科医师"协会时，描述了类似的手术，不过在他的描述中，阉割手术达到了工业般的规模："外科医师"（其数目大概多于布尔克哈特所说的两个）一次就要阉割一两百个经过麻醉的非洲男童。[103]19世纪有多个欧洲观察者所描述的阉割手术基本上与此相同（不过需要指出的是，他们当中很少有人目睹过阉割手术），只不过添加了一些有趣的细节——讲的都是有关防止感染和尿道堵塞的种种做法（尿道堵塞显然是最主要的危险）。[104]

考虑到当时没有抗生素，我们可以料想，经阉割手术后因伤口感染而死亡的人数比例应该很高。对此，各位观察者的意见并不统一。在中世纪的瓦施鲁，卫生条件普遍较差，阉割师也未采取任何保护尿道的措施，因此，乌马里（al-Umari，1300—1349年）认为，因阉割手术而死的男童比阉割后存活的男童还要多。[105]爱维亚·切勒比对埃及"外科医师"的描述（写于17世纪70年代，当时埃及每年产出数百名阉奴）也表明，大约有一半被阉割的男童会死掉，而且往往死得很痛苦。[106]大约250年之后，德国医生古斯塔夫·纳赫蒂加尔（Gustav Nachtigal，1834—1885年）写道，在位于乍得湖东南的巴吉尔米王国接受阉割的 100 名男童中,活下来的不到三分之一。[107] 另外,根据法国医生安托万·克洛特(Antoine Clot,又称克洛特贝伊)的一篇写于 19 世纪 40 年代的报道,即使是由扎维亚特-达尔村的那两位娴熟的僧人操刀,阉割死亡率也高达 25%。[108] 然而布尔克哈特却断言,1813 年秋,在这个村子接受阉割的 60 名男童中,只有两名死亡——该死亡率接近弗兰克在 18 世纪末报告的阉割死亡率。[109] 在扎维亚特-达尔村,阉割手术通常在秋天施行,这样似乎降低了死亡率。[110] 这有可能是因为秋天比较凉爽,可以避免传染性细菌肆虐,而且由于天气不太冷,所以被阉割的男童没有挨冻的危险。我们也许可以大胆得出如下结论:不同的阉奴"制造厂"由于条件各异,阉割死亡率也各有差别;对于建成时间较长、阉割流程规范、卫生条件比较好的阉割中心,阉割死亡率往往是最低的。

即使男童存活了下来,作为一个阉人,他也可能产生各种身体异常,这些异常多由激素缺乏或失衡引起。他会长得特别高,脑袋小得与躯干不成比例,可是脸又特别大,手臂和腿特别长。他可能会过度肥胖,也有可能变得极瘦。布尔克哈特表示,他在汉志见到的宦官(显然就是在麦地那看守先知穆罕默德陵墓,以及在麦加看守卡巴天房的那些宦官)都瘦得可怕。[111] 也许在他游览麦加和麦地那的时候,瘦宦官恰巧占了多数。青春期之前被阉割的宦官永远长不出胡子,脸上却会布满皱纹。[112] 他们永远不会经历青春期的变声,相反,随着年龄增长,他们的声音会越来越尖细,所以如果活过了 60 岁(很多宦官都活过了 60 岁),他们的声音听起来可能就像女人的尖叫。[113]

慢性病也是过早接受阉割手术导致的常见问题。很多阉人患有骨质疏松症，因为他们的身体缺乏睾丸素，这种在青春期大量分泌的激素，可以增加骨骼强度。[114] 对于被完全阉割的人而言，尿路感染相当常见，这是尿道被截短导致的结果。中国有个俗语叫"臭太监"，说的就是很多宦官身上散发着挥之不去的尿味，当时的中国和大部分伊斯兰帝国一样，通常实行完全阉割。[115]

种族成见与性成见

埃塞俄比亚奴隶之所以在伊斯兰帝国很受欢迎，主要是因为他们本身具有诸多优点，更不用说其他有利条件了（比如两国邻近，有来往频繁的奴隶商路、建立多年的阉割设施等）。约翰·路德维希·布尔克哈特曾于1813—1814年（在1821年穆罕默德·阿里帕夏入侵苏丹，彻底改变奴隶贸易之前）遍游埃及和努比亚，他列举了埃塞俄比亚奴隶的优点。他说，埃塞俄比亚男性"因其忠诚而受到尊重，他们是优秀的家仆，通常也是出色的文员。他们的智力当然要比黑人高得多"[116]。这里的"黑人"大概指的是俗称为"津芝"（Zanj，土耳其语为 *zenc*）的一个黑人族群，他们与努比亚人和非洲之角的居民共同构成了东非的土著人口。而努比亚人则作为劳工受到青睐，因为他们性格好，而且体格比埃塞俄比亚人更为壮实。[117] 布尔克哈特还写道，安哈拉人（众多东非族群中的一个族群，埃塞俄比亚皇室多属于此族）是"出了名的好脾气"[118]。当然，这都是奴隶市场上的说法，都是根据主观经验和口口相传总结出来的，不一定是客观事实。尽管如此，布尔克哈特转述的这些成见与中世纪的记载却是一致的。[119] 如果人们普遍认为埃塞俄比亚男性聪慧、可靠，适合做家务与文书工作，那么他们成为宫廷宦官的优先备选对象也就不奇怪了。在开罗的奴隶市场上，大概就是因为上面提到的这些优点，以及复杂的阉割和运输过程，东非阉奴要比未去势的非洲奴隶贵上两三倍。[120]

以上这些看法反映出，奥斯曼帝国的核心人口对世界上——确切地说，是对非洲——各族人的品质抱有很深的成见。尽管这些成见显然不同于当代北美和西欧存在的种族与肤色偏见，但它们确实构成了某种"本土种族歧视"，这种歧视决定了非洲奴隶在奥斯曼社会的经历。就非洲民族而言，奥斯曼人对他们的划分方式必然借鉴了中世纪文学作品中的先例。然而，奥斯曼人对不同人种和肤色的态度深受如下事实的影响：17 世纪中期之前，奥斯曼帝国是由罗姆的精英阶层统治的。这个精英阶层起源于奥斯曼帝国的中央：伊斯坦布尔及周边地区、巴尔干半岛、安纳托利亚西部。这些地区统称为罗姆（"罗马"），因为它们曾经处于拜占庭帝国（东罗马帝国）的统治之下。侯赛因·伊尔马兹（Hüseyin Yılmaz）指出［他的观点呼应了梅廷·昆特（Metin Kunt）的著作］，在奥斯曼帝国的统治精英和知识精英中，最理想的种族地域身份即为罗姆人①。[121] 这些精英往往根据这一理想身份来评判其他族群。

在描述非洲各族人时，奥斯曼的知识分子和中世纪的知识分子一样，往往不用"非洲人"这个总括性的称呼。这说明他们没有把

---

① 本书中的"罗姆人"（Rumi）并非通常所说的罗姆人（Romani）（后者指吉卜赛人）。

非洲各族人视为一个整体，也就是说他们没有一个"泛非洲人口"的概念。他们用"津芝"这个集合名词来指代撒哈拉以南的各族人（如今这个词略带贬义），但一般不包括非洲之角的族群，后者被称为哈比沙人（Habeshi，亦称"阿比西尼亚人"）。"哈比沙"这个标签还涵盖了相当大范围的族群，包括安哈拉人、奥罗莫人、尚嘎拉人等。不过，奥斯曼文人并非在所有情况下都使用"津芝"一词，他们偶尔会用别的词来称呼某些非洲族群，例如努比亚人（Nubi）和苏丹人（Sudani）。西非人与奥斯曼的核心地区接触较少，他们常被称为"台克鲁里"（Takruri），这是一个源自古代加纳帝国的形容词。

就肤色而言，罗姆的知识分子认为东非奴隶的肤色为"黑色"（土耳其语为 siyah 或 kara，后者用得较少；阿拉伯语为 aswad），尽管这个词在当时并没有它在今日的北美或西欧所具有的内涵。那时候，"黑色"似乎是用来形容深色皮肤的人，更确切地说，是用来形容那些比住在奥斯曼帝国中央的罗姆人的肤色更深的人。罗姆人以自己的肤色为"标准"来评判的不仅有东非人，也包括居住在奥斯曼帝国"边缘"领地——尤其是各阿拉伯行省——的族群，这些族群的肤色通常要比这个标准更深。因此，16 世纪后期的知识分子盖利博鲁鲁·穆斯塔法·阿里（一个地道的罗姆人）在他 1599 年的著作《描述开罗》中对开罗本地人大加诋毁，称他们为 evlad-I 'Arab（"阿拉伯人之子"）。相比之下，他显然认为 Rum oğlanı（"罗姆人之子"）要比前者优越。[122] 居住在各个阿拉伯行省的族群类型有所不同，当地的知识分子所采取的标准可能不太一样。[123] 我个人认为，我们必须在这种影响广泛的种族地域沙文主义的背景下，来考察奥斯曼人对东非"黑人"的态度。非洲的各个"种族"（土耳其语中"种族"的单数形式为 cins，该词源自拉丁语的 genus）既包括哈比沙人、努比亚人、苏丹人、台克鲁里人、"阿拉伯人之子"，也包括东安纳托利亚人、库尔德人，以及来自高加索地区的多个族群。

在大约八个世纪之前，阿拔斯王朝时期的散文作家贾希兹就论述了深色皮肤人种的优点。他可能认识到了罗姆精英阶层的某些看法：浅色皮肤天生优于深色皮肤，所以来自偏北地区的人要优于南方人。奥斯曼知识分子采用早期穆斯林神学家改编的圣经故事"含的诅咒"①来解释非洲人的"落后"与"堕落"，贾希兹想必会对此产生共鸣吧——他的祖父就是一个非洲奴隶。[124]（贾希兹的这篇论述的确启发了之后一系列延续至 17 世纪的类似著作。[125]）

这种沙文主义并非罗姆精英阶层中根深蒂固的观念，而是在 16 世纪逐渐形成的。当时，奥斯曼帝国迅速扩张，因此得以接触到众多新族群，包括贝都因人、库尔德人、埃塞俄比亚人、柏柏人、高加索地区诸族群等。17 世纪初，由于人口构成的剧变（包括安纳托利亚农民的迁离、叙利亚和伊拉克的部落移民，以及农村乌理

---

① "含的诅咒"出自《圣经·创世纪》（9:20-27）。诺亚有三个儿子：闪、含、雅弗。大洪水之后的一天，诺亚喝醉了酒，赤着身子躺在帐篷里，含看到父亲赤身在帐篷里，就出去告诉了他的两个兄弟。闪和雅弗拿了一件长袍，搭在背上，倒退着走进帐篷，把长袍盖在了父亲身上，他们背着脸就看不到父亲的赤身。诺亚酒醒后，知道了三个孩子所做的事情，便说要含以及含的后代做两位兄弟及其后代的奴仆。

玛①大量涌入开罗），这种沙文主义观念更为严重。[126] 接触多个族群带来的最初"冲击"，往往会让人们产生强烈反应，遂形成沙文主义观念——当今的美国便是一例。

可以想见，这种强烈反应还包括糟糕的性成见。奥斯曼帝国中央的罗姆知识分子以及各个阿拉伯行省的阿拉伯知识分子认为，其他"不同"种族的人性欲极强，而且/或者有反常的性癖好。这是否定这些人的人性的常用手段。因此，18世纪30年代，编年史作者艾哈迈德·切勒比（开罗人）在记述一个1711年的事件时，痛骂"突厥人"——他指的是来自安纳托利亚的士兵。艾哈迈德骂他们是"乡巴佬"，"他们连 mim 和 nun 都分不清"②，这个说法表达的是对同性恋的憎恶，是一种粗鲁的性侮辱。[127] 时至今日，土耳其俚语中表示自慰的说法仍然包含"Abaza"这个词，指阿布哈兹人。对非洲人的性成见——无论正面的还是负面的——更是不胜枚举，比如"非洲人性欲旺盛"的说法似乎就比较常见。15世纪的埃及文人阿卜昔亥说："据说，当黑奴吃饱喝足了，他就会和别人通奸。"[128] 三个世纪后，编年史作者贾巴尔蒂赞扬了安哈拉人（他就是安哈拉人的后代），尽管如此，他却引用了这样的诗句：有人问一个女人，她"藏起来的东西有多软"，她的回答是"何必问？我可是安哈拉人"。[129]

根据流行甚广的成见，东非男人即使在被奴役、阉割之后，仍然具有无法完全抑制的性冲动。18世纪初，奥斯曼宫廷军队中有个军官发表了一番臭名昭著的对非洲籍后宫宦官的抨击，其中讲了

---

① 乌理玛，伊斯兰教学者的总称。
② mim 和 nun（音），阿拉伯语的两个字母（拉丁转写）。

这样一件事：宫中有两个妃子嫁给了这名军官手下的士兵，但很快就和他们离了婚。这两个女人抱怨道："我们在你们身上没找到从前黑人宦官给我们带来的快感。"[130] 这种荒唐的幻想显然反映出从未走近过后宫的男人对后宫实际情况的一无所知，同时也隐约反映了一种深层次的恐惧，即对宦官造反的恐惧。正如美国内战前的南方奴隶主无时无刻不在害怕奴隶造反，阉奴的主子，甚至是存在阉奴的社会（即旧大陆①中的大多数前现代社会）中的其他成员，也会害怕某个阉奴以某种不可思议的方式重获性能力。与美国南方奴隶主不同的是，后者的恐惧并不"现实"，而更像是某种朦胧甚至无意识的情感。奥斯曼后宫中的宦官虽然是被阉割的"异域"男人，却一直生活在最富有、权力最大，而且从诸多方面来看都最令人梦寐以求的女人身边，控制着她们的性生活（而其他"真"男人却接触不到这些女人）。这一矛盾无疑加深了人们对宦官的恐惧，以及这种恐惧导致的成见。毕竟，同样的矛盾也加深了对后宫和宦官的成见，时至今日，这些成见仍旧普遍存在。

结语

位于埃及、阿拉伯半岛、地中海东部的诸帝国中存在的奴隶制和"宦官参政"（political eunuchism）的传统，与东非的奴隶制、地缘政治竞争、种族地域多样性这些古老的模式相结合，为东非的

---

① 即 Old World，指在哥伦布发现新大陆之前欧洲所认知的世界，包括欧洲、亚洲和非洲。

阉奴贸易创造了条件，由此，奥斯曼帝国才得以大量使用东非阉奴。尽管我们无法确定伊斯兰教兴起之前非洲政权使用非洲奴隶的程度，但似乎可以明确的一点是，穆斯林诸帝国并不是简单将阉奴制度强加于东非。而且，在穆斯林诸帝国扩张到东非之前，即便东非当地对阉奴的使用不算特别普遍，此前早已存在的奴隶贸易体系也确实促进了一些远方的大帝国以及当地王国对阉奴的使用。另外，不可否认的是，正是这些帝国对奴隶的需求让奴隶贸易得到了扩张，而对新阉奴的需求则催生了复杂程度各异的阉割产业。

在这样的背景下，埃塞俄比亚的情况显得尤为特别。埃塞俄比亚是一个古老的基督教王国，与周边的穆斯林政体常常处于敌对状态，却成了以奥斯曼为首的一众伊斯兰帝国首选的后宫宦官来源地。埃塞俄比亚发达的奴隶贸易（奴隶的来源是边境地区的非基督教族群）适应了规模更大的服务于穆斯林大帝国的跨地区奴隶贸易。此外，在一定程度上，埃塞俄比亚境内的奴隶贸易旨在让奴隶担任国王身边的一系列要职。尽管担任这些职位的人一般不是阉奴（至少在前现代时期是这种情况），但这些职位与穆斯林政体中由阉奴担任的职位很相似。也就是说，在某种程度上，埃塞俄比亚早已存在的买卖、使用精英奴隶的传统，促使该王国成为奥斯曼帝国及此前多个穆斯林政权购买阉奴的首选地。

同时，受雇于奥斯曼的埃塞俄比亚阉奴遭受了无数成见，包括种族成见与性成见。这些成见早在奥斯曼帝国存在之前就有了，但由于奥斯曼帝国在16、17世纪面临着人口构成变化带来的压力，所以这样的成见要比以前更深。这种压力影响到了整个宫廷生活，下一章对此有所讨论。

第 3 章

黑白之分——奥斯曼宫廷宦官

后宫总管太监效力于奥斯曼宫廷。多数宦官——不仅是奥斯曼帝国的宦官,也包括所有伊斯兰帝国、大部分非伊斯兰帝国的宦官——要么在君主的宫殿中当差,要么在政府高官或者有钱人家的宫殿或宅邸中做事。不够富裕的人自然雇不起阉奴——阉奴往往比提供家政服务的"普通"奴隶贵得多。

考虑到这些,本章将以奥斯曼宫廷为研究对象——后宫总管太监的官宦生涯就是从这里展开的。我们首先要确定奥斯曼人何时开始系统地使用宦官,尤其是后宫宦官,以及使用的规模。之后,我们把目光转向宫廷的物理构造,思考各个奥斯曼宫殿的空间布局如何限定了宦官(包括总管太监、其他后宫宦官,以及不在后宫当差的宦官)的职责和行事方法。由于宫殿面积大且布局复杂,总管太监要想确定后宫与苏丹的私人寝宫,以及宫廷中这些私人空间与公共空间之间的界限,肯定不太容易。

遗憾的是,最早的奥斯曼宫殿的面貌几乎已无从得知,因此,我们很难考证出 15 世纪中期托普卡帕宫建成之前,后宫总管太监的居所是如何演变的。不过值得庆幸的是,我们可以清楚地了解到托普卡帕宫中宦官居所的演变方式。如本章后文所述,随着后宫宦官的影响力稳步扩大(尤其是相较于其他职位的宦官而言),托普卡帕宫后宫的空间复杂程度也在逐步增加。

第3章 黑白之分——奥斯曼宫廷宦官

早期奥斯曼的宦官

奥斯曼帝国兴起于13世纪末,最初只是安纳托利亚西北部一个小小的突厥酋长国,处在当时已经没落的拜占庭帝国的东部边界上。[1]因此,在奥斯曼帝国的早期发展过程中可以清楚地看到拜占庭制度的影响,宫廷宦官制度便是影响尤为深远的制度之一。第2章提到了穆斯林政体中宦官的职责,其中大部分也都是拜占庭帝国的宫廷宦官履行的职责:陪伴皇帝、辅导皇室成员、守卫女子的住所、统率军队。(如第1章所述,拜占庭宦官还扮演了重要的宗教角色:担任神职人员和教堂歌手。不过,伊斯兰世界的宦官并没有宗教方面的职务。)奥斯曼人第一次见到的宦官可能就是拜占庭宦官,而他们使用的第一批宦官可能也是以某种途径捕获的拜占庭宦官。这些宦官主要来自拜占庭帝国的边缘领地,尤其是拜占庭人所说的帕夫拉戈尼亚(Paphlagonia),即安纳托利亚中北部的滨海地区,包括锡诺普(Sinop)和卡斯塔莫努(Kastamonu)两座城市。[2]

在奥斯曼酋长国兴起之时及其扩张的早期,拜占庭的奴隶(包括阉奴)遍布安纳托利亚。几乎所有统治安纳托利亚半岛西部的突厥酋长国都使用了拜占庭奴隶。13世纪中期,蒙古入侵安纳托利亚,罗姆的塞尔柱苏丹国因此覆灭(第2章对该苏丹国作了简要介绍),在此之后,这些酋长国开始统治安纳托利亚。1333年,周游各地的摩洛哥学者伊本·白图泰(Ibn Battuta,1304—约1368年)经过安纳托利亚,在艾登侯国的埃米尔的王宫(位于侯国都城,邻近伊兹密尔)见到了多名希腊裔宦官,他们的美貌给他留下了深刻印象:

当我们抵达［埃米尔宅邸的］前厅时，我们看到了大约 20 个他的仆人（*khuddam*），美貌非凡，穿着丝绸衣服。他们的头发散开垂下来，肤色白里透红，神采奕奕。我问法官："这些俊美的人是谁？"法官答："他们是希腊宦官（*fityan*）[3]。"

几乎可以肯定，这些年轻男仆是通过与拜占庭交战得到的。伊本·白图泰称他们为"*fityan*"，这个词的字面义为"年轻男子"，但其实他始终用这个词代指宦官。[4] 而且，他们负责看守埃米尔的宅邸入口，这是宦官的一项常见职责，所以这也印证了他们的宦官身份。

在艾登侯国的东北面，正在扩张的奥斯曼酋长国显然也使用了宦官，这一点可以根据一份宗教捐献产业的契约判断出来。这份契约立于 1324 年，是为奥斯曼第二任苏丹奥尔汗（1326—1362 年在位）准备的。契约用波斯语撰写，声明奥尔汗已经"将整个麦吉策（Mekece）地区遗赠给宦官沙拉夫·丁·穆克比（Sharaf al-Din Muqbil），这个地区的边界清楚分明且众所周知。他是我的奴隶，我已将他解放"[5]。麦吉策是安纳托利亚西北部的一个镇子，靠近奥斯曼建国初期的中心地带，奥尔汗在那里建立了一个苏菲派道堂（Sufi lodge）。接着，契约对奥尔汗的决定做了解释：奥尔汗一开始将麦吉策的托管权（*tawliyat*）交给了道堂仆人的子女，但后来又把它移交给穆克比，这样一来，穆克比就能维持道堂的运转，服务道堂的成员。穆克比死后，托管权将重回道堂仆人后代的手中。

穆克比是首位掌握多个宗教捐献产业的托管权的奥斯曼宦官，

其中最重要的是捐献给麦加和麦地那这两处穆斯林圣地的庞大的帝国宗教产业。遗憾的是，除了这份遗赠契据揭示的一点信息，我们对穆克比几乎一无所知，尽管我们大抵可以猜测他的出身：拜占庭人习惯从某些族群中获取阉奴，他可能就来自其中一个族群。在奥尔汗于1326年征服拜占庭古城普鲁萨（即布尔萨）之前，穆克比显然已经在苏丹的宫中站稳了脚跟。奥尔汗将都城迁到这座新近征服的城市之后，在新都宫中当差的宦官想必比之前多了不少。可惜奥尔汗的宫殿今已不存。根据17世纪旅行家爱维亚·切勒比的记录，这座宫殿位于布尔萨的城堡内，但除了这一点信息，我们对它一无所知。[6]

从伊本·白图泰对艾登侯国的那群宦官的描述中，我们可以看出，这些宦官的主要职责是陪伴君主，同时为君主筛选访客。奥尔汗的宦官穆克比很可能也肩负类似的职责，不过他似乎还担任了财政方面的职位。没有迹象表明安纳托利亚诸酋长国中的宦官有护卫后宫的职责，就连这些酋长国的后宫是否与大约250年后的托普卡帕宫后宫有一定相似之处，我们都无从得知——托普卡帕宫的后宫规模庞大、结构复杂，由宦官精心守护。事实上，1333年伊本·白图泰访问伊兹尼克（即从前拜占庭的尼西亚城）之时，接待他的是奥尔汗之妻碧伦·哈顿（Bilun Hatun），这座小城由她掌管，而她丈夫则在布尔萨主持朝政。[7]

14世纪60年代，奥尔汗之子穆拉德一世（约1362—1389年在位）从拜占庭手中夺取了阿德里安堡（即埃迪尔内）。[8] 在之后的数十年里，这座城市成了奥斯曼皇宫的另一所在地。到了15世纪初，该城逐渐取代布尔萨，成为奥斯曼的政治中心。[9] 甚至在奥斯曼于1453年征服君士坦丁堡之后，埃迪尔内仍然是奥斯曼政府的所在地之一，这一历史地位一直保持到了18世纪初。穆拉德一世在埃迪尔内建造了一座宫殿（200多年后修建的塞利米耶清真寺就在其附近），如今这座宫殿也几乎踪影无存了。[10]比它更出名的"新宫"（俗称为Hünkârbahçesi，意为"苏丹的花园"）是穆拉德二世（1421—1444年及1446—1451年在位）死前不久下令修建的。新宫原先由几个位于登萨河岸边的凉亭组成，之后的历任苏丹不断在此基础上扩建，一直到18世纪初。在穆拉德二世及其子穆罕默德二世（即"征服者"，1444—1446年及1451—1481年在位）统治期间，该宫殿的后宫是单独修建的，独立于苏丹那栋高耸的私人住所（俗称Cihannüma Kasrı，意为"全景城堡"）以及苏丹男仆的住处。不过，当时的宫殿还不存在后来那种细致的空间分隔。[11]白人宦官守卫在宫殿入口，即吉庆门（Babüssaade），位于苏丹的谒见厅前面（就在全景城堡的南边）。他们的职责类似于从前艾登侯国的那些希腊宦官以及后来的托普卡帕宫白人宦官的职责。

不幸的是，1877—1878年第十次俄土战争期间，新宫被用来储存弹药，俄罗斯人挺进埃迪尔内时，奥斯曼军队故意点燃弹药库，导致宫殿的大部分建筑倒塌。宫殿的挖掘和复原工作于2009年正式开始，但由于气候和后勤问题，工作受到了严重阻碍。[12]由于这个原因，再加上缺乏16世纪之前的档案资料，我们很难估算出穆拉德二世和穆罕默德二世在位期间新宫雇用的宦官人数。至于在穆拉德一世以及紧接他之后的几位继任者统治期间效力于旧宫的宦官人数，我们也没有任何线索。我们大概可以确定，所有这些君主还是像原来一样从拜占庭获取阉奴，虽说随着奥斯曼帝国的扩张，有可能向其供应阉奴的族群也越来越多。大概在 14 世纪末或 15 世纪初，奥斯曼引入德夫希尔梅制度，即"收集"基督教男童来当耶尼切里或宫廷男仆。[13] 此后，阉奴的获取变得更为频繁、更有预见性。被选来当男仆的一小部分男童显然经过了阉割，尽管我们尚不清楚其遴选过程。[14]

大多数守卫埃迪尔内宫殿吉庆门的白人宦官估计都是战俘，可能有一小部分是通过德夫希尔梅制度选入的，他们来自巴尔干半岛，或者是来自安纳托利亚的希腊人。（在之后的几个世纪里，这类"守门宦官"的人选范围扩大到哈布斯堡王朝统治下的匈牙利战俘，以及从高加索地区购入的奴隶。）至少在穆拉德二世统治期间，宫廷宦官当中也可能包括少数东非人，如果是这样，他们的职责应该是守卫后宫（和此前各个伊斯兰帝国中的东非宦官一样）。当时，奥斯曼帝国尚不便大量进口非洲阉奴，因为马穆鲁克苏丹国阻挡了进入苏丹和非洲之角的直接通道。不过，奥斯曼官员有可能在每年去麦加朝觐期间，从汉志地区购买阉奴。奥斯曼苏丹也有可能收到他国——很可能就是马穆鲁克苏丹国——在外交往来中赠送的阉奴。[15]

征服君士坦丁堡之后

穆罕默德二世于 1453 年征服拜占庭帝国的首都君士坦丁堡，这是奥斯曼宫廷宦官历史的一个转折点。"征服者"穆罕默德遂建都于君士坦丁堡，此后该城一直是奥斯曼帝国的首都，直到帝国于

20 世纪 20 年代初解体。由于都城固定不变，多个大型宫殿得以建成，这些宫殿在漫长的时间里——也许是数个世纪——一直是奥斯曼皇室的所在地。

征服君士坦丁堡的第二年，奥斯曼帝国便开始在拜占庭皇帝狄奥多西（379—395 年在位）广场的旧址上兴建一座宫殿。狄奥多西广场的前身是公牛广场（Forum Tauri），由君士坦丁堡的创立者君士坦丁一世（306—337 年在位）所建。如今，这里是伊斯坦布尔大学的所在地。后来托普卡帕宫建成之后，这座宫殿便被称为旧宫（Saray-ı Atik）。目前掌握的资料显示，旧宫不是一幢单独的建筑，而是一个庞大的建筑群，包括多个凉亭、宫殿式住宅，还有花园和狩猎场这类露天空间，所有这些建筑都被容纳在一个宽阔的矩形围墙内，因此，它就相当于这座拜占庭旧城中心的一个城堡。和埃迪尔内的新宫一样，旧宫中也有后宫、苏丹的私人寝宫、处理政事的议会厅、御膳房、马厩、金库，以及宫中士兵的宿舍——这是为了发挥宫殿作为城市堡垒的功能。[16] 后宫由宦官守卫，其中包括非洲宦官，不过这些非洲宦官的确切人数和比例无法得知。奇怪的是，从来没有哪位苏丹长期在旧宫中居住。旧宫与托普卡帕宫的建成时间相隔四年，在这四年间，就连穆罕默德本人也没有一直住在旧宫，而是往返于旧宫和埃迪尔内的宫殿之间。[17]

1458 年，穆罕默德二世下令在博斯普鲁斯海峡、金角湾、马尔马拉海三者的交汇处建造一座宏伟的新宫（此处曾是古希腊城市拜占庭的卫城所在地）。19 世纪之后，这座新宫被称作托普卡帕（"炮门"之意），这是拜占庭的一座海滨大门（今已不存）的名字，该大门即古卫城的入口。在这个俯瞰博斯普鲁斯的海水流入金角湾的地方，穆罕默德放置了约40门大炮。[18]与旧宫和埃迪尔内的宫殿一样，托普卡帕宫由多座建筑组成，建筑周围有花园，宫殿的围墙是1478年才修的。

不过，托普卡帕宫的布局有些独特，15世纪60年代建成时，它包含由南向北水平排列的三个庭院（图3.1）。第一庭院（又叫外庭院）从帝王之门（Bab-i Hümayun）一直延伸到中门（Orta Kapı），是对公众开放程度最高的区域。第二庭院（中门内）是耶尼切里及其他宫廷军队集结的地方，大维齐尔也在此主持会议。第三庭院是最隐秘的部分，它与第二庭院之间由吉庆门隔开，吉庆门后面即为苏丹的谒见厅。根据格鲁·奈奇博鲁（Gülru Necipoğlu）的研究，穆罕默德在位期间，苏丹的私人寝宫位于第三庭院的东北角，背靠一排敞廊，旁边就是他男仆的宿舍。（后来被称为第四庭院的部分由第三庭院北面的花园组成，在之后的数个世纪里，多任苏丹在第四庭院修建了凉亭。）苏丹私人寝宫的西面是一个小型的全封闭闺房，住着苏丹的奴妾。[19]宫中的其余女子（包括苏丹的女儿以及他子女的母亲）大多还住在埃迪尔内或旧宫里。[20]在之后的75年里，旧宫一直是奥斯曼帝国后宫的主要所在地。

对于一个帝制王朝来说，将男女住所分隔两地（两地距离约三千米）的做法肯定不太寻常。不过这种做法即使在奥斯曼的历史上也有先例：如前所述，奥尔汗让他的妻子掌管伊兹尼克，而自己却搬到布尔萨去住。当然，如果苏丹带兵打仗，可能也会和妻妾分开好几个月，虽说皇室女子偶尔会跟随军队行进一段时间。[21]另外，在之后的几个世纪里，一些行省要员的妻子也会住在自己的"闺房"中，与丈夫的住处隔开。[22]

后宫示意图

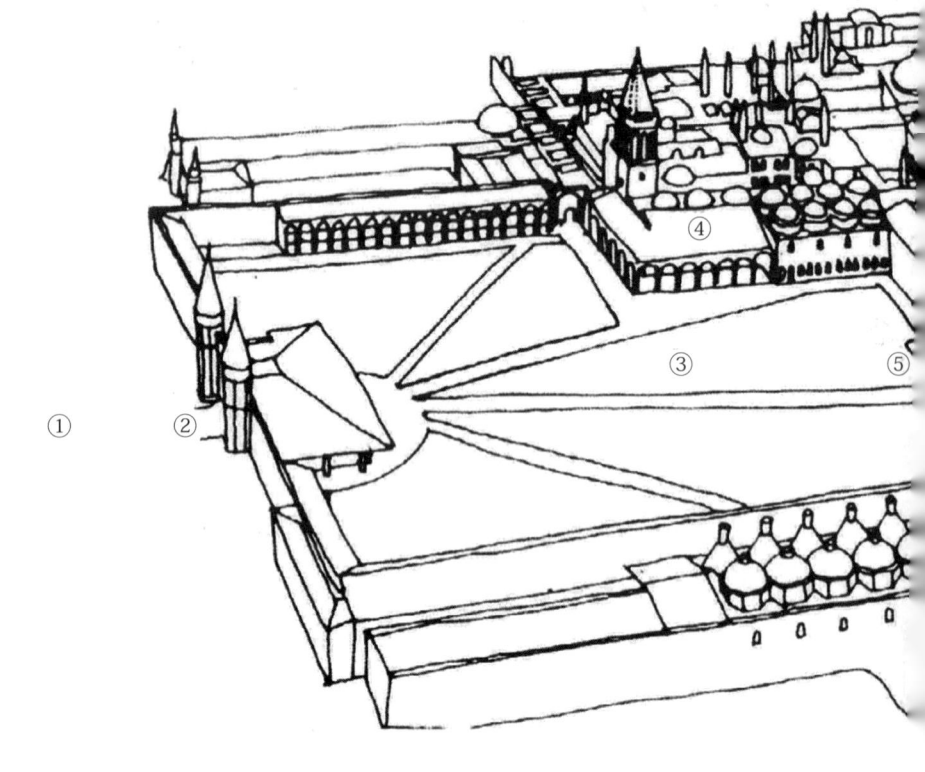

图 3.1 托普卡帕宫平面图。图片来源：Robert Hillenbrand, *Islamic Architecture: Form, Function, and Meaning* (Edinburgh, 2000), 458. 经爱丁堡大学出版社许可使用。

第3章 黑白之分——奥斯曼宫廷宦官

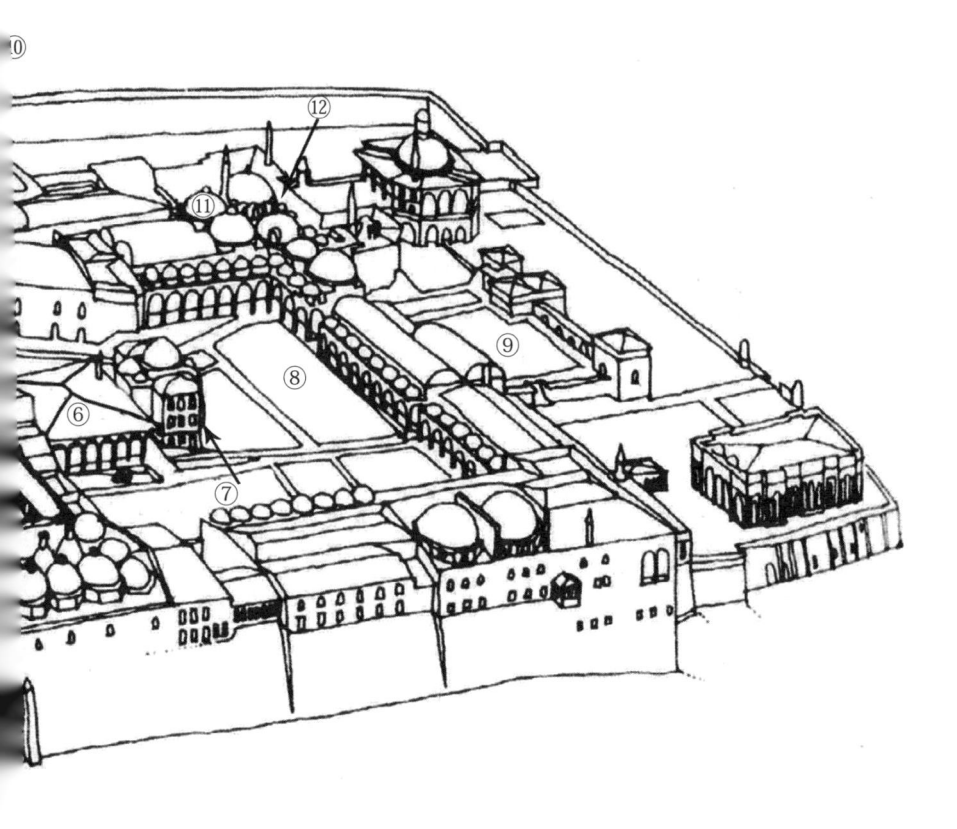

① 第一庭院　　⑤ 吉庆门　　　　　　　⑨ 第四庭院
② 中门　　　　⑥ 谒见厅　　　　　　　⑩ "囚笼"
③ 第二庭院　　⑦ 艾哈迈德三世的图书馆　⑪ 苏丹私人寝宫
④ 理事会　　　⑧ 第三庭院　　　　　　⑫ 割礼室

托普卡帕宫中的小型闺房由非洲宦官守卫,[23] 他们应该是和自己服侍的女性一道从旧宫搬过来的。在托普卡帕宫建成后的数十年里,这类非洲宦官的数量较少:1475 年,威尼斯拜洛在一份报告中写道:住在新宫(托普卡帕宫)中的 150 名姬室由 25 名宦官照管(当时旧宫中有 250 名女性)。尽管这些后宫宦官多为非洲人,他们的首领却是个白人宦官,这个白人宦官负责看守吉庆门、监督宫廷男仆的训练。这种安排有一定道理,因为根据奈奇博鲁的论证,第三庭院最初被用作苏丹家奴的训练场。这些家奴包括两类:一为男仆,一为姬室。[24] 到了 1475 年,白人总管太监["大门阿迦"(Kapı Ağası),亦称吉庆门阿迦]的官位已经高于旧宫中的后宫总管太监。[25]

换句话说,托普卡帕宫最初的空间及功能构想,使得奥斯曼宫廷宦官被划分为相互独立的两类:一类是后宫宦官,一类是训练男仆的宦官。这种划分此前就存在于埃迪尔内的新宫之中,最终将等同于非洲宦官和白人宦官的划分。不过,在早期,两类宦官之间的种族地域划分还没有那么绝对,比如来自巴尔干半岛和安纳托利亚的宦官仍然在后宫当差。黑人和白人混杂的情况是可以预料到的,因为在当时,后宫和第三庭院的宦官都负责训练家奴,而且都受到白人总管太监的监督,所以这两类宦官有一定联系。16 世纪,这种联系随着皇室女子被转移到托普卡帕宫以及后宫规模的扩大逐渐弱化。

许蕾姆移居托普卡帕宫（约 1530 年）

如果说征服君士坦丁堡以及建造托普卡帕宫标志着奥斯曼宫廷宦官历史的一个转折点，那么 16 世纪则出现了另一个同样重要的转折点：皇室女性首次迁入托普卡帕宫后宫。在此之前，这里是为奴妾准备的地方。此次迁居的推动者是苏莱曼一世之妻许蕾姆苏丹（约 1502—1558 年）。在西欧，人们称她为罗克塞拉娜，这可能是因为她有一小部分"俄罗斯"血统——她大概来自如今的乌克兰地区。进入奥斯曼皇宫之初，她的身份还只是奴妾。有很多传说讲述了她如何俘获苏莱曼的心，从而让苏莱曼立她为皇后，甚至置三千佳丽不顾而独宠她一人。[26]

考虑到这位苏丹对皇后那么依恋，那她从旧宫（当时早已成为苏丹妻妾的一处"闺房"）移居托普卡帕宫也就合情合理了——这样她就能和丈夫比邻而居。格鲁·奈奇博鲁的研究有力地驳斥了一种流传多年的观点，即认为许蕾姆移居托普卡帕宫是因为 1541 年她在旧宫的住处发生了一场火灾，从表面上来看，等住处修缮完毕她就应该返回。[27] 然而，早在 1534 年，威尼斯拜洛的报告中就提到许蕾姆出现在新宫之中，这表明她的移居是有一个计划的策略，而不是暂时借住，因此，她最终长住托普卡帕宫并不令人意外。

许蕾姆移居托普卡帕宫时带了大量随从，包括 100 名女仆[28]及数名宦官，这些宦官当中显然既有非洲人，又有来自其他地区的人。[29] 这样的人种混杂的情况符合后宫宦官中持续存在的种族地域流动性。即便如此，这些新的后宫宦官的数量还是没有守卫第三庭院的白人宦官的数量多。苏莱曼的继任者为塞利姆二世（1566—

1574年在位，苏莱曼与许蕾姆之子），在塞利姆二世统治期间，守卫后宫的宦官只有18名，而看管第三庭院的宦官则有35名。[30] 不过，托普卡帕宫后宫此时已成为皇权的核心所在，而不仅仅是苏丹妾室的暂住地。因此，在这个后宫当差的宦官不再只是苏丹妾室的卫士和老师，还是皇权的附属，至少这种可能是存在的。由于这种种情况的变化，后宫宦官再由吉庆门总管太监（吉庆门阿迦）来统领就不太合理了，尽管吉庆门阿迦在事实上还接着做了几十年的后宫太监总管。

在托普卡帕宫安顿下来后，许蕾姆苏丹就再也没有搬出去过——除了晚年可能外出就医。[31] 与该时期的多数皇子之母不同的是，许蕾姆并没有跟随她的三个存活下来的儿子去安纳托利亚——根据奥斯曼长期以来的惯例，皇子应当去安纳托利亚各省就任总督，以学习治国之道。不过，她偶尔会去看望他们。[32] 许蕾姆无疑开创了一个先例：在她之后，苏丹的皇后和宠妃都在托普卡帕宫居住、产子，她们的子女年幼时也与她们一起住在后宫。穆拉德三世统治期间，托普卡帕宫不仅是苏丹宠妃的住处，还成了皇太后的居所。

住在托普卡帕宫后宫的人数稳步增加，为了能容纳他们，后宫在16世纪的最后几十年间经历了大幅扩建，从一开始位于苏丹私人寝宫西面的一处面积不大的封闭区域，摇身变成第三庭院一侧的大片建筑群，其中包括多个套间、宿舍、接待室。[33] 此时已有大约1200名女人住在后宫，后宫宦官的数目也相应地从十几人增加到数百人。[34] 新的补充来源满足了对宦官的大量需求：在苏莱曼及其父统治期间，奥斯曼帝国征服了埃及、苏丹北部、索马里海岸，因此，获取非洲阉奴比以往更容易。这两个并行的发展趋势最终将确立非洲籍后宫宦官与第三庭院白人宦官之间的种族/空间区隔。其实，自托普卡帕宫建成后，这种区隔就已经在逐渐形成了。

后宫黑人宦官与吉庆门白人宦官

此时的后宫完全独立于第三庭院，其中一个入口位于第二庭院的西北角，即大维齐尔的议会厅的西面。与区域上的分隔相对应，服侍后宫的宦官进一步与另一宦官群体——负责训练第三庭院的男仆，以及在苏丹的谒见厅前站岗的宦官——区分开来。我们可以说，自苏莱曼统治开始，后宫宦官多为非洲人（尽管仍然并非全为非洲人），他们与吉庆门的白人宦官截然不同。从空间上看，非洲宦官和白人宦官分别与宫中的两个独立区域——后宫与第三庭院——联系在一起。但更确切地说，与他们联系在一起的是两道门：与白人宦官相关联的是吉庆门，即苏丹谒见厅前面的门，它把第三庭院与第二庭院隔开。非洲人占多数的后宫宦官则与后宫［后宫的委婉说法为"吉庆宫"（阿拉伯语：Dar al-Sa 'ada）］入口相关联。也就是说，这两个宦官群体各自守卫着不同区域的边界：一个是第二庭院这个较为开放的区域，一个则是门禁森严的区域[35]，包括第三庭院（仅限苏丹及其男仆出入）以及后宫（仅限苏丹妻妾及其子女居住，当然苏丹可以随时造访）。

宦官的等级制度 每个宦官群体中都存在严格的等级制度，类似于苏丹私人寝宫男仆以及后宫女性当中存在的等级制度。根据年齡和經驗論資排輩是所有這些等級制度的關鍵。吉慶門阿迦應該是從吉慶門宦官之中一層層往上爬的，可能在擔任了宮廷首席司庫（hazinedar başı）甚至蘇丹私人寢宮的首領（hass oda başı）之後才能當上吉慶門總管太監。[36] 與此類似，一名宦官在後宮當了幾十年差，經過層層晉升之後，才能當上後宮宦官的首領，那時候他應該已經五六十歲，是個老道之人了。[37] 他此前很可能在舊宮工作過一段時間，而此時的舊宮已經成了前任蘇丹們的遺孀、女兒、未婚姊妹的住處。在托普卡帕宮，後宮宦官的首領掌管著一幫比他年輕、經驗沒他豐富的宦官，其中就有他未來的繼任者。16世紀後宮宦官的具體等級排列情況難以確定，後宮宦官的等級制度要到17世紀末才比較規範、明晰，本書之後的章節對此有所闡述。

　　奧斯曼帝國後宮設立這種基於年齡的等級制度，不僅是為了獎賞服務多年的忠誠奴僕，也是為了確保後宮宦官在升任權力較大的職位之前得到全面的訓練、獲得必需的經驗。帝國後宮的主要目的是控制皇室的繁衍，當我們考慮到這一點之後，這種訓練的重要性也就顯而易見了。萊斯利·皮爾斯的研究證明後宮並非"蘇丹的遊戲圍欄"——這是當代歐洲的成見。後宮更像是一個女子宿舍，其中只有精心挑選出來的一小部分妾室是為了懷上蘇丹的孩子而做準備的，這些精心挑選出來的女子理論上每人只能生一個兒子。[38] 因此，後宮中所有年輕女子的性生活必須受到精心控制。這一任務落到了年長女性（尤其是皇太后）以及後宮宦官的頭上。一個經驗不足的小宦官是擔不起這個責任的，也無法與後宮中的年長女子建立起複雜的"同盟關係網"——這些女子對該任務的執行不可或缺。我們可以認為，後宮宦官的這一職責間接等同於年長的吉慶門宦官的一项任务：防止受训的宫廷男仆之间发生不正当性行为。由此引申开来，这一职责也可等同于马穆鲁克苏丹国的宦官为防止新兵遭到老兵性虐而采取的措施。

竞争 后宫宦官与吉庆门宦官的竞争也许是无法避免的，他们之间的较量都是为了接近苏丹。由于要和哈布斯堡王朝作战，苏莱曼常常要离开托普卡帕宫，但他在宫中维持了此前就已存在的"苏丹隐居"的传统。[39] 苏莱曼在宫中居住时，臣子们通常看不到他，只有在某些礼拜五——也就是苏莱曼外出参加聚礼的日子，人们才能一睹龙颜。就连大维齐尔——除了与苏莱曼关系密切的易卜拉欣帕夏（1523—1536年在任）[40]，连帝国耶尼切里军团的最高军官都难以接近他，因为他几乎都是待在第三庭院或者后宫，不与外界接触。实际上，我们可以认为，在16世纪的大部分时间里，只要奥斯曼苏丹在宫中逗留，那他不是住在第三庭院，就是待在后宫，只不过在两个地方待的时间不一样。在第三庭院中，只有男仆与宦官能接触到苏丹；而在后宫中，享有这一特权的则是苏丹妻妾以及后宫太监。苏丹在托普卡帕宫逗留期间，无论他造访后宫有多么频繁，他都是"住在"私人寝宫的，至少在塞利姆二世之前，苏丹都在自己的私人寝宫过夜。这种做法平衡了第三庭院和后宫的势力，也平衡了住在这两个区域的两个宦官群体之间的势力。

穆拉德三世移居后宫

苏丹穆拉德三世在后宫内建立自己的住所之后，上述平衡就被打破了。穆拉德深爱其母，也就是努尔巴努苏丹——一个强悍的威尼斯人。和之前其他皇太后一样，努尔巴努苏丹也住在托普卡帕宫后宫。穆拉德于1574年登基之后最先拜见的人之一就是他的母亲。[41] 不久之后，穆拉德的宠妃莎菲耶苏丹[42]——一位同样强悍的女人——也来到了后宫。莎菲耶虽为阿尔巴尼亚人，却是在威尼斯人的圈子里长大的，因为威尼斯占领了阿尔巴尼亚人的聚居地，包括达尔马提亚（Dalmatia，今克罗地亚西南部）和如今希腊大陆的大片地区。因此，莎菲耶继续采取努尔巴努的做法：供养一帮威尼斯侍臣，并与威尼斯共和国交好。[43]

这两个女人把后宫变成了一个具有政治影响力的堡垒，"团结威尼斯"的做法让她们与吉庆门宦官产生了持久的联系。努尔巴努和莎菲耶各自的小圈子有一个共同成员：加赞夫（Gazanfer）阿迦，一个有权有势的吉庆门阿迦。加赞夫是威尼斯人，在苏莱曼一世统治期间被海盗抓走，一道被抓走的还有他的哥哥、母亲和两个姐妹。他的母亲把自己和两个女儿赎了出来，而加赞夫和哥哥却被带到宫中当差。在宫中，两兄弟成了未来的苏丹塞利姆二世的好伙伴。塞利姆在苏莱曼死后继位，据说在此之后，加赞夫和哥哥卡夫（Cafer）自愿接受阉割，为的是能继续接近塞利姆——皇家之外的男子如果没有去势，就不会被允许和苏丹走得太近。根据一个著名的传言，卡夫接受阉割手术之后未能存活，但玛丽亚·皮亚·佩达尼（Maria Pia Pedani）的研究表明，他不仅活了下来，而且在穆拉德三世统治期间还当上了苏丹的私人寝宫首领。加赞夫也当上了吉庆门阿迦。1582年，加赞夫的哥哥去世，之后加赞夫便接任了私人寝宫首领一职。[44] 最终，加赞夫的母亲，他的其中一个姐妹，以及这个姐妹两个儿子中的一个,都和他一样进入了托普卡帕宫。他的这个姐妹成了威尼斯大使与奥斯曼宫廷之间的关键中间人。[45]

努尔巴努和莎菲耶二人与同一个吉庆门阿迦走得那么近,这可能有点违反常理,毕竟吉庆门阿迦是吉庆门宦官的首领,而不是后宫宦官的首领。不过,三人都在威尼斯的文化氛围中长大,这一共同的文化背景显然超越了处在宫中不同位置所产生的空间距离。下列事实更是加深了这种印象:当时位列第三的吉庆门宦官〔官职名为萨雷阿迦(saray ağası,意为"宫廷长官")[46]〕也来自威尼斯统治下的一座城市——达尔马提亚的扎拉(Zara,今扎达尔),而且也属于莎菲耶的圈子。[47]况且,至少在穆拉德三世统治的前几年,作为吉庆门阿迦的加赞夫实际上也掌管着后宫宦官。

这一切似乎都表明,在穆拉德三世统治期间,吉庆门宦官的权力变大了(而非变小),这是由于他们有威尼斯背景。不过,虽说努尔巴努与莎菲耶之间,以及加赞夫与其他吉庆门宦官之间存在地域及文化上的联系,但这并不代表这两位皇室女性在托普卡帕后宫生活期间没有和后宫宦官培养关系。另外,这也不代表苏丹重视吉庆门宦官而轻视后宫宦官。相反,穆拉德与当时的后宫总管太监哈比沙·穆罕默德阿迦(阿比西尼亚人)过从甚密,后者是第4章主要讨论的人物。可能就是因为和这位阿迦有交情,再加上对莎菲耶和努尔巴努的感情,穆拉德在登基不久后便住到了后宫里。其父塞利姆二世在此前就已经开始在后宫过夜了(而不是在第三庭院中的苏丹私人寝宫)。[48]穆拉德在后宫给自己建了一座豪华寝宫(如今已是托普卡帕宫后宫之旅的一个亮点)。在他之前,苏丹的床由四名宫廷男仆守卫,而他的床则由年长女性轮流守卫。[49]为了能在后

- 69 -

宫有个除睡觉以外的去处，穆拉德下令建造了一间带穹顶的接待厅（1585 年完工），旁边还建了一个皇家浴场。[50]

总的来说，无论是建筑规模还是居住人数，后宫在穆拉德三世统治期间都经历了一次扩张。[51]这位苏丹为母亲和莎菲耶修建了宽敞的新居，其余妾室（大概 40 多个）也都有独立的住处。[52]同时，接受相关训练的未来妾室以及后宫女仆的数量为 1200 人左右。[53]后宫女仆包括各个等级，从后宫管家[54]（kâhya，又作 kethüda 或 kadını）到教师、厨师、洗衣工、裁缝、乳母和沐浴侍者。后宫人数的增加不仅是因为穆拉德三世的妾室比之前的苏丹都多，也是因为他经常住在后宫，需要女仆和宦官满足他各种各样的需求。因此，后宫宦官的数量在穆拉德三世统治时期达到了顶峰，有 300—400 名[55]，而吉庆门宦官的数量只有后宫宦官的十分之一左右。

后宫宦官本来就有接近苏丹妻妾的特权，穆拉德移居后宫之后，苏丹妻妾的影响力逐渐增加，而后宫宦官也比以往任何时候都更容易接近苏丹。在这样的有利条件下，后宫宦官首领的影响力很有可能超过吉庆门阿迦（尽管加赞夫和其他吉庆门宦官也仍具有一定影响力），而且也的确超过了——那是穆拉德登基约 14 年之后的事。下一章将论述这一点。

第 4 章
总管太监一职的设立与哈比沙阿迦的宦途

我们在第 3 章看到，穆拉德三世在其父塞利姆二世死后同年登基（1574 年），他是第一个住在托普卡帕宫后宫的奥斯曼苏丹，而不仅仅只是在后宫睡觉或者偶尔造访后宫。另外，由于他通常不会像之前的苏丹那样御驾亲征，而是委派大维齐尔带兵出征（这是一项影响巨大的先例），所以他有大把时间可以花在后宫中。穆拉德移居后宫其实也属于一种"苏丹隐居"模式，而正如我们所见，这一模式在他的祖父苏莱曼一世统治期间就存在了。穆拉德将这种隐居倾向发挥到了极致：他很少出宫，而且总是将自己隔绝在宫中禁守最为森严的区域。

由于偏爱后宫，穆拉德疏远了第三庭院中"男性后宫"——所谓的"恩德仑"（Enderun）——的成员：白人宦官和未去势男仆。因此，后宫得以取代第三庭院政权中心的地位。多个宫廷政治派系形成于后宫之中（表 4.1），吸引后宫和第三庭院的成员乘机加入。就连曾经管理整个皇室的吉庆门阿迦，此时也不得不加入其中一个派系，以维持自己的势力。这一新形势让后宫与第三庭院之间的关系紧张起来，直到 18 世纪初才有所缓和。

奥斯曼文献通常将这类宫廷派系称为"塔拉夫"（taraf，字面义为"边"）[1]，它构成了一张恩庇-侍从关系网。这种关系网以家庭关系为补充，其存在时间相当短暂，一旦派系首领的生命或宦途终结，派系就会解散。派系首领可以是苏丹的母亲或宠妃，如果缺少强悍女性，便可以是后宫总管太监本人。它并非长存不变的庞大阵营，也缺乏无懈可击的、以公共符号和仪式为特征的集体形象——这些是许多前现代和近代早期社会中的全社会政治派别的特点。[2] 哈比沙·穆罕默德阿迦进入托普卡帕宫时，这种派系政治刚刚开始支配整个宫廷，后来他也成了玩弄这种政治的行家里手之一。

表 4.1 穆拉德三世时期第三庭院及后宫主要人物（本章提及的人物用斜体标示）

第三庭院			后宫
吉庆门总管太监（吉庆门阿迦） 加赞夫			后宫
吉庆门	苏丹私人寝宫	皇太后 努尔巴努（穆拉德三世之母） 莎菲耶（穆拉德三世之妻、穆罕默德三世之母）	后宫总管太监及苏丹密友（Musahib） *哈比沙·穆罕默德*
宫廷司库 宫廷长（萨雷阿迦） 吉庆门男童（Kapı Oğlanı） *哈比沙·穆罕默德*	私人寝宫首领 执剑侍从（Silahdar） 贴身男仆（Çuhadar） 持马镫者（Rikabdar） 男仆 费尔哈德 纳苏赫		

穆拉德移居后宫之前，后宫总管太监在第三庭院中处于从属地位，其等级低于吉庆门阿迦，所以有时候会被宫廷史官或欧洲观察者忽略。因此，我们对穆拉德统治之前的多个后宫总管太监知之甚少，甚至连他们的名字都不知道。与此相反，我们却对穆拉德在位之前及在位期间的几位著名的吉庆门阿迦，以及其他主要的吉庆门

宦官有所了解，甚至能够找到他们委托建造的纪念性建筑。[3] 有关这一时期后宫宦官的此类信息则无处可寻。

1574年，穆拉德任命哈比沙·穆罕默德阿迦统领后宫宦官。1588年，穆拉德又让他主管服务于麦加和麦地那的圣地宗教捐献产业，从而在事实上创立了后宫总管太监（吉庆宫阿迦）这一官职。此后，后宫宦官的地位发生了巨大改变。本章将考察哈比沙·穆罕默德的出身背景与官宦生涯，以及他作为后宫总管太监为其继任者开创的诸多先例。我们很快就会了解到，他之所以大权在握，很大程度上是因为他在就任该职位之前积累了可观的财富和影响力。换言之，他的个人力量与这一官职赋予他的权力共同发挥了作用。

哈比沙·穆罕默德的早期宦途

奇怪的是，虽然哈比沙·穆罕默德阿迦后来位高权重，但有关他出身背景的确切信息却相对较少。不过，我们确实掌握了一份值得注意的资料，其中记录了他曾经为奴的那段经历，这段经历估计是由他本人讲述的。这个故事出现在一篇文章的页边空白处（这篇著名的文章论述了埃塞俄比亚人的优点，其作者是奥斯曼乌理玛委员会中罕有的埃塞俄比亚籍成员），其中有语句暗示哈比沙·穆罕默德生来就是个穆斯林："阿比西尼亚人的孩子在先知时代就接受了伊斯兰教。"根据该故事的说法，他是被欧洲人奴役的，这一点与大部分埃塞俄比亚阉奴不同。故事声称，一艘法兰克人的商船在哈比沙行省停靠，商人"装了满船的哈比沙货物，买下了我和另外

第4章 总管太监一职的设立与哈比沙阿迦的宦途

两个阉奴之后,启程前往法兰吉斯坦①"。商船在海上航行了一周之后,突然被一艘穆斯林的船追上,并遭到了它的攻击。

　　一场大战从上午一直持续到下午的礼拜时间。那些穆斯林攻占了我们的船,成了这场大战的获胜方。不过,那个法兰克异教徒[即商人]是个勇猛的魔鬼[原文字面义为"被诅咒的勇者"],因为他单枪匹马就把那些穆斯林的首领[谢赫]弄死了。可是,我们都看得出,他已经筋疲力尽。他来到救生艇上,叹了一口气,然后在我们旁边坐下。说时迟,那时快,一颗[火枪]子弹飞射过来,击中他的胸口,从背部穿了出去。他的命就这样丢了。那些穆斯林占领了商船,瓜分了藏在里面的每一样东西。他们把我们带走并交到埃及总督手中,然后埃及总督又把我们交给塞利姆汗,也就是苏莱曼汗之子[即塞利姆二世,苏莱曼一世之子]。[4]

　　这个惊心动魄的故事具有古老传说的特点。艺术史学者埃米内·费特瓦奇(Emine Fetvacı)认为,这个故事之所以引入哈比沙·穆罕默德被一个法兰克商人买下的情节,可能是考虑到阉割违反伊斯兰律法。[5]就算抛开这段带有奇幻色彩的叙述,我们也可以清楚地知道,哈比沙·穆罕默德是在奥斯曼帝国1517年征服埃及并入侵苏丹和非洲之角之后进入奥斯曼皇宫当差的埃塞俄比亚阉奴之一。当时,服务于奥斯曼的埃塞俄比亚阉奴的数量正在稳步增长。

---

① 字面义为"法兰克人的土地",穆斯林用以指西欧或拉丁欧洲。

这个故事的末尾部分比较可信，即穆罕默德在被引进宫中之前，先被送到了埃及总督那里。在埃及逗留的这段时间里，他应该与不少重要人物建立了联系，其中不仅有埃及总督，还包括该行省的要员，他们当中有许多人在16世纪末期与奥斯曼宫廷有密切的联系。[6]

根据这个故事，埃及总督把哈比沙·穆罕默德带到宫中，进献给了未来的塞利姆二世（当时他还只是个皇子）。[7]塞利姆生于1524年，于其父苏莱曼死亡的同年（1566年）继位为苏丹，所以这次进献发生于这42年间的某一年中。但如果我们假定哈比沙·穆罕默德死的时候（1591年）至少80岁——因为阉人只要不被处死，通常享寿甚高——再考虑到塞利姆没有离开皇宫去安纳托利亚就任行省总督（16世纪末之前，派皇子去安纳托利亚担任总督一直是奥斯曼的惯例），那么对于他进宫时间的合理估计应该为16世纪30年代。到了宫中之后，穆罕默德在吉庆门宦官首领手下效力，成为吉庆门男童之一。[8]这同样不是什么奇怪的事，因为在这一时期，后宫宦官通常从属于第三庭院的白人宦官。数年之后，成为苏丹的塞利姆处死了吉庆门宦官首领，没收了他的财产，这"财产"也包括哈比沙·穆罕默德。

虽然哈比沙·穆罕默德在塞利姆二世统治期间就已进宫当差，但直到塞利姆之子穆拉德三世继位以后，他才得以真正出人头地。他与穆拉德之母努尔巴努苏丹关系亲近，也许在被塞利姆二世"没收"之后，他就成了这位可怕的皇妃的侍从之一。[9]作为努尔巴努的侍从，他应该能经常接触到穆拉德皇子（毕竟穆拉德对母亲很是依恋，第3章提到了这一点）——至少在穆拉德离开皇宫去安纳托利亚西南部的马尼萨（Manisa）就任总督之前。和从前的许蕾姆苏

第4章 总管太监一职的设立与哈比沙阿迦的宦途

丹一样，努尔巴努也拒绝陪儿子去安纳托利亚就任总督，塞利姆二世统治期间，她和穆罕默德都一直留在托普卡帕宫。[10] 和穆拉德一同前去马尼萨的是未来的吉庆门宦官首领加赞夫阿迦——这似乎证明后宫宦官与第三庭院的宦官此时已经有点势不两立了。[11]

哈比沙·穆罕默德虽然没有和穆拉德一起去马尼萨，但他肯定在穆拉德继位之前就与其建立了关系，再加上他和努尔巴努关系亲近，所以在穆拉德成为苏丹之后，他理所当然成了后宫宦官首领的人选。苏丹艾哈迈德一世（1603—1617年在位）的宫廷史官穆斯塔法·萨菲（Mustafa Safi）称哈比沙·穆罕默德为穆拉德的"密友"。与这位史官同时代的哈桑·贝扎德（Hasan Beyzade）也称其为"苏丹的挚友"（*mukarreb-i padişah*）。[12] 当时还很少有后宫宦官能和君主走得那么近。这种罕见的亲密关系表明，穆拉德对后宫的依恋程度史无前例，也说明了哈比沙·穆罕默德对苏丹的影响力。

同样罕见的是，苏丹继位之后立即任命后宫总管太监。这也许是穆拉德对后宫兴致浓厚的另一迹象。由于这种浓厚的兴致，他甚至不满足于和父亲挑选的总管太监一起生活，所以刚一继位就任命了自己的人选——这可能是他母亲的建议。然而，成为苏丹之后，他的宠妃莎菲耶苏丹就搬进托普卡帕宫后宫和他母亲一起住了。这两个女人虽然都有威尼斯的文化背景，却相处得不太融洽，互相争夺穆拉德的偏爱。[13] 这在一定程度上解释了为什么莎菲耶做了加赞夫阿迦的恩庇人。在下文中，我们将看到，加赞夫阿迦很快就成了哈比沙·穆罕默德阿迦的对手。

后宫总管太监的官邸是位于托普卡帕宫后宫入口内的一处套

房，除此之外，哈比沙·穆罕默德还有一幢穆拉德三世赏赐的豪宅，位于旧宫附近。正如费特瓦奇所言，对于一名后宫宦官来说，拥有一处皇宫之外的独立住所是一件非比寻常的事。[14] 这再次证明了哈比沙·穆罕默德与苏丹的关系极为亲密。似乎是为了强调二人的关系，哈比沙在1582年的一场婚礼上充任了穆拉德的代表（vekil），婚礼的新郎是掌玺大臣（土耳其语：nişancı），新娘是苏莱曼的一名大维齐尔的女儿。[15]

不过，就任后宫总管太监的头几年里，哈比沙·穆罕默德与穆拉德宫廷中的其他人一样，都处在权势遮天的大维齐尔索库鲁·穆罕默德（Sokollu Mehmed）帕夏的阴影之下。他是来自波斯尼亚的塞尔维亚人，最初是通过德夫希尔梅制度被招募入宫的。1565年，也就是苏莱曼一世驾崩前一年，他被任命为大维齐尔，后来他成了奥斯曼帝国的实际掌权人，直到1579年被身份不明的人暗杀。哈比沙·穆罕默德阿迦当上后宫宦官的头领时，索库鲁已经是帝国的实际掌权人了，但哈比沙并不是索库鲁的侍从。相反，哈比沙·穆罕默德的恩庇人努尔巴努苏丹对索库鲁抱有敌意，努尔巴努的对头莎菲耶苏丹和加赞夫阿迦也同样敌视他。[16] 索库鲁被暗杀之后，皇廷中出现了巨大的权力空洞，于是努尔巴努和莎菲耶，以及哈比沙·穆罕默德和加赞夫都争相去填补这个空洞。根据一份特别的泥金装饰手抄本判断，哈比沙·穆罕默德是这次权力争夺的赢家。这份手抄本是他在索库鲁被暗杀两年之后委托制作的，他在其中被描绘成索库鲁的复仇者，更重要的是，这名复仇者已经牢牢掌控了整个宫廷。第11章将会进一步讨论这部作品，以及哈比沙·穆罕默德委托制作的其他手抄本。

第 4 章 总管太监一职的设立与哈比沙阿迦的宦途

埃夫卡弗 – 哈瑞门

后宫总管太监在掌控了麦加和麦地那的宗教捐献产业（埃夫卡弗 – 哈瑞门）之后，其权威才真正得到巩固。1588 年，穆拉德将这些产业的管理权从大权在握的吉庆门总管太监加赞夫手中转移到了哈比沙·穆罕默德手中。[17] 这一举措非同寻常，尤其是考虑到加赞夫巨大影响力的情况下：他当时已经是整个皇室——包括后宫——的管家。与此同时，哈比沙·穆罕默德开始以"吉庆宫阿迦"的称谓为人所熟知，这是后宫总管太监的正式官衔。这意味着后宫总管太监一职与埃夫卡弗 – 哈瑞门之间有密不可分的联系。

在此，我们需要对这些宗教捐献产业作一点解释。宗教捐献制度——瓦合甫制度（阿拉伯语：*waqf*；土耳其语：*vakıf*）——大概形成于 9 世纪，差不多从那时候开始，就已经存在对麦加和麦地那的某种形式的慈善捐赠。在此类捐赠活动中，创始人（通常为皇室成员、手握重权的政治家，或者是富裕且具有影响力的宗教官员或商人）从地产或者城市运营机构（如海关）的收益中划拨出一部分，用于维持慈善或宗教机构的运转，这些机构包括清真寺、施粥场、伊斯兰学校等。

下面说一下麦加和麦地那的情况。马穆鲁克苏丹国的苏丹们将本国位于埃及和叙利亚部分地区的地产收益捐出，用于在麦加、麦地那以及朝觐之路上修建和维护清真寺、伊斯兰学校、古兰经学校、施粥场、医院、水井，以及其他公共慈善机构。另外，可能意义更为重大的一点在于，这些机构从埃及（尤其是上埃及）的特定村庄中收取小麦和大麦，供应给麦加和麦地那——因为汉志地区种不了粮食。15世纪，马穆鲁克苏丹国为满足这一需求特设了一个名为"德西谢提-库布拉"（Deşişet-i Kubra，可粗略翻译为"大粮"）的机构。[18] 苏丹穆罕默德二世统治期间，奥斯曼人开始征服安纳托利亚东南部的一部分地区，将其中一些产出收益的土地据为己有，并将瓦合甫的收益输送到开罗。[19] 虽然这相当于把收益给了战败方①，但这一行为并没有乍听上去那么讽刺，因为此前的奥斯曼苏丹——尤其是穆罕默德一世（1413—1421年在位）——已经创建了服务于圣地的宗教机构。[20]

奥斯曼于1517年征服埃及之后，巩固了庞大的"大粮"机构，同时也新成立了自己的瓦合甫机构，包括苏莱曼一世之妻许蕾姆苏丹成立的哈赛基耶（Hassekiyye），之所以叫这个名字，是因为许蕾姆是苏莱曼最宠爱的女人，即hasseki；穆拉德三世成立的穆拉迪耶（Muradiyye，亦称Deşişet-i Sughra，意为"小粮"）；以及穆罕默德四世（1648—1687在位）成立的穆罕默迪耶（Mehmediyye）。[21] 1678年，穆罕默德四世最宠爱的女人拉比亚·格努什·埃梅图拉（Rabia Gülnuş Emetullah）苏丹创立了另外一个瓦合甫，后来它被称为瓦利德瓦合甫（瓦利德是苏丹皇太后的称号），该机构以她在麦加建的一所医院为中心（第8章对此有讨论）。以上就是构成奥斯曼时代埃夫卡弗-哈瑞门体系的五大宗教捐献机构，不过到哈比沙·穆罕默德当上后宫总管太监之时，就只有前两个在运作了。

除了这五大机构，奥斯曼帝国在几百年里还创立了更多规模较

---

① 开罗当时是马穆鲁克苏丹国的首都。

第 4 章　总管太监一职的设立与哈比沙阿迦的宦途

小、涉及领域更单一的宗教捐献机构，来为麦加和麦地那提供各种服务，创立者通常为皇室女性。后宫总管太监也负责管理这些机构，甚至还掌管与圣地没有关联的帝国瓦合甫机构。例如，穆拉德三世的女儿艾谢（Ayşe）苏丹（逝于1604年）分别为一所伊斯兰学校、一所古兰经教师培训学院，以及自己陵墓与丈夫陵墓的《古兰经》诵经处创立了多个宗教捐献机构。虽然所有这些机构的中心都位于伊斯坦布尔，但捐献契约规定，"谁当上吉庆宫阿迦"，谁就是机构的主管。[22]

马穆鲁克苏丹国的埃夫卡弗-哈瑞门体系很大程度上依赖于埃及，毕竟埃及是该国领土的核心。此外，埃及与两圣地之间有一定的历史渊源，因为它比较靠近圣地，而且盛产粮食。在奥斯曼帝国的统治下，埃及一直是埃夫卡弗-哈瑞门的中心。虽然宗教捐献产业的收益不再运到开罗，而是运到伊斯坦布尔，但有很大一部分捐地集中在埃及。

埃夫卡弗-哈瑞门的管理工作都包括哪些呢？它的主管——头衔为纳兹尔（nazir）——要确保整个帝国的所有捐地、财产、经营活动所产生的收益和粮食每年都运送至伊斯坦布尔，或者直接运到两圣地。由于在捐给埃夫卡弗-哈瑞门的土地中，埃及的土地占了多数，因此，埃夫卡弗-哈瑞门的主管最好由与埃及有紧密联系的人来担任。考虑到后宫宦官通常经由埃及进宫，且与埃及的总督和要员建立了联系，因此，后宫总管太监似乎是埃夫卡弗-哈瑞门主管的天然人选。

尽管如此，在奥斯曼征服埃及、控制埃夫卡弗-哈瑞门之后约65年的时间里，这一职位一直由吉庆门总管太监（即吉庆门阿迦）

担任。究其原因，我们可以回想一下，16世纪末之前，吉庆门总管太监一直是名义上的皇室总管，而埃夫卡弗-哈瑞门本质上就是皇室的宗教捐献机构，即苏丹们的个人机构。不过，后来许蕾姆以及穆罕默德三世之女也成立了各自的宗教捐献机构，这标志着皇室女性从此以后将对埃夫卡弗-哈瑞门的发展起到重要作用。事实上，在之后的数个世纪中，除了苏丹自己成立的宗教捐献机构，也不断有皇室女性创立类似的机构，创立者包括苏丹最宠爱的女人、苏丹的姊妹，以及苏丹之女。此外，皇室女性偶尔也会亲自去麦加朝觐，而奥斯曼苏丹却从来没有去过（印度莫卧儿王朝的皇帝也没有去过），个中原因学界已争论多年。[23] 总之，至少从苏莱曼统治开始，埃夫卡弗-哈瑞门与奥斯曼帝国后宫就有某种天然的关联，而且由于吉庆门总管太监负责监管后宫，所以让他来监管埃夫卡弗-哈瑞门也合情合理。

事实上，当穆拉德任命哈比沙·穆罕默德为圣地宗教捐献产业的纳兹尔时，他还免去了吉庆门总管太监对后宫的监管权。这在一定程度上解释了为什么哈比沙·穆罕默德当上纳兹尔之后，才就任吉庆宫阿迦一职。与此同时，埃夫卡弗-哈瑞门的财库（该财库集中了来自奥斯曼帝国各地的现金收入）也从第三庭院背后的国库转移到了后宫入口内的通道里，而那里正是后宫宦官的住处。[24] 不久之后，哈比沙·穆罕默德就开创了每周在后宫入口大门处举行例会的惯例（大门位于托普卡帕宫第二庭院内）。为此，他扩建了大门——大门之上的铭文告诉了我们这一点。像这样直接体现后宫宦官影响力的铭文相当罕见。在这里举行的每周例会上，哈比沙·穆罕默德讨论了有关宗教捐献产业的事项。[25]

宗教捐献产业以及后宫管理层的改组，给加赞夫阿迦造成了严重打击——他眼睁睁地看着自己的两项影响力之源被一举夺走。自从穆拉德三世于1574年继位以来，加赞夫肯定觉察到了自己的权威正日渐衰微，这是他能得出的唯一结论，毕竟苏丹与哈比沙·穆罕默德走得那么近，还将自己的住处搬到了后宫。但加赞夫的力量仍然不可小觑。他利用自己的威尼斯背景，与穆拉德的宠妾莎菲耶苏丹培养关系，同时还建立起自己的侍从圈子。[26] 这个圈子包括数名非洲籍后宫宦官——毕竟他监管后宫多年，不可能完全不与这些宦官产生联系。因此，他试图确保未来的后宫总管太监由他的侍从担任。[27] 换言之，第三庭院总管太监加赞夫为了在后宫中培养自己的侍从，跨越了宫廷的空间界线以及政治影响力的界限。在权力中心逐渐向后宫转移时，这是保留自身势力的一种精明办法。

哈比沙·穆罕默德的侍从：费尔哈德与纳苏赫

然而，哈比沙·穆罕默德阿迦也会玩这一招。他在第三庭院也有自己的侍从——确切地说是苏丹私人寝宫中的未去势男仆。他帮助这些侍从谋取奥斯曼政府中的高阶官位——包括大维齐尔一职。18世纪政治家艾哈迈德·雷斯米（Ahmed Resmi）埃芬迪写过一本后宫总管太监传记简编，他指出："他的多数门徒当上了高级别的维齐尔。"[28] 其中特别值得注意的有两位大维齐尔：费尔哈德帕夏（1591—1592年及1595年在任）和纳苏赫帕夏（1611—1614年在任）。对他们的宦途作一简要考察，将有助于显现出这场新兴的侍从与反侍从斗争的焦点。

费尔哈德帕夏 费尔哈德是通过德夫希尔梅制度招募来为奥斯曼帝国效力的一名阿尔巴尼亚人。1566年，苏莱曼一世在远征匈牙利时去世，费尔哈德"有幸"陪护苏丹遗体。其间，大维齐尔索库鲁对苏丹之死秘而不宣，直至塞利姆二世登基。后来，在与伊朗的萨非王朝的战斗中，费尔哈德两次担任奥斯曼军队的指挥官（1583年、1586年），此后又两次担任大维齐尔。[29]

对抗萨非王朝的任务残酷而危险，这也是费尔哈德与哈比沙·穆罕默德关系紧张的一个缘由。1586年，得知自己再次被任命为指挥官，费尔哈德感到惊讶且不悦，便请求哈比沙·穆罕默德撤销此任命，然而哈比沙未予准允。[30] 这表明费尔哈德很有可能是哈比沙·穆罕默德的侍从，同时也体现出后宫总管太监的势力之大——这还是在后宫总管太监负责掌管圣地宗教捐献产业之前。哈比沙·穆罕默德阿迦肯定对自己的决定心中有数，因为在四年的远征中，费尔哈德不仅从萨非人手中夺取了阿塞拜疆西北部的战略要地——占贾（Ganja）的堡垒，还促成了一项和平条约，该条约让奥斯曼帝国得以控制阿塞拜疆，一直到1606年。

然而，费尔哈德帕夏最终成为一个宫廷派系野心的牺牲品。这个派系由莎菲耶苏丹领导，她是穆拉德三世的宠妃，也是穆拉德的继任者穆罕默德三世（1595—1603年在位）之母。1591年，哈比沙·穆罕默德去世，穆拉德也于1595年亡故，于是莎菲耶及其盟友有了操作的空间。莎菲耶的派系成员包括哈比沙·穆罕默德的劲敌（加赞夫）和费尔哈德的劲敌（科贾·锡南帕夏），这对费尔哈德来说可不是什么好事。锡南是费尔哈德的阿尔巴尼亚老乡，是

第 4 章 总管太监一职的设立与哈比沙阿迦的宦途

一名出色的将军,于 16 世纪 90 年代初和费尔哈德交换过大维齐尔一职。1595 年初,穆罕默德三世继位,费尔哈德随即遭到罢免,并被判处死刑。此时,锡南帕夏也失去圣宠,被驱出宫廷,费尔哈德利用这一点成功劝说莎菲耶苏丹允许他住在锡南帕夏的庄园(çiftlik)里,这样就能救他一命。然而,死刑的缓期并没有持续多久。1595 年 8 月,锡南帕夏官复原职,并被默许将费尔哈德逐出庄园,并将其押送到耶迪库勒监狱(位于伊斯坦布尔境内拜占庭城墙的尽头)。同年 10 月,费尔哈德在该地被处死。[31]

纳苏赫帕夏 和费尔哈德帕夏一样,纳苏赫帕夏也是通过德夫希尔梅制度招募的,不过历史学家对他究竟是阿尔巴尼亚人还是希腊人持有不同意见。和费尔哈德不同的是,在哈比沙·穆罕默德阿迦去世前,纳苏赫没有担任过高官——也肯定没当过大维齐尔。在宦途早期,他是一个宫廷男仆,受到哈比沙·穆罕默德的恩庇。根据弗朗索瓦·托马斯·德尔巴雷以及一封被频繁引用的法语匿名信的总结,纳苏赫在和原生家庭分开之后,被卖给了哈比沙·穆罕默德,成了他的私人奴仆,住在他位于旧宫附近的私宅里。在此期间,这位总管太监甚至还监督纳苏赫的学习。[32] 在发现纳苏赫"不忠且残忍的本性"[33]之后,哈比沙·穆罕默德才将其进献给宫廷,并利用自己的影响力让纳苏赫进入戟兵团(Zülüflü Baltacıs,意为"长鬈发戟兵"),该兵团的营房就在由穆拉德三世扩建后的后宫的入口之外。(据说这些戟兵留长鬈发是为了防止他们盯着后宫女性看。)事实上,哈比沙·穆罕默德阿迦是 1586—1587 年戟兵团营房翻新及扩建项目的负责人。[34] 纳苏赫显然利用了营房与后宫邻近的优势来和莎菲耶苏丹建立关系。他虽然年轻,却善于判断宫中政局，而且显然认识到莎菲耶一派正在逐渐占据优势。

哈比沙·穆罕默德于1591年去世后，纳苏赫"晋升"为缪特菲力卡兵团（Müteferrika regiment）的一名军官，这是一支宫廷精锐部队，其成员多为重要政治家的公子。[35] 随后，纳苏赫前往安纳托利亚北部的济莱（Zile），以这一军官身份担任该区总督（*voyvoda*①）长达九年时间，然后回到宫中，进入苏丹私人寝宫。当时，在位的苏丹已是穆罕默德三世，其母莎菲耶的势力如日中天。穆罕默德三世统治时期的后宫总管太监是此前莎菲耶私人宦官随从的首领，此人受到莎菲耶和加赞夫的绝对控制。即便在穆罕默德三世逝世、艾哈迈德一世（莎菲耶之孙，1603—1617年在位）继位之后，莎菲耶在宫廷中仍具影响力。[36] 在她的支持下，纳苏赫获得了两个外宫高级职位：首席看门人（*kapıcılar kethüdası*）和助理马夫长（*küçük imrahor*）[37]。

1603年，大规模的起义导致加赞夫阿迦被处死。随后，纳苏赫离开皇宫，去前线指挥军队作战，对抗两方面的敌军：一是安纳托利亚的反叛者，他们被称为杰拉里（Jelalis）；一是新近开始扩张的萨非王朝，当时他们的君主是沙阿阿拔斯一世(1589—1628年在位)。[38]1611年，纳苏赫当上了大维齐尔，但他生性残忍、贪得无厌，在军事上又没有多大战果，因此他的政敌想方设法编造理由把他打倒。最终，他们利用纳苏赫于1612年与阿拔斯一世签订的条约（该条约承认了萨非人对高加索地区的再度征服）声称，由于纳苏赫提出议和，阿拔斯的侵略行动才横行无阻。[39]1614年，纳苏

---

① 亦拼作 *voivode*，指兵权在握的地方统治者。

第4章 总管太监一职的设立与哈比沙阿迦的宦途

赫被处死。

哈比沙·穆罕默德阿迦通过费尔哈德与纳苏赫,将自己的恩庇网扩展到了苏丹的私人寝宫中,这里是与后宫争夺宫廷政治势力的潜在竞争者。通过将苏丹私人寝宫的男仆网罗到自己的门下,哈比沙·穆罕默德得以绕过由加赞夫阿迦及其盟友莎菲耶苏丹缔造的侍从网(加赞夫是整个第三庭院的监管人)。当然,与此同时,通过莎菲耶的帮助,加赞夫也与一些后宫太监结了盟,以反制哈比沙·穆罕默德的势力。也就是说,托普卡帕宫的私人空间中形成了两个派系,二者的侍从关系网跨越了后宫和第三庭院的边界。

总之,费尔哈德与纳苏赫的宦途反映出在哈比沙·穆罕默德逝世以及莎菲耶苏丹得势之后,努尔巴努与莎菲耶两派之间权力平衡的变化。在宦官生涯的大部分时期,费尔哈德都受到了哈比沙·穆罕默德阿迦的庇护,因此被归入努尔巴努的旧派,并在他的恩庇人死后遭到莎菲耶一派成员的陷害。纳苏赫的情况则相反,虽然他起初是哈比沙·穆罕默德的私人门徒,却在莎菲耶一派逐渐占据统治地位之时与其建立了联系。然而,到了纳苏赫被处死之时,两派之间的权力平衡再次发生了变化,下一章将会阐明这一点。

与加赞夫的较量:穆斯塔法·阿里的证据

担任后宫总管太监期间,哈比沙·穆罕默德阿迦的主要对手是吉庆门总管太监加赞夫阿迦。[40] 从多方面来看,这一点都不奇怪,哈比沙·穆罕默德之所以得势,主要就是因为加赞夫失势。在哈比沙·穆罕默德被任命为埃夫卡弗－哈瑞门的主管以及后宫太监的独立首领之后，加赞夫的势力肯定受到了打击。但这些官职变迁除了对两位宦官自身产生影响外，还体现出后宫的派系影响力已经超过第三庭院，并占据了支配地位。这一形势对两位宦官各自的侍从都具有重大的影响。在费尔哈德帕夏与纳苏赫帕夏的宦途中，哈比沙与加赞夫的竞争关系并不明显，但穆斯塔法·阿里（1541—1600年）在他的作品中对二人的较量大加披露。穆斯塔法·阿里是16世纪的著名官僚兼知识分子，来自加里波利（盖利博卢），在数十年的官宦生涯中担任了伊斯坦布尔以及奥斯曼各行省的多个重要财政与行政职位。在塞利姆二世及之后的穆拉德三世尚未继位之前，他曾先后在这两位皇子位于马尼萨的府中当差。在此期间，穆斯塔法·阿里结识了加赞夫阿迦，并成了他的侍从之一。[41]

穆斯塔法·阿里为加赞夫创作了《描述开罗》这部冗长的思想著作。该书用奥斯曼土耳其语写就，包含了关于开罗以及整个埃及的许多思考，其素材来源于作者于1599年旅居开罗期间的经历。当时，他正在前往吉达就任当地总督（官衔为桑贾克贝伊）的途中——吉达是服务于麦加的一个红海港口。在仕途的早期，他曾于1567年在开罗有过短暂的逗留，当时他是维齐尔拉拉·穆斯塔法帕夏的一名随从（拉拉·穆斯塔法帕夏当时被派往也门，去镇压当地什叶派的栽德派伊玛目①发动的叛乱）。[42] 穆斯塔法·阿里清楚地感受到，埃及的形势比他1567年那次逗留时已明显恶化，而非洲籍后宫宦官对此应负主要责任。在《描述开罗》一书末尾，他对

---

① 栽德派是什叶派的一个分支，栽德派伊玛目即该派的宗教领袖。

第4章 总管太监一职的设立与哈比沙阿迦的宦途

"来自努比亚或埃塞俄比亚的阿迦"数目不断增长这一现象表达了强烈不满,当时,这些得到大笔退休金的阿迦正陆续来到开罗:

> 当我饱含激情写下这些文字之时,开罗都城的那帮人比之前更多了,他们在此地互帮互助。他们当中等级最低之人也有可观的薪水,还能分到［给马吃的］大麦和小麦。一些年长的、不带偏见的行家告诉我们,从苏丹塞利姆［一世］成功征服埃及一直到此时,也就是一直到苏丹穆拉德［三世］时期,埃及所有宦官加起来也从来不到二三十个,其中马哈茂德阿迦最受尊重,他是大维齐尔鲁斯坦帕夏［1544—1553年及1555—1561年在任］的［妻子］苏丹娜的宫廷阿迦,日薪为70阿斯皮尔(asper),而且从来没涨到过100。其他人的日薪［只有］5阿斯皮尔或者10阿斯皮尔。他们所有人一天的薪水加起来也不到三四百阿斯皮尔。而现在,黑人阿迦已经多到不计其数,其中等级最低的人也有四五十阿斯皮尔的日薪,还有充足的大麦和小麦配给,地位较高者不仅能获得自己想要的荣誉,来到埃及之后,每天还能拿到10金币或12金币的工资。之后,贝伊莱尔贝伊［beglerbegis,奥斯曼总督头衔］对他们施以无限的恩惠,给予他们更高的头衔,又由于身为大维齐尔的那些幸运儿的纵容与默许,他们的薪水得以大涨特涨。[43]

在这段文字中,穆斯塔法·阿里似乎将这一糟糕的情况归咎于蓄养非洲籍后宫宦官的奥斯曼埃及总督,而在接下来的数个段落中,他似乎影射了哈比沙·穆罕默德:

但事实在于，他们当中还没有一个当上都城中的阿迦。毕竟他们多数人最初只是吉庆门男童，阿迦这个头衔对他们来说实在是太高了。尽管如此，他们对自己的地位并不满意。他们在"大粮"机构中担任闲差，甚至还挥霍这些机构的收入。[44]

我们还记得，哈比沙·穆罕默德最初就是一名吉庆门男童，该职位从属于吉庆门宦官。此外，在《描述开罗》一书写作的11年前，哈比沙·穆罕默德取代穆斯塔法·阿里的恩庇人加赞夫，当上了多个圣地宗教捐献产业的主管，其中最主要的就是"大粮"机构。

《描述开罗》的确反映了一名年老官员心中的苦楚。众所周知，这名官员试图担任奥斯曼帝国的最高行政职位——尤其是大维齐尔一职，但屡试屡败。除此之外，他还见证了自己的恩庇人势力衰微的过程。与《描述开罗》形成对照的是他18年前写的《谏苏丹书》。在此书中，穆斯塔法·阿里列举了埃及和其他行省的养老金领取者当中"显然配得上此待遇的宦官"[45]。有许多诗作点缀在此书中，在其中的一首诗里，他也表达了类似的观点："唯有宫廷宦官/尚显忠心，他们感谢[苏丹赐予的]生计"[46]——不过他可能指的是吉庆门宦官，尤其是加赞夫。

穆斯塔法·阿里是在哈比沙·穆罕默德阿迦去世8年后写作《描述开罗》一书的，当时，他的恩庇人加赞夫阿迦权势正盛。然而，埃夫卡弗-哈瑞门的监管权再也没回到吉庆门总管太监的手中，它依然是后宫总管太监的特权。同时，官宦生涯末期时被流放到开罗的非洲宦官（第8章有相关讨论）的数目仍在飞速增长。这些正是穆斯塔法·阿里感到苦楚的缘由。尽管加赞夫比哈比沙·穆罕默德活得久（加赞夫逝于1603年），而且在哈比沙去世以后得以掌管后宫，但他无法阻止制度上的改变——正是这些改变将哈比沙·穆罕默德推上了如此显赫的地位。

纪念性建筑

加赞夫的伊斯兰学校　加赞夫在伊斯坦布尔赞助修建的纪念性建筑寥寥无几，这也许反映了他的艰难处境。相比之下，由哈比沙·穆罕默德阿迦委托的大型项目数量之多，令人惊叹。不过，应当承认，加赞夫也委托建造了一所著名的伊斯兰学校，它之所以有名，主要是由于其地理位置极为瞩目。这所学校由达乌德（Davud）阿迦担任首席建筑师（1588—1598年在任，伟大的科查·米马尔·希南的继任者）时设计，建于1596年。学校毗邻由罗马皇帝瓦伦斯（364—378年在位）建造的高架渠，此渠位于伊斯坦布尔的萨拉察内街区（Saraçhane），两头分别是金角湾和马尔马拉海。古拜占庭帝国的一条游行路线以及后来奥斯曼帝国的多条游行路线都曾经过该学校，加赞夫阿迦的陵墓也坐落在学校的建筑群内。在1989—2010年，这里是"卡通与幽默博物馆"的所在地（馆方可能并非有意讽刺什么）。[47]该校初建之时，附近地区的居民主要是希腊人，不过也有相当数量的穆斯林，其中包括来自安纳托利亚中部阿克萨赖（Aksaray）地区的一个族群的后代——穆罕默德二世征服伊斯坦布尔之后，为了增加这个城市的人口，便强迫他们搬迁到此地（这些难民以故乡的名字命名了加赞夫伊斯兰学校西南面的一个街区）。

哈比沙·穆罕默德在恰尔尚巴的宗教建筑 加赞夫的伊斯兰学校建成时，哈比沙·穆罕默德阿迦早已在伊斯坦布尔另一地区留下了自己的印记：达乌德阿迦在萨拉察内西北边为他建了一组宗教建筑。[48] 这些建筑位于如今的恰尔尚巴街区内，北边不远处就是金角湾。该建筑群建于 1584—1585 年（当时达乌德还是希南的副手），包括一座聚礼清真寺，一所教授先知穆罕默德语录的学校（dar al-hadith，圣训学校），一处男女分隔的土耳其浴场（hammam），一座喷泉亭，哈比沙·穆罕默德的陵墓，以及一座苏菲派道堂（zaviye，第 9 章对这类道堂进行了进一步讨论）。其中，清真寺、浴场、陵墓直到今天依然存在。清真寺虽小，但气势雄伟，贴有产自安纳托利亚西部城镇伊兹尼克的鲜艳瓷砖——伊兹尼克很久以前就是奥斯曼的瓷砖生产中心（图 4.1）。位于清真寺一侧的哈比沙·穆罕默德之墓显然在不太遥远的过去历经了多次拙劣的修复，贴在陵墓外一角的石材看起来有点像是从拜占庭时代的建筑物上挪过来的。

奈奇博鲁指出，这座清真寺所在的街区非常靠近希腊正教的主教管区。事实上，为了给宗教建筑群腾出空间，哈比沙·穆罕默德阿迦买下了住在该地区的所

图 4.1 哈比沙·穆罕默德阿迦的清真寺。照片由作者提供

第 4 章 总管太监一职的设立与哈比沙阿迦的宦途

有希腊基督徒的房子。[49] 该街区曾是拜占庭首都的一个枢纽区：山丘之下便是布拉赫奈宫，拜占庭皇帝从 1081 年一直到奥斯曼征服君士坦丁堡之前都在使用这座宫殿。[50] 清真寺、圣训学校、苏菲派道堂的修建在某种程度上重塑了该地区的形象，使其变为一个由奥斯曼帝国资助的伊斯兰教逊尼派教址。同时，在这个原先由希腊基督教徒占主导地位的街区，公共浴场服务的穆斯林也越来越多。[51] 除了这个浴场，一些商店和租给夫妻居住的房间所带来的收入，也用于清真寺、圣训学校、苏菲派道堂的维护。[52]

在一系列改变该地区宗教面貌的奥斯曼帝国建筑群中，哈比沙·穆罕默德的建筑群是第三个修建的，前两个分别是：西南面的法齐赫清真寺（法齐赫意为"征服者"），由征服者穆罕默德于 1463—1470 年建造；东边的苏丹塞利姆一世清真寺建于 1522 年。[53] 编年史作者塞拉尼基·穆斯塔法（Selaniki Mustafa）埃芬迪在叙述哈比沙·穆罕默德阿迦之死的段落中暗示，这三个清真寺建筑群之间存在地形上的关联。他指出，在将哈比沙的遗体运到位于恰尔尚巴的陵墓下葬之前，人们在法齐赫清真寺的陵院区域为这位宦官念诵了经文。[54]

在托普卡帕宫附近，哈比沙·穆罕默德阿迦沿着被称为底万悠路（Divan Yolu）的游行路线创办了一所伊斯兰学校、两所带有喷泉亭的古兰经学校（在奥斯曼土耳其语中，此类学校叫作 sebil-mekteb，即"喷泉亭学校"）。关于它们的讨论详见第 9 章。哈比沙·穆罕默德在伊斯坦布尔的这个核心地带（曾为拜占庭都城所在地）捐建的这些建筑——包括这三所学校以及恰尔尚巴的宗教建筑群——彰显了奥斯曼穆斯林乃至逊尼派穆斯林在这个城市的存在。

每座建筑的选址都反映出选址人想要在此地——不仅是在与奥斯曼帝国相关联的中心地区（靠近托普卡帕宫和旧宫），还包括拜占庭帝国和希腊正教会的权力中心——彰显年轻的奥斯曼帝国在政治和宗教上的统治地位。

于斯屈达尔的建筑　另外，在位于博斯普鲁斯海峡亚洲一侧的于斯屈达尔（Üsküdar）区，哈比沙·穆罕默德也捐建了多个建筑，它们与东面的其他建筑连成一串，这些建筑位于海滨和于斯屈达尔区内，由奥斯曼皇室女性和侍臣在16世纪中期至末期建造。16世纪40年代，苏莱曼一世之女米赫丽玛苏丹（Mihrimah Sultan，1522—1578年）委托建造了一座聚礼清真寺建筑群，该建筑群由希南设计，沿于斯屈达尔的滨海区排列。1580年，这组建筑的北面新增了一座同样由希南设计的带陵墓的清真寺，陵墓主人是谢姆西·艾哈迈德（Shemsi Ahmed，1492—1580年）帕夏，他是一位经验丰富的政治家，曾先后在苏莱曼和塞利姆二世的理事会中任职，后来在穆拉德三世时期当上了大维齐尔。

之后，穆拉德三世之母努尔巴努又于1583年建造了一个大规模的宗教建筑群，该建筑群同样由希南设计，位于滨海区旁边的一座山丘上。如今，人们称其为老皇太后清真寺，这是为了与18世纪初艾哈迈德三世之母建立的新皇太后清真寺区别开来。老皇太后清真寺建筑群包括聚礼清真寺、伊斯兰学校、图书馆、施粥场、苏菲派道堂、古兰经学校、培养《古兰经》诵经人(dar al-qurra)的学校、医院，还有与该建筑群相关联的一处公共浴场和一家商队驿站，后两者产生的收益用于维持这些慈善机构的运转。[55] 努尔巴努任命哈比沙·穆罕默德为这处捐献产业的主管。作为主管，哈比沙

第4章 总管太监一职的设立与哈比沙阿迦的宦途

在努尔巴努去世的同年扩建了她的清真寺。而且，为了提供额外收入来维护清真寺，他还捐赠了清真寺建筑群旁边一座自己的花园，又在花园附近建了几座喷泉亭。[56]

这些建筑都是为了给伊斯坦布尔的一个地区留下奥斯曼帝国的烙印，虽然这个地区并非当年拜占庭首都的一部分，却也具有重要的战略意义。从13世纪到14世纪初，拜占庭人将于斯屈达尔当作防御前哨基地，以抵挡奥斯曼人的步步紧逼。对奥斯曼人而言，于斯屈达尔是苏丹向东方远征的集结待命区，这些远征行动包括对马穆鲁克苏丹国的征服，以及对萨非人的似乎永无休止的征讨。此地也是每年前往麦加朝觐的队伍的出发点，这个队伍的作用在于彰显奥斯曼苏丹作为圣地麦加与麦地那的监护者的地位。总之，于斯屈达尔区对确立奥斯曼帝国的合法地位起到了不小的作用。可以说，该地区对奥斯曼的皇室女性来说尤为重要，她们偶尔会去朝圣（而苏丹们从来不去），还资助了朝觐之路沿线以及圣地之中的许多慈善事业。同时，由于哈比沙·穆罕默德心系圣地的福祉，又掌管着埃夫卡弗－哈瑞门，因此，于斯屈达尔在他心目中的地位应该还要更高一些。

除了在老皇太后清真寺建筑群旁边修建花园和喷泉亭，哈比沙·穆罕默德阿迦还在于斯屈达尔的内陆地区捐建了几座规模较小的建筑，可能是为了服务当地的穆斯林——当时，这个地区的人口相对稀少，但穆斯林的数目正在慢慢增长。讽刺的是，由于街区的发展，所有这些建筑都在20世纪上半叶被夷为平地。这些建筑包括两座用于日常礼拜的清真寺（土耳其语：*mescid*；阿拉伯语：*masjid*），其中一座附属于一所古兰经学校。另一座清真寺的收入来源于几家商店和一个面包烤炉，18世纪初，这座清真寺被权势极盛的总管太监朝觐者贝希尔阿迦扩建为一座聚礼清真寺，但即便如此，它也没能逃脱200年后被摧毁的命运。在这两座清真寺旁边，哈比沙·穆罕默德都出资修建了公共喷泉亭（土耳其语单数形式：çeşme）。[57]

伊斯梅尔格齐德　哈比沙·穆罕默德最为宏大的宗教捐献产业位于伊斯梅尔格齐德（İsmail Geçidi，字面义为"伊兹梅尔的浅滩"）——也就是今乌克兰西南部的伊兹梅尔，具体位置在多瑙河三角洲靠近河水流入黑海的地方。1569年，塞利姆二世让诺盖鞑靼人（Nogay Tatars）在这个极具战略价值的地点定居，以抵御哈布斯堡王朝或俄国的侵犯。周围的乡村是重要的粮食产区，同时也定期接受奥斯曼军队的新兵招募，无论是在实行德夫希尔梅制度的时期，还是该制度被废弃之后。直到18世纪末之前，该地区都没有落入敌人手中的危险，它为奥斯曼军队和奥斯曼帝都提供了关键的补给。

伊斯梅尔格齐德吸引哈比沙·穆罕默德的地方，可能主要在于它是埃夫卡弗-哈瑞门和伊斯坦布尔的粮食来源地之一（向前者供应的粮食为捐赠物）。这就可以解释他为何请求穆拉德三世准予他在此地修建一处新的定居点，以便为多瑙河沿岸交通提供安全保障。[58]这个新镇子以其创立者的名字命名，正式名称为"巴达德-穆罕默德巴德"（Bağdad-ı Mehmedabad），意为"真主的礼物——穆罕默德之镇"。镇子以一座设防的城堡为中心，哈比沙·穆罕默德在城堡内委托修建了一座聚礼清真寺。哈比沙于1591年去世后，伊斯梅尔格齐德捐献产业的资金被用来建造了一所古兰经学校、一

第 4 章　总管太监一职的设立与哈比沙阿迦的宦途

家商队驿站、一处公共浴场,以及数间商店,用于提升镇子制造收益的潜力。[59] 同时,该产业仍由在任后宫总管太监掌管。[60]

很明显,哈比沙·穆罕默德阿迦对伊斯梅尔格齐德兴趣缺缺可能是偶然产生的。他在那里发起的各种建设项目为当地的商业安全提供了保障,同时也为他负责的捐献产业供应了一定物资。此外,就巩固该地区的防御而言,哈比沙·穆罕默德开创了一个先例。大约 150 年后,朝觐者贝希尔阿迦将会对两个城镇产生类似的兴趣(第 7 章对此有阐释):一是罗马尼亚的苏利纳(Sulina),位于多瑙河三角洲地区,在伊斯梅尔格齐德东面;二是西斯托瓦(Sistova,今保加利亚斯维什托夫),也位于多瑙河沿岸,在伊斯梅尔格齐德西南方约 200 千米处[61]。

与加赞夫阿迦相比,哈比沙·穆罕默德在伊斯坦布尔的多个地方——甚至包括与帝都相距甚远的伊斯梅尔格齐德——委托建设了大量慈善和经济工程。毫无疑问,是埃夫卡弗-哈瑞门让他得以开展如此多的委托工程,因为这些建筑中的大部分都是捐献给埃夫卡弗-哈瑞门的。与这些建筑相关联的地产所产出的收益和物资,不仅供应给当地的这些慈善机构,还供应给麦加和麦地那。哈比沙·穆罕默德与加赞夫赞助修建的建筑数量之所以存在差距,根源在于哈比沙是埃夫卡弗-哈瑞门的负责人,而引起两人竞争的缘由也是埃夫卡弗-哈瑞门。

哈比沙·穆罕默德的建筑遗产塑造了伊斯坦布尔的城市地形,并在多瑙河三角洲留下了永久的印记。这些建筑符合处于扩张状态的奥斯曼帝国的形象。他在伊斯坦布尔多个地区委托修建的建筑,满足了人口逐渐增长的逊尼派穆斯林群体的需要。在此之前,这些

- 97 -

地区要么住的是清一色的希腊基督徒，要么人烟稀少。另外，他还给伊斯梅尔格齐德的新定居点带来了这个地区从来没有过的逊尼派伊斯兰的基础设施。总的来看，所有这些建筑呈现出了一个逊尼派伊斯兰帝国的这样一种形象：它国力强盛，正在以胜利者的姿态不断扩张，同时又管理得当，爱护臣民。同时，这位后宫总管太监为帝国尽心尽力，甚至在出现权力空白时（比如索库鲁被刺杀之后）主动担起重任，使其能够履行上述义务。他的这一形象在纪念他的图画中展现得更为明显（见第 11 章）。

结语

哈比沙·穆罕默德阿迦作为后宫总管太监的官宦生涯都是在穆拉德三世统治期间度过的，而且与穆拉德的在位时间基本吻合——只少了四年左右。事实上，他的宦途与穆拉德三世的统治以及当时的宫廷派系有密不可分的联系。权势显赫的大维齐尔索库鲁·穆罕默德帕夏于 1579 年身亡后，哈比沙·穆罕默德开始支持由穆拉德三世之母努尔巴努苏丹领导的新兴派系，与此派对抗的是以穆拉德的宠妃莎菲耶和吉庆门总管太监加赞夫为首的一派。同时，他还在第三庭院招纳了多名侍从，他们最终升任奥斯曼军事－行政集团中的领导职位。他资助的建筑工程在一定程度上反映了这种派系对立的特点，但也呈现了一个虔敬甚至神授一般的奥斯曼帝国的形象：它主持公道，维持社会稳定，同时在军事扩张中取得节节胜利。

哈比沙·穆罕默德的宦途之所以与众不同，可以说是因为他在

第 4 章 总管太监一职的设立与哈比沙阿迦的宦途

派系政治斗争中取得了胜利。但从更广阔的视野来看,这是奥斯曼征服埃及和汉志一段时间后所产生的结果:征服这两个地方不仅让奥斯曼苏丹取得了对圣地以及供养圣地的宗教捐献产业的监管权,还得以首次接近东非奴隶贸易路线,阉奴便是沿着这些路线被引入奥斯曼领土的。不过,这并不是说任何后宫宦官,或者任何奥斯曼侍臣都能实现哈比沙·穆罕默德在财富、恩庇关系、影响力(包括在埃及的人脉)三方面的综合成就。倘若不具备这几方面的综合条件,他可能就不会被任命为埃夫卡弗 – 哈瑞门的主管了——在担任后宫总管太监期间,监管埃夫卡弗 – 哈瑞门是他所开创的影响最为长远的先例。

哈比沙·穆罕默德阿迦开创的其他先例——尤其是以后宫总管太监的身份参与宫廷派系斗争,以及与吉庆门总管太监和第三庭院的男仆争权夺利——将会在 17 世纪初的危机岁月中展现出其深远影响。在这段危机时期(这是下一章的主题),继承奥斯曼皇位的都是一些年轻的苏丹,他们通常没有留下子嗣,或者在子嗣成年之前就死去了。

第 5 章
17 世纪的危机岁月

16世纪行将结束之际，奥斯曼帝国出现了多方面的危机。此次危机一直持续到17世纪上半叶，同时牵涉到气候、经济、人口结构、军事和王朝。17世纪初的小冰期引起的干旱给安纳托利亚中部（奥斯曼帝国的粮食产区）造成了巨大打击，迫使数十万甚至上百万的农民背井离乡。[1] 飙升的物价更是让百姓难以生存：1489—1605年，农产品和制成品的价格比原先高了三到五倍。[2] 虽然有相当一部分年轻男性农民在"漫长战争"期间（1593—1606年）当上了耶尼切里军团的雇佣兵（在这场战争中，奥斯曼人对抗的是信仰罗马天主教的哈布斯堡王朝），但当他们完成任务回到家乡时，却发现自家农场已经被干旱和通货膨胀毁掉了。于是，他们拿起火绳枪拦截商队，抢走旅客的钱财，或者以强壮的雇佣兵为首组成匪帮。因此，人们普遍认为，正是这些不满的雇佣兵发起了臭名昭著的"杰拉里叛乱"，让安纳托利亚在这一时期陷入混乱状态。[3]

本章主要关注奥斯曼帝国的危机，因为它直接影响到了后宫总管太监和后宫其他宦官的工作方式。不过，我们不能脱离整个大背景去理解帝国的危机，因为二者之间有密不可分的联系。猖獗的通货膨胀使得帝国耶尼切里军人和骑兵的薪金大幅缩水——他们收到的通常是贬值的钱币。财政困境加上与哈布斯堡王朝和

第5章 17世纪的危机岁月

杰拉里叛军连续交战带来的压力,使得耶尼切里军团和骑兵团内发生叛乱的频次激增,引发了恐慌。通货膨胀同样也让不断扩充的后宫以及后宫中庞大的宦官队伍难以维系,因为其开支过于高昂。而且,由于奥斯曼经济逐渐货币化,通货膨胀影响到了每一个领域,所有种类的货物和服务都比之前昂贵。货币化的一部分原因在于国际贸易的迅猛发展。被派去担任奥斯曼行省总督的宫廷官员也热衷于从事国际贸易,他们用雇佣兵来保障贸易路线的安全。因此,这些总督就有了俸禄之外的收入来源,也有了新的兵力来源,这意味着他们有能力组织军队,反抗中央权力。[4] 这些反抗中央权力的"杰拉里总督"将会在17世纪中期成为奥斯曼帝国迫在眉睫的威胁。

在宫中,奥斯曼帝国的危机加剧了一部分从穆拉德三世时期起就开始显现的政治倾向。具体来说,此时的后宫无疑已经成为宫中政治势力的中心,互相对抗的政治派系已在后宫扎下了根,虽然说这些派系也吸引了来自宫中其他地方以及社会上的拥护者(表5.1)。与此同时,由于两个主要的宫廷兵团分别支持相互敌对的两个派系,派系之间的较量开始具备了危险的军事要素。

表5.1 危机时期后宫及第三庭院主要人物(本章提及的人物用斜体标示)

后宫	第三庭院
	吉庆门总管太监(吉庆门阿迦) 贝亚兹·穆斯塔法(兼任后宫总管太监) 马拉蒂亚的伊斯梅尔(兼任后宫总管太监)

(续上表)

| 皇太后
柯塞姆（穆拉德四世及易卜拉欣之母）
图尔汗（穆罕默德四世之母） | 后宫总管太监
森布·欧斯曼（又名瑟夫）
阿卜杜勒扎克
杰夫海尔
朝觐者穆斯塔法
苏莱曼
伊德里斯
（察楚）易卜拉欣
森布
塔什·雅图·阿里
拉拉·苏莱曼 | 吉庆门

宫廷司库

宫廷长

吉庆门男童 | 苏丹私人寝宫
私人寝宫首领
执剑侍从
西亚武什
贴身男仆
持马镫者
男仆
格尔吉·穆罕默德 |

在探究了帝国危机的性质以及它引起的各类派系斗争之后，本章将以危机时期的四名重要总管太监的宦途为背景，考察这些派系斗争之间的相互影响。欧斯曼阿迦宦途的一大特点是后宫总管太监与吉庆门总管太监的联合，尽管二者代表的宦官群体之间一直存在摩擦。朝觐者穆斯塔法阿迦的宦途是本章的焦点，他在漫长任期内的事迹表明，在缺少由强大的后宫女性领导的派系时，吉庆门总管太监的恩庇网可以延伸到多远的地方。从森布阿迦在海上的不幸遭遇可以看出，输掉派系政治斗争可能会带来地缘政治风险。最后，拉拉·苏莱曼阿迦（1620—1622年在任）短暂而动荡的任期反映了17世纪早期以后宫为大本营的派系斗争中无处不在的暴力。

帝国危机与后宫

奥斯曼帝国危机的根源在于缺乏成年的皇位继承人。在穆拉德三世之子穆罕默德三世统治期间，不安的气氛很明显。与此前的奥斯曼苏丹不同的是，穆罕默德并没有派他的两个儿子——艾哈迈德和马哈茂德——去安纳托利亚的省份担任总督，以学习治国之道。[5]两个皇子在后宫中长大，他们的祖父也住在后宫（正如前文所述）。二人尚未成年时，在非洲籍后宫宦官住处内专门修建的一所学校学习，由一名私人教师辅导。[6]

1603年6月，穆罕默德三世怀疑马哈茂德密谋罢免他，因此处死了马哈茂德皇子。[7]六个月后，这位苏丹也死了，艾哈迈德一世在仓促中登上皇位。几个月后，艾哈迈德差点死于天花，当时他还没到能够繁衍后代的年龄。[8]倘若他死去，奥斯曼皇室也就绝后了。幸而他活了下来，当上了三个儿子的父亲，这三个儿子后来都成了苏丹。这反映出皇位继承过程的一项重大变化：新任苏丹不再为了防止他人篡位而处死自己的兄弟。这几兄弟仍住在托普卡帕宫的后宫，成年后搬进位于后宫建筑群背面的一处大房中。这个大房有个贴切的名字——"囚笼"（*kafes*），由一名品级较低的后宫宦官担任管家，这名管家同时还负责会计工作。[9]

然而，艾哈迈德一世的三个接班人的好运，反而加深了人们对奥斯曼帝国未来的担忧。接下来的40年里，奥斯曼皇位的继承者要么未成年，要么是缺少经验的20多岁的年轻人，要么就是心智有问题（或者既年轻又有心智问题）。在这样的情况下，后宫女性和宦官填补了奥斯曼宫廷中必然出现的权力空白，对维齐尔委以重任（或者至少是予以支持）并制定政策。在皇室女性中，艾哈迈德一世的宠妃玛佩珂·柯塞姆苏丹（Mahpeyker Kösem Sultan）尤其以滥用权势而闻名，或者说因此而臭名昭著（她是穆拉德四世和易卜拉欣两位苏丹的母亲、穆罕默德四世的祖母）。但她同别的女人一样，也和势力越来越大的后宫宦官群体合作，其中包括后宫总管太监。简言之，奥斯曼帝国的危机使得皇太后以及后宫总管太监的权力比之前更大了。

危机时期的宫廷派系斗争

在此次危机产生的压力之下，宫廷中敌对侍从网之间的派系斗争变本加厉，变得更为复杂。我们现在能够确认的该时期的派系斗争有四层，或者说四种。宫廷史官及其他宫廷人员最为关注的是扎根于后宫的敌对恩庇网之间的较量。在两派分别以皇太后和苏丹之妻/宠妃为首的时候，它们之间的斗争最为激烈。比如分别由努尔巴努和莎菲耶领头的派系就是这样，二者之间的争斗影响了哈比沙·穆罕默德阿迦的宦途，而且即便在两个主角死后，争斗仍然延续了很久（如后文所示）。比这更加惨烈的较量发生在上文提到的玛佩珂·柯塞姆与图尔汗（Turhan）之间，图尔汗是精神状态不稳定的易卜拉欣的最爱、穆罕默德四世之母。如果没有这些权势显赫的女人，后宫总管太监的恩庇网可能就会占据中心位置，这些派系的头领可以从后宫、第三庭院，乃至皇宫之外培养自己的侍从。这两点都可以从朝觐者穆斯塔法阿迦的案例中看出来。

第 5 章 17 世纪的危机岁月

在这段危机岁月中,宫廷派系斗争集中体现为一种危险的、更加对立的派系斗争形式,斗争的双方是两大宫廷兵团:耶尼切里军团和帝国骑兵团,后者又称为西帕希(*sipahis*)。两个兵团都是"卡普库拉"(*kapı kulları*)(下文简称"库拉"),字面义为"门仆"——这里的"门"指的是分隔托普卡帕宫第一和第二庭院的那道带有双子塔的宏伟中门(Orta Kapı)。他们的定期军饷以现金、衣物、给养的形式发放。[与在奥斯曼行省驻扎的西帕希不同,帝都的西帕希没有封地收入(*tımars*)。]尽管双方都是拿薪水的兵团,都为苏丹效力,但二者之间出现了同样的敌对关系,有时甚至发展到公然对抗的程度——这似乎是许多社会中步兵部队和骑兵部队的特点。他们之间的深刻敌意意味着,如果耶尼切里支持宫中的某一派,那么西帕希几乎必然会支持另一派。

两个兵团之间的激烈争斗,对宫廷库拉军队提出了越来越大的考验。对他们的军事能力的质疑以及往他们中间补充非库拉成员的做法,让这两个兵团变得不再服从管教,而且往往采取暴力手段来维护自身利益。这种情况发展到最后的结果是,年轻的苏丹奥斯曼二世于 1622 年被库拉军队杀害。

然而,远在此之前,这两个宫廷兵团就开始各自与敌对的两个宫廷派系结盟,这两派的大本营都位于后宫。通过结盟,他们有效地把两个派系武装了起来,两派的头领可以利用自己的武装力量威胁对方。因此,他们给宫廷派系斗争引入了一个危险的不确定因素,因为有了极具威胁的军事力量,派系斗争随时可能升级为武装对抗。这段危机时期的后宫总管太监要么支持其中一个兵团,要么试图挑拨二者的关系。

两个兵团很少为了共同的目标而并肩作战，而一旦出现这种情况，后宫总管太监就会有性命之危。不止一位总管太监成为这种暴力的受害者——接下来我们就会阐明这一点。

对库拉军队的反抗产生了第三种派系斗争，梅廷·昆特认为这种斗争具有种族地域特征，是"西方人"与"东方人"的对立。[10] 该语境下的"西方人"指的是这些库拉军人，他们大多是通过德夫希尔梅制度招募的、来自巴尔干半岛（可能还包括安纳托利亚西部）的士兵[11]，而所谓的"东方人"则包括引发杰拉里叛乱的安纳托利亚农民雇佣军（他们是库拉军人的一类替代人选），以及来自高加索的马穆鲁克（他们是愈发受欢迎的宫廷男仆人选）。前文提到的那些反叛的"杰拉里总督"是来自高加索地区——尤其是阿布哈兹——的马穆鲁克。在这段危机时期，后宫总管太监——尤其是朝觐者穆斯塔法和拉拉·苏莱曼——的侍从当中，高加索马穆鲁克出身的官员越来越多。直到17世纪中期，这些"东方人"与"西方库拉军人"之间的竞争才引起宫中各个圈子的关注。为了避免依赖愈发不友好的库拉军人，总管太监们积极与"东方人"培养关系。

与后宫各派系之间以及宫廷兵团之间的摩擦类似，托普卡帕宫中非洲宦官与白人宦官之间的关系向来也比较紧张。进一步说，两类宦官管理的场所——后宫与第三庭院（包括苏丹的私人寝宫）——之间也存在这种紧张局面。无论是对立程度还是激烈程度，这第四类派系斗争都比不上以后宫为大本营的恩庇网之间的较量，也比不上耶尼切里和西帕希之间的冲突。从我们前面讨论的哈比沙·穆罕默德与加赞夫之间的竞争来看，后宫宦官与第三庭院的宦官通常会在对方的"领地"内培养自己的侍从。不过，这两个太监群体之间的区隔确实引发了实实在在的竞争,甚至似乎成了一种理念,一种表达或理解宫中私密区域内空间区隔与职业划分的方法。这一点在某些宫廷史官和知识分子的冗长文字中显而易见,比如抨击非洲宦官的穆斯塔法·阿里、塞拉尼基、德尔维什·阿卜杜拉(Derviş Abdullah),以及赞扬非洲宦官优点的作者(见第2、4章的讨论和引用文献),比如阿里·阿卜杜劳夫·哈比沙(Ali b. Abdurrauf el-Habeşi)。后世的人们还能从当时的绘画中看到这种黑与白的二元对立(第11章对此有讨论),这些画作将黑人与白人两类宦官描绘为宫廷的两"边",或者将一黑一白两名宦官配成一对。这些都是根深蒂固的双边派系斗争的标志——对特定肤色、习俗、描述的认同,我在别的地方对此有过论述。[12]这些标志也许共同构成了某种夸张的双边派系斗争,远超出客观事实。

和"东方人"与"西方人"的对立一样,黑与白的对立几乎从来没有完全达到后宫派系斗争或宫廷兵团斗争的激烈程度。因此,我们不能说某个皇太后/后宫宦官/西帕希/"东方派"对抗某个苏丹的宠妃/第三庭院宦官/耶尼切里/"西方派"。后宫宦官与第三庭院的宦官一直在暗中较量,他们之间的竞争对宫廷派系的构成有一定影响,但从未起到决定作用。不过,双方的竞争确实加剧了后宫与第三庭院之间的紧张局面。这种紧张局面牵涉到这两个区域的全体人员,它不仅关乎种族,还涉及空间。从种族方面来说,这一紧张局面使得非洲籍后宫宦官与其他种族的第三庭院男仆互相竞争;从空间角度来看,双方是为了接近苏丹而彼此较量。第三庭院显然在空间竞争中落了下风,特别是在未成年苏丹统治的时期,因为这些苏丹基本上不离后宫一步。但这并不意味着第三庭院的官员——包括吉庆门总管太监和苏丹私人寝宫的官员——突然就失势了。苏丹私人寝宫的某些官员可能会当上大维齐尔,因此,各个宫廷派系都渴望他们的加入。他们还可能会与后宫总管太监及其盟友作对。历史学家奈马就清楚地察觉到了后宫与苏丹私人寝宫之间的敌对关系(他在写于18世纪初的一部著作中对此有所记述)[13],他的观察主要反映的可能是潜在的紧张关系,而不是实际发生的派系斗争。与前文提到的对"黑白摩擦"的描述一样,他对这种敌对关系的描绘也采用了二元对立的方式。

总的来说,在这段危机时期,后宫总管太监在不同程度上参与了这四类派系斗争。由于宫廷兵团的加入,派系斗争充满了暴力的威胁。死于这类暴力的包括两位后宫总管太监、一位吉庆门总管太监、一位苏丹——这还不算那些流放后或在流放途中死于暴力的总管太监。另外,本章讨论的最后一位总管太监拉拉·苏莱曼阿迦可能亲手谋杀了一位皇太后。

欧斯曼阿迦/加赞夫时期

哈比沙·穆罕默德阿迦于1591年去世后,后宫总管太监的地位就变得不太明确了。毕竟,哈比沙·穆罕默德之所以取得埃夫卡弗-哈瑞门的监管权以及其他特权,主要是由于他个人的影响力。之后的后宫总管太监并不会自动继承他的显赫地位。总之,在他离世以后,吉庆门总管太监加赞夫阿迦通过打压这位已故对头的接班人,巩固了自己的地位。当时的编年史作者塞拉尼基·穆斯塔法显然认为，这代表着第三庭院的白人宦官及其他男仆的胜利。在他的叙述中，我们可以读到这样的内容：下一任总管太监瑟夫阿迦在任职约两年后被流放到埃及，原因是他"禁止[第三庭院的]男仆和'外面的人'做生意"，还没收了这次交易所得。所谓"外面的人"，指的就是伊斯坦布尔的"平民"。为后宫总管太监作传的18世纪传记作者艾哈迈德·雷斯米补充道：瑟夫被免职是因为他对第三庭院的白人宦官抱有"敌意"，而且与他们有"争论"。[14]

这是我们找到的第一份明确指出托普卡帕宫中非洲宦官与白人宦官之间持续存在紧张关系的文献。我们还可以猜想，是加赞夫加剧了这种紧张关系。从下面列举的事迹中似乎也可以看出端倪：下一任吉庆宫阿迦是通过德夫希尔梅制度招募的波斯尼亚人，名为贝亚兹·穆斯塔法（贝亚兹意为"白色"）。他曾经和一队波斯尼亚人一道被派往也门，在那里，他与奥斯曼帝国的总督建立了联系，这位总督回到伊斯坦布尔后，把穆斯塔法安插在宫廷白人宦官中。25年后，穆斯塔法被任命为后宫总管太监。用艾哈迈德·雷斯米的话来说，这项任命"不符常例"。塞拉尼基告诉我们，当上总管太监的穆斯塔法"命令白人阿迦们通过设置障碍和困难来掌控黑人阿迦"。然而，三年之后，他就因为失明和身体日渐衰弱而被免职。[15]

下一任后宫总管太监是欧斯曼阿迦，他虽然是非洲人，但无疑是加赞夫的盟友之一。和加赞夫一样，他也属于穆罕默德三世之母莎菲耶的小圈子，在成为后宫总管太监之前，他就是莎菲耶私人随从中的宦官总管。[16]此时，莎菲耶和加赞夫再也不会被努尔巴努及其盟友哈比沙·穆罕默德率领的旧派余党束缚了。即便如此，加赞夫好像也没多大希望能重掌埃夫卡弗-哈瑞门。相反，欧斯曼阿迦在任职的十年里似乎巩固并增强了后宫总管太监对圣地宗教捐献产业的掌控。塞拉尼基在第一次提到他的时候，就将埃夫卡弗-哈瑞门与他的名字联系了起来："欧斯曼阿迦曾在后宫掌管麦地那的宗教捐献产业[并]获任后宫总管太监一职。"[17]

欧斯曼的名字之所以在此时（伊斯兰历1004年的斋月，即1595年4月末）出现在塞拉尼基的编年史中，是因为他改革了两类机构的财政管理制度：一是埃夫卡弗-哈瑞门，二是苏丹设立的与麦加和麦地那无关的机构。具体来说，他合并了所有这些机构的财务登记册，并把它们交由一个会计师统一管理。[18]1598年初，欧斯曼阿迦受命担任一类捐献产业的监管人，这类产业服务于伊斯坦布尔的"苏丹宗教建筑群"——包括征服者穆罕默德、巴耶济德二世、塞利姆一世，以及苏莱曼大帝的宗教建筑群。上任之后，他立马用自己信赖的军官取代了这些捐献产业的"现场"监工（mütevellis）。[19]两年后，他又任命另一名自己信任的军官担任一座清真寺的管理员（emin），这座带有施粥场的清真寺建筑群由莎菲耶苏丹在艾米诺努港口建立。这名管理员充当了莎菲耶的代理（vekil），代管清真寺的所有捐赠事宜。穆罕默德三世于1603年逝世之后，这座如今被称为"新清真寺"（Yeni Cami）的庞大建筑群遭到废弃。过了数十年，清真寺的修建才重新开始，并于1665年竣工。[20]新任清真寺管理员当上了欧斯曼阿迦的管家（kethüda），同时还被任命为塞利姆二世和穆拉德三世的陵墓管理员（他们的陵墓都位于伊斯坦布尔阿亚索菲亚清真寺的附近）。[21]

在这些年里，塞拉尼基担任了宗教捐献产业管理部门的会计师，因此，对于产业的种种变动，他应当是独一无二的权威消息来源。不过,他对这些变动的评论不可全信,因为他显然不喜欢欧斯曼阿迦,而且从种种迹象来看,他也不怎么喜欢非洲籍后宫宦官这一群体。对于1591年哈比沙·穆罕默德阿迦之死,他作了如下评论:"那个黑祸终于离开了这个世界!"[22] 在述及欧斯曼阿迦任命这些产业的新监工时,他指控欧斯曼将监工一职赏给不配担任该职的卑劣之人,以换取他们的贿赂,而且频繁更换监工,从而收取更多贿赂。他声称,在这样的情况下,这些产业负责维护的建筑变得破败不堪,而它们支持的慈善事业也难以为继。[23] 另外,他还认为莎菲耶的清真寺建筑群的新任管理员(由欧斯曼任命)完全不具备担任该职的资格,此人目不识丁,固执己见,缺乏商业头脑,无视律法。[24]

尽管我们对塞拉尼基的生活与职业知之甚少(只知道他曾负责管理宗教捐献产业的账目,这是他自己透露的),但我们大概可以得出如下结论:他和差不多同时代的穆斯塔法一样,特别看不惯后宫总管太监在经济、政治方面拥有愈发强大的影响力。欧斯曼阿迦试图把自己的门徒安插到宗教捐献产业的管理岗位上,而塞拉尼基可能觉得这会威胁到他自己的饭碗。从更宽泛的角度来说,他也许认为这位总管太监想要垄断对所有帝国宗教捐献产业的控制权。

莎菲耶苏丹及其盟友加赞夫阿迦对这些变动似乎持默许甚至鼓励的态度。不管从哪方面来说,欧斯曼阿迦都不是加赞夫的对手,也不是莎菲耶的对手。观察者们把他视作莎菲耶和加赞夫的队伍中的一名下属成员。从16世纪90年代到17世纪的开头几年,加赞夫的权势无论怎么形容都不算夸张:在此期间,他任命、罢免了一批大维齐尔,甚至设法让自己的宦官同僚哈德姆·哈桑帕夏于

1598年4月被处死——哈德姆只当了五个月的大维齐尔。[25]威尼斯拜洛阿戈斯蒂诺·纳尼在1600年的一份报告中写道,加赞夫和莎菲耶掌管了一切事务。[26]不过,其他威尼斯观察者指出,这位皇太后身边还有更多侍臣也参与其中。[27]

换言之,加赞夫在任期间,吉庆门总管太监与后宫总管太监互相合作,甚至可以说组成了一队。然而,他们的合作丝毫没有缓和帝国耶尼切里军团与西帕希之间的敌对关系(耶尼切里往往与第三庭院的同样德夫希尔梅出身的成员联手)。后宫总管太监欧斯曼阿迦采取了加赞夫和莎菲耶的做法:在耶尼切里和西帕希之间偏袒前者。西帕希士兵早已因为长时间与哈布斯堡王朝作战而感到颓丧,在这些年里,他们以莎菲耶的派系为攻击目标,发动了多次叛乱。1600年,他们杀害了莎菲耶的吉拉①埃斯佩兰萨·玛尔齐(Esperanza Malchi),她是一名向后宫售卖奢侈品的犹太女商人。玛尔齐赢得莎菲耶的信任之后,在宫中产生了很大影响,甚至把通常划拨给西帕希的那部分财政收入挪给她在宫中的亲信。[28]塞拉尼基写道:

> [西帕希骑兵团的]军士长(çavuşbaşı)找到了这个女吉拉,把她带出来,放到一匹驮马上,带到帕夏[大维齐尔达马特·易卜拉欣帕夏]家里。就在她下马之时,那些西帕希士兵上前去捅她,把她砍得血肉模糊,然后用绳子绑住她的双腿,

---

① Kira,一种头衔,指服务于奥斯曼后宫女性的商业中介(通常为犹太女性)。

把尸体拖走,放到赛马场上。之后,一大群[西帕希士兵]以手触碰神圣的《古兰经》,并发誓"明天我们会把她的所有子女和亲人带到这儿来"。[29]

后来,他们杀掉了她的大儿子,而小儿子则通过改信伊斯兰教救了自己一命。

次年,心怀不满的西帕希骑兵团把矛头指向了加赞夫本人,他们威胁穆罕默德三世:如果不除掉加赞夫,他们就把他推下皇位。眼看加赞夫就要被处死,结果在最后一刻因为大维齐尔及其助理官员替他求情而得救。[30] 在这次事件中,耶尼切里与西帕希之间的对抗帮了加赞夫的大忙,因为无论哪一方都没有强大到可以单凭自身的力量打倒加赞夫。

然而,1603年1月,由于奥斯曼与奥地利人旷日持久的战争,再加上中央政府对杰拉里叛乱的不当处理,两个兵团终于联合起来。从奥地利前线返回的士兵发现,杰拉里叛军对安纳托利亚的破坏达到了前所未有的程度,导致一批又一批农民背井离乡,逃到伊斯坦布尔。士兵们把导致这一局面出现的责任归咎于对抗杰拉里叛军的多名奥斯曼军队指挥官,认为他们指挥不力。其中,哈德姆·胡斯雷夫(Hadım Hüsrev)帕夏是他们指责的主要对象,他们认为是加赞夫和欧斯曼安排胡斯雷夫担任指挥官的。愤怒的士兵们走向吉庆门(苏丹谒见厅前面的那道门),把加赞夫和欧斯曼从谒见厅中拖了出来,砍下了他俩的头。两人的脑袋滚落到苏丹的脚下,"就像一黑一白两颗珠子"——这是17世纪的博学者卡蒂普·切勒比后来的描述。[31]

欧斯曼的接班人阿卜杜勒扎克也是莎菲耶和加赞夫的门徒。对奥斯曼的宫廷史官而言，他最有名的事迹可能是 1603 年参与处决穆罕默德三世之子马哈茂德皇子。根据哈桑·贝扎德的记述，阿卜杜勒扎克告诉苏丹，一名苏菲派的学者预言这位皇子将在其父消失之后成就大事。听了这话，穆罕默德下令逮捕并勒死了马哈茂德皇子，这是 1603 年 6 月的事。[32] 次年 12 月，苏丹艾哈迈德一世继位，随后阿卜杜勒扎克被免职。这位新苏丹也许觉得阿卜杜勒扎克对莎菲耶苏丹太过唯命是从，就像她的一颗棋子。差不多就在罢免这位总管太监的同时，艾哈迈德也将莎菲耶打入旧宫。1604 年 11 月，阿卜杜勒扎克被处死。[33]

朝觐者穆斯塔法阿迦

阿卜杜勒扎克的接班人是杰夫海尔·乔哈尔阿迦，他从 1604 年初到 1605 年秋末担任该职[34]，之后又由朝觐者穆斯塔法阿迦接任。穆斯塔法后来成了奥斯曼帝国历史上权力最大的总管太监之一。1602 年，他前往圣地麦加朝觐，因此获得"朝觐者"的尊号，朝觐归来之后，他便一直住在开罗。但在 1604 年底，他被召往帝都，成为艾哈迈德一世的"密友"。一年之后，他便升任后宫总管太监。一直到艾哈迈德一世死后，他还在担任此职。[35] 穆斯塔法之所以能得到艾哈迈德青睐，是因为他的职位并非由莎菲耶苏丹或加赞夫阿迦所赐。正因如此，在加赞夫于 1603 年被处死、莎菲耶于 1604 年被打入旧宫之后，他才得以填补这两人留下的权力空白。难怪威尼斯拜洛克里斯托福罗·瓦列尔在一份报告中写道,这名阿迦的地位"升得极高,威权极盛,无论就行止、衣着还是职权而言,皆似君王而胜过君王"[36]。

另外,穆斯塔法阿迦此前已经与埃及和两圣地之间建立了联系,可能就是这种联系让他成了后宫总管太监一职的绝佳候选人,因为我们之前说过,总管太监负责监管服务于圣地的帝国宗教捐献产业,而产业的大部分收入以及每年运送到麦加和麦地那的几乎所有粮食都来自埃及。本书第 8 章将会论证,穆斯塔法在担任后宫总管太监之前、期间、之后,都对开罗的城市发展起到了重大作用,他还捐建了麦加的一处重要宗教建筑。此外,他对于帝都宗教基础设施的扩建也起到了几乎同样巨大的作用。

蓝色清真寺 在伊斯坦布尔,穆斯塔法阿迦对苏丹艾哈迈德清真寺的建造起到了重要作用。这座建筑也许是如今的伊斯坦布尔市最显眼的地标,它还有一个家喻户晓的名字:蓝色清真寺。1609 年 8 月,苏丹艾哈迈德一世发起了这个可谓野心勃勃的项目:这是自苏莱曼大帝以来,由奥斯曼帝国的苏丹在帝都内兴建的第一座清真寺。苏莱曼大帝是艾哈迈德一世的高祖,也是他的偶像。[37] 这座清真寺设计的规模比苏莱曼下令建造的苏莱曼尼耶清真寺还要大,包含六座宣礼塔,而苏莱曼尼耶清真寺只有四座宣礼塔。蓝色清真寺由宫廷建筑师赛德夫哈尔·穆罕默德(Sedefkar Mehmed)阿迦建造,他曾接受过传奇建筑师科查·米马尔·希南的训练。这座清真寺位于伊斯坦布尔赛马场的南端,面对阿亚索菲亚清真寺,再过去就是托普卡帕宫。它俯瞰博斯普鲁斯海峡与马尔马拉海的交汇处,几乎与托普卡帕宫具有同样优越的地理位置。它的北面有一所伊斯兰学校、一所古兰经学校、一所培养职业《古兰经》诵经人的学校、一所精神病院、一处施粥场、一家为苦行僧（dervish）而设的客栈，还有一处公共喷泉亭。艾哈迈德一世死后就葬在这座清真寺。[38]

　　穆斯塔法阿迦对蓝色清真寺的建造起到的作用，比任何一位后宫总管太监在皇家建设项目中所起到的作用都要大。由后宫总管太监负责监督圣地宗教捐献产业并不是什么新鲜事：就拿欧斯曼阿迦来说，他曾是多个苏丹捐建项目以及圣地宗教捐献产业的负责人，而穆斯塔法阿迦在数年之后也当上了新清真寺的托管人，该清真寺由莎菲耶苏丹于1600年下令建造。[39]然而，由总管太监来监管在世苏丹的捐建项目，这是前所未有之事。穆斯塔法阿迦似乎还参与了蓝色清真寺的实际建造。根据与他同时代的编年史作者托普切拉·卡提比·阿卜杜卡迪（Topçular Katibi Abdülkadir）和哈桑·贝扎德的记录，自该清真寺建造伊始，穆斯塔法阿迦就与清真寺的第一位建设总监开展了密切合作。[40]七年后，托普切拉·卡提比又记录了清真寺的首席建筑师塞德夫卡·穆罕默德为穆斯塔法阿迦效力的事迹。当时，塞德夫卡的助手是伊德里斯阿迦，他是一名后宫宦官，于伊斯兰历1025年（1616年）被任命为清真寺的建设总监。[41]（伊德里斯阿迦于1624年升任总管太监，他有可能是穆斯塔法的门徒。）位于这座清真寺正面外墙（面对托普卡帕宫的一侧）上的铭文提到了穆斯塔法，称其为该清真寺的建设主管（nazir）（图5.1），[42]在奥斯曼帝国的历史上，除了穆斯塔法阿迦，再没有哪一个后宫总管太监能够留名于为苏丹而建的清真寺的铭文中。

　　奥斯曼二世　　1617年，艾哈迈德一世死于霍乱，享年27岁。

图 5.1 位于苏丹艾哈迈德清真寺正面外墙上的铭文，文中提到朝觐者穆斯塔法阿迦，称其为该清真寺的建设主管。图片由 Günhan Börekçi 提供

这位苏丹咽气时，朝觐者穆斯塔法阿迦正在后宫，他随后向大维齐尔通告了苏丹驾崩的消息。艾哈迈德的长子奥斯曼当时年仅 13 岁，因此，艾哈迈德 25 岁的弟弟穆斯塔法被人们从后宫背面的"囚笼"（穆斯塔法在那里度过了人生前 25 年的大半时光）里拽出来，推到了皇位上。尽管朝觐者穆斯塔法阿迦与奥斯曼很亲近——奥斯曼于 1604 年出生时，宣布他出生消息的人就是朝觐者穆斯塔法阿迦[43]，但他还是帮助穆斯塔法一世顺利继位，虽然他也知道穆斯塔法一世的智力或精神状态是有问题的。

加布里埃尔·彼得伯格、巴基·泰兹詹等人对之后发生的事进行了详尽的探究。[44] 穆斯塔法一世心智发育不全，因此行为极度不稳定。朝觐者穆斯塔法阿迦将穆斯塔法一世的精神疾病告知公众，并提醒各位高官：让他留在皇位上很危险。[45] 由于穆斯塔法阿迦的努力，这位举止难以捉摸的苏丹只在皇位上坐了三个月。三个月后，朝觐者穆斯塔法一党罢黜了穆斯塔法一世，并扶持奥斯曼继位。新任苏丹虽然年幼，却有不少改革奥斯曼政府的想法：主要是通过增加苏丹的自主权、弱化库拉军队的势力来实现。库拉军人大多数是通过德夫希尔梅制度招募来的，他们是过去几十年里军事叛变的主角。穆斯塔法阿迦帮助奥斯曼继位，也就意味着他暗中支持奥斯曼的改革计划。

不过，改革计划还没能开始实施，穆斯塔法阿迦就被新任大维齐尔打发到了埃及。这名大维齐尔叫作伊斯坦科律·顾泽尔思·阿里（İstanköylü Güzelce Ali，意为"来自伊斯坦科的英俊的阿里"），该绰号中的"伊斯坦科律"指的是他的第一个主要派驻地：爱琴海的伊斯坦科岛（如今称作科斯岛），他担任的是该岛总督。根据奈马的记述，顾泽尔思·阿里帕夏通过进献奢华的礼物讨得了年轻苏丹的欢心，渐渐与苏丹亲近起来，结果，他的权势大到取代了穆斯塔法阿迦的地位——要知道，穆斯塔法阿迦可是帮助奥斯曼登上皇位的大功臣。最终，顾泽尔思·阿里帕夏"背叛"了这位总管太监，拍卖掉他的财产，然后把他送到了开罗。[46] 从各方面来看，顾泽尔思·阿里帕夏这样做是为了下一盘大棋：对抗这位总管太监的小圈子。之所以这么说，是因为他在差不多同一时间对至少一名穆斯塔法阿迦的侍从采取了类似做法。[47]

尽管如此，接任穆斯塔法阿迦的后宫总管太监一职的不是别人，而是他的门徒苏莱曼阿迦——可见穆斯塔法阿迦在宫中的势力何等之大。[48] 到了1620年，穆斯塔法阿迦已经担任总管太监大约15年，而且从我们掌握的各种资料来看，宫中最高级别的后宫太监全是由他提拔、训练的。苏莱曼阿迦上任后,开始执行前任后宫总管太监未能完成的工作——支持苏丹的改革计划。奥斯曼二世力图复兴苏莱曼大帝时期那个激进的、名扬四方的苏丹国,在那个时代,君主登基后会处死自己的兄弟,也会亲自带领帝国的军队出征。因此,奥斯曼二世于1621年亲自指挥奥斯曼军队攻打霍京(Hotin,位于今乌克兰西部)——这是一次极其失败的战役,三分之一的部队,也就是大约四万名士兵战死。另外,他还下令处死他的弟弟穆罕默德。不过,他饶了其余两个兄弟的命,这两人都是艾哈迈德一世的宠妃柯塞姆苏丹所生之子。

年轻的奥斯曼还下决心抑制库拉军的势力。在霍京战败蒙羞的军队的主要成员就是这些库拉军人。另外,帝都是个权力斗争的舞台,参与其中的人包括男仆、士兵,以及德夫希尔梅出身的维齐尔。在这些人当中,来自同一地区的同族人之间互相团结,处于同等地位的人也互相帮扶,由此形成了明显的派别划分。因此,奥斯曼考虑从安纳托利亚的穆斯林臣民当中招募一支雇佣军,作为帝国耶尼切里军团的补充——在耶尼切里军团中,德夫希尔梅出身的人完全占据了主导地位。奥斯曼还考虑迁都到帝国的亚洲区域,从而远离大部分库拉军人的原籍地:搬到布尔萨、大马士革,甚至可以搬到开罗——库拉军在开罗的势力曾于1607—1611年遭到奥斯曼帝国当地总督的破坏。[49] 苏莱曼阿迦不仅对这些措施表示支持,据说,他还和苏丹的老师一道煽动苏丹反抗库拉军。他认为库拉军的军事实力已经不如从前了——在霍京之败后,谁能反驳他的这一观点呢?[50] 士兵们还认为,正是他劝说奥斯曼迁都开罗。[51](考虑到后宫总管太监一职与埃及的密切联系,他们的这一假设并不奇怪。）

其实，后宫总管太监还积极支持年轻的奥斯曼苏丹镇压库拉军。感受到日益增长的威胁后，宫廷兵团于1622年5月在穆斯塔法一世之母及柯塞姆苏丹的支持下，发动了一场政变——这两个女人都想让自己的孩子当上苏丹。士兵们闯入后宫，把穆斯塔法从"囚笼"里放出来。为了安抚造反的士兵，奥斯曼二世牺牲了他当时的大维齐尔迪拉维尔（Dilaver）帕夏，以及倒霉的后宫总管太监苏莱曼阿迦。但库拉军仍然坚持要把穆斯塔法重新推上皇位。年仅18岁的奥斯曼被囚禁在耶迪库勒，随即被勒死，这主要是由于苏丹穆斯塔法之母和新任大维齐尔的"努力"。[52] 后宫宦官与吉庆门宦官之间的紧张关系虽然没有完全决定这场动乱的走向，但也显然影响到了它的结局。后宫中的普通宦官认为，吉庆门总管太监对苏莱曼阿迦被处死负有责任。为了给苏莱曼阿迦报仇，他们把吉庆门总管太监大卸八块。[53]

回宫 在这种情况下，再次即位的穆斯塔法一世的侍臣们自然就对非洲籍后宫宦官抱有疑心——毕竟这些宦官以私刑处死了第三庭院的首席官员。在穆斯塔法一世短暂的第二次统治时期，后宫总管太监和吉庆门总管太监两个官职被合二为一，以限制后宫宦官的势力。合并后的这个超级官职由伊斯梅尔阿迦（1691—1692年在任）担任，他是一位吉庆门宦官，来自安纳托利亚东南部的马拉蒂亚（Malatya），通过德夫希尔梅制度进入奥斯曼宫廷。伊斯梅尔阿迦是最后一个监管后宫的白人宦官，他之所以名留青史，主要是因为他在斯屈达尔捐建了一个清真寺建筑群，这个建筑群直到今天还依然存在。[54]

不管怎么说，罢黜奥斯曼二世并没有解决穆斯塔法一世精神状态不稳定的问题。在他的第二次统治时期，这个问题和第一次一样严重。在又坐了一年半的皇位之后，穆斯塔法一世再次被罢黜，他的接班人穆拉德四世（1623—1640年在位）利用已故哥哥奥斯曼二世曾经构想的方法，基本上限制住了库拉军的势力。新秩序的早期迹象之一是朝觐者穆斯塔法阿迦再次从开罗被召回皇宫，官复原职。[55] 这一次，他在后宫总管太监这个职位上一直干到了生命的最后一刻（1624年7月）。那时，艾哈迈德一世的宠妃柯塞姆苏丹已经成了奥斯曼帝国史上野心最大的皇太后之一。在奥斯曼二世这次事件中，她和穆斯塔法阿迦分属两派，但在她的儿子即位后，两人又结为同盟。他们的同盟关系与25年前莎菲耶和加赞夫的合作关系如出一辙。

门徒与敌人　和之前的哈比沙·穆罕默德阿迦一样，穆斯塔法阿迦培养了多名侍从和门徒，他们当中有很多都获得了军队及行政机构中的要职，甚至包括大维齐尔一职。不过，他的侍从圈子反映出当时不同种族地域的群体之间的紧张关系，进而反映了"东方人""西方人"派系之间的较量，因为这个圈子不仅包括德夫希尔梅出身的人（他们在艾哈迈德一世之前在奥斯曼军队的管理中占据了主导地位），也有来自高加索的马穆鲁克。在当时看来，这些马穆鲁克似乎是替代库拉军人的合适人选，因为他们没有那么叛逆。

纳苏赫帕夏　穆斯塔法阿迦与纳苏赫帕夏之间形成了深刻的对立，后者是哈比沙·穆罕默德权势最大的侍从之一。我在第4章说过，哈比沙·穆罕默德去世很久之后，纳苏赫的宦途才有了起色，实际上，他一生中担任的有影响力的官职大多是在穆斯塔法阿迦担任后宫总管太监期间获得的。然而，他之所以有这些成就，一部分原因在于他和艾哈迈德一世的祖母莎菲耶苏丹建立了关系。艾哈迈德及其总管太监总是对莎菲耶的侍从怀有疑心，但纳苏赫却和苏丹逐渐变得亲近：在当上大维齐尔（1611年）几个月后，他便迎娶了苏丹的小女儿。在将近一个世纪后的记载中，奈马的文字给了我们这样的印象：纳苏赫帕夏和穆斯塔法阿迦两人竞相争夺苏丹的信任，纳苏赫因为穆斯塔法阿迦在苏丹清真寺的建造项目中担任要职而心生怨念。[56] 当时在艾哈迈德一世的朝中任职的哈桑·贝扎德声称："穆夫提［最高宗教官员］……和吉庆宫阿迦怀疑……维齐尔暗藏阴谋诡计，心存戕害之念。他们都确信自己的担忧和怀疑有根有据……认为［纳苏赫］即将背叛苏丹。"因此，正如第4章提到的那样，纳苏赫向萨非人议和之后，被他们安上了"与敌交好"的罪名而惨遭处死。[57]

凯曼凯什·阿里帕夏　奥斯曼二世于1622年被杀害后，穆斯塔法阿迦回到宫中，开始自己的第二段宦途，他除了纳苏赫帕夏以外的主要对手以及重要门徒也都在此期间陆续出场。穆斯塔法阿迦直接和几位大维齐尔争夺接近苏丹的机会，这与此前哈比沙·穆罕默德的情况有所不同。由于顾泽尔思·阿里帕夏之前的丑恶行径，穆斯塔法阿迦于1620年遭到罢免并被流放至埃及，这次事件似乎让他吸取了教训。三年后，穆拉德四世的第一任大维齐尔凯曼凯什·阿里（Kemankeş Ali）帕夏把穆斯塔法阿迦从埃及召回，并让他重新当上后宫总管太监，虽然有人提醒过凯曼凯什，说穆斯塔法不会听他的话。奈马对此有如下记述：

他当时的文员卡巴萨卡·阿里（Kabasakal Ali，卡巴萨卡意为"浓密的胡须"）阿迦是个好心但无礼的男子……这位文员责备凯曼凯什："你为何要让穆斯塔法阿迦回来？此人太过独立，且桀骜不驯。他不会服从你，也不会听从你的命令。他这种习惯了罢免和任用维齐尔的人是不会怕你的。"[58]

事实上，凯曼凯什·阿里在穆斯塔法阿迦回宫后不久就遭处死，但并不是因为后宫总管太监"桀骜不驯"——真正的原因更为复杂。凯曼凯什经过百般努力才爬上大维齐尔这个位置，在此过程中树敌无数，这些敌人包括几位权势显赫的维齐尔以及大穆夫提。不过，他犯的最大错误是让萨非王朝的沙阿阿拔斯一世于1624年征服巴格达，而且还向当时12岁的苏丹穆拉德四世及其母亲隐瞒了这个消息——对后者，也就是对可怕的柯塞姆苏丹隐瞒此消息当然更为致命。在这段时期，只要对沙阿阿拔斯有一点绥靖的态度，就有被处死的危险——纳苏赫帕夏的经历已经说明了这一点。于是，柯塞姆和穆斯塔法阿迦罢免并勒死了这位大维齐尔。[59]

埃及总督 穆斯塔法阿迦像从前一样把自己的侍从——他们由人数大致相同的德夫希尔梅军人与马穆鲁克组成——提拔到维齐尔的高位上，只要有可能，还会让他们当大维齐尔。他尤其关注埃及总督这一官职——这倒是不足为奇，毕竟他在那里待过好些年，而且埃及行省一直在为埃夫卡弗-哈瑞门出力。在首次担任后宫总管太监之前不久（当时他住在开罗），他同为宦官的门徒格尔吉·穆罕默德阿迦（Gürcü Mehmed，格尔吉意为"格鲁吉亚人"）当上了埃及总督，任期为1604年9月至1605年7月。格尔吉最初是穆斯塔法阿迦的"萨拉吉"（sarraj，字面义为"马鞍工"），相当于保镖——从这一职位来看，他很可能是穆斯塔法阿迦的私人马穆鲁克。[60]1622年9月，格尔吉升任大维齐尔，但大约五个月后就被处死了，这可能是对废帝奥斯曼二世政府的大规模反对行动的一部分。[61]

后来有一位埃及总督叫塔巴纳亚瑟（"平足"）·穆罕默德（Tabanı Yassı Mehmed）帕夏，任期为1628—1630年。通过德夫希尔梅制度被招募，他从家乡兹拉马（Drama，今希腊东北部）来到了伊斯坦布尔，成为穆斯塔法阿迦的手下。穆斯塔法阿迦最初安排这个年轻的阿尔巴尼亚人在缪特菲力卡兵团服役。[62]后来，塔巴纳亚瑟也当上了大维齐尔（1632—1637年在任）。与此同时，用奈马的话来说，其他维齐尔"互相争夺手握大权的维齐尔和财政官的职位，大肆贿赂，再加上总管太监穆斯塔法阿迦替他们说情以及大维齐尔提供保护，他们终于得到了想要的官职"[63]。

梅莱克·艾哈迈德帕夏　塔巴纳亚瑟的宦途轨迹表明，在穆斯塔法阿迦去世（1624年）很久之后，他的侍从继续影响着奥斯曼帝国的管理层，就连穆罕默德四世早期的一名大维齐尔梅莱克·艾哈迈德（Melek Ahmed）帕夏最初也是穆斯塔法阿迦的门徒，虽然他担任该职的时间只有三个星期（1651年8月）。他是来自阿布哈兹（今格鲁吉亚西北部）的一名马穆鲁克的儿子，出生于伊斯坦布尔，但生下来后被送回阿布哈兹，在祖国的习俗中长大——高加索北部的多个族群都有这种惯例。受到良好的阿布哈兹式的教养之后，他和一个堂（表）姐妹一起被进献到艾哈迈德一世的宫中。这个堂（表）姐妹嫁给了艾哈迈德的首席金匠，他们的儿子就是日后成为著名旅行家的爱维亚·切勒比；梅莱克则在穆斯塔法阿迦的帮助下进入位于加拉塔萨雷的宫廷男仆学校学习。[64] 除了短暂地当过大维齐尔,他还担任过多个重要地区的总督和军事指挥官,而且娶了艾哈迈德一世的一个女儿。[65]

克里米亚可汗 穆斯塔法阿迦偶尔还能帮助别人获得比大维齐尔还高的职位。1624年,穆罕默德三世·吉拉伊(Mehmed III Giray)声称,他的哥哥贾尼别克(Janibek)凭借穆斯塔法阿迦的影响登上了可汗宝座,他认为这不公平。[66] 穆罕默德三世·吉拉伊来自一个权势显赫的鞑靼家族,奥斯曼帝国的属国克里米亚汗国完全由该家族统治。和家族中的其他成员一样,穆罕默德·吉拉伊也利用了奥斯曼宫廷中的派系斗争:他争取到了一名前任大维齐尔对他的支持,而这名前任大维齐尔是穆斯塔法阿迦的对头。后来,他当了四年的可汗,这段时间可谓动荡不已。最终,他在抵抗入侵克里米亚的哥萨克军队时被杀,结束了自己的统治生涯。[67]

克里米亚可汗以及他能够召集的鞑靼骑兵,对奥斯曼军队抗击哈布斯堡王朝的军队和俄罗斯人发挥了关键作用。另外,鞑靼人在乌克兰大草原和高加索地区劫掠奴隶,从而向奥斯曼帝国的宫廷及各行省供应马穆鲁克——正是在这一时期,这些马穆鲁克逐渐成为整个奥斯曼帝国重要的人力资源。单凭这些,也许就足以解释穆斯塔法阿迦为何会在意如此遥远的一个附庸国的统治者。而且,克里米亚汗国的领土与多瑙河东部的伊斯梅尔格齐德接壤,这里正是由哈比沙·穆罕默德阿迦捐建、由他的继任者们维护的定居点所在地,粮食在这里装船后穿越黑海,其中的大部分会被运往伊斯坦布尔。由于克里米亚汗国占据了这个敏感的地理位置,奥斯曼总管太监肯定会设法维持这个附庸国的稳定,这也解释了穆斯塔法阿迦为何重视统治此地的鞑靼可汗。

后宫总管太监的"公众可见度" 在穆斯塔法阿迦担任后宫总管太监期间,他开始具备比以往更高的公众可见度。我们还记得,第一任总管太监哈比沙·穆罕默德阿迦首创了每周在后宫入口大门处举行公开例会的做法,在例会上,他与大家讨论有关圣地宗教捐献产业的问题。而穆斯塔法阿迦则定期参加在伊斯坦布尔及旧都埃迪尔内举行的帝国游行——埃迪尔内是抗击哈布斯堡王朝的前哨基地,在17世纪期间更是奥斯曼帝国名副其实的第二都城。

编年史作者托普切拉·卡提比是一名军人,他非常了解这类游行对彰显帝国权威的重要性。他在一份报告中写道,穆斯塔法阿迦带领后宫的阿迦们参加了伊斯坦布尔的一次游行,此次游行是为了庆祝纳苏赫帕夏与艾哈迈德一世之女于1612年2月订婚。有趣的是,此次游行中,后宫宦官与吉庆门宦官两两成双:一黑一白两名宦官并排骑马而行。[68]虽然这种黑白搭配也许并非第一次在游行中出现,但在之后的年岁里,它的确成为一种固定模式。这说明将黑人宦官归入后宫、白人宦官归入吉庆门的做法此时已经确立——虽说在十年之后,有一名白人宦官将会短暂地担任后宫和吉庆门两处的首领。这位编年史作者还记载了穆斯塔法阿迦于1614年在埃迪尔内带领其他后宫太监参加另一次游行的事迹。[69]到了那时,后宫太监参加为征服军送行以及庆祝重要军事胜利的游行也成了常有的事,这些军事行动或军事胜利包括1596年的埃格尔战役,1612年在萨非前线征讨大不里士,1636年征服埃里温,1638年再次征服巴格达,等等。[70]

穆斯塔法阿迦之死及其陵墓 朝觐者穆斯塔法阿迦于1624年

7月中旬死在了任上。虽然我们不知道他享寿几何,但他去世的时候应该年事已高,就像大部分后宫总管太监一样,大概70多甚至80多岁。他的墓葬甚至开创了一个重要的先例:他被葬在先知穆罕默德的旗手阿布·艾尤布·安萨里(Abu Ayyub al-Ansari)的陵墓旁边,该陵墓坐落在伊斯坦布尔的城墙外,矗立于正在扩大的一片墓地的中心。(第11章还会进一步讨论这片墓地以及穆斯塔法的陵墓。)

艾哈迈德一世即位后,这个地点有了另外一层重要意义:新苏丹拜访了这座陵墓,由大穆夫提或谢赫艾德巴利(Shaykh Edebali)的一个后人为他佩上先知穆罕默德的宝剑,或者是另一把具有重要宗教和历史意义的宝剑(谢赫艾德巴利是一名苏菲派大师,其女嫁给了奥斯曼帝国的创始人奥斯曼)。从此之后,几乎每一位新任苏丹(只有一位例外)都举行了类似的仪式,直到奥斯曼帝国灭亡。[71] 和参加游行一样,穆斯塔法阿迦选择此处作为他的墓地,同样也提高了自己的公众可见度。

伊德里斯阿迦 朝觐者穆斯塔法阿迦第二次离开皇宫后(这一次是永远离开),他的门徒伊德里斯阿迦顺利接任了后宫总管太监的职位。在苏丹艾哈迈德清真寺建造期间,两人曾有过密切合作。伊德里斯只在穆拉德四世统治期间担任此职,1640年,苏丹易卜拉欣即位,伊德里斯随即被罢免,不久后便死去。艾哈迈德·雷斯米是这样说的:"[他]如果未经允许,就不会插手后宫之外的事情,因此,史官们没有将他的性格与行为记录下来。"[72] 但这个18世纪的编年史作者的评述似乎不太靠谱,因为伊德里斯毕竟担任过蓝色清真寺的建设总监。

穆斯塔法当了 20 年后宫总管太监，伊德里斯当了 16 年后宫总管太监，而他们之后的几位接班人的任期都短得可怜，没有哪个当了五年以上，直到 17 世纪末优素福阿迦的出现，这一情况才被打破。不过，这绝不是说这些任期短的总管太监就缺乏影响力。下文的例子将会说明这一点。

森布阿迦

后宫总管太监森布阿迦的任期为 1640—1644 年，也就是苏丹易卜拉欣统治时期的前半段。据说奥斯曼帝国从威尼斯征服克里特岛的行动就是受他的启发，不过这是事出偶然，并非因为他特意采取了什么措施。1644 年森布被罢免之后，被送上了一艘开往埃及的船，正如他的几位前任一样。船在位于离安纳托利亚西南海岸不远处的罗得岛停留了一小段时间，重新起航时，遭到了马耳他圣约翰骑士团（以前叫作罗得岛骑士团，1522 年苏莱曼一世把他们驱逐出岛后改为此名）的海盗的攻击。对海战略知一二的卡蒂普·切勒比描述了这一事件：

> 正当船逐渐靠近克尔皮岛 [即卡尔帕索斯岛，位于罗得岛与克里特岛之间] 的时候，一群柔弱的异教徒突然出现。[船] 立即拉开距离，但 [这帮异教徒] 穷追不舍，还把他们的大炮对准了船，于是船上的阿迦和众人只好迎战。战斗过程中，阿迦和船长被杀害，其他战士也战死，其余人被俘虏。[73]

随后，这些骑士把劫来的船开往克里特岛，在那里，他们把森布的一匹马以及其他掠夺物进献给该岛总督——一个威尼斯人。"此消息慢慢传遍了伊斯坦布尔，"卡蒂普·切勒比继续写道，"当后宫宦官们将此事报给苏丹后，苏丹便决定整备海军，攻打克里特岛，最终征服了许多土地。"[74]

当然，奥斯曼从威尼斯人手中征服克里特岛的过程，并不像卡蒂普·切勒比描述的那样简单。相反，这是一次长达25年的苦战。战争初期，虽然奥斯曼人在岛上的其余地区取得了胜利，但就是没办法将威尼斯人逐出干地亚王国①的都城（今伊拉克利翁）。直到1669年，在大维齐尔科普鲁律·法佐·艾哈迈德（Köprülü Fazıl Ahmed）帕夏的率领下，奥斯曼军队才得以击败威尼斯人，占领干地亚的海滨堡垒。[75]从此，克里特岛成了奥斯曼的领土，直到1913年才易主。

人们普遍认为，对森布的流放开创了将被罢免的后宫总管太监流放到埃及的惯例。[76]在森布遇劫身亡之后，后宫总管太监被流放到埃及的情况确实越来越普遍，不过，我们在前文中也看到，朝觐者穆斯塔法阿迦在首次担任总管太监之前及之后都在开罗待过数年。此外，森布的继任者塔什·雅图·阿里阿迦（1644—1645年在任）也有过从开罗被召回帝都任职的经历。[77]而且，早在森布遭此劫难之前，奥斯曼帝国显然就已经开始将品级较低的后宫宦官流放到开罗了。总之，对后宫总管太监而言，"任期结束，流放埃及"

---

① 干地亚王国（Kingdom of Candia）是中世纪后期和近代初期克里特岛作为威尼斯海外属地期间的正式称谓。

这一模式一直延续到了18世纪末。

拉拉·苏莱曼阿迦

拉拉（"老师"）·苏莱曼阿迦，又名乌尊（"高大"）·苏莱曼（Uzun Süleyman），只当了十个月的后宫总管太监（1651年9月至1652年7月），但他对宫廷政治产生了巨大影响。被罢免后，他成了开罗当地的政治领袖，甚至卷入了一场国际事件（对该事件的描述详见第8章）。最初，他在宫中的影响力大多来自当上后宫总管太监之前所担任的职位：图尔汗苏丹——也就是苏丹穆罕默德四世之母——身边的宦官随从的首领。

穆罕默德四世于1648年登基，当时他年仅七岁，其母图尔汗也只有21岁。人们认为她太年轻，缺乏相关经验，无法代替年幼的苏丹执掌国政。因此，大维齐尔的理事会请求穆罕默德四世的祖母（即强悍的柯塞姆苏丹）来摄政。由前文可知，柯塞姆对宫廷政治并不陌生：她此前就已经参与过扶持奥斯曼二世上位，以及将其赶下皇位的行动——奥斯曼二世是她其中一个对手的儿子。能够再次执掌朝政，她自然是再高兴不过了。不过，25年前，柯塞姆一派是由她自己和朝觐者穆斯塔法阿迦共同领导的，而现在她得以独自稳坐派系的头把交椅。此派的成员包括帝国耶尼切里军团以及第三庭院的宦官和男仆，而拉拉·苏莱曼阿迦及其他后宫宦官则是图尔汗一派的坚定支持者。大约60年后，宫廷史官奈马将这两个女人之间的敌意描述为两个集团（一为后宫宦官，一为吉庆门宦官和苏丹私人寝宫男仆）之间长期敌对关系的最新体现。[78] 不过，与她们同时代的史官却没有采用类似的描述，这可以说明一些问题。这些史官也许认为，两个女人之间的冲突，再次体现出库拉军队想要通过穆罕默德四世的祖母维持他们对苏丹的影响力，从而维护自身利益的意图。

柯塞姆苏丹摄政数年后，儿媳图尔汗开始对她的控制表现出不满。于是，老谋深算的柯塞姆与耶尼切里军团密谋杀掉图尔汗和她的儿子——他们打算从易卜拉欣一世的其他妾室所生的儿子中挑一个取代年幼的穆罕默德四世。拉拉·苏莱曼似乎得知了这一阴谋并警告了图尔汗，于是图尔汗与拉拉·苏莱曼以及其他后宫太监联合起来，计划反手除掉柯塞姆。在那个关键性的夜晚——1651年9月3日夜晚，一队非洲宦官对柯塞姆发动了攻击，追得她满后宫跑。诺曼·莫斯利·潘泽（N.M. Penzer）对此有如下描述：

> ［图尔汗］苏丹被叫醒。人们宣誓效忠、保护幼子［穆罕默德四世］，他当时还是个孩子。穆夫提以伊斯兰教令的形式宣布［柯塞姆］非死不可，［大维齐尔］起草了一道法令，年幼的苏丹用颤抖的手在上面签了名。此时，［图尔汗］已大获全胜。［柯塞姆的］套房遭到了搜查，但没有发现她的踪迹。最后，有人发现这个可怜的老妪藏在一个装衣服的箱子里，于是她被人拽出来杀掉了。在这个可怕的过程中，众人把心中的敬重感全然抛诸脑后：他们把她戴的耳环和手镯扯下来，把她华丽的衣裳撕作千万碎片，对她撒在地上作为诱饵的钱币视若无睹。尽管她的迫害者接到了不可亵渎苏丹祖母身体的命令，

他们还是把这个倒霉女人扒得一丝不挂,抓住她的双脚,把她拖到后宫大门口……在那里勒死了她。之后,她的党羽也被杀掉。[79]

不同史官对这次事件的描述在细节上有一些出入。有的说是拉拉·苏莱曼阿迦亲手用她的发辫勒死了她。[80] 有四名后宫宦官是谋杀柯塞姆的主要参与者,拉拉·苏莱曼自然是其中之一,除了他,还有霍卡·雷汉阿迦(Hoca Reyhan)、拉拉·易卜拉欣阿迦(又称哈吉·易卜拉欣阿迦)、阿里阿迦(有关此人的记载很少)。霍卡·雷汉阿迦是图尔汗的"密友",以虔诚和学识著称,其学问主要涉及伊斯兰神学及律法,还有世俗文学。[81] 拉拉·易卜拉欣后来接替苏莱曼,成为图尔汗的宦官随从的首领。虽然二人都没有担任过后宫总管太监,但他们在宫中都有光明的未来——见本章后文(拉拉·易卜拉欣)和第9章(霍卡·雷汉)。

大维齐尔的任命者 柯塞姆被杀害数周后,拉拉·苏莱曼就任后宫总管太监。早在担任该职以前,他就任命并罢免了至少两位大维齐尔,这两人都是来自高加索的马穆鲁克——这符合奥斯曼帝国在奥斯曼二世之后对"东方人"的偏爱——一个是阿巴扎(意为"阿布哈兹人")·西亚武什(Abaza Siyavush)帕夏,另一个是格尔吉·穆罕默德帕夏(不是前文提到的那个于1622年被处死的格尔吉·穆罕默德)。1651年8月下旬,大维齐尔梅莱克·艾哈迈德帕夏遭罢免,于是拉拉·苏莱曼劝说图尔汗苏丹让西亚武什帕夏担任该职,而柯塞姆苏丹中意的人选则是当时的耶尼切里阿迦[①]——考虑到柯塞姆与耶尼切里军团的关系,这倒是不足为奇。[82]

西亚武什最初是他的阿布哈兹同乡阿巴扎·穆罕默德帕夏的马穆鲁克和私人财务主管。阿巴扎·穆罕默德因为在奥斯曼二世被处死后反叛穆斯塔法一世而声名狼藉,数年之后也被处死。[83] 主子没了之后,西亚武什"由于美貌非凡"而被选入宫廷男仆的队伍。[84] 穆拉德四世统治期间,他从苏丹私人寝宫的仆人逐步晋升为苏丹的执剑侍从,后来又当上了维齐尔。卸任维齐尔之后,他担任了一段时间的海军总司令(虽然表现不太好),还成了多个重要行省的总督。仅凭这一仕途轨迹,他就有资格成为大维齐尔的候选人,甚至无需拉拉·苏莱曼的提携。但事实上苏莱曼给他提供了支持,也就是说,苏莱曼采取了此前数名权势无双的后宫总管太监使用过的策略:将从苏丹私人寝宫升上来的官吏作为自己的侍从来培养。

不过,通过拉拉·苏莱曼的支持当上大维齐尔后,西亚武什不得不忍受他的干涉。没过多久,西亚武什就开始厌恶这种干涉。据说,他在上任数周后就不无愤恨地感叹道:"我当的是什么大维齐尔啊,还要处处被一个非洲人管着?"[85] 不久之后,拉拉·苏莱曼与他当面对峙,逼他交出大维齐尔的印玺,还威胁说如果不交的话就"打烂他的嘴"[86]。后来,苏莱曼把他关进了耶迪库勒的监狱。

对于拉拉·苏莱曼在挑选西亚武什的接替者的过程中所扮演的角色,穆罕默德四世统治时期的两位主要宫廷史官阿卜杜拉曼·阿卜迪(Abdurrahman Abdi)帕夏和穆斯塔法·奈马有不同的描述。阿卜迪帕夏是苏丹的官方编年史官,而奈马是"科普鲁律家族的

[①] 即耶尼切里军团的指挥官。"阿迦"这个称呼也被用于苏丹部队的指挥官。

史学家",后者的记述编写于 18 世纪初。当上后宫总管太监的拉拉·苏莱曼"选择"(奈马的说法)/"接受"(阿卜迪的说法)了八旬老人格尔吉·穆罕默德帕夏作为西亚武什的接替者。在海军统帅科贾·锡南帕夏的帮助下,格尔吉于 17 世纪初开始了自己的宦官生涯(当时锡南是他的恩庇人),后来也做过莎菲耶苏丹的门生。他的宦途轨迹与西亚武什帕夏类似,也是从苏丹私人寝宫的仆人逐步晋升,随后担任了多个行省的总督。

不过,为了得到大维齐尔一职,格尔吉·穆罕默德不得不对图尔汗苏丹的管家——吉庆门宦官米马尔·卡森阿迦(Mimar Kasım,米马尔意为"建筑师")——的举荐作出反制:卡森推举的大维齐尔人选是科普鲁律·穆罕默德(Köprülü Mehmed)帕夏,此人将在五年后彻底改变大维齐尔一职。根据奈马的记述,拉拉·苏莱曼用了一计,让卡森阿迦名誉扫地,随后让他被流放到了塞浦路斯,而科普鲁律则被任命为位于保加利亚西部偏远闭塞地区丘斯滕迪尔(Köstendil)的总督。与此相反,阿卜杜拉曼·阿卜迪认为,卡森阿迦被流放、科普鲁律·穆罕默德被赶到偏僻地区,都应归咎于格尔吉·穆罕默德。在阿卜迪的记述中,拉拉·苏莱曼是卡森阿迦的盟友,而且还对科普鲁律·穆罕默德的仕途有提携之恩。[87] 如果我们试着从这些有所偏袒的叙述中提炼出特定的官职任命模式,我们可以发现,图尔汗开始通过她的侍从网确立自己的权威,她和拉拉·苏莱曼都在尝试利用自己在苏丹私人寝宫中的人脉来控制大维齐尔。

从各种记载来看,无论格尔吉·穆罕默德是否为拉拉·苏莱曼阿迦的门徒,作为大维齐尔的他都只不过是图尔汗苏丹以及拥护她的后宫宦官群体的一颗棋子。[88] 由于他在这个岗位上发挥不出什么作用，拉拉·苏莱曼似乎开始怀念之前的西亚武什帕夏。几个月后，苏莱曼就与大穆夫提以及先知后裔的头领（Nakibü'l-Eşraf）密谋罢免格尔吉·穆罕默德，并让西亚武什复职，这样苏莱曼就能继续操纵西亚武什。于是，苏莱曼求助于伊斯坦布尔乌理玛委员会中的盟友和其他宗教界的泰斗，以期实现他的计划。但这个计划并未成功，因为图尔汗的宦官随从的新任首领——也就是当初和苏莱曼一起谋杀柯塞姆的拉拉·易卜拉欣阿迦——建议她自己挑选新的大维齐尔。她拒绝接受苏莱曼看中的人选，而选择了当时的埃及总督塔亨祖·艾哈迈德（Tarhuncu Ahmed）帕夏[89]。换言之，图尔汗终于摆脱了拉拉·苏莱曼的影响，独掌大权，成为自己的后宫派系的首领。这显然是一个转折点，因为几个月后，苏莱曼阿迦就从总管太监的位置上被罢免，随后被流放到了埃及。[90]

官复原职的帮手 在担任后宫总管太监的短暂时期内，拉拉·苏莱曼阿迦像磁铁一样吸引着想当大官的人，尤其是那些被罢免后想要东山再起的人。他们的野心（或者渴望）与这位宦官的计划完美地结合到了一起。因此，1652年初，前任首席财政官（baş defterdar）易卜拉欣帕夏在拉拉·苏莱曼的帮助下得以官复原职，代价是向一名身份不明的政府官员（可能就是拉拉·苏莱曼本人）支付了200袋阿克切银币。不久之后，易卜拉欣去世，于是拉拉·苏莱曼协助另一位遭罢免的财政官员埃明（Emin）帕夏官复原职。（同时，皇室发现并没收了易卜拉欣帕夏之前行贿的200袋银币。）[91]

请求拉拉·苏莱曼帮忙复职的人不仅有军政两界的官僚，还包括司法界成员，这说明他与乌理玛委员会有一定联系——上文也提到了这一点。格尔吉·穆罕默德帕夏于 1651 年当上大维齐尔,此前不久,沙米·努曼(Şami Nu'man,沙米意为"大马士革人")埃芬迪与拉拉·苏莱曼建立了恩庇－侍从关系。沙米·努曼曾担任安纳托利亚中部城市开塞利(Kayseri)的首席法官,但遭到了罢免,于是苏莱曼向其盟友大穆夫提求情,确保他的这位侍从能当上埃迪尔内的首席法官——这可是一个备受瞩目的官职。[92]

然而,帮助门徒复职的这一习惯,最终导致了拉拉·苏莱曼的垮台——至少让他丢了官职。在帮助了沙米·努曼之后,他在同一年内又请求新上任的大维齐尔塔亨祖·艾哈迈德帕夏帮他的另一名侍从当上了埃及总督。这名侍从叫作卜仪克勒·穆罕默德(Bıyıklı Mehmed,Bıyıklı 意为"髭须茂密"),他此前被免去了首席看门人一职。当时,拉拉·苏莱曼与塔亨祖及其恩庇人图尔汗苏丹的关系已经破裂——我们还记得,他曾反对塔亨祖担任大维齐尔,而图尔汗苏丹此时显然已经不想再屈从于他的意志。于是,塔亨祖·艾哈迈德请求图尔汗罢免这个总管太监,图尔汗照做了。和森布阿迦及其他几位前任总管太监一样,苏莱曼也被流放到了埃及。[93]

结语

这场多方面的漫长危机,从穆拉德三世时期一直延续到了 50 多年后的穆罕默德四世时期,它强化了后宫总管太监的工作方式当中的某些关键趋势。和哈比沙·穆罕默德阿迦一样,危机时期的总管太监领导了多个庞大的恩庇－侍从网(同时也是宫廷派系),

其成员可能包括未来的大维齐尔及其他高官。在此过程中,他们通常与皇太后或苏丹的宠妃联手。然而,在这一时期,以后宫为大本营的派系斗争比之前更为激烈,斗争双方更加不愿妥协。之所以如此,一部分原因在于此时的奥斯曼帝国正受到了威胁。叛变的雇佣军和地方总督扬言要向伊斯坦布尔进军,而由于通货膨胀和干旱的影响,此时宫廷的开支已经达到了难以为继的程度。在宫中,自艾哈迈德一世登基(1603年)之后的近半个世纪里,奥斯曼的君主要么年幼,要么有精神问题,其中一位——倒霉的奥斯曼二世——甚至惨遭谋杀,这是奥斯曼帝国史上第一起弑君事件。后宫填补了苏丹能力不足导致的权力空白,成为宫廷政治的中心,因此也成了政治派系斗争的中心。后宫宦官的势力随之增长,因此他们与第三庭院白人宦官的关系不可避免地紧张起来,从而导致双方不断产生摩擦,而这些摩擦又加剧了已有的派系分歧。

与此同时,宫中的耶尼切里军团和骑兵团也参与到派系斗争中,各自支持互相敌对的以后宫为大本营的派系,这使得暴力冲突的威胁急剧上升。这一时期,皇室开始怀疑宫廷库拉军是否有用,甚至是否应当存续下去。另外,越来越多的"东方人"(非库拉军)开始进入宫廷效力。在这样的情况下,这两个敌对的"卡普库拉"兵团给派系斗争增添了变幻无常、难以预料的因素。派系对抗中新增的军事力量参与谋杀了多名重要人物:欧斯曼阿迦和加赞夫阿迦(1603年)、奥斯曼二世(1622年)、柯塞姆苏丹(1651年)。

拉拉·苏莱曼阿迦于1651年上任之时,暴力已经成了派系政治中的家常便饭,甚至在宫廷的居住区都屡有暴力事件发生。我们在前文中看到,苏莱曼用肢体暴力威胁了至少一名大维齐尔。在他任职期间，两个宫廷兵团甚至都不用碰面就能在后宫中引发暴力。对柯塞姆的谋杀是由后宫宦官执行的，而且连耶尼切里也没能阻止他们杀掉这个年迈的皇太后。从某些方面来看，这种无处不在的暴力威胁是几十年来以后宫为大本营的派系斗争、军事化、种族地域对抗，以及后宫宦官与第三庭院宦官之间的摩擦这几大因素互相交错所导致的，这是一个顺理成章的结果。这四类派系斗争相互强化，在宫中造成了一种近乎难以忍受的紧张气氛。

因此，我们可以说，科普鲁律这个于17世纪50年代末首次登上权力舞台的大维齐尔家族做了一件很了不起的事：他们基本消灭了奥斯曼宫廷中顽固的派系斗争，方法是将自己家族的成员安插到后宫、苏丹私人寝宫，以及军事和行政集团。下一章将探讨他们的努力对后宫总管太监一职的影响。

第6章
科普鲁律家族的改革与优素福阿迦

拉拉·苏莱曼的官宦生涯反映了17世纪中叶的动荡。当时，叛变的杰拉里总督们仍然威胁着宫廷，克里特岛的军事行动停滞不前，帝国的危机也尚未解决。到了1651年，也就是柯塞姆苏丹惨遭杀害的那一年，宫廷派系斗争达到了一个危险的新高峰，柯塞姆的党羽和图尔汗的支持者之间眼看就要发生武装冲突。双方的敌对行为威胁到了当时年仅十岁的苏丹穆罕默德四世的安全。讽刺的是，这两个以后宫为大本营的派系，愈发难以依靠过去数十年里一直支持着他们的宫廷兵团（表6.1）。耶尼切里和西帕希非常清楚自己具有拥立或罢黜君主的力量，再加上双方之间的种族地域摩擦愈发频繁（第5章对此有描述），此时的这两个兵团就像一群行为难以预料的危险暴徒，随时有可能互相屠杀，或者联合起来消灭宫中的敌人，又或者跑到伊斯坦布尔的街头胡作非为。

这就是科普鲁律·穆罕默德帕夏当上大维齐尔之时的背景。他创立了一个名副其实的"大维齐尔王朝"。1656—1683年（1683年正是奥斯曼军队在维也纳遭惨败的那一年），这个王朝垄断了对奥斯曼帝国的统治，直至18世纪依然威权赫赫。研究奥斯曼帝国的学者习惯于将科普鲁律家族描绘成"救星"，这些"救星"采取残忍但高效的办法（暂时）将帝国从宫廷动乱与军事溃败中解救出来。[1]尽管这一形象并非完全不准确，但实际情况——正如世界上

第6章 科普鲁律家族的改革与优素福阿迦

表6.1 17世纪末后宫及第三庭院主要人物（本章提及的人物用斜体标示）

后宫		第三庭院	
		吉庆门总管太监（吉庆门阿迦）	
		波斯尼亚·艾哈迈德阿迦	
皇太后 *图尔汗（穆罕默德四世之母）* *萨丽哈·蒂拉舒（苏莱曼二世之母）* *穆阿兹（艾哈迈德二世之母）* *格努什·埃梅图拉（艾哈迈德三世之母）*	后宫总管太监 *拜润* 迪拉维尔 *索拉克·穆罕默德* 穆斯里 阿巴斯 *优素福* 哈兹尼达·阿里 穆斯塔法 *卡拉格兹·戈代* 后宫司库 *索拉克·穆罕默德* *优素福* *哈兹尼达·阿里*	吉庆门	苏丹私人寝宫
		宫廷司库 宫廷长（*萨雷阿迦*） 吉庆门男童 *穆斯里*	私人寝宫首领 执剑侍从 *乔尔卢勒·阿里* 贴身男仆 持马镫者 男仆

的大部分实际情况一样——更为复杂，后宫总管太监在"科普鲁律时代"的际遇就反映了这种复杂情况。

科普鲁律家族的首位大维齐尔是科普鲁律·穆罕默德帕夏（1656—1661年在任），其子法佐·艾哈迈德帕夏是他的接班人（1661—1676年在任），两人采取了如下策略：用该家族中"行政家庭"的成员来担任帝都伊斯坦布尔以及地方行省的各类政府官职。此类家庭将亲属关系网与恩庇-侍从关系网相结合。到了16世纪中叶，奥斯曼帝国开始出现许多来自这种家庭的高官。在两项如今已成为经典的研究中，梅廷·昆特指出了这些家庭在1550—

1650年间对中央和地方政府的重要性，而里法特·阿布·艾哈吉则将他们称为"维齐尔与帕夏之家"。[2]这类家庭仿效的是皇宫中苏丹的家庭，然而讽刺的是，这却让他们具备了独立于皇家的行动基地。因此，这类家庭以及以后宫为大本营的派系是我称之为"位于中心的去中心化"的重要标志——这是17世纪奥斯曼政治文化的一个特征。[3]

从本质上说，苏丹的家庭此时只不过是权力游戏的参与者之一，其他参与方还包括他母亲的家庭、他的宠妃的家庭，以及大维齐尔和其他重要官员的家庭。科普鲁律家族的天才做法在于建立了一个全面的恩庇关系网，这让他们的家族成了一个人才库，皇宫中的各类职位以及整个奥斯曼帝国内各级政府官职的人选都可以从这个人才库中选出。光是庞大的家族规模，就足以让他们在奥斯曼政府中留下本家族的印记，而此前很少有大维齐尔能做到这一点。这也从某种程度上解释了科普鲁律家族垄断大维齐尔的这一时期为什么相对稳定且持久。

不过，科普鲁律家族并不总是能够在后宫总管太监一职中安插他们的家庭成员，这主要是因为穆罕默德四世之母图尔汗苏丹对该职位有自己中意的人选，而这些人通常是她的随从。在某些情况下，那些并非来自科普鲁律家族圈子的总管太监的做法会与大维齐尔的利益背道而驰，所以他们有时候会被免职或遭受牢狱之苦。

但是，抛开后宫总管太监由谁担任不谈，科普鲁律家族成功地给后宫总管太监一职增加了新的履历要求。可以说，因为这一改变，大维齐尔对总管太监一职以及这个职位掌控的收益有了更大的影响。新的履历要求中关键的一点在于担任后宫司库的经历，这一

第 6 章 科普鲁律家族的改革与优素福阿迦

点几乎成了担任后宫总管太监的前提条件。不过，在这一时期，后宫总管太监与埃及和汉志的联系——包括在任期间及离任之后——也更为明显而持久，而这种联系处在科普鲁律家族的监督之下。从某些方面来说，这重现了半个多世纪前由朝觐者穆斯塔法阿迦创立的模式，也反映出科普鲁律家族的大维齐尔手握大权。将后宫总管太监和埃及联结在一起的种种纽带是第 8 章讨论的重点。在本章中，我们要思考的是后宫总管太监通过"圣地谢赫"（Şeyhü'l-Harem）一职与汉志产生的联系——该官职是先知陵墓的守陵太监头领。科普鲁律家族把这一官职变成了前任后宫总管太监再次任职的一种选择，从而使其成为这次"履历改革"的一部分。

本章开篇阐述了 17 世纪 50 年代奥斯曼宫廷分裂的严重程度，这种分裂在宫中形成了一种不可持续的暴力和恐慌的气氛。接下来，我们会谈到科普鲁律·穆罕默德帕夏担任大维齐尔的表现（他担任该职的目的就是化解这种可怕的气氛），并讨论他的改革措施对后宫总管太监的宦途有何影响。另外，我们也会提到科普鲁律·穆罕默德于 1661 年去世后总管太监的宦途发生的各种变化。最后，我们将考察任职多年的后宫总管太监优素福阿迦（1671—1687 年在任）的官宦生涯——虽然他不是科普鲁律家族的侍从，但他的宦途从诸多方面反映了科普鲁律家族的改革。

拜润阿迦与悬铃树事件

尽管图尔汗苏丹已经拔除了两个眼中钉——一个是她那位讨人

厌的婆婆柯塞姆（于1651年遭谋杀），另一个是控制欲越来越强的拉拉·苏莱曼阿迦（于1652年被免职，据说就是他杀死了柯塞姆）——但她的儿子穆罕默德四世的皇位并没有立即稳固起来。毕竟，托普卡帕宫仍然充斥着耶尼切里军人和第三庭院的男仆，这些人曾经支持过柯塞姆，而且他们认为穆罕默德四世和他的诸位兄弟只不过是图尔汗和她的后宫派系的工具。

有人认为，宫廷史官穆斯塔法·奈马的叙述极为偏袒科普鲁律家族，他觉得后宫宦官与第三庭院（尤其是苏丹私人寝宫）的人员之间存在一种恶毒的敌意，但同时代的史官并未强调这种敌意。奈马写道，1654年10月，拉拉·苏莱曼的接班人拜润阿迦和他的手下后宫宦官霍卡·雷汉阿迦害怕苏丹私人寝宫的男仆（包括宦官和普通仆人）会以参加庆祝哈芝节（标志着完成麦加朝觐的节日）的传统娱乐活动为借口，攻击年幼的苏丹和他的兄弟们。（奈马的措辞暗示，未去势男仆会强奸苏丹。）奇怪的是，在奈马的叙述中，图尔汗对此毫无戒心。"嘿，阿迦，"图尔汗对拜润说道，"今晚要过哈芝节。我的狮子［即苏丹］还小，让他看一会儿［苏丹私人寝宫的］阿迦们的游戏和表演吧，这是一项古老的习俗［kanun-i kadim］。就看半个晚上，然后我们就叫他回后宫。"但谨慎的拜润并没有听她的话，而是直接把苏丹叫到后宫，谎称这是图尔汗的命令。

拜润的做法让苏丹私人寝宫的男仆怒不可遏。"你这个压迫者！你这个暴君！"他们朝拜润大喊道（根据奈马的记述），"你不知道在苏丹寝宫庆祝节日是古已有之的习俗吗？"[4] 他们试图用刀刺他，然后正式控告他与人合伙谋害苏丹和诸位皇子。陷入绝望境地的拜润乞求图尔汗和她的儿子放他一马，让他去埃及。

第 6 章 科普鲁律家族的改革与优素福阿迦

奈马很可能希望传达出宫廷内部分裂的印象，以此预示即将出现的血腥混乱局面（这场混乱将由科普鲁律·穆罕默德帕夏平息）。他也有可能故意将图尔汗描绘成天真的、需要人保护的样子。不过，考虑到后宫宦官与第三庭院男仆之间的摩擦，尤其是考虑到几年前席卷后宫的那场暴力事件，奈马记载的这个故事应该比较可信。在奈马的叙述中，这场冲突中由帝国最高宗教官员大穆夫提充当了中立的第三方，尽管在不久之前，这名官员还是后宫总管太监的坚定盟友：他先是支持朝觐者穆斯塔法阿迦，然后又支持拉拉·苏莱曼阿迦。他甚至还发布了一条教令，宽恕谋杀柯塞姆苏丹的罪行。在此次事件中，这位穆夫提充当了调解人，劝双方言归于好。最终，拜润阿迦得以继续担任总管太监。[5]

讽刺的是，这位穆夫提的调解让拜润在两年后丢了性命。1656年3月，奥斯曼历史上最具灾难性的一次军事叛乱在此时爆发了。后人将此次叛乱事件称为"悬铃树事件"（Çınar Vak'ası）。正如1603年一样，帝国耶尼切里军团与西帕希骑兵团因为怀有共同的不满情绪而联合起来——这次是因为拖欠军饷。以后宫为大本营的敌对派系尽管可以轻易地挑拨两个兵团的关系，但当二者的蛮力结合起来时，他们却束手无策。士兵们包围了皇宫，要求里面的人交出后宫首领和第三庭院首领的脑袋——他们认为就是这两人共同扣留了士兵的军饷。被吓坏的图尔汗苏丹和15岁的穆罕默德四世牺牲了这两名首领。

宫廷史官阿卜杜拉曼·阿卜迪帕夏是这样叙述的："吉庆宫阿迦拜润和吉庆门阿迦波斯尼亚·艾哈迈德（Bosnian Ahmed）立刻被从头到脚用链子捆了起来，被交到那些不信教的家伙手里。"之后,"他们把被杀死的这两人挂到了赛马场的那棵悬铃树上"。有几个后宫宦官和吉庆门宦官暂时逃掉了,但好景不长。"逃走之后藏起来的阿迦们也被俘获,"阿卜迪继续写道,"杀掉这些阿迦之后,叛军也把他们吊到了赛马场的那棵悬铃树上……这是全知的真主的命令。"挂上了这些可怕的尸体的悬铃树形似神话传说中的瓦克瓦克树——一种枝条末端长着人身体的树。因此,后来的一些编年史作者又用"瓦克瓦克事件"(Vak'a-ı Vakvakiyye)这个押头韵的词组来指代此次叛乱事件。[6]

这次混乱的大屠杀肯定让年轻的苏丹和他母亲深受创伤。图尔汗想要不惜一切代价预防此类动乱,于是她把大维齐尔一职交给了科普鲁律·穆罕默德帕夏,还接受了他所坚持的相当苛刻的条件。

科普鲁律·穆罕默德帕夏

新任大维齐尔是阿尔巴尼亚人,通过德夫希尔梅制度进入宫廷。他之所以叫作科普鲁律,是因为在担任大维齐尔之前,他曾在安纳托利亚北部中心地带的镇子科普鲁做官[有一座著名的桥位于该镇,"科普鲁"(köprü)在土耳其语中其实就是"桥"的意思]。1656年上任之时,约80岁高龄的他已经在许多小地方——包括第5章提到的位于保加利亚西部偏远地区的丘斯滕迪尔——担任过总督。他之所以被流放到丘斯滕迪尔,多少是拜拉拉·苏莱曼所赐,因为拉拉·苏莱曼于1651年拒绝接受他成为大维齐尔候选人。而五年后的此时,他却成了相当受欢迎的大维齐尔候选人,因为他没

第 6 章 科普鲁律家族的改革与优素福阿迦

有多少侍从，不足以统治宫廷的内部人员。在图尔汗苏丹同意他提出的一系列条件之后，他才接受大维齐尔一职。这些条件包括：一般情况下宫廷不得干涉他的决策和任命，在托普卡帕宫外给大维齐尔安排住处兼办公场所，等等。[7]

大维齐尔的住处独立于皇宫并不是什么新鲜事：将近 150 年前，苏莱曼一世统治时期权势显赫的大维齐尔——易卜拉欣帕夏，就在伊斯坦布尔赛马场的西端给自己建了一座宫殿——如今，这里是土耳其和伊斯兰艺术博物馆的所在。在他之后的大维齐尔也同样住在宫外。但是，将大维齐尔官邸与皇宫分隔开来的构想直到 1649 年才出现，当时的大维齐尔是卡拉·穆拉德（Kara Murad）帕夏。[8] 通过转移办公地点，大维齐尔远离了苏丹的住处，并在皇宫外属于自己的区域建造了自己的家。也许更重要的一点在于，他远离了宫廷派系斗争的场所，因此至少从理论上来说可以远离他们之间的棘手冲突。不过，如果他曾经在苏丹私人寝宫当过差的话（17 世纪的许多大维齐尔都来自苏丹私人寝宫），他可能就难以达到这种超脱的状态——这样一来，他可能就会和两个宫廷派系的领导人争权夺势（我们将在后文中看到，科普鲁律家族采用这一策略获得了巨大成功）。

科普鲁律·穆罕默德帕夏的新宅邸将会成为位于托普卡帕宫西南面的"高门"（Bab-i Ali）的发源地。最终，这座宅邸的名字将会成为奥斯曼帝国政府的代名词，这说明大维齐尔移居宫外的举动产生了极为深远的影响。

科普鲁律·穆罕默德担任大维齐尔期间取得的成就可谓不同凡响。他赢得了帝国耶尼切里军团的支持（方法是向他们施加可怕的威胁,并按时支付军饷),然后利用这支军团成功镇压了1657年的一场骑兵团叛变。在此例中,他采取了通常情况下万无一失的策略,即让帝国耶尼切里军团与西帕希骑兵团互相对抗。此外,他重启了奥斯曼帝国对抗威尼斯以及哈布斯堡王朝的军事行动,有几次还处死了战败的官兵。1657年,奥斯曼帝国从威尼斯手中夺回了博兹贾阿达岛(即忒涅多斯岛),这也是他取得的首次重大军事胜利。

但科普鲁律·穆罕默德的改革远不仅限于军事方面,还涵盖了全面的行政改革。在行政领域,他力图消除奥斯曼帝国整个军事及行政集团中的腐败现象,上至等级稍低的维齐尔、省级和区级总督、军官,下至文书部门和财政部门的工作人员,甚至包括宫廷人员。他消除腐败的主要方法是把本家族的成员安插到这些职位上。科普鲁律家族的势力甚至延伸到了后宫宦官群体以及第三庭院(包括苏丹私人寝宫)的男仆当中。通过在所有这些关键领域培养自己的侍从,这位大维齐尔终于平息了历时多年的宫廷派系斗争。

当然,这些变动也影响了后宫总管太监一职。科普鲁律·穆罕默德与后宫司库索拉克·穆罕默德阿迦(索拉克意为"左撇子")建立了联系,收复博兹贾阿达岛的时候,索拉克送了他一件荣誉之袍。1658年,他请求穆罕默德四世罢免他不信任的总管太监迪拉维尔阿迦(1656—1658年在任)并让索拉克取而代之——索拉克也是图尔汗苏丹的一名宠臣。(迪拉维尔是在拜润阿迦被杀害之后继任总管太监的。)[9] 这是奥斯曼帝国史上第一次有后宫司库当上后宫总管太监,而且这一先例对后世产生了长远的影响。

我们很容易就能看出后宫司库的履历为什么会吸引科普鲁律·穆罕默德以及他的接班人——包括他的儿子、侄子、孙子:后宫司库是后宫预算的主管（其管理的预算包括太后和所有后宫宦官的开支），如果他继而担任总管太监，那他就又成了圣地宗教捐献产业的主管，而这些产业的收入都统一存放在后宫。而且，如果后宫司库和后宫总管太监都是科普鲁律家族的侍从，那这个家族从理论上来说就可以对皇家的支出与捐献实现最大化的掌控。16世纪末和17世纪初一些有志于改革的奥斯曼官员指出了帝国的许多问题，其中包括后宫人数——"监犯"和仆役的人数——的疯狂增长，以及后宫支出的相应增加。[10] 考虑到这一点，我们就能意识到，科普鲁律家族提倡"从后宫司库到总管太监"的履历是为了控制后宫。

科普鲁律·穆罕默德之后

不过，我们不应该把科普鲁律·穆罕默德和这个家族其他担任大维齐尔的成员视作权力无边的人，也不应该认为苏丹及其母亲会无条件支持他们采取的每一项行动。像图尔汗苏丹这样个性极强的人是不会袖手旁观的，她不会允许大维齐尔不向她通报就擅自决定人员的任命。头发已经灰白的八旬老人科普鲁律·穆罕默德很可能让她望而生畏，而他的儿子法佐·艾哈迈德（他在父亲于1661年去世后接任大维齐尔）更是有过之而无不及。这样看来，图尔汗的下列做法大概也就不足为奇了：1663年，她将科普鲁律·穆罕默德的侍从索拉克·穆罕默德阿迦派到埃及，并让自己的私人宦官随从穆斯里阿迦取代索拉克，担任总管太监——穆斯里此前是吉庆门男童首领（Baş Kapı Oğlanı）。[11]

穆斯里身体羸弱。根据阿卜杜拉曼·阿卜迪帕夏的说法，在担任总管太监的五年中，他大部分时间卧病在床。[12] 在此期间，他似乎被笼罩在阿巴斯阿迦的阴影之下。阿巴斯是图尔汗的宦官随从头领（Valide Baş Ağası），1668 年，穆斯里去世后，后宫总管太监一职由他接任。[13] 讽刺的是，阿巴斯的任期比体弱多病的穆斯里还要短。1671 年，他被流放到开罗，留下了一座清真寺和公共喷泉亭［它们直到今天依然存在，位于博斯普鲁斯海峡欧洲一侧的贝西克塔什街区（Beşiktaş）］，带走了自己的优质藏书，包括几本装饰精美、价值不菲的《古兰经》，以及重要的释经著作。[14] 第 8 章还会讲到他在埃及积极从事的商业活动。

优素福阿迦

阿巴斯阿迦被流放后，后宫司库优素福阿迦升任后宫总管太监。他就任该职的方式与 13 年前的索拉克·穆罕默德阿迦极为相似，相似到足以表明这一宦途轨迹对科普鲁律家族的计划有多么重要。不过，优素福最开始并非科普鲁律家族的侍从，而是穆罕默德四世之母图尔汗的宦官"密友"（前任总管太监穆斯里和阿巴斯，以及后宫太监霍卡·雷汉也都是图尔汗的"密友"）。1687 年，优素福被免职，那时候他 65 岁左右，因此他大概是在 1640 年进入托普卡帕宫后宫的。1655 年，他和比他年长的霍卡·雷汉以及其他"密友"一道向维齐尔伊卜希尔·穆斯塔法（İbşir Mustafa）帕夏传达御令——那时候他就已经是图尔汗的"密友"了。[15] 1667

第 6 章 科普鲁律家族的改革与优素福阿迦

年,已经当上后宫司库的优素福代替生命垂危的穆斯里阿迦,参加了艾哈迈德一世之女法蒂玛苏丹(Fatma Sultan)与锡利斯特拉(Silistre)的总督优素福帕夏的婚礼。[16](在此类皇家婚礼中,后宫总管太监通常充当新娘的代表。)

优素福阿迦似乎从后宫司库一职被贬下来过一小段时间,但1669年又官复原职,替代了一个正在与慢性病作斗争的宦官。[17](看来,某些年长后宫宦官的疾病似乎让他在宦途上受益良多。)在此之前,他刚刚给大维齐尔科普鲁律·法佐·艾哈迈德送去贺礼,祝贺他终于征服了干地亚王国位于克里特岛的都城。与此类似,索拉克·穆罕默德阿迦于1657年完成这样一次"征服确认"的任务之后,法佐之父科普鲁律·穆罕默德便将他提拔为后宫总管太监。但法佐占领克里特岛比他父亲征服忒涅多斯岛具有更加重大的意义,因为对干地亚王国的包围持续了25年,而且在征服克里特岛之后,奥斯曼人几乎完全将威尼斯和圣约翰骑士团逐出了地中海东部。由一名高品级宦官来到征服地确认征服行动的胜利,这一做法象征性地为殉难的森布阿迦报了仇——我们在第5章提到,奥斯曼帝国之所以想征服克里特岛,可能就是因为森布阿迦在这附近被杀害。

这些在重大征服行动成功之后送去贺礼的宦官使者,肯定是经过精挑细选的,虽然我们并不清楚具体的挑选方式。诚然,太后的贴身侍从很有可能入选,但如果一个人能讨得大维齐尔及其军队的喜欢,那他也会是理想的候选人。挑选合适的宦官担任这类任务的领导者是一件至关重要的事,因为他很可能要和大维齐尔一起露营数周。在此期间,胜利的奥斯曼军队会举行热闹的庆祝活动,收到各种奖励,还要收集战利品,把它们堆放起来。在这种情况下,这名宦官可能要负责将精心挑选的女俘虏护送到伊斯坦布尔或埃迪尔内的后宫中。[18]

索拉克·穆罕默德阿迦以及13年后优素福阿迦的经历表明，科普鲁律家族的大维齐尔们利用这类任务来考验领导任务的宦官是否值得信赖、是否容易相处。同时，这类任务也让大维齐尔有机会拉拢苏丹或皇太后的随从中的宦官。和索拉克一样，优素福显然通过了考验，因为他不仅恢复了后宫司库的官职，还在两年后被提拔为后宫总管太监。这两项任命即便不是大维齐尔的明确要求，也可能经过了他的批准。

公众可见度 送贺礼是一种公共仪式，任命宦官中的首领为这项任务的负责人提高了整个奥斯曼后宫宦官群体的公众可见度——正如朝觐者穆斯塔法阿迦开创的趋势一样。我们还记得，穆斯塔法阿迦积极参加庆祝皇室成员的"人生大事"的游行活动，而优素福沿袭并发扬了这一做法。1675年，优素福自豪地主持了穆罕默德四世在埃迪尔内举办的盛大庆祝活动——庆祝穆罕默德四世的女儿哈蒂斯苏丹（Hatice Sultan）与穆萨希卜·穆斯塔法（Musahib Mustafa）帕夏喜结连理，还主持了他两个儿子的割礼［分别是未来的穆斯塔法二世（1695—1703年在位）和艾哈迈德三世（1703—1730年在位）］。颇具象征意味的是，在割礼的游行队伍中，优素福走在后来接任他后宫司库一职的哈兹尼达·阿里阿迦旁边，而阿里阿迦的右边则是未来的大穆夫提费祖拉（Feyzullah Efendi）埃芬迪，当时费祖拉是皇子们的宗教老师。[19]

在对婚礼庆典的记述中，史官阿卜杜拉曼·阿卜迪帕夏写道：优素福给鲁米利亚（Rumelia）和安纳托利亚的诸位维齐尔和首席法官（ kadı'asker 或 kazasker)"亲手"穿上了苏丹送给他们的黑貂皮，之后"伴郎"德福特达·艾哈迈德（Defterdar Ahmed）帕夏又亲自为总管太监优素福阿迦穿上新郎送的一件毛皮外套。[20] 我们可能料想不到，后宫总管太监居然能和除苏丹和皇子以外的未去势男子有如此亲密的接触。而且这种接触凸显了总管太监的一项职能：充任皇室私人领域与奥斯曼行政人员的公共领域之间的中介者。

格努什·埃梅图拉苏丹的宗教捐献产业 优素福阿迦当上后宫总管太监时，穆罕默德四世终于成年，有了自己的妾室，其中他最宠爱的拉比亚·格努什·埃梅图拉开始成为后宫中的一股强大力量。她来自克里特岛的罗希姆诺城（Rethymno），出身于一个显赫的威尼斯家族——可能是巴罗奇（Barozzi）家族。[21] 1646 年，奥斯曼军队征服该城，没过多久，还是个小女孩的格努什就被海军将领德力·侯赛因（Deli Hüseyin）帕夏俘虏。侯赛因觉得她美貌非凡，便把她送到苏丹后宫。1664 年，她生下皇子穆斯塔法，1673 年又生下皇子艾哈迈德。

有了两个皇子后，格努什在后宫中相对于太后图尔汗苏丹的地位自然有所提高，但图尔汗也依然手握大权。不过，我们并未听说二人之间有过什么敌意，至于几十年前图尔汗与柯塞姆之间那种血腥的较量，就更是不存在了。表面上，她们唯一的分歧在于，在格努什的儿子继承皇位之前，是否应当先让穆罕默德四世同父异母的两位兄弟（即后来的苏莱曼二世和艾哈迈德二世，两人皆非图尔汗所生）先行登基。格努什打算直接处死苏莱曼和艾哈迈德，但图尔汗不同意，不过她也不想为了确保苏莱曼和艾哈迈德得到苏丹之位而弄死格努什的儿子。[22]（最终，图尔汗的意见占了上风，穆罕默德四世的两个兄弟都活了下来,并当了一小段时间的苏丹,这说明图尔汗仍然是朝中的掌权人物。)由于后宫的氛围比之前轻松得多,下面这一事实也就不足为奇了:图尔汗去世(1683年)的数年前,格努什就和图尔汗曾经的侍从优素福阿迦建立了密切的关系。

体现格努什与优素福阿迦关系密切的一个重要标志是格努什于1678年为麦加的一所医院和施粥场创立的宗教捐献机构。该机构的契据上明确指出,"现任后宫总管太监优素福阿迦·伊本·阿卜杜梅南"为该机构主管(*nazir ve mütevelli*)。阿卜杜梅南(Abdulmenan)这个父名的字面含义为"捐助人之仆",其中,"捐助人"指代真主。有时候,后宫宦官在晋升高位之后会取一个这种尊贵的父名,比起精英奴隶常用的父名"阿卜杜拉",后宫宦官更喜欢用"阿卜杜梅南"。不过,这并不代表优素福父亲的身份已知,更不代表他的父亲是个穆斯林。作为该机构的主管,他的年薪包括21 600帕拉(para,埃及银币)以及40 000奥克(oka)小麦(约49 250千克)。[23]下一任主管即由下一任总管太监担任。[24]

这份契据尽数列举了该机构的各种人员:内科医师、外科医师、记账员、清洁工、灯夫各数名,丧葬承办人和领拜人各一名,这些是为医院提供的人员;看门人、厨师、洗碗工、挑水挑柴工、打麦磨麦工、面包师各数名,木匠一名,这些人员是为施粥场配备的。另外这份契据还列了各类物资:为医院准备的物资有床垫、被子、枕头、肥皂、"药品、糖浆、糊剂",为施粥场准备的有大米、小麦、澄清黄油、蜂蜜、鹰嘴豆、洋葱。[25]正如来自埃及各个村庄的粮食每年由朝觐队伍运到麦加和麦地那一样,这些物资当中的大部分(除了被子和枕头)也会被以这种方式从埃及运到麦加。这意味着，为了监管该机构，优素福阿迦需要在埃及和麦加——包括在红海港口吉达，这里是物资的中转站——有可靠的人脉，包括可靠的代理人和委托人。第 8 章对这些人脉关系有详细描述。在本章中，我们只需要知道，该机构建立的时候，优素福已经具备了必要的人脉关系，而且随着时间的推移，他在埃及和麦加建立的关系越来越多，也越来越牢固。

惨败维也纳　1683 年，奥斯曼帝国在维也纳遭遇惨败——包围敌方的奥斯曼军队遭遇了波兰将军扬·索别斯基（Jan Sobieski）带领的敌方增援部队，再加上当时正值中欧的夏季，暴雨如注，泥泞难行，奥斯曼军队被打得溃不成军。[26] 后宫总管太监优素福似乎并未像以往那样带上口信和荣誉之袍访问维也纳一役的指挥官的营地，不过话说回来，奥斯曼军队这次打了败仗，本来也不值得庆祝。这次战役的指挥官是大维齐尔梅尔济丰卢·卡拉·穆斯塔法（Merzifonlu Kara Mustafa）帕夏，科普鲁律·穆罕默德帕夏的女婿。

卡拉·穆斯塔法带着失败的耻辱回到伊斯坦布尔后，先是遭到罢免，然后被处死，幕后推手之一似乎就是优素福，而这不仅是因为他反感卡拉·穆斯塔法在战场上的糟糕表现。优素福与服务于宫廷的外部集团合作，共同打倒了卡拉·穆斯塔法，并让该集团管理层的一名重要成员取代了他的位置。具体而言，根据史官斯拉达·穆罕默德阿迦（Silahdar Mehmed）的记述，马夫长布什纳克·萨如·苏莱曼阿迦（Buşnak Sarı Süleyman，意为"金发波斯尼亚人苏莱曼"）想要打倒卡拉·穆斯塔法并取代他的位置，于是优素福帮这位马夫长达成了此事。值得一提的是，萨如·苏莱曼是已故的伊斯梅尔阿迦的门徒，而伊斯梅尔是个白人宦官，来自马拉蒂亚，曾于穆斯塔法一世短暂的第二次统治时期（17世纪20年代）兼任后宫总管太监和吉庆门总管太监（第5章提到过他）。[27] 因此，萨如·苏莱曼间接代表了第三庭院的男仆，这些男仆很少与后宫宦官为了共同的事业而合作，不过二者可能会为共同的敌人而联合，比如在这个案例中，卡拉·穆斯塔法帕夏似乎就是他们共同的敌人。

在维也纳的大败仗，为优素福和萨如·苏莱曼提供了完美的借口，让他们得以说服穆罕默德四世抛弃这位军事能力欠佳的大维齐尔。1683年12月，穆斯塔法的脑袋被砍下来，送到了优素福那里——当时他站在后宫入口——然后由他带给苏丹。[28] 不过，萨如·苏莱曼还要等上两年才被任命为大维齐尔。

免职 然而，四年后，优素福和萨如·苏莱曼也遭了报应，给他们带来这场报应的是反复无常的宫廷兵团。诚然，在科普鲁律·穆罕默德帕夏和他儿子的努力下，帝国耶尼切里军团和西帕希骑兵团之间极度的敌对状态已经有所缓和，但由于连年征战（尤其是对抗哈布斯堡王朝的战役），物资供给不足，拖欠军饷，两个兵团都被逼到了崩溃的边缘。因此，双方很有可能联合起来发动叛乱，这种威胁一直存在着。1687年8月，一伙叛变的士兵奋起反对布什纳克·萨如·苏莱曼（当时他已经是大维齐尔），因为他在战场上败给了哈布斯堡军队。这伙士兵要求罢免70名奥斯曼官员，其中不仅包括萨如·苏莱曼，还包括优素福阿迦和吉庆门总管太监。最终，萨如·苏莱曼被处死，优素福阿迦得以活命——据说是因为科普鲁律·法佐·穆斯塔法帕夏（法佐·艾哈迈德的弟弟，后来也当上了大维齐尔）替他求情。在向国库缴纳了15万库鲁什之后，优素福得以流亡埃及。接任他的是后宫司库哈兹尼达·阿里阿迦，

第6章 科普鲁律家族的改革与优素福阿迦

实际上此人和叛军联手策划了罢免优素福并攫取其财富的行动[29]。

但士兵们想要的不仅仅是换个大维齐尔和总管太监那么简单。优素福及其随从到达安纳托利亚西部的伊兹尼克时,叛军已经把穆罕默德四世推下了皇位,扶持其弟苏莱曼二世上台。苏莱曼二世是易卜拉欣一世排行第三的妾室萨丽哈·蒂拉舒(Saliha Dilaşub)所生之子,而蒂拉舒是穆罕默德之母图尔汗的对头,所以她大概对图尔汗的前任侍从优素福没有什么怜悯之心。[30]一队叛军以优素福未经"我们的"允许就动身去埃及为由,阻截了他的大篷车,把他押回了伊斯坦布尔,随后将他关进耶迪库勒的监狱,而他留在首都伊斯坦布尔的财物遭到了清点——这是没收财物之前的准备工作。与此同时,新任苏丹命令埃及总督没收优素福在当地的财产。[31]

这样一来,优素福一下子失去了大量财产(包括奴隶),而这些财产本可以让他在埃及过上安逸的退休生活。用突厥语写作的埃及编年史作者穆罕默德·伊本·优素福·哈拉克(Mehmed ibn Yusuf al-Hallaq)提到,就连前任总督被免职后住过的那幢房子都属于优素福阿迦,因此必须将其售出。[32]在斯拉达·穆罕默德阿迦的记述中,优素福叹道:"我曾是后宫总管太监,而今只不过是一个只值十库鲁什的非洲人!"[33]此时,他的薪俸只够勉强维持生活,有"一个破败的村子"能给他带来些许额外收入。宫廷允许他继续前往开罗,当然,到了那里之后,他身无分文,甚至连住处都没有。幸运的是,他在开罗的一个代理人想办法凑够了钱,把他的房子买了回来,那幢房子所在的街区当时是开罗的精英聚居地。[34]这名饱经羞辱的宦官便在此隐居下来。

苏莱曼二世掌权时期，优素福在开罗几乎没什么存在感。他那点微薄的俸禄每个月由"客时得"团体（Keşide regiment）从国库发放（"客时得"是一个只存在于纸面上的退休人员团体）[35]，他也不能向宗教捐献产业捐赠财产——几乎所有遭到流放的后宫总管太监都用这种方法增加自己的收入。只有私人财产才能捐给宗教捐献产业，而优素福所有的私人财产在来开罗之前就已经被剥夺了。要想成立新的宗教捐献产业，他或者他的代理人需要在开罗的穆斯林法院办理将国有财产转变为私人财产的手续[36]，而苏莱曼二世政府肯定不会允许他这样做。在这些年里，他肯定就像遭到软禁一样，而且比一般被软禁的人过得更拮据。我们不禁好奇：在此期间，他多久从那所老房子里出来一次呢？那个精英住宅区的人应该都知道他的身份，也许还知道他出了什么事。如今的我们只能这般想象：这种生活肯定让他郁郁寡欢。以后宫总管太监的标准来看，他还不算太老：被罢免的时候，他大概有66岁，很多总管太监在这个年纪正处于权力的顶峰。

圣地谢赫

四年后，也就是1691年，优素福终于等来了他的救赎。这一年，苏莱曼二世驾崩，皇位传给了他同父异母的弟弟艾哈迈德二世。这位新任苏丹的母亲是易卜拉欣一世排行第二的姬室穆阿兹苏丹（Muazzez Sultan），她在1683年死于旧宫中的一场火灾。与蒂拉舒不同，穆阿兹无论是对穆罕默德四世，对穆罕默德四世的母亲，还是对他母亲领导的核心集团都没有任何敌意。[37] 艾哈迈德二世没遇到什么阻力就赦免了优素福阿迦。另外，四年前救了优素福一命的科普鲁律·法佐·穆斯塔法帕夏可能也参与了赦免他的决定（艾哈迈德二世上台之前，法佐是奥斯曼帝国的大维齐尔）。法佐·穆斯塔法帕夏并不信任在苏莱曼二世统治的大部分时间里都是后宫总管太监的穆斯塔法阿迦，甚至在苏莱曼二世驾崩之前，法佐就将他流放到了埃及，而其他高级政府官员也默许了这一做法。接任总管太监的是圣地的司库卡拉格兹·戈代·艾哈迈德阿迦。[38]

宫廷归还了优素福的财产。不久之后，优素福接到了一项非同寻常的任命——出任"圣地谢赫"，也就是先知陵墓的守陵宦官的首领（这些守陵宦官大多是从前的后宫宦官）。他在这个职位上似乎干了五年左右，然后又回到开罗。[39] 他开创的先例将会一直沿袭到奥斯曼帝国终结之时。

守陵宦官 先知穆罕默德的陵墓为什么由宦官看守呢？肖恩·马蒙对宦官守陵制度作过详尽的研究。[40] 简而言之，赞吉王朝和阿尤布王朝从 12 世纪中叶到 13 世纪中叶一直控制着麦加和麦地那，他们创立宦官守陵制度是为了巩固逊尼派在麦地那的势力——至少从法蒂玛王朝于 10 世纪末接管麦地那开始，该地区就一直处于什叶派两个分支的统治下：伊斯玛仪派和栽德派。赞吉王朝和阿尤布王朝在麦地那的先知清真寺安插了多名逊尼派传教士，而什叶派的居民总是向这些传教士起哄。同时，这些居民还反对将阿布·伯克尔（Abu Bakr）和欧麦尔·伊本·赫塔卜（'Umar ibn al-Khattab）的坟墓安置在附近的墓区。逊尼派认为这两人是前两任哈里发（即先知穆罕默德的接班人，穆斯林群体的领袖），而什叶派则认为他们篡夺了阿里·伊本·阿比·塔利卜的哈里发之位。19世纪中叶，理查德·弗朗西斯·伯顿爵士描述了如下事迹：什叶派朝觐者往这两人陵墓的方向扔垃圾以及其他更污秽的东西。[41] 赞吉人和阿尤布人在先知清真寺中的敏拜尔（敏拜尔即清真寺内的宣讲台，领拜人每个礼拜五的午后在这个宣讲台上发表宣教词）前面安插了"一排宦官"，并雇用宦官守在先知陵墓的周围。

先知穆罕默德的清真寺紧邻他的陵墓：这座清真寺最开始建在一座简陋的房屋旁边——先知于622年迁到麦地那后，就住在这座房屋里。632年，先知逝世，他最年轻的妻子阿伊莎（阿布·伯克尔之女）依照当时的习俗把他葬在屋里的地面之下。阿布·伯克尔和欧麦尔的陵墓之所以和先知陵墓同处一个墓区，就是因为他们死后也被葬在先知房屋里的地面之下。倭马亚王朝的哈里发瓦利德一世（705—715年在位）将先知的清真寺和房屋改建为一个宗教建筑群，也就是我们如今看到的清真寺-陵墓复合体的雏形。几个世纪过去后，拜访先知陵墓逐渐成了穆斯林的一项流行仪式，通常这个仪式还会与麦加的朝觐仪式结合起来——包括正朝（hajj）或者在正朝季节以外独自一人履行的副朝（'umra）。

倭马亚王朝早在8世纪就修建了一圈围墙，以防止前来拜访的人涌向先知陵墓，破坏遗址。在赞吉王朝和阿尤布王朝统治期间，只有宦官卫队的成员才能进入墓室。他们每天都要打扫墓室外的通道，夜幕降临时点燃通道两旁挂着的油灯，天亮后又将油灯熄灭。为了更换陵墓表面的幕帘（kiswa），他们每年进入墓室一次，时间在正朝季节中的一个夜晚。每一年，新的帘幕在大马士革编织完成后，由大马士革的朝觐队伍运送到麦加。（与此类似，天房的幕

第6章 科普鲁律家族的改革与优素福阿迦

帘每年在亚历山大港编织完成,由埃及的朝觐队伍运送到麦加。不过,两种幕帘的样式不同:覆盖天房的幕帘为黑色,上面用金线绣有一条带状的《古兰经》书法铭文;而先知陵墓的覆盖物与其他穆斯林的陵墓覆盖物类似,都是绿色的丝绸,上面有白色的《古兰经》书法铭文,以V形带状排布。)[42]

每天都有一部分守陵宦官坐在位于陵墓北面的所谓"宦官门廊"中,监视来访者的仪容和举止,只要他们觉得哪个来访者在捣乱或者举止粗野,就会毫不犹豫地用手中的细长木棍抽打该来访者。如果有谁的行为让他们感到特别厌恶,他们就可以将此人赶走——他们也的确这么做过。[43]不过,我们不清楚优素福是否在"宦官门廊"中值过班。

但为什么是由宦官——而不是由未去势的公职人员——来履行守陵职责呢?因为宦官是最为忠诚的政府职员,对供养自己的政权抱有坚定不移的忠心,这也是许多帝国一直使用他们的原因。但是对于先知清真寺和陵墓的看守工作来说,宦官的实用优点远不只忠诚,还包括第1章提到的一部分品质。马蒙对此进行了富有说服力的解释:陵墓的神圣空间与墓区外的公共空间之间的区域理应由宦官把守,正如在托普卡帕宫中,第二庭院的公共空间与后宫之间的区域理应由他们守卫——这两个区域都是某种意义上的禁区。穆斯林诸帝国雇用的大部分宦官由于不具备生育能力,仍然保持着"童贞",因此他们能够周旋于纯净的陵墓(或者宫中的女性居所)和肮脏的公共场所之间。[44]除此之外,宦官还有一个实在的优点:他们没有子女和其他家庭成员的拖累,因而能够专心看守陵墓或清真寺。

- 163 -

在奥斯曼帝国统治时期，守陵宦官几乎是清一色的前任后宫宦官，这在某种程度上解释了为什么他们全部是非洲人。奥斯曼帝国控制圣地以前，守陵太监队伍的构成更为多样：在描述15世纪中叶的麦地那时，马穆鲁克编年史作者萨哈维提到，守陵宦官主要是印度人，此外还有安纳托利亚的希腊人、埃塞俄比亚人、西非人。[45]几个世纪以来，守陵宦官的人数似乎一直相当稳定：萨哈维记载的数目为40名，18世纪末的亚美尼亚译员穆拉德热亚·多桑（Mouradgea d'Ohsson）和1806年化名为阿里·贝伊·阿巴西（Ali Bey al-Abbasi）的西班牙旅行家给出的数字也都是40名，而瑞士东方学家布尔哈特于1814年给出的数目为40—50名。不过，到了理查德·弗朗西斯·伯顿于19世纪50年代游览麦加的时候，守陵太监的数目飙升到了120名。[46]

"圣地谢赫"的字面义为"圣所的头领"——"圣所"即指麦加或麦地那，这一官衔似乎是由奥斯曼人在从马穆鲁克苏丹国手中夺取了对两圣地的控制权之后的几十年里创立的。在奥斯曼帝国统治时期，"谢赫"有两个：一是麦加谢赫，一是麦地那谢赫。最初，这两个官职都不由守陵宦官的头领担任。奈马提到了一个叫麦拉·穆罕默德或者莫拉·穆罕默德（Mevla/Molla Mehmed）的人，此人显然是乌理玛委员会的成员，曾在16世纪末担任过麦地那的圣地谢赫，1591年或1592年去世。[47]1623年，也就是奥斯曼二世被杀害的第二年，经过伊斯坦布尔乌理玛委员会的调解，奥斯曼二世的老师被任命为麦加的圣地谢赫（在此之前，他一直藏着没露面）。[48]16世纪末以及17世纪初，两圣地的这一官职似乎都被穆斯林学者占据。到了17世纪末，麦加的圣地谢赫皆由埃及的贝伊担任。1708 年，奥斯曼中央机关开始任命帕夏①担任这一官职，这无疑是为了加强对朝觐的管制。[49]

至于麦地那的圣地谢赫，根据奈马的记载，穆拉德四世的一个叫作贝希尔阿迦的"密友"于 1644 年开始担任麦地那的圣地谢赫，当时是易卜拉欣一世在位。与此同时，他还被任命为埃及的一个埃夫卡弗 – 哈瑞门的监管人。几年后，他被召回宫，担任年幼的穆罕默德四世的书法老师。[50] 他的经历体现了圣地谢赫一职的几个发展趋势。首先，这一官职由担任或曾经担任过苏丹"密友"的后宫宦官充任，当时尚未有前任或未来的后宫总管太监充任此职。第二，该官职与埃及存在明确或隐含的联系。就拿这位贝希尔阿迦来说，他在担任圣地谢赫的同时，也负责监管埃及的一个帝国圣地宗教捐献产业的运作，主要包括粮食和收入的征收及运输。但是，这些工作的总负责人一直是伊斯坦布尔的后宫总管太监。第三，任命一个宦官书法家可能体现了对乌理玛委员会此前掌控这一官职的认可，虽说宦官书法家并不罕见。

安排当过苏丹"密友"的后宫宦官来担任圣地谢赫，这一惯例一直持续到了穆罕默德四世时期。1666 年，阿卜杜拉曼·阿卜迪记载了这么一件事：苏丹将当时担任圣地谢赫的哈吉·萨里阿迦（Hajji Salih）召回埃迪尔内，恢复他之前的苏丹"密友"一职，看来，穆罕默德开始想念他讲的笑话了。[51] 第一位担任麦地那圣地谢赫的前任后宫总管太监是优素福阿迦，不过要等到将近一个世纪后，才出现第二个沿袭这一宦途轨迹的总管太监。19 世纪期间，

---

① "帕夏"和"贝伊"都是奥斯曼高级官员的头衔，帕夏的地位在贝伊之上。

这种模式要比从前更为常见。[52]

　　让前任后宫总管太监担任圣地谢赫的好处主要在于，这样就可以将伊斯坦布尔、开罗、麦地那三地的宦官联系起来，而这在以往从来没有实现过。如此一来，宦官在这三个城市之间的流动就会更为频繁，皇室对圣地宗教捐献产业的控制、对开罗和麦地那的事务的影响力也会增强。我们可以思考一个有趣的问题：优素福阿迦在多大程度上充当了大维齐尔在麦地那的耳目？这有可能是科普鲁律·法佐·穆斯塔法帕夏死前下的一盘大棋［他在1691年塞尔维亚北部的斯兰卡曼会战（Battle of Slankamen）中战死］。

　　由于宦官群体年复一年驻留在先知的清真寺和陵墓旁，麦地那渐渐出现了一个"宦官区"，即"阿迦们的居住区"（Harat al-Aghawat），位于陵墓复合体的一个大门之外。1814年，布尔克哈特以他一向细致的态度考察了麦加和麦地那之后写道，守陵宦官"聚居在麦地那最好的地方之一……据说，他们的房屋装修得比城里的其他所有房屋都要豪华"。圣地谢赫的"宫殿"与宦官区略有间隔，就在先知陵墓的东南面、占乃提–巴奇（Jannat al-Baqi'）公墓的西面略偏南，许多伊斯兰教早期的重要人物——包括先知最爱的妻子阿伊莎——葬在这座公墓里。[53] 对优素福阿迦来说，在开罗度过了四年近乎软禁般的生活之后，麦地那应该能给他的生活带来令他耳目一新的变化。他成了麦地那当地的名人。在这里的新居中，他应该有一大批仆人和助手。布尔克哈特甚至还写道，在麦地那，圣地谢赫是为数不多的养马的人之一。[54] 在经历了四年耻辱的煎熬后，他可以说是"重掌大权"了。

　　布尔克哈特和伯顿的记述给了我们一点提示：担任圣地谢赫一

职,可能让优素福有了重建自己的小集团的机会。伯顿告诉我们,圣地谢赫负责任命他手下的所有守陵宦官。从某种程度上来说,守陵宦官当中存在的行政等级制度类似于宫中的宦官等级制度。[55] 比圣地谢赫低一级的官职是清真寺-陵墓复合体的首席司库,如果这个官职有了空缺,优素福就可以让他的侍从来担任。不过,优素福只当了五六年的圣地谢赫,所以他亲自任命的下属的数量可能有限。在此期间,他手下那些品级较低的守陵宦官应该是由多个谢赫任命的。

与此形成鲜明对照的是,根据布尔克哈特的记述,看守麦加大清真寺的宦官群体(比麦地那的守陵宦官数量少得多)则全部是他们的总管的门徒:他们在尚未成年之时就被招过来,和首领住在一起。这名首领负责监督他们的学习,"直到他们长大,才让他们独住"[56]。但是,麦地那的守陵宦官总管的权势远大于麦加的宦官总管,因此,科普鲁律家族以及其他大维齐尔可能会希望能够对守陵宦官的总管多一点控制,正如他们试图控制后宫总管太监一样。如果是这样的话,他们可以通过限制圣地谢赫的任期来实现对他的控制。这样一来,圣地谢赫从自己的门徒当中任命的守陵宦官数量就会受到限制,如果没有这样的限制,他就能把整个守陵宦官队伍变成自己的势力。所以,当上圣地谢赫也许并不能保证优素福实现他的目标——重建自己的小集团。

不过,圣地谢赫可以从其他方面得到补偿。用布尔克哈特的话来说,圣地谢赫和他手下的成年守陵太监与"黑奴或阿比西尼亚奴隶"结为夫妻。[57] 这似乎主要是一个象征性的好处,它标志着宦官在"向真主和他的先知迁徙"之后达到了"完满"的状态。[58] 守护先知陵墓这一工作具有无比神圣的光环。穆拉德热亚·多桑写道，有许多高官出于个人的虔敬，自愿和宦官一道打扫先知陵墓。他甚至还说，"被贬到埃及"的后宫宦官梦想着能在麦地那了却余生。[59] 不过，一个妻子可以凭借自己的努力购入地产、投资经济活动，从而让家庭财富得到显著增长[60]，因此，她对优素福的帮助也许不仅限于精神层面。可惜的是，我们对麦地那这些宦官的妻子一无所知——除了可以肯定她们来自东非，她们做过什么事也完全是个谜。

优素福担任圣地谢赫一直到了大概 1696 年或 1697 年。此后，他的名字出现在了一份 1702 年的名单中，上面所列的是在开罗工作和生活的监管员的名字，他们负责监管格努什·埃梅图拉的宗教捐献产业（第 8 章对此有讨论）。再往后，他几乎在历史文献中销声匿迹，直到 1717 年去世时才又被提及。1702 年的时候，他大概已经 80 岁，很可能患有宦官常患的一堆疾病：骨质疏松、长期尿路感染、肥胖或消瘦等。令人印象深刻的是，编年史作者艾哈迈德·切勒比在他的记载中，将优素福的死讯（他享年 96 岁）置于另一条消息的前面：此前在开罗的朝觐者贝希尔阿迦被召回伊斯坦布尔，接任后宫总管太监一职。[61]

优素福虽然担任过圣地谢赫，监管过格努什·埃梅图拉的宗教捐献产业，但他的个人资产充其量只能说不多不少，甚至可能比较微薄，原因之一也许是他担任圣地谢赫的时间比较短。1725 年，来自埃及的编年史作者艾哈迈德·克图达·达穆达什（Ahmed Kethüda Damurdashi）记载道，优素福的开罗旧宅里住着他某个侍从的一名马穆鲁克，但此人因为太穷，只好把宅子租出去，租期长达90年，相当于把它卖掉了。[62] 从优素福侍从的生存境况来看，优素福似乎因为1687年失宠而遭受了经济上的永久打击。

结语

研究奥斯曼帝国的历史学者往往会同意如下观点：17世纪危机的终结，不仅是由于科普鲁律家族的大维齐尔采取了一系列改革措施，而且也有赖于官职界定和宦途模式的规范化，这种规范化是与科普鲁律家族的计划相吻合的，它出现在奥斯曼帝国统治阶层的多个领域：宗教机构，中央及地方政府的官僚体系，当然还有军事集团。[63] 在后宫总管太监的职位和工作环境中，我们也可以明确观察到这种规范化。科普鲁律家族让这一官职具有了一定程度的可预见性，这使得他们和其他大维齐尔能够对总管太监施加更大的影响。从更大的范围来看，科普鲁律家族的计划与行政和人口结构两方面的一系列变化相吻合，并利用了这些变化。科普鲁律·穆罕默德帕夏于1656年首次当上大维齐尔之时，奥斯曼帝国就已经发生着这些变化了。

就宫廷政治而言，科普鲁律家族的大维齐尔无疑圆满完成了他们的任务：遏止宫廷派系之间的毁灭性冲突（宫廷兵团是这些派系的同伙）。到了1689年，也就是科普鲁律·法佐·穆斯塔法帕夏当上大维齐尔的那一年，宫廷派系冲突已经令人几乎察觉不到了。科普鲁律·穆罕默德及其子科普鲁律·法佐·艾哈迈德采取的策略——在奥斯曼统治集团内安插自己家族的成员——对消解宫廷派系斗争起到了关键作用。这是维齐尔家族和帕夏家族政治文化的典范，因为科普鲁律家族的地位不仅高于皇室，也高于在帝都及各行省中相互竞争的其他维齐尔家族和帕夏家族。

科普鲁律家族的大计也受益于其他因素，这些因素是17世纪末宏大图景的一部分。其中，最重要的因素之一是大维齐尔的行动基地与皇宫的分离。尽管大维齐尔的议会厅仍然位于托普卡帕宫第二庭院的西侧，但他们的官邸移到了皇宫之外的"高门"。这意味着在日常情况下，大维齐尔远离了宫廷中派系斗争的是非之地。将官邸设立在皇宫外的构想虽不是源于科普鲁律家族的大维齐尔，但却是在他们手中得以实现的。从此以后，大维齐尔便都在皇宫外面办公。

第三庭院男仆的人口构成变化对科普鲁律家族的计划也有所助益。奥斯曼二世被叛变的库拉军（他们是德夫希尔梅出身）杀害之后，奥斯曼宫廷采用了其他招募方法来补充德夫希尔梅出身的军人，最终将其取而代之。具体来说，奥斯曼宫廷转而招募穆斯林出身、来自安纳托利亚的雇佣兵，并从高加索地区买进马穆鲁克。新成员的加入削弱了宫廷男仆以及宫廷兵团（包括耶尼切里军团）的种族地域性团结。于是，宫廷男仆和宫廷兵团的内部就会按照种族地域身份而分裂为多个派别，特别是"西方人"和"东方人"两派。"西方人"来自巴尔干半岛和安纳托利亚西部，可能仍由德夫希尔梅制度招募而来，而"东方人"来自高加索地区，通常是马穆鲁克。由于宫廷人员的多样性逐渐增加，科普鲁律家族得以采取"分而治之"的策略——或者从另一方面来说，科普鲁律家族得以强调"为苏丹效力"这个共同目标，他们坚持认为这个目标比种族地域性团结更为重要。[64]

与此同时，第三庭院的内部统治集团也在发生改变。吉庆门总管太监仍然是一个重要的官职，其任用和罢免情况都被17世纪末的史官记得清清楚楚[65]，但其风头开始遭到苏丹私人寝宫统治集团中势力强劲的未去势成员——尤其是苏丹的执剑侍从——的压制。18世纪初，力图改革的大维齐尔乔尔卢勒·阿里（Çorlulu Ali，非科普鲁律家族成员）帕夏将第三庭院的控制权赋予执剑侍从，从而取代了白人宦官的地位——乔尔卢勒本人就曾担任过穆斯塔法二世的执剑侍从。从此时开始，一直到1830年执剑侍从一职被废除，后宫的头领是后宫总管太监，而第三庭院的头领并非吉庆门总管太监，而是执剑侍从。[66]这意味着后宫总管太监与吉庆门总管太监之间出现直接竞争的可能性降低了，因为二者的权力不再旗鼓相当。就执剑侍从而言，他的终极目标并非主宰宫廷的内宫，而是获得宫外权势显赫的官职——上至大维齐尔一职。在这样的背景下，后宫头领与第三庭院的头领之间至少有成为盟友的可能性。

桀骜不驯的帝国耶尼切里军团和西帕希兵团发起了更难以预料、更具生命威胁的挑战。科普鲁律家族为了应对这一挑战，采用了一项传统策略：挑拨两个兵团的关系。在这种情况下，他们通常偏袒耶尼切里军团。不过，科普鲁律家族还采取了一个史无前例的有力办法：利用残酷无情的武力镇压叛变或消除叛变的威胁。科普鲁律·穆罕默德和科普鲁律·法佐·艾哈迈德取得的军事胜利，以及随之而来的战利品和军事奖赏，对安抚军队也起到了一定作用。同时，德夫希尔梅制度的逐步废弃，给帝国耶尼切里军团和第三庭院同样带来了影响，削弱了该军团的种族地域性团结以及他们的特权意识。此外，由于骑兵在帝国军队中的作用不像以前那么重要，西帕希骑兵团的地位便永远逊于耶尼切里军团，因此，双方的武装对峙越来越少见。到了18世纪初，帝都内的军事动乱已经不太可能由帝国耶尼切里军团和西帕希兵团引起，而更有可能由数量愈发庞大的雇佣兵造成。

就后宫总管太监一职而言，科普鲁律家族力图对其实行更为制度化的掌控。为了达到这个目的，他们实际上强制要求后宫总管太监有担任后宫司库的经历。在科普鲁律·穆罕默德帕夏担任大维齐尔的15年里，后宫司库升任后宫总管太监成了一项惯例，这说明科普鲁律家族在这方面的计划取得了成效。这一宦途轨迹限制了皇太后的势力，因为它降低了皇太后的宦官随从的头领成为后宫总管太监的可能性。后宫司库可能做过苏丹"密友"，但几乎没有哪个后宫司库是皇太后的门徒。在当上后宫总管太监的后宫司库当中，也没有谁是前任总管太监的侍从。因此，这一宦途轨迹实际上也是一项"分而治之"的策略，类似于科普鲁律家族为了应对宫廷兵团和第三庭院男仆而采取的手段。

从以上种种考量来看，优素福阿迦是一个非同寻常的个例，对他的研究能让我们了解科普鲁律家族的种种措施带来的影响。他既不是科普鲁律·穆罕默德的侍从，亦非科普鲁律·法佐·艾哈迈德的侍从。他和穆罕默德四世的联系似乎更为密切，与图尔汗苏丹和格努什·埃梅图拉的关系也许还要再近一些，虽说他从来没当过她们的宦官随从的头领。然而，他与科普鲁律家族的数名大维齐尔有一个共同点：他们的官宦生涯的高峰和低谷竟然出奇吻合。优素福虽然参与了打倒卡拉·穆斯塔法帕夏（科普鲁律·穆罕默德帕夏的

第6章 科普鲁律家族的改革与优素福阿迦

女婿)的行动,却在穆罕默德四世被推翻后得以保全性命,这要多亏科普鲁律·法佐·穆斯塔法替他向叛军求情。他重新受到任用(即当上圣地谢赫)的时间,也与艾哈迈德二世登基和法佐·穆斯塔法成为大维齐尔的时间吻合——在推举苏丹人选时,法佐·穆斯塔法选择了艾哈迈德二世,而没有从穆罕默德四世的儿子中挑选继承人。优素福回到埃及,并且——我们将在第8章中看到——在穆斯塔法二世时期拥有了相当于名誉地方统治者的地位(穆斯塔法二世摆脱了"科普鲁律家族的羁绊",试图将自己表现为一位尚武的苏丹)。[67] 同样,优素福宦途的这个阶段似乎大致结束于艾哈迈德三世登基的那一年(1703年),虽说他那时候也已经垂垂老矣,而且显然开始放慢了脚步。

不过,并没有直接证据表明优素福阿迦与科普鲁律家族的改革计划之间存在联系。与索拉克·穆罕默德阿迦不同,优素福并非科普鲁律家族的侍从;与迪拉维尔阿迦和穆斯塔法阿迦不同,他并没有被科普鲁律家族逐出帝都。也许最保险的观点是将他看成一个忠实的宫廷拥护者,他的计划常常与科普鲁律家族的计划相吻合。最终,他比科普鲁律家族的几乎所有大维齐尔(只有一位除外)、图尔汗苏丹、格努什·埃梅图拉、穆罕默德四世都活得更长。

到了优素福去世的那一年(1717年),奥斯曼帝国已经摆脱了漫长的危机,这要多亏了科普鲁律家族的努力。帝国的经济开始复苏,帝国与西欧的贸易往来空前繁荣,社会经济领域的精英正享受着这种繁荣带来的利益。根据艾哈迈德·切勒比的记载,朝觐者贝希尔阿迦在优素福死后不久便接任了总管太监。在这一繁荣时期,贝希尔阿迦在自己的职位上留下了不可磨灭的印记。

第 7 章
新的范式:贝希尔阿迦及其继任者

我们在第6章中看到，在17世纪的最后数年间，奥斯曼帝国开始逐渐摆脱长达数十年的艰苦危机。从如此严重的危机中恢复的帝国会是什么样呢？最显著的一点在于，事态趋于平静。再也没有成群结队的雇佣兵——无论是退伍军人，还是因为干旱和通货膨胀而背井离乡的农民，又或者是二者兼而有之——在乡间游荡，也再没有好战的学生因为找不到乌理玛阶层的工作而组队在城市中展开恐吓行动。同时，农业、军事、官僚体系、乌理玛等领域的职业也变得更加固定，这一点体现为比以前更为普遍的职业世袭现象，也就是说儿子继承父亲的行当。虽说这样一来，那些有其他职业理想的人便很难有转行的机会，但由于人们的职业轨迹基本上可以被预见，社会稳定性因此得以提高。

宫中的情况也比之前稳定了。后宫与第三庭院之间的斗争已经逐渐平息，因为那些有望成为大维齐尔的未去势官员主宰着苏丹私人寝宫（表7.1）。在第6章中可以看到，此时的总管太监试图通过将自己的侍从输送到苏丹私人寝宫来掌控大维齐尔这一官职。但是，1699年签订的《卡罗洛维茨条约》终结了奥斯曼与哈布斯堡王朝之间的战争（战争的导火索是围攻维也纳的失利），也将奥斯曼帝国引入了一个外交规模更大的时期，在此期间，越来越多的大维齐尔来自帝国官僚体系，而非宫廷男仆这个群体。因此，总管太

第 7 章 新的范式：贝希尔阿迦及其继任者

表 7.1　18 世纪前中期后宫及第三庭院主要人物（本章提及的人物用斜体标示）

后宫		第三庭院	
		执剑侍从 *乔尔卢勒·阿里* *达马特·阿里*	
皇太后 *格努什·埃梅图拉（穆斯塔法二世及艾哈迈德三世之母）* *萨丽哈（马哈茂德一世之母）*	后宫总管太监 *亚普拉克西兹·阿里* *索拉克·尼兹尔* *柯区克·阿卜杜拉曼* 乌尊·苏莱曼 麦绎 *朝觐者贝希尔* *摩拉勒·贝希尔* *阿布-乌库福·艾哈迈德* 后宫司库 *索拉克·尼兹尔* *哈菲兹·穆罕默德* *朝觐者贝希尔* *摩拉勒·贝希尔* 苏莱曼 *阿布-乌库福·艾哈迈德* 苏丹"密友" *索拉克·尼兹尔* *哈菲兹·穆罕默德* *朝觐者贝希尔*	吉庆门 吉庆门总管太监 宫廷司库 宫廷长 吉庆门男童	苏丹私人寝宫 贴身男仆 持马镫者 私人寝宫首领

监就没有多少机会能让自己的侍从当上大维齐尔了。于是，18 世纪期间，大维齐尔成了总管太监的主要对手。

在危机之后的时期，苏丹不再像从前那样深居简出，而是与臣民有了较多的接触。穆罕默德四世的漫长统治结束后，多名成年皇

- 177 -

子陆续继位。他们虽然在后宫中长大,并在不同程度上受到总管太监的影响,但他们至少在公开场合代表这个帝国,定期参加主麻日聚礼以及其他盛大的活动。此外,在埃迪尔内(穆罕默德四世最喜欢的城市)暂居数十年之后,他们于1703年回到了伊斯坦布尔(下文将解释此举的原因)。皇子们重返帝都,引起了建造行宫和亭子的热潮,建造地点位于伊斯坦布尔原先人口稀少的地区。得益于与西欧之间不断扩大的奢侈品贸易,苏丹在这些地方举办了愈发奢华的娱乐活动。

和苏丹一样,后宫总管太监在危机过后也不再像从前一样深居简出,而是努力增强同外界的联系。在伊斯坦布尔,后宫总管太监负责策划、实施、主持皇家的娱乐活动,这些活动在18世纪变得非常引人注目。即便他们没有和奥斯曼帝国的臣民大众取得更紧密的联系,也的确在帝都之外与奥斯曼各行省中权势越来越大的名流、圣地麦加和麦地那、欧洲列强的商业和外交代理人建立了持久的关系。这些新趋势是在旧有模式的基础上形成的。到了17世纪末,这些趋势已经成了总管太监官宦生涯的特征:①就任总管太监之前和之后在埃及工作一段时间;②担任麦地那守陵宦官的首领;③从后宫司库升任总管太监。

朝觐者贝希尔阿迦长达29年的任期就是所有这些趋势的缩影,本章的中心内容也是他担任后宫总管太监的这段经历。在他的几位继任者担任此职期间,这些趋势仍然持续存在(本章将介绍其中两位继任者)。因此,我们可以说,贝希尔阿迦给后宫总管太监的生涯引入了一个新的范式,这一范式持续到了18世纪末。不过,从贝希尔的几位继任者的经历可以看出,贝希尔的宦途算是一个特例。这一范式持续了较长时间,它的某些特征对后来的总管太监造成了负面影响。从这个角度来看,贝希尔阿迦打破了固有的模式。

本章开头将介绍两名为朝觐者贝希尔得势铺平了道路的总管太监:一是索拉克·尼兹尔阿迦(1701—1703 年在任),他与迫使奥斯曼皇室回到伊斯坦布尔的那场危机有密切关联;二是乌尊·苏莱曼阿迦,在朝觐者贝希尔官宦生涯的初期,他是朝觐者贝希尔的顶头上司。这两人的官宦生涯为朝觐者贝希尔的官宦生涯提供了背景。另外,朝觐者贝希尔的官宦生涯也在不同程度上与他们的官宦生涯交织在一起。接下来,我们将把目光转向朝觐者贝希尔和他的接班人摩拉勒·贝希尔(Moralı Beshir),并探究他们的宦途如何反映 18 世纪奥斯曼皇廷中新出现的世界主义和"公共社交"。本章最后一部分考察行省中的显要人物(特别是那些与朝觐相关的人物)与总管太监之间愈发紧密的联系,重点讨论朝觐者贝希尔和他的另一位继任者。

索拉克·尼兹尔阿迦与埃迪尔内事件

危机时期的一些倾向没有在 18 世纪成为常态,其中之一就是后宫总管太监与奥斯曼乌理玛委员会高级成员(尤其是大穆夫提)的联盟。我们在第 6 章中看到,穆夫提采取干预措施,让总管太监免遭苏丹私人寝宫男仆的迫害。朝觐者穆斯塔法阿迦和拉拉·苏莱曼阿迦甚至与大穆夫提联合起来,打倒了惹是生非的大维齐尔[除了联合大穆夫提,苏莱曼阿迦还与先知后裔的首领合作]。到了艾哈迈德三世统治时期,这种战略合作关系不再是一个可靠的选择,主要是由于大穆夫提一职的形象因1703年的埃迪尔内事件而受损(引发这次事件的人是大穆夫提费祖拉埃芬迪,他任人唯亲、胡作非为)。尽管我们不清楚费祖拉是否曾与当时的总管太监索拉克·尼兹尔结盟,但可以确定的是,费祖拉下台之后,尼兹尔受到了很大的牵连,以至于他也跟着垮台了[同样倒台的还有穆斯塔法二世]。

尼兹尔阿迦可能被当时的人称为索拉克,这是为了把他和之前另一个尼兹尔阿迦区别开来,后者叫作卡巴(Kaba,"粗鲁""无礼"之义),于1691—1694年担任后宫总管太监。索拉克·尼兹尔的宦途遵循了由朝觐者穆斯塔法阿迦以及17世纪其他总管太监开创的模式:他在开罗过了几年流放生活之后,才得以担任高品级的宫廷宦官职位。从1695年5月开始,尼兹尔重新受到重用。当时,新任苏丹穆斯塔法二世把自己从前的老师、朝觐者贝希尔的恩庇人——亚普拉克西兹·阿里阿迦从开罗召回埃迪尔内,任命他为后宫总管太监。[他之所以叫"亚普拉克西兹"("无叶"),大概是因为他没有眼睫毛,这可能是阉割之后激素缺乏导致的后果。[1]]和他一起回到埃迪尔内的有另外六名之前被流放的后宫宦官,索拉克·尼兹尔便是其一。回到埃迪尔内之后,索拉克·尼兹尔被任命为后宫司库,这也遵循了由优素福阿迦首创的模式:由七位在任的总管太监中的三位担任后宫司库。另外,穆斯塔法二世将尼兹尔和另外几个宦官召回的目的,显然是让他们做自己的"密友":他们都得到了"密友"的头衔,而且编年史作者斯拉达·穆罕默德阿迦告诉我们,他们还与苏丹一同打猎——这位苏丹显然和他父亲穆罕默德四世一样沉迷于追逐猎物。尼兹尔回到埃迪尔内之后,前任后宫司库就被打发到了开罗。[2]

作为后宫司库,尼兹尔肩负了一部分原本由总管太监履行的职责,这更让人们坚信担任后宫司库成了晋升总管太监(宦官的最高职位)的常规先决条件。1695 年,从埃及回来两个月后,他因为在庆祝哈芝节期间和苏丹一道宰牲而收到了一件毛皮外套。[3] 当年 9 月,他向大维齐尔传达了一道附有苏丹赏赐礼物的御令(hatt-ı hümayun)。[4]1696 年,穆斯塔法二世之子(未来的马哈茂德一世)出生,负责分发和接受贺礼的不是亚普拉克西兹·阿里,而是尼兹尔。[5]两年半后,未来的奥斯曼三世出生时,这一模式再度出现。[6]另外,亚普拉克西兹·阿里也曾亲自向征战中的苏丹送去他母亲格努什·埃梅图拉的问候和礼物。[7]我们大概可以得出这样的结论:虽然亚普拉克西兹·阿里当过苏丹的老师,但尼兹尔和穆斯塔法二世走得更近,而亚普拉克西兹与格努什更亲近。

1700 年末,穆斯塔法二世将索拉克·尼兹尔提拔为后宫总管太监。亚普拉克西兹·阿里阿迦被送回埃及,而哈菲兹·穆罕默德阿迦(几年前和亚普拉克西兹一起从埃及回来的六位"密友"之一)则当上了后宫司库。在总管太监任期期间,尼兹尔始终与苏丹保持着亲近的关系,有时候会和他在埃迪尔内周边的林中打猎。[8]1702 年 5 月,尼兹尔设宴庆祝时年六岁的皇子马哈茂德开始学习。[9]

费祖拉埃芬迪 尼兹尔阿迦不太走运:他担任总管太监期间的大穆夫提正好是臭名昭著的费祖拉埃芬迪(1639—1703 年)。和尼兹尔一样,费祖拉的宦途反映了 17 世纪危机过后奥斯曼社会的规范化。18世纪期间,乌理玛可能是世袭制程度最高的职业团体:儿子跟着父亲成为乌理玛,而且往往担任与父亲相同的职位。[10] 费祖拉将这一模式推向了极端:他将血亲和姻亲安插到了乌理玛集团中的重要职位上。

费祖拉和他的同学瓦尼·穆罕默德(Vani Mehmed)埃芬迪都是安纳托利亚东北部城市埃尔祖鲁姆(Erzurum)的本地人,瓦尼·穆罕默德领导了卡迪扎德利运动(将在第9章讨论),娶了费祖拉的堂(表)姐妹。1662年,瓦尼受新任大维齐尔科普鲁律·法佐·艾哈迈德的邀请来到埃迪尔内,担任穆罕默德四世的私人宗教顾问,费祖拉一同前往,并娶了瓦尼的女儿。瓦尼女婿的身份为费祖拉的仕途铺平了道路,让他于1669年得以成为未来的穆斯塔法二世和艾哈迈德三世的老师。另外,他和两位皇子的父亲穆罕默德四世的关系,只能说是比较"脆弱"。有一次,苏丹因他而勃然大怒,引得格努什·埃梅图拉过来调停。[11]

也许正因为和穆罕默德四世的关系比较疏远,费祖拉才没有受到1683年奥斯曼帝国在维也纳惨败的影响,而他的岳父则在此次惨败后被逐出帝都。和尼兹尔阿迦一样,费祖拉在穆斯塔法二世(费祖拉之前的学生)于1695年即位之后便平步青云,当上了大穆夫提,还让这个官职掌握了不可撼动的大权:穆斯塔法的大维齐尔基本上是费祖拉挑选的,而且他还安排自己的四个儿子担任权势显赫又有利可图的法官,虽然他们并未接受过承担这些重任之前必须经历的严苛训练。[12] 在他的敦促下,苏丹甚至下了一道史无前例的圣旨,圣旨规定,费祖拉的长子费图拉将接任父亲的大穆夫提一职。

然而,格努什·埃梅图拉这样警告过穆斯塔法二世,他早晚要

第 7 章 新的范式：贝希尔阿迦及其继任者

在费祖拉和皇位之间做出选择。[13]这话并非空穴来风。1703 年 8 月，一群帝国耶尼切里士兵和伊斯坦布尔同业公会的成员发动叛乱，游行至埃迪尔内，他们责备大穆夫提，认为他是让奥斯曼帝国遭受割让领土之屈辱的罪魁祸首（1699 年签订的《卡罗洛维茨条约》将奥斯曼的部分领土割让给哈布斯堡王朝）。这次起义史称"埃迪尔内事件"（Edirne Incident）。叛乱者成功地把穆斯塔法二世赶下皇位，并扶持他的弟弟艾哈迈德三世即位，艾哈迈德三世也曾是费祖拉的学生。新任苏丹不得不把皇室迁回伊斯坦布尔，因为叛乱分子的不满之一就是苏丹从来不在帝都露面。费祖拉和他的几个儿子试图返回家乡埃尔祖鲁姆，但被叛乱分子抓住，并关进了埃迪尔内的监狱。这些判乱分子拷打了他们三天，却没有拷问出他们的财宝藏在何处，最后造反者把费祖拉吊死，砍下他的头，把尸身扔进了流向埃迪尔内南部的登萨河。[14]

和尼兹尔阿迦一样，费祖拉埃芬迪与穆斯塔法二世过从甚密，而他与格努什·埃梅图拉的关系大概比尼兹尔和她的关系更亲近。尽管这位穆夫提与总管太监尼兹尔有着相似的官宦生涯，但我们无法确定二人是否为盟友，虽然这种可能性很大。正如前文所说，总管太监与穆夫提联合的先例的确存在，而且通常来说，如果不和后宫总管太监联合，没有哪个乌理玛委员会的成员能够如此接近苏丹，更不用说接近皇太后了。

作为穆斯塔法二世的心腹，尼兹尔阿迦在苏丹被逼退位之后，陪着他和他的几个儿子来到了伊斯坦布尔，他们随即被关押在了托普卡帕宫的"囚笼"中。[15]一段时间后，尼兹尔和他的两位助理官员被转移到了"卡普阿拉苏"（Kapuarası，意为"大门之间"），这是位于托普卡帕宫第一和第二庭院之间的一个阴冷的监牢，用于关押即将被处死的囚徒。斯拉达告诉我们，这是为了惩罚他们在穆斯塔法二世统治期间所犯下的"非法行径"，即以类似于费祖拉所采用的方式干预政治［得福特达·萨利·穆罕默德（Defterdar Sarı Mehmed）帕夏赞同并呼应了斯拉达的说法］。[16] 同时，艾哈迈德三世逮捕了八年前和尼兹尔一道从开罗回来的四名后宫宦官，然后再次把他们流放到埃及。

数月后，尼兹尔被赶出皇宫，和费祖拉的长子费图拉（费图拉之前做过先知后裔的首领）一道被关进臭名远扬的耶迪库勒堡垒。（两人一同遭到监禁，这说明尼兹尔与费祖拉一家过从甚密。）费图拉在那里被吊死，他的几个兄弟被流放至塞浦路斯岛的法马古斯塔（Famagusta）；尼兹尔的流放地不是开罗，而是与安纳托利亚西北海岸隔岸相望的一个爱琴海大岛——利姆诺斯岛（Lemnos）。[17] 这不是个好兆头，因为对于一个总管太监来说，如果流放地不是开罗而是爱琴海地区，那就基本上意味着他即将被处死。果然，根据得福特达·萨利·穆罕默德不无讥讽的描述，"几天过后，一道祥瑞的圣旨就降了下来，随后一把剑了结了他的生命——这种处决方式堪称典范"[18]。

乌尊·苏莱曼阿迦

尼兹尔的后宫总管太监一职由柯区克·阿卜杜拉曼阿迦接任（柯区克意为"小"），他虽然不是后宫司库，但却是服务于旧宫

第 7 章 新的范式：贝希尔阿迦及其继任者

女性的总管太监，这意味着他比尼兹尔更接近皇太后。[19] 实际上，格努什·埃梅图拉可能为了确立自己在后宫宦官群体中的地位，而将自己选中的宦官提拔为总管太监，同时无视甚至削弱后宫司库的权力。不到一年，柯区克·阿卜杜拉曼就被罢免，然后和后宫司库一道被流放到了埃及，这是为了避免后宫司库接替他的职位。

由于后宫司库不在宫中，新任后宫总管太监乌尊·苏莱曼阿迦自然就和皇太后走得比较近。乌尊·苏莱曼是格努什·埃梅图拉的私人宦官随从的头领[20]，就任后宫总管太监后，他履行了这个官职的日常职责，例如：参加被罢黜的穆斯塔法二世的葬礼（1703年12月），在艾哈迈德三世之女的婚礼上充当新娘的代表（1706年春）。[21] 他还参与了格努什·埃梅图拉苏丹的那座宏伟清真寺建筑群的建造，不过我们不清楚他在建造过程中具体做了什么。该清真寺坐落在于斯屈达尔（博斯普鲁斯海峡的亚洲一侧），于1711年春建成，历时两年半，乌尊·苏莱曼出席了开放仪式。[22] 如今，人们称它为新皇太后清真寺，这是为了和努尔巴努的清真寺区别开来，后者也坐落在于斯屈达尔。格努什·埃梅图拉被葬在新皇太后清真寺的北端，其陵墓是开放式的，掩映在蔷薇花丛中。

在履行这些仪式性职责的同时，乌尊·苏莱曼阿迦还忙着对大维齐尔的选任施加自己的影响，他的做法可能给朝觐者贝希尔阿迦提供了一个范例。实际上，苏莱曼阿迦上任之初，他的对手、遭免职的后宫司库的亲密盟友——达马特·哈桑（Damad Hasan）帕夏就被罢免，随即接任大维齐尔的是与他关系较为融洽的克莱利寇兹·哈吉·艾哈迈德（Kalaylıkoz Hajji Ahmed）帕夏。乌尊·苏莱曼甚至用自己的船把这位新任大维齐尔接到了伊斯坦布尔。[23] 担任总管太监的九年里，乌尊·苏莱曼还把另外三位大维齐尔赶下了官位。难怪那个反对后宫宦官、用毒辣的文字批评他们的作者德尔维什·阿卜杜拉埃芬迪哀叹道："在长达九年的时间里，黑人阿迦们把持着各种事务。"[24]

讽刺的是，乌尊·苏莱曼于1712年最后一次罢免大维齐尔，却让这个官位落到了强悍的斯拉达·达马特·阿里（Silahdar Damad Ali，1713—1716年在任）帕夏的头上。达马特·阿里的任期从1713年4月持续到1716年8月，也就是他在彼得瓦尔丁（也就是今塞尔维亚北部的彼得罗瓦拉丁）战役中阵亡之时。达马特·阿里对乌尊·苏莱曼的阴谋诡计感到不满，并试图完全阻止非洲宦官输入奥斯曼帝国境内。他还让一名前任大维齐尔接替了麦地那的圣地谢赫一职（之前担任此职的是一个非洲宦官），并支持他的前任乔尔卢勒·阿里帕夏的决定（参见第6章）：让第三庭院的白人宦官成为执剑侍从的手下。[25]

其实，达马特·阿里帕夏对乌尊·苏莱曼和苏莱曼那个圈子的人怀有强烈的敌意，以至于他想方设法于1713年6月罢免了这位宦官。和前任总管太监一样，乌尊·苏莱曼也是和当时的后宫司库——朝觐者贝希尔阿迦一道被流放（贝希尔于1706年就任后宫司库，另外可能在17世纪90年代中期也短暂担任过此职[26]）。这两位宦官因为付不起苏丹的看门人索要的1000袋银币而被关押在苏丹的私人花园中。等到二人的财产被卖掉后，他们被送到了塞浦路斯。[27]和尼兹尔阿迦一样，乌尊·苏莱曼也受到了爱琴海岛屿的诅咒：1715年5月，他被处死于法马古斯塔。[28]而朝觐者贝希尔得以继续前往开罗。对贝希尔的赦免，意味着尽管大维齐尔可能在其

- 186 -

第 7 章 新的范式：贝希尔阿迦及其继任者

他方面对他有所不满，但并未把他视为乌尊·苏莱曼的"伙伴"。

朝觐者贝希尔阿迦

朝觐者贝希尔不是头一次逗留开罗了。根据档案记录，他曾先后在担任"密友"和后宫司库时短暂访问过开罗，时间是1703—1708年。[29] 此外，在进入帝国后宫之前，他显然与开罗的一户显贵人家建立了联系，第8章将会说明这一点。

总之，他这次在开罗停留的时间很短，可能只有几个月。在此期间，他住在开罗城堡附近的"后宫宦官区"的一座房子里，隔壁就是已故的乌尊·苏莱曼阿迦的住处。他俩曾经一起被流放到塞浦路斯。这样看来，下面这一事实就不太可能只是个巧合：这座房子在此之前由一个塞浦路斯人居住。[30] 实际上，在乌尊还没被处死的时候，贝希尔可能就已经在规划最新的这一段开罗的宦官生涯了。

麦地那的圣地谢赫 1715年的某个时候，贝希尔阿迦从开罗被派到麦地那担任圣地谢赫。我们在第6章已经看到，这个官职至少从17世纪初开始就一直由后宫宦官充任，不过，直到1691年才有被免职的后宫总管太监（优素福阿迦）担任此职。而朝觐者贝希尔是唯一一个当了圣地谢赫之后被提拔为后宫总管太监的后宫宦官。自打从塞浦路斯搬到埃及后，他的运势可谓节节高升，被任命为圣地谢赫就是其中一份好运。

作为守陵宦官的首领，贝希尔大概与20年前的优素福阿迦有着极为相似的经历，只不过前者的任期更短。尽管贝希尔在麦地那最多只待了一年,但他感到自己与这个城市建立了深厚的联系,所以 20 多年之后,他在当地捐建了一所伊斯兰学校和一所圣训学校(*dar al-hadith*)。第 9 章将对这两所学校作一考察。

返回伊斯坦布尔 1716 年 11 月,朝觐者贝希尔利用邻近之便前往麦加朝觐。这并非他的第一次朝觐,他早在 1706 年就获得了"朝觐者"(土耳其语:Hacı)的尊号,那一年,他陪一名奥斯曼皇子的乳母(*daye kadın*)从伊斯坦布尔前去麦加朝觐。[31] 在麦地那期间,他收到了自己被任命为后宫总管太监的消息——接替上任几个月(1717 年期间)之后即遭罢免的麦绛阿迦。返回伊斯坦布尔之前,他在开罗短暂逗留了一阵,留下一位代理人在当地建造了一所带喷泉亭的古兰经学校(第 8 章对此有解释)。他肯定以为自己最终还是会回到开罗,显然不知道自己作为后宫总管太监,任期(29 年)将会超过以往任何一位前任,也没有意识到自己会成为少数几个在任上善终的后宫总管太监。

朝觐者贝希尔回到伊斯坦布尔时,格努什·埃梅图拉苏丹——当时在位的艾哈迈德三世之母——已经离世。[32] 不过,格努什的死并未对他的宦途造成负面影响,因为与之前的优素福阿迦和乌尊·苏莱曼阿迦不同,贝希尔并不是格努什·埃梅图拉的门徒。在皇室中,与贝希尔联系最紧密的是苏丹本人。贝希尔在成为后宫司库之前曾担任苏丹"密友"。这也反映出 18 世纪初的一个新现实:这一时期的各位苏丹在即位之时已经成年,虽然母亲对他们有养育、培养之恩,但其统治的特色以及心腹圈子还是由苏丹本人决定的。在这个时期的皇太后当中,只有格努什·埃梅图拉的影响力接近前一个世纪的柯塞姆和图尔汗。

内夫谢希尔勒·达马特·易卜拉欣帕夏与"郁金香时代"

（1718—1730 年） 在贝希尔担任后宫总管太监一年多后，艾哈迈德三世任命内夫谢希尔勒·达马特·易卜拉欣（Nevşehirli Ibrahim）帕夏为大维齐尔，他将成为奥斯曼帝国历史上在任时间最长、权势最大的大维齐尔之一。就任的前一年，他娶了苏丹的女儿法蒂玛，也就是战死沙场的大维齐尔斯拉达·达马特·阿里帕夏的遗孀[33]（我们还记得，达马特·阿里曾将朝觐者贝希尔和乌尊·苏莱曼一起流放到塞浦路斯）。达马特·易卜拉欣个性强悍，在艾哈迈德三世还是皇子的时候就对他施加了巨大的影响。就任仅几个月之后，贝尔格莱德被哈布斯堡王朝攻陷。上任初期，易卜拉欣最值得留意的举动之一就是于 1718 年 7 月签订了《帕萨罗维茨条约》，该条约正式剥夺了奥斯曼帝国在巴尔干半岛地区的大片领土，但同时承认了威尼斯的摩里亚半岛①归奥斯曼帝国所有。[34]

奥斯曼帝国又一次遭受了割让领土的耻辱，此后，易卜拉欣开始采取和平方针。众所周知，他最著名的事迹就是开创了一个精英文化繁荣、西欧奢侈品（尤其是钟表和镜子）消费盛行的和平时代，20 世纪初的历史学家艾哈迈德·雷菲克（1881—1937）将这个时代称为"郁金香时代"（Lale Devri）。易卜拉欣担任大维齐尔的 12 年间，艾哈迈德三世多次在艾纳利卡瓦克游乐亭（位于金角湾北岸）举办奢华的娱乐活动，还监督了豪华的萨达巴德避暑宫殿（Sadabad summer palace，位于金角湾东北方向的卡厄特哈内区）的建设。[35]

---

① 即伯罗奔尼撒半岛。

彻拉安娱乐 在内夫谢希尔勒·易卜拉欣的任期内，有一项叫作"彻拉安娱乐"（Çırağan Eğlenceleri，彻拉安意为"灯笼"）的特色娱乐活动于每年春天在伊斯坦布尔举办，旨在庆祝郁金香开花。朝觐者贝希尔阿迦在这项活动中起到了关键作用。这项娱乐活动充分体现了"郁金香时代"的独特精神。从表面上来看，它是一项为皇家尤其是为所有皇室女子而设的私人娱乐活动，于三月末或四月初举办，而且与穆斯林教历或者婚礼、割礼这类"人生大事"都毫无关联。

欢庆活动在托普卡帕宫外的一座游乐亭中举行，这座亭子是1703年皇室被迫从埃迪尔内迁回伊斯坦布尔之后开始沿金角湾修建的游乐亭之一（之后又沿博斯普鲁斯海峡西岸修建了多座）。[36] 在这些建筑当中，有一部分——尤其是金角湾的那些——是在原来宫殿的基础上翻新、扩建的。内夫谢希尔勒·易卜拉欣帕夏特意为妻子在金角湾以北的贝西克塔什区建了一座宫殿，好让她能和宫中其他女子一起参与这些活动。这座宫殿叫作"海滨宫"（Sahil Sarayı），坐落在后来的彻拉安宫（19世纪建成）附近——"彻拉安"这个名字显然取自这项娱乐活动。

从种种迹象来看，彻拉安娱乐活动的策划工作主要由朝觐者贝希尔和后来的其他后宫总管太监承担——这倒是不足为奇，因为欢庆活动本来就是以宫中的女子为中心。这些宦官的任务相当艰巨，因为娱乐活动要持续好几天，而且是从早上或者午后一直到晚上。宫廷史官穆罕默德·拉希德（Mehmed Raşid）埃芬迪描述了后宫女子自娱自乐的方式："白日时分，她们用惬意的音乐和谈话（saz ve söz）、笑话、游戏来消磨时光；到了晚上，她们就去观赏灯笼

第 7 章 新的范式：贝希尔阿迦及其继任者

和郁金香花圃。"接任他的史官伊斯梅尔·阿西姆——又名柯区切勒比扎德（Küçükçelebizade）——也有类似的记载。[37]人们大吃大喝（应该没有喝酒），宫廷诗人朗诵着特意为这个节日写的颂诗。18世纪的著名诗人奈迪姆（Nedim，1681—1730年）写过很多诗来庆贺在新建的萨达巴德宫举办的彻拉安娱乐活动，我们可以从他的作品中感受到当时的节庆氛围。他有一首名诗是这么写的：

> 咱们去参观萨达巴德宫吧，摇曳的柏树，咱们走！
> 我们要在池塘边漫步一会儿，再过一会儿，
> 我们就去观赏宫殿，赞叹它的建造风格；
> 我们时而歌唱，时而用优美的诗来消磨时间。
> 咱们去参观萨达巴德宫吧，摇曳的柏树，咱们走！[38]

节庆的压轴大戏是根据参与者地位高低来分发礼物，这一环节的组织者应该还是后宫总管太监。大众对这个节日的记忆集中在下面这项特色活动上（节日的名称"彻拉安"正是来源于此）：把点燃的小蜡烛放在龟背上或蛋壳、海贝壳中，让它们在贯穿萨达巴德宫（以及其他类似的游乐场所）的水道上漂浮，于是，黑夜就被这些在阴影中移动的蜡烛点亮了。[39]

虽然彻拉安娱乐活动与内夫谢希尔勒·易卜拉欣帕夏有密切的关联，但在这位大维齐尔于1730年遭到暴力罢免之后（下文对此有讨论），这些娱乐活动并未因此而告终。相反，根据法国商人让-克洛德·弗拉察的说法，在马哈茂德一世统治时期（1730—1754年），这类节庆的受欢迎程度可谓前所未有（弗拉察曾于18世纪

40年代末到50年代初向奥斯曼宫廷供应奢侈品）。弗拉察还描述了彻拉安节庆仪式在此期间经历的几项革新：他告诉我们，在节庆行将结束之际，苏丹从聚集的女性当中挑出一个"最受欢迎的"，不过我们不清楚被挑中的女性是否要为苏丹侍寝。挑选好以后，总管太监便分发礼品，包括珠宝和昂贵的纺织物。等到晚上，女性私人聚会结束后，苏丹便邀请官员们去欣赏音乐表演。[40]

与此类似的一项叫作"哈尔瓦聚会"（helva sohbetleri）的冬季娱乐活动也首次出现在马哈茂德一世统治时期。这是一项室内私人活动，需要准备一种叫作哈尔瓦的甜食（原料是粗面粉糊和糖），后宫女子和第三庭院的男仆就在男女分隔的区域观看制作哈尔瓦的过程。哈尔瓦聚会有一个特征可以体现出它是18世纪的活动：这种聚会由后宫总管太监和执剑侍从共同组织——在这一时期，执剑侍从就相当于第三庭院的总管太监，只不过他们并非宦官。[41]一个世纪以前，后宫与第三庭院是不太可能进行这类合作的。

雪玲·哈玛德指出，这些规模较小的新式娱乐活动反映出奥斯曼宫廷生活的一些新的"18世纪现实"以及帝都的地貌。[42]虽然从表面上来看，这些都是仅限于皇家的私人节庆，但它们的举办地点与托普卡帕宫相距很远，而且往往是在户外花园和花园凉亭中。因此，公众不仅能一睹皇室人物和他们的私交圈子，甚至有可能住在活动举办的公共区域附近。从这个意义上来说，苏丹和他的家庭——包括后宫总管太监——就不像17世纪那么与俗世隔绝了（可以说16世纪也是如此），而是与公众有了更多联系。同时，可用于举办这些娱乐活动的公共花园的数量也大大增加，而且它们的建造地点逐渐向金角湾和博斯普鲁斯海峡的北方移动。这是由于：

①奥斯曼皇室从埃迪尔内迁回后,伊斯坦布尔的人口开始增长;②危机时期过后,奥斯曼帝国的经济开始复苏;③公共社交文化兴起。[43] 作为司仪,后宫总管太监比以往任何时候都更像个公众人物,即便他仍然像从前一样负责守卫公私之间的边界。

这类娱乐活动以及随之而来的奢侈品消费并不仅限于帝都。在奥斯曼各行省中,高官们直接从欧洲供应商手中进口奢侈品,并雇用欧洲工匠帮他们建造、装修自己的宅邸。总的来说,这些地方精英发起了一种公共社交的地方文化,这种文化借鉴并促进了帝都的公共社交文化的发展。[44] 这种文化上的互相依存也反映出18世纪奥斯曼中央政府与地方显贵之间在经济和军事上的依存关系。

帕特罗纳·哈利尔叛乱 在担任总管太监的前13年间,朝觐者贝希尔阿迦对奥斯曼宫廷产生了显著的影响,这一点从他负责组织上述奢华的娱乐活动就能看出来。尽管如此,他在这一期间的权势可能还是不如内夫谢希尔勒。我们并未读到他在这些年里对行政任命或奥斯曼外交政策产生影响的记载。然而,这样的情形在1730年初秋发生了改变。那一年,海军雇佣兵帕特罗纳·哈利尔(Patrona Halil,帕特罗纳意为"老大")领导了一场灾难般的叛乱,叛军将艾哈迈德三世推下皇位,杀死了易卜拉欣帕夏。许多学者认为,这场叛乱——实际上更接近于一次革命——之所以产生,是因为军队对艾哈迈德三世和内夫谢希尔勒采取的和平方针早有不满,并且对物价飞涨、不按规定支付军饷感到失望,而这时候苏丹和他的大维齐尔却在大把地花钱摆阔。

讽刺的是,引发叛乱的导火索是一场反抗伊朗的军事调动——1722年萨非王朝崩溃之后,伊朗的局势便动荡不已。奥斯曼帝国无法阻止萨非王朝的复兴分子纳迪尔沙的进犯（下文对此有讨论），此时帕特罗纳·哈利尔带领一队不服从此次调动的雇佣兵开始造反。[45] 他们向皇宫行进，要求处死内夫谢希尔勒。这时候，朝觐者贝希尔阿迦采取行动，强行罢免了这位大维齐尔。[46] 但叛军坚持要求苏丹退位，让他的侄子马哈茂德（穆斯塔法二世之子）上台——马哈茂德于1730年10月继位，成为马哈茂德一世。实际上，叛军当时陷入了一种疯狂、嗜血的愤怒中，无法自拔。没有别的理由可以解释他们为什么会用如此恐怖、嘲弄的方式来表达对铺张浪费的彻拉安娱乐活动的愤怒，至少德斯塔里·萨里在他的编年史中是这样记录的：他们挖出内夫谢希尔勒、他的助理官员（kethüda）、海军总司令三人的眼珠，把蜡烛插进他们的眼里，然后把他们推到大惊失色的侍臣面前，并大喊："这就是你们的彻拉安！"[47]

在大约两个月的时间里，帕特罗纳·哈利尔和他带领的叛军掌控着帝都和所有行政任命。之后，一场反政变于1730年11月底打响。编年史作者杉达尼扎德·芬德克鲁勒·苏莱曼埃芬迪和善辩的反宦官人士德尔维什·阿卜杜拉都把这场反政变归功于后来当上大维齐尔的卡巴库拉克·易卜拉欣阿迦，他是前任大维齐尔、埃及总督尼尚哲·穆罕默德帕夏的助理官员，也是朝觐者贝希尔的亲密盟友。[48] 从表面上来看，在卡巴库拉克的敦促下，马哈茂德一世和一众高级官员召集帕特罗纳·哈利尔及其支持者到托普卡帕宫开会，讨论这些叛军对行政官职的要求。叛军接受了这次邀请，但当他们按照约定来到宫中之后，就被分开并立马遭到杀害。这一事件不断被后人提起，实际上，它几乎成了老奸巨猾的行政官员和军事指挥官诱骗容易上当的对手的典型案例。新任苏丹和他手下的官员就这

第 7 章 新的范式：贝希尔阿迦及其继任者

样夺回了大权。[49]

在这一连串事件中，尤为不同寻常的一点在于，朝觐者贝希尔阿迦好像基本上没有受到这场叛乱及其余波的影响。叛军始终没有要求让他下台，更没有说要处死他，这与此前的总管太监在卷入严重叛乱时的下场形成了鲜明对比。这说明叛军没有把他当作内夫谢希尔勒·易卜拉欣帕夏的亲信或者门徒，进一步来看，这也说明他们觉得在易卜拉欣帕夏担任大维齐尔期间，后宫女子对制定国家政策并没有起到什么作用。此外，他们肯定知道他是马哈茂德皇子的心腹，而他们正想要立马哈茂德为苏丹。贝希尔与伊斯坦布尔大巴扎上的商人的联系可能也帮了他的忙，因为叛军和这些商人也有关联。当然，贝希尔本人也做了一定努力：他从不得人心的内夫谢希尔勒手中收回了大维齐尔的官印，从而拉开了与他的距离。这一举动是很值得他的那些前任在 17 世纪危机深重的时期效仿的。这次反政变的领袖是他的盟友，光是这一点就可以说明，他有能力让叛乱之后的形势朝对自己有利的方向发展。

马哈茂德一世时期　虽然说朝觐者贝希尔阿迦与艾哈迈德三世的关系可能不算特别亲密，但他却可以说是艾哈迈德三世的侄子马哈茂德的导师。在贝希尔刚当上总管太监的前几年，马哈茂德还是个 20 多岁的年轻人，住在托普卡帕宫的囚笼中。贝希尔与马哈茂德之母萨丽哈苏丹（Saliha Sultan）的关系也比较亲近。[50] 因此，马哈茂德即位后，他对马哈茂德的影响自然就比他对艾哈迈德三世的影响大上许多倍，更不用说他对内夫谢希尔勒的影响了。在马哈茂德一世统治期间，贝希尔是一个名副其实的"维齐尔任命者"，他帮助苏丹任命、罢免了十来个大维齐尔。马哈茂德一世本人无疑对他叔叔被罢黜的经历铭记在心,所以他不想放任自己手下的大维齐尔行使各种职权。于是,他便依靠贝希尔阿迦来制约他们的权力。[51]

纳迪尔沙 马哈茂德的多数大维齐尔都赞成他颇具侵略性的外交政策,相比之下,前一任苏丹的政策总体上要温和得多。马哈茂德一世统治下的奥斯曼帝国确实面临着新的外部威胁,尤其是萨非王朝的复兴分子纳迪尔沙带来的威胁。萨非王朝于1722年向阿富汗军队屈服之后,来自伊朗东北部的军阀纳迪尔宣誓效忠萨非王朝最后一位统治者的儿子,并开始从阿富汗人手中夺回领土。他的行动大获成功:到1730年,他已经侵入由奥斯曼帝国控制的位于阿塞拜疆的领土,并夺取了哈马丹(Hamadan)和大不里士两地。这次入侵促使奥斯曼帝国动员军队反击,而正是这次动员引发了帕特罗纳·哈利尔叛乱。纳迪尔从阿塞拜疆进入奥斯曼帝国控制下的伊拉克,分别于1733年和1736年包围巴格达和摩苏尔(Mosul)。同样是在1736年,他摒弃了"复兴萨非"的借口,宣布自己为"沙"(伊朗统治者的头衔)。[52]他似乎势不可挡,接连侵入中亚、高加索地区,甚至于1738年侵入印度。在印度,他做了一件很出名的事:要求莫卧儿王朝的皇帝把孔雀宝座给他,这样他才会从莫卧儿撤兵(得到孔雀宝座后,他的确撤了兵)。

在实施了这些侵略行动之后,纳迪尔仍然表示只要奥斯曼人承认他信奉的贾法里派(十二伊玛目派中的一个支派)是第五个逊尼教派,他就愿意讲和。贾法里派以第六任什叶派伊玛目贾法尔·萨迪克(Ja'far al-Sadiq,逝于765年)的名字命名,他因为阐明了该派的许多核心教义而闻名于世。纳迪尔所做的不仅仅是神学上的一个形式,更是能够让十二伊玛目派得到正式承认,成为奥斯曼伊斯

第7章 新的范式：贝希尔阿迦及其继任者

兰教的合法分支的一项措施。我们不清楚这一措施能够在多大程度上改变现实生活，因为尽管奥斯曼的法学家原则上将什叶派的所有分支定为异教，但帝国的大片领土上曾居住着为数不少的什叶派居民。[53] 至少十二伊玛目派的信徒会循着什叶派的公共宣礼声的召唤而前往他们的清真寺，而这种宣礼声在如今的土耳其是听不到的。

关于该问题的谈判持续了数年，谈判的奥斯曼一方由"首席抄写官"（reisü'l-küttab）主持。1741—1744年，这一职位由拉格希卜·穆罕默德（Raghib Mehmed）埃芬迪①担任，此人精力充沛，后来当上了大维齐尔。虽然他不喜欢贾法里派的理念，但愿意将其作为一件"必要"（zarura）的事情来接受。他强调，奥斯曼正与俄罗斯帝国交战，而且在1739年之前又和哈布斯堡王朝打过仗，在这种情况下，与伊朗讲和才是明智之举。[54] 然而，朝觐者贝希尔阿迦不太愿意讲和。根据杉达尼扎德的记载（需要指出，他是拉格希卜·穆罕默德的"粉丝"），贝希尔坚称"只要我还活着，就不会让这个虚假的第五教派加入四大［真正的］教派中"[55]。贝希尔阿迦一向对拉格希卜的外交工作感到失望，这可能在某种程度上促使拉格希卜对贝希尔之后的其他总管太监产生了反感。

贝希尔阿迦于1746年逝世后，奥斯曼帝国终于和纳迪尔沙签订了一项条约，该条约虽然没有承认贾法里派，但准允伊朗的朝圣者前往奥斯曼帝国控制下的麦加朝觐，并允许纳迪尔沙控制位于伊朗南部的什叶派圣地纳杰夫。[56] 然而，条约签订之后的6月，纳迪

---

① 应指科贾·穆罕默德·拉格普（Koca Mehmet Ragıp，1698—1763年）帕夏。

尔沙就被手下的一名官员刺死——在此之前，他对下属的处决愈发随心所欲，这名官员害怕自己成为他的刀下鬼，于是便先下手为强。纳迪尔沙统治的国家因为这一突如其来的事件而土崩瓦解。之后统治伊朗的赞德王朝和恺加王朝将主要精力用于消灭内部反对势力以及与大肆扩张的俄罗斯帝国对峙。伊朗再也没能对奥斯曼人构成严重的军事威胁。

贝希尔阿迦的宗教机构　除了参与行政任命和外交政策的制定，朝觐者贝希尔阿迦仍然保持着他早年在开罗和麦地那短暂逗留期间养成的习惯：捐建宗教、慈善、教育机构。这些机构在他生活过的多个城市留下了长久的建筑印记，它们所囊括的地理范围与奥斯曼帝国的疆域大体一致：从如今的罗马尼亚到如今的伊拉克、从保加利亚到埃及。第8章将讨论他在埃及捐建的机构。在本章节中，我们将集中精力讨论他在帝都和多瑙河沿岸捐建的机构。他在多瑙河沿岸建立的机构也许不如他在伊斯坦布尔或其他奥斯曼行省中捐建的一些机构那样奢华、引人注目，但却可以体现出后宫宦官对多瑙河甚为重视，这条河可以说是奥斯曼帝国的一条经济命脉。

在伊斯坦布尔　当上后宫总管太监后，朝觐者贝希尔得以把关注的焦点放在帝都上。应该承认，在帕特罗纳·哈利尔叛乱之前，贝希尔很少参与这座城市的捐建项目。然而，在后来的数年中，尤其是在他去世前的七年时间里，他对伊斯坦布尔的多个街区极为关注。现藏于伊斯坦布尔苏莱曼尼耶图书馆的一本冗长的汇编对贝希尔晚年捐建的多个宗教机构作了汇总介绍，从中我们可以得知，他在生命的最后七年里完成了三批大型捐建项目，分别在1739年1月、1740年10月、1745年10月（此时距他去世不到一年）。其中，

第 7 章 新的范式:贝希尔阿迦及其继任者

位于托普卡帕宫南面的一个宏伟的宗教建筑群(即"库里耶")就是他捐建的最后几个项目之一(建于 1745 年)。第 9 章将对该建筑群进行进一步讨论。就连他捐建的一些较小的项目,也大到足以复兴伊斯坦布尔的关键区域。

在贝希尔捐建的产业中,有许多并非崇高的宗教和慈善机构,而是为这些机构提供收益的普通建筑,其中包括大量居住建筑(*menzils*)——从出租单人间到豪宅应有尽有。根据上文提到的那本汇编的记载,贝希尔于 1739 年新建了五座并修复了七座居住建筑,它们集中在博斯普鲁斯海峡欧洲一侧的海岸上,其中,新建的五座位于贝西克塔什街区及其南面,修复的七座位于科贾·穆斯塔法帕夏街区附近(马尔马拉海以北)。[57]

从 17 世纪末开始,宗教及慈善机构如雨后春笋般在博斯普鲁斯海峡西侧的海岸上(拜占庭帝都君士坦丁堡旧址以北)接连建成。从更广阔的视野来看,奥斯曼宫廷成员在博斯普鲁斯海峡的欧洲一侧海岸以及旁边金角湾的北侧海岸新建的建筑也越来越多。如前所述,18 世纪初,这两个地点开始出现避暑别墅和游乐亭。此外,博斯普鲁斯海峡西侧成了修建清真寺、陵墓、公共喷泉亭,以及(根据上文提到的那本汇编的记录)各类住房的首选地。

相比之下,科贾·穆斯塔法帕夏街区显然位于旧城之中,虽然是在旧城中心以西很远的地方——旧城中心是大巴扎、阿亚索菲亚清真寺、赛马场、苏丹艾哈迈德清真寺的所在地。该街区以大维齐尔科贾·穆斯塔法的名字命名,他曾在巴耶济德二世和塞利姆一世手下效力。穆斯塔法帕夏在一座拜占庭修道院的旧址上建造了一座清真寺,位于拜占庭古城墙中的耶迪库勒堡垒的东面。

18世纪初期,科贾·穆斯塔法帕夏街区的人口密度还比不上希腊老区(在此前150年左右,哈比沙·穆罕默德在这个老区建造了一个清真寺建筑群)。不过,从贝希尔在这个街区捐建的项目可以看出,该区的人口正逐渐增长,渐渐占据了农业用地,并且需要一个成熟市区应具备的设施。因此,科贾·穆斯塔法清真寺旁边的公共浴场得以重建,周边环绕着花园;附近的达乌德帕夏区的两处浴场得以修复,旁边有几个商店和一个公共烤炉,这个区还在几个桃园当中修了一座居住建筑;附近的西里夫里门(Silivri Gate)那里还有一处类似农场住宅的居住建筑,位于拜占庭时期的旧陆墙内,配有马厩、水车、果园各一。[58] 这些基础设施的建设都与贝希尔阿迦对该区一处陵墓的关注相当吻合,陵墓中埋葬的是一位苏菲派圣人(第9章对此有详述)。

多瑙河上 一般来说,贝希尔阿迦建立的营利机构为同一城市或地区的宗教/慈善机构提供资助,这是穆斯林宗教捐献产业的惯常运作方式。这也解释了为什么很多奥斯曼城市(当然也包括帝都)的清真寺和伊斯兰学校紧挨着大巴扎、浴场以及其他创造收益的机构。而在大马士革、阿勒颇、安条克这几个行省,贝希尔则捐赠了大片种植橄榄树和桑树的土地。这些树都是可靠的经济来源,它们产生的收益可用于资助任何地区的宗教捐献产业。比如,根据介绍贝希尔的宗教捐献产业的那本汇编的记载,贝希尔在麦地那捐建的圣训学校的大部分资金就来自大马士革附近的土地。[59]

不过,在多瑙河沿岸,贝希尔阿迦捐建了一个大型宗教-教育建筑群和几个与该建筑群无关的商业机构,时至今日,这些建筑几乎都已不复存在。这些项目凸显出多瑙河对他和其他总管太监的重

第 7 章 新的范式：贝希尔阿迦及其继任者

要意义，毕竟这条河是一条运输大动脉，连接着奥斯曼人心中曾经的本国腹地与黑海，黑海又名"奥斯曼湖"，大量物资（尤其是小麦）从多瑙河三角洲经由"奥斯曼湖"被运至伊斯坦布尔。多瑙河长期以来一直是奥斯曼帝国与他们的宿敌哈布斯堡王朝之间争议的焦点。到了朝觐者贝希尔阿迦就任总管太监时，奥斯曼帝国两座多瑙河沿岸的大城市——布达佩斯和贝尔格莱德——已经被哈布斯堡王朝夺取，虽说奥斯曼帝国于1739年通过军事胜利及之后精明的谈判收复了贝尔格莱德。[60] 同时，俄罗斯帝国对多瑙河东部流域（包括三角洲）也构成了严重威胁。

贝希尔阿迦在多瑙河岸捐建这些机构，似乎就是为了应对上述的新挑战。这些机构依赖于原先的滨河项目，其中一部分是直接在原有项目的基础上修建的。他在斯维什托夫（今保加利亚与罗马尼亚的边境地区）创办了一所伊斯兰学校，配有一座大图书馆（第9章对此有讨论）。为了资助这所学校，他又捐建了几个咖啡馆和一家卖羊蹄的店铺。[61] 我们也许可以想象出这样的场景：斋月期间，这所学校的师生在日落后出去喝咖啡和羊蹄汤。不过，在这家店喝羊蹄汤的顾客可能还有士兵和其他"不三不四"的城里人，因为羊蹄汤和牛肚汤一样，加了大量醋之后，就是广受欢迎的解酒药。

不过，贝希尔在多瑙河岸捐建的项目主要集中在这条河的三角洲。我们还记得，第一任后宫总管太监哈比沙·穆罕默德就是在这里兴建了一座设有防御设施的镇子——具体来说是在伊斯梅尔格齐德，位于多瑙河北支流基利亚河在比萨拉比亚的河段（今乌克兰境内）。当时，俄罗斯帝国刚刚开始显露出其作为一个政权的力量。在同样的地点，贝希尔阿迦委托建造了一系列商业支持设施：两个商队驿站（土耳其语单数：han）、两个储油库、两家理发店（其中一家还附带咖啡馆）、多家制革厂、多达 32 个小麦仓库。最后一项设施体现出该地区是奥斯曼帝国重要的粮食来源地。[62] 这些设施必定对哈比沙·穆罕默德阿迦之前建造的设施起到了维持和扩展的作用。在基利亚河东北岸，贝希尔还配备了一组类似的规模较小的商业设施，位于乌克兰城市基利亚（Kiliya）：一个商队驿站、多个仓库、一家羊蹄店、一家咖啡馆，甚至还有一家售卖"博萨"（boza）这种麦芽发酵饮料的商店（毕竟此地不缺小麦），这家商店面向的顾客可能也是士兵，他们可以用这种饮料补充能量。为了监管这些设施，贝希尔委托建造了公共市场监管人，即"穆塔西卜"（muhtasib）的住所，那本介绍贝希尔的宗教捐献产业的汇编将这个住所称为"伊提萨卜哈内"（ihtisabhane）。[63]

在多瑙河三角洲的所有这些建筑中，最为关键的要数贝希尔阿迦的灯塔，位于如今罗马尼亚最东端的苏利纳［在土耳其语中称为"苏内"（Sünne）］。载着粮食的船从此地进入黑海，驶向伊斯坦布尔。贝希尔委托在此修建了一座带有堡垒的灯塔，"因为在苏内海峡航行比较困难，大部分装载货物的船只都在黑夜里沉没、消亡"。[64] 堡垒上安有大炮，由 17 名士兵看守（显然都是在当地招募的），指挥这些士兵的是该捐建项目的当地监管人（mütevelli）的兄弟。这个指挥官的职位在他们家族中世袭，所以这家人想必是当地的头面人物。该捐建项目还提供橄榄油（燃料）、三个点灯装置，另外还有四个仓库、四个谷仓、六艘平底货船。建造这座灯塔显然是为了给从多瑙河到黑海的粮食运输提供便利，并避免船只触礁沉没或遭到俄罗斯人袭击。

第 7 章 新的范式：贝希尔阿迦及其继任者

该捐建项目的收入不仅来自苏利纳的商业机构，还来自遍布整个多瑙河三角洲的其他机构。此外，该项目不仅负责维持灯塔和堡垒的运转，还为其他机构提供资助，其中最值得留意的是服务于苏利纳的穷人的一处施粥场，这可能是约 90 岁的贝希尔通过行善来确保自己的遗产能得到传承的又一尝试。同时，该项目还帮助修复了此前由贝希尔阿迦等人在苏利纳附近和远处捐建的其他项目的建筑，并为它们分配新的收益。这些建筑包括贝希尔在斯维什托夫建的图书馆、一个土库曼酋长在安纳托利亚西南部米拉斯区创办的聚礼清真寺、伊斯坦布尔的阿提克·阿里帕夏区 [位于埃迪尔内门（Edirnekapı）的东面] 的一处施粥场、朝觐者伊斯梅尔阿迦在伊斯梅尔格齐德建造的一座公共喷泉亭（伊斯梅尔是哈比沙·穆罕默德在此地捐建项目的监管人）。[65]

换言之，单个瓦合甫机构可用于资助互相完全独立的多个机构，而且无需单独的捐赠契据。这样一来，贝希尔阿迦和他的代理人应该就能更容易地管理他在奥斯曼帝国领土上捐建的众多项目，同时还能给前任后宫总管太监捐建的机构提供资助。另外，这也有利于贝希尔实施他的计划：重建并进一步发展伊斯坦布尔的重点区域。

朝觐者贝希尔之死 贝希尔逝于 1746 年 6 月 2 日（伊斯兰历 1159 年主马达·敖外鲁月 13 日），享年约 90 岁。根据 1745—1750 年间在伊斯坦布尔居住的俄罗斯外交官阿德里安·涅普柳耶夫的记述，贝希尔在死前两个月中风，导致左侧身体瘫痪，耳朵也聋了。（总管太监传记的收集人艾哈迈德·雷斯米埃芬迪给出的解释为："由于年事已高、腰身粗大，他遭遇了诸多意外与不幸。"[66]）考虑到自己的身体状况，他没有参加"帝国迁徙"（göç-i hümayun），即宫廷成员从托普卡帕宫前往金角湾北侧海岸或附近其他地方避暑的活动。他被送到巴哈里耶，这是他在金角湾南岸建的一座亭子，紧邻艾郁普区。他的墓地也在那里，此前已经准备妥当，不久之后他就在那里去世了。[67] 他的遗体被运到不远处的艾郁普区（拜占庭时期的陆墙外），葬在为他特别修建的墓中，就在先知穆罕默德的旗手阿布·艾尤布·安萨里的陵墓旁边，这个区就是以此人的名字命名的（第11章还会提到朝觐者贝希尔的陵墓）。

摩拉勒·贝希尔阿迦

根据涅普柳耶夫的记述，朝觐者贝希尔去世当天，33岁的后宫司库摩拉勒·哈菲兹·贝希尔（Moralı Hafız Beshir）阿迦就接任了后宫总管太监。[他的绰号"摩拉勒"与他早年的一位主子有关，这个主子是一名税吏（土耳其语：muhassil），来自希腊中部的摩里亚半岛（土耳其语称为"摩拉"）。]根据涅普柳耶夫的说法，摩拉勒接任总管太监是朝觐者贝希尔最不希望看到的结果。摩拉勒·贝希尔不是朝觐者贝希尔的朋友，也不是任何人的朋友（涅普柳耶夫所述）。支持他的人很少，因为他"太年轻、脾气差、贪爱钱财"[68]。实际上，在从中风中苏醒过来之后，朝觐者贝希尔就试图阻止这位年轻的宦官接替他：他敦促苏丹从三名候选人中任命一名为后宫总管太监（这三名候选人是时任或前任后宫总管太监），并提醒苏丹切勿任命摩拉勒·贝希尔，因为他觉得此人"不合适"。[69]

第7章 新的范式：贝希尔阿迦及其继任者

在此例中，我们再次看到了"从后宫司库到总管太监"这一宦途轨迹带来的影响，也许还能发现设置这一升迁途径的目的。总管太监并不能让自己的门徒当上后宫司库，如果他能这样做，就相当于可以自行挑选接班人了。实际上，后宫司库来自与后宫宦官对立的另一个恩庇网，并因此对后宫宦官的权势起到了制衡作用。

考虑到摩拉勒在成为总管太监的路上受到的阻碍，我们就能理解他为何上台伊始就将这些与他竞争总管太监一职的候选人全部流放到埃及。此外，他还将大穆夫提皮里扎德（Pirizade）埃芬迪——涅普柳耶夫说此人是朝觐者贝希尔的盟友——派遣到了麦加。然而，下一任大穆夫提穆罕默德·埃明（Mehmed Emin）埃芬迪和大维齐尔赛义德·哈桑（Seyyid Hasan）帕夏联合起来限制了摩拉勒·贝希尔的势力：他们规定，文官不得征求后宫宦官的意见。[70] 这一规定使得总管太监与奥斯曼帝国的高级乌理玛（尤其是大穆夫提）之间再无结盟的可能，强化了半个世纪前的埃迪尔内事件的影响。

尽管如此，摩拉勒·贝希尔似乎还是成了马哈茂德一世真正的盟友。不然的话，苏丹为什么对他如此信任，让他监督马哈茂迪耶伊斯兰学校的建造？这所学校位于开罗，是200多年来第一所由苏丹在奥斯曼行省创办的伊斯兰学校。上一个担负类似职责的总管太监要追溯到17世纪初的穆斯塔法阿迦，当时他指挥建造了苏丹艾哈迈德清真寺（见第5章）。我在第9章还会再细说这所伊斯兰学校。

欧洲奢侈品与让－克洛德·弗拉察　在摩拉勒·贝希尔担任总管太监的六年里，奥斯曼与俄罗斯帝国的冲突仍在持续，但在

- 205 -

1739年的《贝尔格莱德和约》以及1746年与纳迪尔沙的条约签订后,奥斯曼帝国与哈布斯堡王朝和伊朗接壤的边境地区一直比较安宁。与此同时,帝国与法、英两国的关系也比较友好。在此期间,随着越来越多的欧洲奢侈品被进口到奥斯曼帝国,奥斯曼与这两个国家以及与意大利各城邦的贸易往来愈发频繁。1740年,奥斯曼帝国与法国再次签订的协约也强化了这一趋势。[71] 早在17世纪90年代,一份总管太监乌尊·伊斯梅尔阿迦和卡巴·尼兹尔阿迦(1692—1694年在任)的遗物清单就列出了多个镀金且镶有宝石的法国钟表,这种对法国钟表的狂热喜爱一直持续到了18世纪。[72] 摩拉勒·贝希尔和他的诸位前任一样,对来自法国的高端贸易尤为关注,这在一定程度上解释了生意兴隆的法国商人让-克洛德·弗拉察笔下的摩拉勒·贝希尔为何会与涅普柳耶夫描绘的大相径庭(涅普柳耶夫描绘的形象是负面的)。

弗拉察是那不勒斯驻奥斯曼大使的随行人员,他利用这个身份向摩拉勒·贝希尔和后宫司库苏莱曼阿迦供应珠宝和其他奢侈品。这两人收到这些奢侈品后,又把它们转交给大维齐尔和苏丹。后来,这位大使拒绝给他发放护照,不让他继续和那不勒斯代表团一起旅行,说是有这样那样的危险,于是弗拉察就留在了伊斯坦布尔,一待就超过了15年。[73] 他在外交机构没有正式的工作,但设法弄到了负责向宫廷供应商品的"首席商人"(*bazargan başı*)这一职位,取代了之前担任此职的一个名叫哈格普(Hagop)或亚库布(Ya'qub)、信基督教的亚美尼亚商人。弗拉察对哈格普多少有点不屑一顾,因为此人只卖"普通"商品。相反,弗拉察则继续向摩拉勒·贝希尔供应奢侈品,即便他首席商人的身份招致了本地商人

第 7 章 新的范式：贝希尔阿迦及其继任者

以及和他一样的欧洲商人的不满。[74]他声称，摩拉勒·贝希尔将他对珠宝、欧洲家具等商品的品味传授给了苏丹。在此之前，弗拉察向宫廷展示了一些自己做的自动人偶（就是18世纪中期到末期在欧洲风行的那种机械人偶），引起了巨大轰动。这些人偶让后宫女子着了迷，也让弗拉察得以接近摩拉勒·贝希尔，最终和他建立了紧密联系。[75]

弗拉察用激昂的文字描述了这位总管太监，字里行间都体现出两人的亲密关系。他写道：

> 在［宦官］当中很少有人像他一样，有着开阔的额头、精致的鼻子、目光如炬的大眼睛、小小的嘴巴、红润的嘴唇、光洁的白牙齿、没有一丝皱纹的匀称脖子、优美的手臂和双腿，身体的其余部分柔软而活动自如，身材微胖。他说话的语调体现出举止的文雅；他的声音清晰、洪亮，让人感到愉悦。[76]

应当承认，这些恭维话略含讥讽。弗拉察其实是在赞扬摩拉勒·贝希尔的外表和举止并不符合人们对非洲籍宦官的负面刻板印象。在弗拉察看来，摩拉勒似乎是一个有修养的知识分子：他书写流利，有书法天赋，和前任总管太监一样，他收藏了大量阿拉伯语、波斯语、土耳其语的经典作品，每天都要在自己的图书室花几个小时阅读这些作品。[77]

根据弗拉察的记述，摩拉勒·贝希尔和近 200 年前的哈比沙·穆罕默德一样，有一座自己的宫殿。这个宫殿就在托普卡帕宫附近，配备有"生产商能造出来的最丰富的东西，以及最伟大的艺术作品"[78]。摩拉勒让后宫司库苏莱曼阿迦与自己共用这座宫殿，据弗拉察所述，苏莱曼阿迦在宫殿中养了一群后宫佳丽。[79]（摩拉勒·贝希尔在上任后基本清除了后宫宦官统治集团，所以他自然能够为后宫司库——同时也是他的门徒和心腹——扫清道路。）根据弗拉察的描述，摩拉勒·贝希尔还在贝西克塔什区和一个叫"阿迦园"的地方修建了多座"宫殿"——更恰当的名称应该是凉亭——并为托普卡帕宫增添了一些房间。摩拉勒要求弗拉察为所有这些建筑提供家具，于是弗拉察就和苏莱曼阿迦安排从法国进口所需的家具。[80]

覆灭 根据弗拉察、总管太监的传记作者艾哈迈德·雷斯米、编年史作者杉达尼扎德三人的记载，摩拉勒·贝希尔最终被他的侍从打倒。（杉达尼扎德的说法是，摩拉勒贩卖官职，而且不允许除他门徒之外的人担任大维齐尔。）弗拉察写道："为他效力或者有幸得到他庇护的突厥人都和他不一样。他们专横跋扈，剥削本国的行省，他们谁也不尊重。"[81]他和艾哈迈德·雷斯米都记载了一次不愉快的事件：总管太监的一帮年轻的格鲁吉亚"男仆"（土耳其语单数：çuhadar，字面义为"持布人"）去安纳托利亚参加军事远征，回来的路上在于斯屈达尔横冲直撞，扯掉了该区毛拉①的包头巾，这是一种严重的侮辱。摩拉勒虽然承诺处死他们，但最后只是把他们派去参加另一次行动，这一次，他们占据并拆毁了毛拉的房子。接下来的几周里，他们在伊斯坦布尔到处放火。

新任大维齐尔柯塞·巴希尔·穆斯塔法（Köse Bahir Mustafa）

---

① 毛拉，对伊斯兰教的教师或领袖的尊称。

第 7 章 新的范式：贝希尔阿迦及其继任者

帕夏虽然是总管太监的侍从，却相当担心这些年轻人的肆虐行为，以及摩拉勒·贝希尔无法无天的权力，所以他请求大穆夫提颁布教令，授权处死摩拉勒。摩拉勒·贝希尔以为自己会像许多之前遭免职的总管太监一样被送到埃及，却没料到他先是被打入大牢，然后被处死。处刑地在博斯普鲁斯海峡中间的少女塔（Kız Kulesi），与受到羞辱的那位毛拉的家乡于斯屈达尔隔岸相望，行刑时间是1752年7月12日。根据19世纪末编撰的一份《后宫总管太监名册》（Defter-i Ağayan-ı Darüsaade）的记录，他被葬在于斯屈达尔的多安喆拉区（Doğancılar），不过我未能在那里找到他的坟墓。后宫司库苏莱曼和首席商人哈格普被砍了脑袋，在此之前，哈格普遭受了长时间的拷打，因为拷打他的人怀疑他藏有钱财，想逼他说出钱财的藏匿之处。哈格普的哥哥（他之前同样担任过首席商人）也被杀死，两兄弟的遗体被一群暴徒毁损。摩拉勒在各个行省中的侍从要么遭到处死，要么被定罪。[82]

尽管摩拉勒有些好高骛远，收的侍从也明显过多，但他的确借鉴了朝觐者贝希尔开创的几个关键先例。应该承认，在安排自己的侍从担任大维齐尔或者培养与大穆夫提的盟友关系方面，虽然他也作出过努力，但并没有前任总管太监那么成功（也比不上他的诸位前任）。他对外交政策的介入集中在培养与欧洲列强的商业关系上。从某种程度上来说，对这种商业关系的看重让他得以成为宫廷娱乐活动的赞助人（就像当年的朝觐者贝希尔一样），这种娱乐活动以进口奢侈品为特色。从更广阔的视野来看，他对奢侈品的关注是对整个商业活动更广泛的关注的一部分。摩拉勒尤为关注的是基本商品和奢侈品能否安全无虞地被运到宫中——我们在前文中已经看到，这无疑也是朝觐者贝希尔阿迦关注的问题。为了促进这种贸易，两位贝希尔都与商人（包括外国商人）和当地的各界名流进行了结盟。

大马士革与朝觐队伍

朝觐者贝希尔阿迦代表了总管太监的一种新范式，其中，由地方显贵组成的总管太监的恩庇网便是这种新范式的一部分，其重要性再怎么强调也不为过。自哈比沙·穆罕默德阿迦以来，后宫总管太监一直需要奥斯曼各行省中的侍从帮助他们为埃夫卡弗－哈瑞门收缴各种款项和粮食。18世纪，总管太监在各行省中的侍从数量急剧增长，他们在奥斯曼编年史和档案中出现的频率也大幅提高。侍从的数量之所以增长，一部分原因在于全帝国范围内的地方显贵［即所谓的"阿扬"（ayan）］在这些年里愈发重要。另外还有两方面的原因：一是后宫总管太监通过圣地谢赫这一职务与麦地那有了更深的关联；二是对麦加朝圣的管理发生了变化。

朝觐管理的变化在某种程度上解释了朝觐者贝希尔及其继任者为何会对大马士革行省的显贵感兴趣。大马士革行省包括叙利亚中部及南部，以及如今的黎巴嫩、约旦、以色列、巴勒斯坦。1708年，有志于改革的大维齐尔乔尔卢勒·阿里帕夏领导了一场行政重组，大马士革的总督因此开始亲自负责带领叙利亚每年的朝圣队伍，这意味着他每年有几个月的时间要在路上度过，而且还要亲自组织朝圣队伍，并为队伍配备必需的物资和装备。在这一时期，阿拉伯半

第 7 章 新的范式：贝希尔阿迦及其继任者

岛、大叙利亚、伊拉克等地发生着大规模的部落迁徙，因此朝圣之路比以往更加危险，尤其是在风不调雨不顺的时候（比如干旱）。在任命大马士革总督负责带领朝圣队伍的时候，奥斯曼宫廷肯定考虑到了这些情况。[83] 不过，要想做好这个任务，大马士革总督必须和朝圣之路沿线的多个贝都因部落搞好关系。

在 18 世纪的多数时间里，大马士革总督一职都由阿兹姆家族（'Azm）把持着，他们是已故历史学家阿尔伯特·胡拉尼（Albert Hourani）定义的"地方显贵"的典型代表，也就是说，他们发端于奥斯曼帝国的一个行省，并在那里建立了一个不依赖于奥斯曼宫廷而存在的权力基础。[84] 他们显然是一个古老的阿拉伯家族，兴起于大马士革的哈马（Hama）附近，当时这个地区由马穆鲁克苏丹国统治。到了 18 世纪 20 年代，他们开始独占大马士革总督一职，还垄断了大叙利亚其他好几个地区的总督职位，包括阿勒颇、哈马、黎巴嫩的黎波里。他们买断这些职位，把它们当作广阔的终身包税区，不断从中牟利。[85]

1743 年，大马士革的显贵费特希（Fethi）埃芬迪试图从阿兹姆家族手中夺取总督职位。费特希是朝觐者贝希尔阿迦的一名侍从，时任大马士革行省的首席财政官。他先是没收了死于任上的苏莱曼帕夏·阿兹姆（Süleyman Pasha al-'Azm）的财产，强悍的阿萨德帕夏·阿兹姆（Es'ad Pasha al-'Azm）——也就是苏莱曼的侄子——接任总督之后，费特希开始削弱他的权力，好让自己赢得总督一职。要不是朝觐者贝希尔于 1746 年 6 月去世，费特希还真有可能实现他的计谋。然而，贝希尔死后，费特希便无力抵御阿萨德帕夏的攻击——阿萨德说服自己在伊斯坦布尔的侍从向皇室举报费

- 211 -

特希徇私舞弊，要求皇室处死他。最后，费特希被绞死。在朝圣期间开展的贸易活动让阿萨德帕夏越来越富有，他在大马士革到处创办慈善机构，其中一部分直到今天依然存在。

11年后，依然是大马士革总督的阿萨德帕夏·阿兹姆再次遇到了麻烦：后宫总管太监阿布-乌库福·艾哈迈德阿迦（1755—1757年在任）支持另一名地方显贵与他相争。这名显贵名叫麦基扎德·侯赛因（Mekkizade Hüseyin）帕夏，虽说他的绰号是侯赛因帕夏·伊本·麦基（麦基意为"麦加人之子"），但其实他的家族扎根于加沙。1757年，阿布-乌库福设法让麦基扎德接替阿萨德，当上了大马士革总督，并成为大马士革朝圣队伍的负责人。

对大马士革朝圣队伍而言，这一时期充满了挑战，因为叙利亚南部已经是第二年遭遇严重旱灾了，而该地区的贝都因部落越来越无法像往常一样用牲畜交换农产品、纺织品、制成品。与阿兹姆家族不同，来自加沙的麦基扎德缺少与这些贝都因部落的联系。1757年8月，尽职尽责的麦基扎德将朝圣队伍带到麦加，完成朝觐，然而在返回途中，他们遭遇了一场灾难。当时，队伍正在赶回大马士革，突然遭到一大帮贝都因人的袭击，这些歹徒不分青红皂白，屠杀了20 000名朝圣者，并剥掉其余朝圣者的衣服，把他们赤条条地留在沙漠中。在此引用一位名叫布达理（al-Budayri）的理发师对这次事件的记录：

> 消息传到大马士革，说是贝都因人袭击、抢劫了朝觐［队伍］，偷走了女人和男人的财物，还把他们的衣服也夺走

第 7 章 新的范式：贝希尔阿迦及其继任者

了……礼拜四那天，也就是色法尔月 25 号①，一部分大马士革耶尼切里士兵从朝圣之路上回来，一道回来的还有一些朝圣者，他们两三人同骑一匹马，身无长物……他们说，后面还有一大队朝圣者，与他们同行的是和公主一起的女子和儿童［这里的公主指的是奥斯曼三世的姊妹，她也在那一年去朝觐］，他们都光着脚，一丝不挂……就连地狱里的爪牙也不会像那帮贝都因人一样对朝圣者做出这种事：根据这些朝圣者的说法，贝都因人会把一个男人的衣服脱光，在他的胳肢窝下面、屁股下面、嘴巴里面、睾丸下面搜寻［值钱的东西］，如果此人比较胖或者肚子比较大，他们就会划破他的大肚皮。据说，他们把朝圣者的大肚皮和胃撕开，用手指插进男人和女人的肛门中，还去搜查女人的阴道……

之后，这些朝圣者［在沙漠中］待了四天，又饿又渴，没有水，也没有给养，有人饿死、渴死、冷死、热死，这还是在喝了同伴的尿之后。[86]

麦基扎德在这次恐怖事件中幸存了下来，逃往他在加沙的老家。新继位的穆斯塔法三世愤怒不已，连发多道诏令，命令他立马赶回大马士革处理后续事项，帮助可怜的幸存者，组建一支报复贝都因人的队伍。出人意料的是，他没有被处死，只是被免了职，并被永久流放回他的老家加沙。大维齐尔拉格希卜·穆罕默德帕夏（当年就是他以首席抄写官的身份主持了与纳迪尔沙的谈判）罢免

---

① 色法尔月，伊斯兰历第二个月。

了曾安排麦基扎德担任大马士革总督的阿布-乌库福,还下令处死了阿萨德帕夏·阿兹姆,因为他怀疑是阿萨德为了重获总督一职而组织了这次贝都因人的袭击。[87] 阿布-乌库福和许多总管太监一样,也被流放到了埃及,然而,刚上路没多久,他就被拉格希卜帕夏下令处死——当时他才行至达达尼尔海峡的恰纳卡莱(Çanakkale)。[88]

后宫总管太监竟然因为一次地方事件而垮台(此次事件甚至涉及朝觐队伍),这进一步反映出奥斯曼帝国在经历了17世纪的危机之后,总管太监一职的运作方式发生了转变。像阿萨德帕夏·阿兹姆、费特希、麦基扎德·侯赛因帕夏这些地方显贵(更不用说多瑙河三角洲守护灯塔的那个家族了)都来自源远流长的地方家族,他们当中没有一个人在皇宫中接受过训练,但在这一时期,他们却对帝国中心的决策和关键的任命产生了显著影响。同时,朝圣这一行为本身对彰显奥斯曼帝国的权威(当然还有它的宗教正统地位)具有至关重要的作用,因为在这一时期,奥斯曼帝国已经停止领土扩张,与敌对地缘政治大国的关系也越来越多地通过外交手段来调解。这一切意味着后宫总管太监为了巩固自己在帝国中心的势力,并保留对朝圣的控制权(这对埃夫卡弗-哈瑞门来说至关重要),不得不和埃及以及大马士革的这些地方显贵搞好关系(而且大马士革的重要性并不次于埃及)——这也是第8章的主题。

朝圣原本就具有重要的经济意义,它的政治意义也愈发重要,这在某种程度上解释了为什么在一个世纪后(从1691年优素福阿迦出任圣地谢赫开始算起),总管太监遭到罢免后受任为麦地那的圣地谢赫成了一种惯例。实际上,杰夫海尔·穆罕默德(Cevher Mehmed,1772—1774年及1779—1783年在任)和萨瑞奇·贝希

第 7 章 新的范式：贝希尔阿迦及其继任者

尔（Sarıkçı Beshir，萨瑞奇意为"包头巾者"，1774—1779 年在任）这两个总管太监在离任后直接被派到了麦地那，而未在开罗停留。[89]

结语

本章讨论的各位总管太监（朝觐者贝希尔以及他的几位继任者和直接前任）的官宦生涯，反映出 18 世纪上半叶奥斯曼宫廷生活、社会、中心－周边关系、地缘政治等方面出现的新现实。我们刚刚在前文中看到，后宫总管太监无法忽视地方显贵愈发增强的势力，而且由于这种势力的增强，总管太监有时候会陷入地方政治的旋涡中。此外，奥斯曼帝国的地缘政治地位的改变，也给总管太监造成了一系列的连锁影响。虽然帝国几乎连年征战或面临战争的威胁，但它和外国有了越来越多的和平交流：与法国、英国、意大利城邦之间的贸易欣欣向荣，与哈布斯堡王朝、俄罗斯帝国甚至伊朗建立了外交关系。

18 世纪初与西欧之间的繁荣贸易——尤其是奢侈品贸易——推动了所谓的郁金香时代的到来，朝觐者贝希尔阿迦也为这个时代作出了贡献。影响更为持久的是，后宫总管太监与欧洲商人建立了强有力的联系，其中，我们着墨最多的让－克洛德・弗拉察（摩拉勒・贝希尔的朋友和"粉丝"）只不过是诸多这类商人中的一个。欧洲商人向奥斯曼宫廷供应奢侈商品，总管太监在户外花园聚会上分发这些奢侈品，而由于越来越多的公共场所成为这些聚会的举办地，至少有一部分公众有可能瞥见这些新颖的消费品，从而也产生对它们的需求。消费主义和炫耀性消费是表明奥斯曼经济从漫长危机中恢复过来的迹象。这种贸易扩张促使地方显贵崛起,他们开始直接与欧洲列强做交易,而不再需要伊斯坦布尔充当中介。

与此同时,以首席抄写官为首的新一批官僚促进了奥斯曼帝国的外交——到了18世纪中叶,首席抄写官成了奥斯曼帝国外交部部长的原型。在大维齐尔的官邸或财政管理部门接受训练的首席抄写官和其他官僚升任大维齐尔的情况越来越普遍。拉格希卜·穆罕默德帕夏就是"从埃芬迪变为帕夏"[90][这一说法来自诺曼·伊兹科维茨(Norman Itzkowitz)]的最好例子,但他不是首例,亦非个例。由于这些原先是官僚的大维齐尔并非来自宫中,总管太监要想把他们笼络为自己的侍从就更为困难了。

到了18世纪50年代,大维齐尔开始在政策偏好方面反对总管太监的立场,并试图限制总管太监的整体势力。我们已经看到,18世纪初,力图改革的大维齐尔斯拉达·达马特·阿里帕夏(他恰巧不是一名官僚)想要完全禁止将非洲宦官输入奥斯曼境内。几十年后,拉格希卜·穆罕默德帕夏以首席抄写官的身份主持了与纳迪尔沙的谈判,但遭到了朝觐者贝希尔阿迦的强烈反对。当上大维齐尔之后,拉格希卜罢免了阿布-乌库福·艾哈迈德阿迦(最后还将他处死了),理由是阿布-乌库福将麦基扎德·侯赛因帕夏提拔为大马士革总督,从而间接引发了1757年那场对朝觐队伍惨无人道的袭击。一年多之后发生的一件事也许并非偶然:埃及总督兼首席法官接到一道圣旨,圣旨谴责了对输入奥斯曼境内的非洲男奴实施阉割的行为。[91]拉格希卜与这两位固执己见的总管太监的对抗,掺杂了18世纪新范式的多种要素:"从埃芬迪变为帕夏"的大维齐

第 7 章 新的范式：贝希尔阿迦及其继任者

尔倡导外交，而总管太监则支持战争；大维齐尔努力抑制地方显贵的势力，而总管太监则对地方显贵表示支持。到了拉格希卜担任大维齐尔之时，甚至可以说早在达马特·阿里担任大维齐尔之时，宫廷中主要政治较量的双方就不再是敌对的后宫派系，也不再是后宫与第三庭院，而是后宫与大维齐尔。

总管太监新范式不可忽视的一点在于，总管太监与埃及的联系愈发紧密，而在总管太监的官宦生涯中，埃及的重要地位可以说是其他任何行省——甚至包括汉志——都无法企及的。接下来的第 8 章探讨的便是总管太监与埃及的种种关联及其后果。

第 8 章
流放与王国：后宫总管太监与埃及

虽然后宫总管太监在任期间住在伊斯坦布尔，但他们心中一直想着埃及。实际上，埃及一直潜藏于幕后。这几乎是必然的情况。对许多总管太监而言，埃及是他们的人生和宦官生涯开始以及结束的地方：被阉割之后，他们开始在埃及当差；等到当了总管太监，直至遭到罢免之后，他们又回到埃及，可能还会在埃及死去。我们在前面已经看到，对于总管太监而言，从成为阉奴到离任期间在埃及逗留并不算特别罕见，到了 17 世纪末，这种情况更是变得相当普遍，朝觐者贝希尔的经历便印证了这一点。

总的来说，从 17 世纪初开始，遭到罢免的后宫总管太监以及遭到暂时或永久流放的品级较低的宦官陆续来到开罗，一直到 19 世纪初穆罕默德·阿里帕夏接管埃及。他们往往聚居在开罗的同一个社区，有时甚至互换房屋。因此，至少到 17 世纪中叶，开罗就有了相当数量的非洲宦官，他们有时候是一个具有凝聚力的利益团体，开罗的广大民众也是这样看待他们的。

本章探讨的是后宫总管太监在整个人生和宦官生涯中与埃及的关系。我们首先考察他成为阉奴之后首次来到埃及的经历，然后将目光转向他担任总管太监期间与埃及的往来，尤其是与埃夫卡弗－哈瑞门有关的往来，以及他为了确保及时收缴埃夫卡弗－哈瑞门的收益和粮食而在埃及的"显贵政治"迷宫中的努力摸索。在此背

第 8 章　流放与王国：后宫总管太监与埃及

景下，我们还会讨论总管太监在开罗的常驻代理人。最后，我们将探究总管太监在开罗的流放生涯，让他们的流放生涯变得卓有成效甚至有利可图的一些侍从，还有他们在流放期间开展的种种项目以及这些项目对埃及的影响。

埃及的政治局势

要开始这项任务，我们就得先解释一下埃及作为奥斯曼的一个行省所具有的特殊情况，这一情况在一定程度上决定了总管太监与埃及显贵往来的特点。奥斯曼人于 1517 年从马穆鲁克苏丹国手中夺取埃及之后，埃及便成了奥斯曼帝国最大的行省和创造收益最高的地区。从行政管理的角度来看，埃及在某些方面简直就是伊斯坦布尔的镜像：由伊斯坦布尔中央政府任命的埃及总督有一个理事会（divan），并且掌控着七个兵团的奥斯曼军队。同时，埃及的 13 个"次省"①由桑贾克贝伊负责管理，管理方式与奥斯曼的其他次省相同［不过，有一些等级较低的次省总督（桑贾克贝伊）还有"卡希夫"（kashif）这个马穆鲁克旧头衔］。

16 世纪，大部分士兵和桑贾克贝伊是通过德夫希尔梅制度征募的兵员，在皇宫接受过训练，因此，到了 1600 年，埃及也出现了与之前伊斯坦布尔的"库拉军问题"类似的情况。1609 年，

---

① 次省（subprovince），即桑贾克（Sanjak），奥斯曼帝国的二级行政区划单位。

埃及总督厄库兹·穆罕默德（Öküz Mehmed）帕夏残忍地镇压了当地士兵发动的大规模叛乱，他也因此得名"库拉粉碎者"（Kul Kıran）。此后，来自高加索地区的马穆鲁克成了备受青睐的兵源，这和伊斯坦布尔的情况一样。到了17世纪末，埃及的显贵开始绕过皇宫，直接引入自己的马穆鲁克，并将这些马穆鲁克和其他侍从安插到兵团和桑贾克贝伊的行列中。这样一来，埃及的显贵和其他奥斯曼行省的显贵一样，变得愈发"本地化"。

埃及每年都会派出两支奥斯曼官方朝圣队伍中的一支前往麦加（我们在前文已经看到，另外一支队伍来自大马士革）。大马士革总督从1708年开始带领叙利亚的朝圣队伍，而埃及的朝圣队伍则由一名桑贾克贝伊统率，统率者的头衔是埃米尔哈吉（土耳其语为 emirü'l-hac，阿拉伯语为 amir al-hajj）。这是埃及行省最重要、获利最丰的两个行政职位之一。另一个是首席财政官，该官职也是由一名桑贾克贝伊充任。后宫总管太监比较关心埃及的朝圣负责人是否可靠，这是可以理解的，毕竟朝圣负责人每年都要向圣地运送至关重要的粮食、现金和其他各类必需物资。

但是，就埃及而言，后宫总管太监需要担心的并非只有这一件事。他最头疼的无疑是埃及特殊的政治文化，所有这些军事和行政上的任命都是在这个背景下进行的。高级行政官员在埃及组建自己的家族，成员包括其家人和侍从，其他行省以及帝都的情况也是如此。在埃及，这类侍从多半是士兵和桑贾克贝伊。

然而，17世纪初，这些家族合并成了两个敌对派系：法卡里［Faqari，又名祖福卡勒（Zülfıkarlı）］与卡西米（Qasimi）。二者的冲突一直持续到18世纪30年代，而且经常引发剧烈的动乱。它

第 8 章 流放与王国：后宫总管太监与埃及

们和皇宫中的后宫派系可不一样，那些只不过是临时组成的短命派系，而它们则是根深蒂固的派系，存续时间长得惊人，而且有各自的一套传统、象征物、颜色、起源神话。它们类似于中世纪意大利的归尔甫派与吉伯林派，或者美国内战前的哈特菲尔德与麦考伊两个家族。有时，埃及总督会想办法将次省总督、朝圣负责人、首席财政官等官职分到这两派的人手中。后宫总管太监似乎对两派都给予支持，不过我们可以隐约地察觉到，他们有时候会略微偏向其中一派。无论如何，到了 18 世纪中叶，这两派已经被强大的喀兹达勒家族取代，喀兹达勒最初隶属于法卡里一派，兴起于 17 世纪埃及的耶尼切里军团，后来逐渐在军队中占据主导地位，甚至独揽了桑贾克贝伊一职。这样一来，喀兹达勒一派便得以克服军队与桑贾克贝伊之间普遍存在的摩擦——二者之间的摩擦曾经加剧了法卡里与卡西米两派的冲突。[1]

我们可能会觉得，这种派系文化以及士兵与贝伊相对抗的文化，对来到埃及刚刚接受阉割之后的非洲宦官不会产生太大影响。但在接下来的讨论中，我们将看到，事实并非如此。

与埃及的早期联系

奥斯曼帝国的大部分后宫宦官是在埃及接受阉割的。我们已经看到，上埃及的艾斯尤特地区是一个名副其实的"阉割工厂"的所在地，该"工厂"位于一座科普特修道院内。大多数人在接受阉割之后，会被送到开罗的大型奴隶市场贩卖。不过，由皇宫直接购买的阉奴只占一小部分（虽然我们没有确切的数字），大部分阉奴会被埃及总督及其随从或者富裕的当地显贵（尤其是军事及政界的精英）买到家中。这些家庭的主人在一段时间之后会将阉奴进献到皇宫中。实际上，这些家庭相当于非洲籍后宫宦官的"精修学校"：这里是前往皇宫旅途中的小站，他们在此稍作逗留，学习奥斯曼土耳其语，接受基础的穆斯林教育，熟悉奥斯曼帝国的基本政治情况。

我们也许会觉得，埃及总督向奥斯曼皇宫进献阉奴的做法很容易理解。我们以为，埃及总督希望自己进献的阉奴最终能够当上总管太监，并且在这个高位上能够记起曾经收留过他的总督——他的官宦生涯就是在总督家开始的。然而，这个升迁的过程长达数十年，毕竟总管太监一职通常由中老年宦官担任。到了那时候，这位总督恐怕都作古了。更合理的解释是，总督只不过是想要巴结苏丹及其随从，以期获得派驻的美差（虽然埃及总督已经是相当让人垂涎的职位了）和其他晋升机会。

另外，埃及当地的显贵家庭则可以作长远的打算。在埃及，某些大户人家似乎将东非阉奴视为一项可靠的投资。在法卡里一派的各个家族，特别是在喀兹达勒家族中，这一倾向尤为显著。18 世纪期间，喀兹达勒家族逐渐控制了整个埃及行省。我们在第 2 章中看到，法国药剂师夏尔·雅克·蓬塞在从埃塞俄比亚返回开罗的途中，亲眼看到一个年轻的埃塞俄比亚男奴被埃及的耶尼切里军团抓获，送到了他们的长官穆斯塔法·喀兹达勒那里。穆斯塔法·喀兹达勒是耶尼切里军团的少校，也是喀兹达勒家族的创立人。[2]（1754 年之前，喀兹达勒家族的头领通常是耶尼切里军团的团长。）当时，穆斯塔法·喀兹达勒已经是埃及实际上的统治者了，他的左膀右臂

第 8 章 流放与王国：后宫总管太监与埃及

是法卡里一派的另外两名首领：一个是他的恩庇人哈桑（Hasan）阿迦，埃及志愿兵团（Gönüllüyan regiment）的指挥官；另一个是哈桑阿迦的女婿——首席财政官伊斯梅尔贝伊。[3]

从表面上来看，伊斯梅尔贝伊是奥斯曼帝国历史上最著名的后宫宦官朝觐者贝希尔的恩庇人。来自埃及的编年史作者艾哈迈德·克图达·达穆达什记载了1733年苏丹的执政委员会推荐埃及最高行政官职人选的场景。据他记载，后宫总管太监（即朝觐者贝希尔）说道："至于首席财政官，可由赛义迪（sayyidi，'吾主'）之子穆罕默德贝伊·伊斯梅尔担任。"[4] 他推荐的穆罕默德贝伊是伊斯梅尔贝伊之子，而穆罕默德贝伊也的确当上了首席财政官。不过更让人惊讶的是，他显然承认伊斯梅尔贝伊是他的"主子"（赛义迪）。精英奴隶或者马穆鲁克有时候也会用"赛义迪"一词来称呼"主子"。[5] 我们自然可以推断，贝希尔阿迦曾经是伊斯梅尔贝伊家的一员，也就是说，他可能是在伊斯梅尔贝伊家的宅子里生活并接受教育的。若是如此，那么伊斯梅尔贝伊可能为贝希尔进入皇宫给予过帮助。

法卡里一派——具体来说是喀兹达勒一派——为非洲籍后宫宦官提供恩庇的实质性证据来自欧斯曼·克图达·喀兹达勒（Osman Kethüda al-Kazdağlı）的遗产清单。此人原先是一名格鲁吉亚马穆鲁克，后来大约在1716—1736年间担任喀兹达勒家族的头领。在这20年间，喀兹达勒家族逐渐成为埃及的商业和政治生活的中坚力量。米歇尔·图赫歇耳对欧斯曼的遗产清单进行了研究。该清单在欧斯曼死后编制而成（1736年，埃及首席财政官的家中发生了一场精心策划的大屠杀，欧斯曼便是受害者之一），其中列出了他的 12 位"追随者"（tawabi'），包括"帝国后宫宦官贝希尔"（Bashir① Agha Dar al-Sa'ada）。⁶

不过，此人不可能是朝觐者贝希尔。1736 年，他已经当了差不多 20 年的后宫总管太监，可能比欧斯曼·克图达在埃及待的时间还要长。朝觐者贝希尔于 1746 年去世，此后又有四个名为贝希尔的总管太监。实际上，当时的后宫宦官很喜欢取这个名字，这无疑是因为朝觐者贝希尔的官宦生涯大获成功，还因为他享寿甚高。欧斯曼·克图达的那名叫作贝希尔的追随者可能是五名贝希尔中的第三位——哈兹尼达·贝希尔（Hazinedar Beshir），他于 1752—1755 年担任总管太监。不过，欧斯曼被杀害时，哈兹尼达·贝希尔应该已经在宫廷宦官群体中身居高位了⁷。这名追随者更有可能是第五个也是最后一个贝希尔阿迦，人称萨瑞奇·贝希尔，他于 1774—1779 年担任总管太监，遭到免职之后被派到麦地那充任守陵宦官的总管——当时，被罢免后就任此职的总管太监越来越多。

在 18 世纪下半叶的这几名贝希尔阿迦当中，其中一名在开罗城堡西北方的阿兹巴基亚池塘边上有一座房子。当时，此地刚刚成为精英住宅区的中心。有意思的是，这座房子的隔壁就是易卜拉欣·克图达·喀兹达勒（Ibrahim Kethüda al-Kazdağlı）的住处，从 1748 年到 1754 年，此人差不多可以说是埃及的统治者。他的房子后来由穆罕默德贝伊·阿布·达哈布（Mehmed Bey Abu al-Dhahab）居住——达哈布是著名的阿里贝伊·卡比尔（Ali Bey al-Kabir）的侍从，而卡比尔又是易卜拉欣·克图达的侍从。⁸

---

① 一般写作 Beshir，在一些文献、著作中，也作 Bashir。

第 8 章 流放与王国：后宫总管太监与埃及

埃及显贵与未来的后宫总管太监培养关系的这些例子，都牵涉到喀兹达勒家族的领导人以及该家族的亲密盟友（如伊斯梅尔贝伊），他们为这些宦官提供了恩庇。我们可以得出如下结论：喀兹达勒家族在帝国后宫宦官刚刚踏上宦途之时就与他们建立了联系，这是一项深思熟虑的计划，其最终目的是缔造一张与皇宫中各品级宦官（尤其是品级最高的后宫总管太监）的稳固关系网。如果他们培养的这些宦官侍从中有一个升至高位，那他们就能利用这一升迁带来的各种机会。跟多名宦官培养关系还可以避免因某一名宦官失宠而引发的灾难。这种做法似乎比把所有赌注都押在一个宦官身上（无论这个宦官的权势有多大）更为明智，大马士革的那位叫费特希的首席财政官和麦基扎德·侯赛因帕夏采取的就是后一种不明智的做法。同时，对宦官而言，如果与喀兹达勒家族或者埃及其他有影响力的家族建立了联系，那他们就有机会了解埃及显贵们在某一时期的同盟网和反同盟网。在他们日后挑选代理人或划定捐献给埃夫卡弗－哈瑞门的包税农地时，这一信息是非常宝贵的。

埃及与埃夫卡弗－哈瑞门

在职期间，后宫总管太监当然还要监管服务于圣地麦加和麦地那的宗教捐献产业，即埃夫卡弗－哈瑞门，第 4 章已经对这些产业作了描述。埃及的许多村庄都被捐献给了埃夫卡弗－哈瑞门，其目的是向两圣地供应粮食。后宫总管太监要负责确保粮食每年跟随埃及的朝圣队伍抵达麦加和麦地那。他自然无法离开伊斯坦布尔的岗

- 227 -

位，跑到埃及的乡下监督一系列过程：收获粮食，将其装载到尼罗河的船上，运到开罗，从船上卸下放到骆驼背上，经过长途跋涉到达苏伊士，再装载到印度船上（这些船由宗教捐献机构专门提供），运到麦加港口吉达。这些工作都得外包出去，实际上就是外包给当地人。

有钱承接外包的人显然只有当地的显贵和少数富人。在当地的拍卖会上，显贵估计出村庄在一个财政年度所产粮食的价值之后，给出自己的报价。竞拍成功后，他把钱预付给帝国国库，然后派自己的一名侍从去收取粮食及其他收益，而他本人则留在开罗。这名侍从在收取工作中可以自主行事，收到与显贵的购买价相当的粮食和收益后，超过该价格的部分就是包税人获得的投资利润。[9]

包税制（tax farming），又名国库收入承包制（iltizam），于17世纪期间逐渐在奥斯曼帝国流行起来。1695年，穆斯塔法二世政府引入了终身包税区制度（土耳其语：*malikane*），将其作为一项财政改革措施。[10] 这项措施在埃及造成的影响是，当地显贵开始更加激烈地争夺"埃夫卡弗村庄"中的包税区。

在这种环境下，埃及的显贵们开始和后宫总管太监建立联系，目的是增大自己获得这些利润颇丰的包税区的概率，而总管太监也设法确保与他关系密切的显贵能够优先获得这些包税区。最终的结果是，双方之间相互影响的关系网遍布埃及的乡村地区。

这种关系网的一个典型例子是由哈桑阿迦·比利福亚（Hasan Agha Bilifya）与他的女婿伊斯梅尔贝伊和他的侍从穆斯塔法·克图达·喀兹达勒于17世纪末创建的农村集团。哈桑阿迦就是前文提到的那个实际上统治了埃及的志愿兵团的指挥官，这位年长的指挥

第 8 章 流放与王国：后宫总管太监与埃及

官是一个来自安纳托利亚的希腊人，大约于 17 世纪初来到埃及。他之所以有"比利福亚"的绰号，是因为他长期担任比利福亚的包税人——比利福亚是捐献给埃夫卡弗 – 哈瑞门的一个村子，位于埃及中部的巴纳萨次省（al-Bahnasa，如今是明亚省的一部分）。除了比利福亚，他后来又弄到了好几个这样的瓦合甫村庄，它们都位于巴纳萨。如此一来，他就为自己在这个次省中建造了一个由捐地构成的堡垒。从种种迹象来看，他本人几乎没去实地看过自己的这些地产，而是待在开罗享受着它们带来的稳定收益。1704 年，哈桑阿迦去世，他的马穆鲁克穆斯塔法贝伊（和他一样也叫比利福亚）继承了这些包税区。[11] 直到 20 世纪，巴纳萨还有个村子住着"突厥马穆鲁克"的后代，这表明比利福亚家族的成员（可能还包括家族头领）在该地区定居了下来。[12]

如果没有 17 世纪末的一名或多名后宫总管太监的配合，哈桑阿迦就不可能获得这么多包税区。可惜的是，没有证据表明他和哪一名总管太监有过联系。不过，据说他的女婿和朝觐者贝希尔阿迦有往来，这一信息确实为我们提供了一点线索。后来一些显贵的情况应该就比较清楚了。比如，朝觐者贝希尔阿迦似乎很喜欢伊斯梅尔贝伊·伊本·伊瓦兹贝伊（Ismail Bey ibn Ivaz Bey）这个年轻的狂热分子，此人是卡西米一派的一个首领，人气很高，奥斯曼政府怀疑他怀揣谋反之心。

伊斯梅尔的父亲伊瓦兹贝伊是切尔克斯人，是卡西米一派的领袖，在 1711 年的埃及内战中遭人暗杀（这次内战由派系冲突引起）。与卡西米派对立的法卡里派的领袖对伊斯梅尔恨之入骨，就连卡西米派的一个分支也对他心怀怨恨，这个支派的首领是切尔克斯·穆

- 229 -

罕默德贝伊（Çerkes Mehmed Bey，切尔克斯意为"切尔克斯人"），他是波斯尼亚人易卜拉欣贝伊·阿布·沙纳卜（Ibrahim Bey Abu Shanab）的马穆鲁克，而沙纳卜又是伊瓦兹贝伊的战友。在伊斯梅尔与其他显贵的斗争中，埃夫卡弗－哈瑞门的村庄是一个重要的争夺对象。1719年，伊斯梅尔与切尔克斯·穆罕默德为了争夺西部省次省（Gharbiyya，位于尼罗河三角洲西部）的一个埃夫卡弗－哈瑞门的村庄，差点爆发了一场武装冲突。[13]

据说，在这次对抗发生三年后，朝觐者贝希尔阿迦请求苏丹下令宽赦伊斯梅尔贝伊。根据来自埃及的编年史作者艾哈迈德·切勒比的记载，朝觐者贝希尔和大维齐尔内夫谢希勒·易卜拉欣一道去劝说艾哈迈德三世，让他相信伊斯梅尔是忠于皇室的。应当承认，这种事情似乎不太可能发生，因为没有明确的证据表明这两人之间存在同盟关系。（我们已经在第7章中看到，他们非但不是盟友，反而是死对头：在帕特罗纳·哈利尔叛乱正处于高潮之时，贝希尔阿迦从易卜拉欣帕夏手中夺走了大维齐尔的官印，从而为他遭到处决埋下了伏笔。）

艾哈迈德·切勒比的记述甚为详细，但其中大部分内容无疑是为了制造戏剧效果而添油加醋写上去的。在他的记述中，总督的秘书在一大帮官员面前宣读了圣谕[地点在开罗城堡外的卡拉广场（Kara Meydan）]，随后将一件专门从皇宫送来的毛皮外套披在了伊斯梅尔贝伊身上。切勒比强调："在卡拉广场宣读圣谕，这还是头一遭，而且苏丹此前也从未向埃及的贝伊送过毛皮外套。"（根据伊斯梅尔的死对头切尔克斯·穆罕默德贝伊的观察，"他的脸色变得像棉花一样白"。）接着，艾哈迈德·切勒比再次描述了贝希

第 8 章 流放与王国：后宫总管太监与埃及

尔阿迦和易卜拉欣帕夏恳求苏丹的场景：听了两人的话之后，苏丹终于发了慈悲，说道："朕是看在你们二人的份上才宽赦他的。"[14] 我们也许可以认为，这个说法证明伊斯梅尔贝伊在埃及被视作一个与朝觐者贝希尔有着特殊联系的人，而且通过贝希尔与苏丹也有联系。这本身就说明了朝觐者贝希尔以及其他后宫总管太监在埃及的巨大影响力。

除了捐献给埃夫卡弗－哈瑞门的包税区村庄，地方显贵们还会争夺对单个捐献产业的省级监管权——总管太监虽然在伊斯坦布尔监管着圣地宗教捐献产业，但他也需要"现场"监管人的协助。这类监管人通常拥有"缪特威利"（土耳其语为 mütevelli，阿拉伯语为 mutawalli）的头衔，不过有些一手文献将这一头衔与"纳兹尔"互换使用，后者是总监管人的官职名称。经过科普鲁律家族数名大维齐尔的改革，捐献产业的省级管理体系发生了根本性改变。1670 年，大维齐尔科普鲁律·法佐·艾哈迈德任命他的助理官员卡拉·易卜拉欣为埃及总督，派他到埃及去开除一群贝伊——这些贝伊拥有缪特威利头衔，负责监管德西谢提－库布拉（"大粮"）、穆罕默迪耶、穆拉迪耶（此处称为哈瑞门）、哈赛基耶这几个瓦合甫机构——并将这些机构的监管人分别替换为耶尼切里的阿迦、兵团长和军士长（baş çavuş，耶尼切里军团中位居第三的指挥官），以及艾泽班兵团（Azeban corps）的兵团长——艾泽班是一个精英兵团，比耶尼切里军团的规模要小，但有时会与耶尼切里军团争夺势力。[15]

这一举措将瓦合甫的监管职位与独立的军职绑定，而这些军职至少在理论上是定期轮换的。如此一来，就没有哪一个地方显贵能够独占某个瓦合甫的监管权。另外，埃及总督对地方瓦合甫的管理人员也有了更大的控制权，因为在17世纪期间，耶尼切里军团的阿迦和军士长通常会从皇宫来到开罗，而且他们与总督的理事会有着紧密联系，在埃及创立瓦合甫的总督常常任命耶尼切里阿迦为监管人。[16]另一项显著的变化是，对缪特威利职位的分配出现了一定的派系平衡，因为耶尼切里军团由法卡里一派控制，而艾泽班兵团则可以说是卡西米一派的据点。

由于法卡里一派的首领易卜拉欣贝伊·伊本·祖菲卡贝伊（Ibrahim Bey ibn Zülfikar Bey）的阴谋诡计，这一切在1691年发生了改变。为了剥夺兵团军官们的收益，从而让他们丧失影响力，易卜拉欣贝伊与埃及总督密谋将埃夫卡弗－哈瑞门的监管职位移交给特定的几个贝伊：德西谢提－库布拉交由易卜拉欣贝伊本人监管（当时他是朝圣负责人），穆罕默迪耶交由首席财政官穆拉德贝伊监管，穆拉迪耶（哈瑞门）交由哈桑阿迦·比利福亚的女婿伊斯梅尔贝伊监管，哈赛基耶交由阿卜杜拉贝伊监管。[17]除了穆拉德贝伊，其他人都是法卡里一派的成员，而且没过几个月，伊斯梅尔贝伊就取代穆拉德接任了监管职位，成为帝国两大瓦合甫机构的当地监管人。这一惊人的变革与下列事件大致发生于同一时期：艾哈迈德二世即位、大维齐尔科普鲁律·法佐·穆斯塔法战死沙场、卡巴·尼兹尔就任总管太监。

1699年，穆斯塔法二世下了一道谕令（可能是受大维齐尔阿姆贾扎德·科普鲁律·侯赛因帕夏的敦促），要求将缪特威利职位归还给耶尼切里和艾泽班兵团的军官。这一举措是为了回应怒火中烧的兵团指挥官们发起的一项请愿。这项请愿表明，埃及的军官与

第 8 章 流放与王国：后宫总管太监与埃及

贝伊之间的关系愈发紧张。然而，苏丹为扭转局面所做的努力还是失败了。[18] 讽刺的是，这个时候，易卜拉欣贝伊·伊本·祖菲卡已经作古（死于瘟疫），而卡巴·尼兹尔阿迦则被流放到了开罗。

后宫代理人

对埃夫卡弗－哈瑞门的地方监管权的激烈争夺——更不消说为了争夺埃夫卡弗－哈瑞门包税区村庄而发生的不体面冲突——表明了这一点：到了 17 世纪末，对这些庞大机构的有效管理面临着严峻的挑战。意料之内的是，大约在同一时期，后宫总管太监开始雇用住在开罗的常驻代理人，这名代理人需要负责监督年度收益的收缴以及粮食的装运。后来，人们将担任此职的官员称为"后宫代理人"（Vekil-i Darüssaade），该称谓体现出他为后宫总管太监这一官职的利益而服务，而非为总管太监的个人利益，虽然他也许和总管太监有着密切联系。他的身份不是缪特威利，亦非包税人，因此收益的竞争与他并无瓜葛。但他是当地的显贵，所以对当地情况比较了解，能够避免可能会妨碍埃夫卡弗－哈瑞门正常运作的派系斗争——包括派系之间的斗争和派系内部的斗争。

17 世纪末及 18 世纪初最引人注目的后宫代理人无疑是穆斯塔法贝伊，人称库兹拉，因为他是库兹拉阿迦（Kızlar Ağası，意为"女孩们的阿迦"）、优素福阿迦的门徒。有关他的档案记录最早出现在 1677 年的一份关于喷泉亭和商队驿站（阿拉伯语：*wakala*）的契据中，他在契据中被列为优素福的代理人。喷泉亭和商队驿站是

- 233 -

优素福于 1677 年在开罗购买的,买下之后,优素福便将它们捐了出去。[19] 当时,穆斯塔法贝伊是埃及缪特菲力卡兵团的阿迦(即指挥官),这个兵团是附属于埃及总督行政理事会的两个骑步兵混合兵团的其中之一［另一个是察武尚兵团(Çavuşan)］。17 世纪末,该兵团的成员几乎全部来自皇宫,因此,穆斯塔法很可能是由优素福从伊斯坦布尔或埃迪尔内派到埃及的。

1564 年和 1576 年的两道苏丹圣谕,将缪特菲力卡兵团和察武尚兵团的成员列入晋升为桑贾克贝伊的优先考虑对象[20],因此,穆斯塔法最终成为一位贝伊也就不足为奇了。在埃及的编年史中,穆斯塔法贝伊出现于 1687 年,当时他担任的是"凯玛康"一职(土耳其语:kaymakam,阿拉伯语:qa'im maqam),即总督被罢免后的代理总督。去世前不久,大概在 1730 年,他再次担任凯玛康,还当了一次首席财政官和一次上埃及地区的大省吉尔贾次省(Jirja)的总督,其中最后这个官职最为重要,因为吉尔贾是埃及名副其实的粮仓。[21] 穆斯塔法似乎是法卡里一派的成员,因为他与该派的领导层来往密切,而且有时会出席他们的战争委员会会议,不过,我们很难据此就完全确定他的这一身份。达穆达什在他撰写的编年史开头将穆斯塔法列为法卡里和卡西米两派的共同成员。[22] 我们可以大胆猜测,在 1671—1687 年担任总管太监的优素福阿迦在任职初期就将穆斯塔法派遣到了埃及,也许是为了让他担任自己在当地的代理人。[23]

然而,即便在优素福被免职多年后,甚至在优素福于 1717 年去世后,穆斯塔法仍然是后宫总管太监的代理人。1729 年,就在穆斯塔法去世前不久,他协助解决了新近发生的一起卡西米派的内

第 8 章　流放与王国：后宫总管太监与埃及

部摩擦事件：阿什穆内次省（Ushmunayn）达亚村（Dalja）的包税人阿卜杜拉曼贝伊（伊斯梅尔贝伊·伊本·伊瓦兹的追随者）遭到切尔克斯·穆罕默德贝伊的一众追随者的背叛，被迫逃到伊斯坦布尔。在皇宫中，他见到了朝觐者贝希尔阿迦，贝希尔委派穆斯塔法贝伊代为管理阿卜杜拉曼在阿什穆内的土地，而阿卜杜拉曼本人则留在了帝都。艾哈迈德三世下了一道圣旨，禁止任何人挑战阿卜杜拉曼贝伊对这些土地的控制权。[24] 在此例中，这位后宫代理人采取了直接行动，以确保来自埃夫卡弗-哈瑞门的村庄的粮食的运送不会受到干扰。

后宫总管太监之死对后宫代理人的能力提出了真正的考验：1746 年，朝觐者贝希尔阿迦的逝世就充分证明了这一点。当时的后宫代理人叫作欧斯曼阿迦，他可能是缪特菲力卡兵团的指挥官。贝希尔阿迦死后，料理他后事的艰巨任务就落到了欧斯曼阿迦的头上。贝希尔阿迦没有继承人，所以他尚未以瓦合甫形式捐出的财产都可以由国库没收。这意味着这类财产中的每一项都要列入清单、定出价格，然后在拍卖会上卖出去。光是在埃及，朝觐者贝希尔就留下了几十名侍从以及大量土地和市区财产。这些财产中的大部分（包括大量藏书）都被贝希尔捐给了自己的个人瓦合甫机构，所以国库能够没收的东西就不多了。根据奥斯曼帝国的一份档案以及多部地方编年史的记载，欧斯曼阿迦的工作主要是从一部分显贵的手中收取盈余收益（*fa'iz*）和尚未运出的粮食，这些显贵持有埃及许多埃夫卡弗-哈瑞门的包税村庄。[25]

此前，朝觐者贝希尔袒护的埃及地方显贵是卡塔米什（Qatamish）家族的成员。该家族隶属于法卡里一派，他们对当时

- 235 -

统治地位愈发强势的喀兹达勒家族起到了一定的制衡作用。贝希尔的盈余收益和粮食大多集中在易卜拉欣贝伊·卡塔米什（Ibrahim Bey Qatamish）的手中，他的官职是谢赫－巴拉德（shaykh al-balad），大概相当于开罗的"市长"，这是18世纪中叶由贝伊担任的权力最大的官职。易卜拉欣贝伊因此成了埃及的三个西帕希兵团攻击的对象。由于在那一年里没有收到粮草，这些骑兵几乎要开始造反。根据编年史作者达穆达什的记述，欧斯曼阿迦走到易卜拉欣贝伊面前，问道："如果你还不发放粮食，那这些士兵吃什么？"易卜拉欣作出了令人难忘的回答——至少达穆达什是这么写的："他们可以吃我的屎！"[26] 欧斯曼阿迦用软硬兼施的方式摆平了这个动荡的局面，他先是责备易卜拉欣出言不逊，然后劝他允许一个官员代表来给他的粮食估价，这样欧斯曼阿迦就可以用总管太监的钱款将这些粮食买下。[27]

欧斯曼阿迦也许能够哄劝易卜拉欣贝伊·卡塔米什遵从他的意见，但当卡塔米什家族在皇宫中的主心骨去世之后，他也无法拯救这个走向崩溃的家族。朝觐者贝希尔离世之时，其他埃及显贵正在向埃及总督（未来著名的大维齐尔拉格希卜·穆罕默德）大加抱怨卡塔米什家族的不端行径。就连摩洛哥王国的苏丹都参与其中：他因为摩洛哥的朝圣者遭到哈利尔贝伊·卡塔米什（Halil Bey Qatamish）的马穆鲁克的虐待而勃然大怒（哈利尔贝伊是易卜拉欣的战友，头衔为埃米尔哈吉）。[28] 粮食的问题才刚得到解决，一道圣旨就从伊斯坦布尔传来，委托拉格希卜帕夏"除掉"卡塔米什家族。易卜拉欣、哈利尔以及他俩的战友厄梅尔贝伊（Ömer Bey）都被斩首。[29]（可以想见，看到自己的劲敌贝希尔阿迦庇护的家族

第 8 章 流放与王国：后宫总管太监与埃及

土崩瓦解，拉格希卜帕夏该有多么心满意足。）朝觐者贝希尔阿迦的遗产问题解决以后，欧斯曼阿迦继续在埃及待了很长时间。一份日期标注为伊斯兰历 1166—1167 年（1753—1754 年）的账目称他为米努菲亚次省①（Minufiyya）达亚蒙村（Daljamun）的包税人，这意味着他在埃及军政两界的骨干队伍中站稳了脚跟。[30]

一般来说，后宫代理人既不是宦官，亦非从皇宫委派的官员，而是在埃及生活多年、深深扎根于当地派系政治文化中的军政两界的显贵。他要么是一名贝伊，要么是兵团的高级军官，能让其他显贵心生敬重。但他并不是那种拥有众多门徒和侍从的地方"酋长"，也就是说，他没有一个独立于总管太监庇护的经济和政治基地。换言之，挑选一名有用的代理人，需要精心平衡各方面的因素。从各方面来看，总管太监挑选穆斯塔法贝伊和欧斯曼阿迦作为代理人，可以说是实现了这种平衡。

流放

后宫总管太监遭到免职后，将他们流放到埃及的这一做法，自然让他们与埃及之间形成了最可靠的关联。差不多从"吉庆宫阿迦"一职设立之时起，任职者就知道他们在离职后很有可能会迁到开罗，也许还会在那里死去。我们在第 4 章中看到，16 世纪末，著名知识分子穆斯塔法·阿里就已经谴责了开罗充斥着被流放的非

---

① 今埃及米努夫省。

洲籍宦官这一现象，根据他的叙述，这些宦官"已经多到不计其数"。他抱怨道："其中等级最低的人也有四五十阿斯皮尔的日薪，还有充足的大麦和小麦配给。地位较高者不仅能获得自己想要的荣誉，而且来到埃及之后，每天能拿到 10 或 12 金币的工资。"[31]（穆斯塔法·阿里的恩庇人是吉庆门总管太监加赞夫阿迦，而加赞夫阿迦是威尼斯人，所以穆斯塔法对非洲籍后宫宦官抱有敌意也不是什么稀奇事。）

穆斯塔法·阿里所说的这些退休金来自帝国政府税收中划拨给埃及的一部分，也就是所谓的"埃及钱款"（mal-i Misri），其实就是埃及每年向伊斯坦布尔上缴的贡金。[32]这些退休金以"薪金"的形式发放给"客时得"团体，这是一种法律拟制的团体，其成员包括埃及所有位列国库薪金名单的退休人员。[33]想到有可能被流放到开罗，总管太监们便着手准备流放生活所需：房屋、侍从、退休金之外的收入来源。

房屋　现如今，一个有钱的职业人员可能会在退休前几年在某个偏远的州或省份——甚至在国外——购置一套"养老房"。后宫总管太监也是如此：他们预料到自己会被流放到开罗，所以通常在任职期间就在那里购置一套大房子。在开罗，后宫宦官往往聚居在城市中的某个区域，这无疑增强了他们的影响力。该地区位于"大象池"附近一带——大象池是位于开罗城堡下方的一个池塘，由于形状像一头大象的脑袋和鼻子而得名。（该池塘以及西北面的阿兹巴基亚池塘于 19 世纪中期被填平。）安德烈·雷蒙德指出，到了 1650 年，这里成了一个精英住宅中心。[34]

大象池的位置极为优越：它位于城堡西面，而总督就住在城堡

第 8 章 流放与王国：后宫总管太监与埃及

之中，每周在城堡中主持四次行政理事会会议。同时，城堡也是驻扎在开罗的士兵（尤其是耶尼切里和艾泽班两个兵团）的营房所在地。[35] 大象池周边的这个街区靠近库森区（Qusun）一个重要的哈乃斐派伊斯兰法院，宦官或者他们的代表就在这个法院登记宗教捐献产业的契据，如果他们在开罗亡故（这是常见的情况），他们的遗产调查可能也会在该法院进行。[36] 正北方就是祖维拉门（Bab Zuwayla），也就是法蒂玛王朝的旧城卡西拉①（al-Qahira）的南大门，这道门通向"拜恩-卡斯雷恩"（Bayn al-Qasrayn，意为"两宫之间"），这里是熙熙攘攘的哈里里可汗大巴扎以及神圣庄严的爱资哈尔清真寺/伊斯兰学校的所在地。因此，这些兵团中级别最高的军官以及数名重要的桑贾克贝伊都在大象池周边购置了住宅。这样一来，被流放的宦官要想和他们培养恩庇关系就容易得多了。

对 18 世纪初的大象池及周边区域的一篇简介揭示了至少八名前任后宫总管太监在此购置的住宅：阿巴斯阿迦（1667—1671 年在任）的房子位于池塘南岸，它的南面挨着哈兹尼达·阿里阿迦（1687 年在任）的房子，而阿里阿迦的房子此前的主人是穆罕默德阿迦（1649—1651 年在任）；朝觐者穆斯塔法阿迦（1605—1620 年及 1623—1624 年在任）的房子就在池塘北面；优素福阿迦（1671—1687 年在任）的房子——此前由塔什·雅图·阿里阿迦（1644—1645 年在任）居住——位于池塘东南面，挨着乌尊·苏莱曼阿迦（1704—1713 年在任）的房子，而苏莱曼阿迦的房子隔壁就是朝觐者贝希尔阿迦（1717—1746 年在任）的房子——他俩曾

---

① 即开罗。

经一起被流放到塞浦路斯。[37] 这些只是能够通过编年史和伊斯兰法院的记录确定其位置的房子，其中并不包括品级较低的后宫宦官的房屋。

这种居住的连续性一部分是由于宦官习惯将自己的房屋传给他们的侍从，一部分是由于在几十年的时间里，在"几代"流放后宫宦官当中流转的房屋数量逐渐增长。宦官能够以宗教捐献产业的形式将自己的住宅捐出，这无疑促进了这些房屋的流转，因为如此一来，这些房屋就不会进入开放的房地产市场，也不会落入国库——除非国库没收了被免职宦官的所有财产，但这种情况很少，优素福阿迦是其中一例（我们在第 6 章中看到，优素福的代理人不得不从总督手中买回他的房子）。

在大象池附近所有的宦官住宅当中，最有意思的也许是哈兹尼达·阿里阿迦居住的房子（此前由穆罕默德阿迦居住），因为在一宗有关阿巴斯阿迦的房子的诉讼案中，阿里阿迦的房子（紧邻阿巴斯阿迦的房子的南侧）被称作"宦官的城堡"（阿拉伯语：*sukn qasr al-aghawat*）[38]。阿拉伯语中的"*qasr*"一词是英文中"castle"（城堡）一词的词源，*qasr* 的含义有点模棱两可，它的确可以指一座城堡，即带有防御工事的建筑，不过，这种建筑在这个街区有点罕见。这个词也可以意指奢华的建筑群（比如坐落在欧洲的某些海外研究机构），可以容纳多名流放宦官在此生活。在开罗一家法院开具的一份捐赠契据中，朝觐者贝希尔阿迦的住宅就被称作"*qasr*"，这栋住宅符合"*qasr*"的第二个义项，它高两层，有好几个储物间、一个马厩、多个接待区、数个不同类型的居住单元，甚至包括三家商店。所谓"宦官的城堡"有可能是一种"划定的宦官住房"，也

第 8 章 流放与王国：后宫总管太监与埃及

许是为刚到达开罗的被革职的宦官准备的一个居住地，他们可以在这里慢慢熟悉新环境，等代理人帮他们找到长住的地方之后再搬出去。对于那些年纪较轻、不太宽裕、没任职多久就被流放到埃及的后宫宦官来说，这里可能就是他们的家。很能说明问题的是，附近有一条街道就叫作"宦官路"（Darb al-Aghawat）。

宦官在开罗的房子不仅仅是一个居住的地方。朝觐者贝希尔阿迦的"城堡"能够产生收益，他这辈子无论身在何处都能得到这份收益。上述捐赠契据明确规定，贝希尔阿迦死后，这些收益将转移至他最年长的一个被解放的奴隶手中，等到他的奴隶都相继亡故之后，则转移至埃夫卡弗－哈瑞门。[39] 贝希尔死后，他的被解放奴隶中可能有一部分人住在他的房子里，正如优素福阿迦的代理人穆斯塔法贝伊·库兹拉的一名马穆鲁克在他的房子里居住一样（这两座房子相距不远）。显然，这类房屋不仅为被流放的后宫宦官提供了一个身体和经济上的避风港，对他们的奴隶和其他侍从也是如此。同时，由于各位宦官比邻而居，他们之间便能相互扶持，比如开展经济合作、提供资助、交换仆人等。年龄小一些的宦官可以帮助年长的宦官，反之亦然。宦官之间的帮扶行为甚至有可能公开表现出来，后文讨论的抗议行动便是一例，此次抗议行动最终发展为"阿比西尼亚事件"。

18 世纪下半叶，大象池西北面的阿兹巴基亚池塘取代了前者作为开罗精英住宅中心的地位［阿兹巴基亚池塘以 15 世纪马穆鲁克将军厄兹贝克（Özbek，即 Azbak）的名字命名］。早在 18 世纪 20 年代，喀兹达勒家族的头领已在此定居；到 1750 年，"新"精英的宅邸逐渐遍布池塘的西南岸，这些精英包括以下家族的首领：喀兹达勒，喀兹达勒的同盟贾菲（Jalfi）家族，以及沙瑞比（Sharaybi）家族——这是一个从事咖啡和香料贸易的富裕人家。[40]一名被称为贝希尔阿迦的宦官的住宅就在此处，不远处是欧斯曼·克图达·喀兹达勒的宅邸（欧斯曼是一名耶尼切里军官，在他的带领下，喀兹达勒家族于18世纪20年代成为埃及政治和经济生活中的一股无法撼动的力量）。[41]这个贝希尔阿迦与出现在欧斯曼·克图达的遗产清单中的那个贝希尔阿迦可能是同一个人。如前所述，他可能就是萨瑞奇·贝希尔阿迦，即最后一个名叫贝希尔的后宫总管太监。在麦地那担任了一段时间的守陵宦官的总管之后，萨瑞奇·贝希尔于18世纪80年代来到开罗。不过，那栋住宅的主人也有可能是哈兹尼达·贝希尔（1752—1755年在任），他在遭到免职后被流放到了开罗，之后于1759年在开罗逝世。后一种可能性似乎更大，因为这栋住宅的隔壁就是强悍的易卜拉欣·克图达·喀兹达勒的宅邸，哈兹尼达·贝希尔到达开罗时，易卜拉欣刚刚过世。[42]

侍从 后宫总管太监在埃及的侍从当中，当上埃及大官的似乎寥寥无几——除了后宫代理人。不过，正是这为数不多的几个人产生了巨大的影响力。17世纪期间，奥斯曼帝国的埃及总督常常是总管太监的侍从。例如，哈姆扎（Hamza，1683—1687年在任）帕夏就是优素福阿迦的抄写员（yazıcı），他在此职位上负责登记捐赠给麦加和麦地那的物资。编年史作者哈拉克提到，哈扎姆被免除总督一职后，被人从城堡中带到了优素福的宅邸里，但过了几个月，优素福也遭到罢免并被剥夺所有财产，他的住宅卖给了下一任总督（不过优素福的一名侍从又设法将此宅买了回来）。[43]权势极盛的

第 8 章 流放与王国：后宫总管太监与埃及

朝觐者穆斯塔法阿迦在 17 世纪初也恩庇了数名埃及总督，这在我们的意料之中，毕竟他在两度担任总管太监之前、之间、之后都在埃及行省待过很长时间。[44]

不过，后宫代理人所做的不一定只有代理工作，他也有可能充当埃及家族政治文化的一名"普通"成员。优素福阿迦的马穆鲁克——穆斯塔法贝伊·库兹拉就是一个突出的例子：他显然是法卡里一派的同盟，虽然他似乎并没有拜在该派任何一位领袖的门下。我们在前文中看到，作为一名埃及显贵，他担任了三个关键职位：凯玛康（总督被罢免后的代理总督）、首席财政官、上埃及地区大省吉尔贾次省的总督。[45] 就行政管理方面的重要性而言，当时只有朝圣负责人一职才比得上穆斯塔法的最后一个官职，因为吉尔贾是埃及土地税收的主要来源，每年由朝觐队伍运送至圣地的粮食也主要产自吉尔贾。虽然吉尔贾总督一职与朝圣有着明显的联系，但穆斯塔法本人从未担任过朝圣负责人。如果担任了朝圣负责人，那他每年就得有几个月要离开埃及，这会影响他监督埃夫卡弗－哈瑞门收益的收取工作。相比之下，凯玛康简直是为他量身定制的官职，因为他与优素福阿迦的联系让他在皇宫中有了知名度，并得到了宫中人员的信任。

优素福阿迦的财产被卖出之后，他在开罗的代理人艾哈迈德阿迦想办法弄到了足够的钱，买回了他的宅子。[46] 这名代理人大概是后来的艾哈迈德贝伊·米努菲亚（Ahmed Bey Minufiyya），之所以叫这个名字，是因为他担任过米努菲亚次省（位于尼罗河三角洲）的桑贾克贝伊。与穆斯塔法贝伊不同，艾哈迈德贝伊显然从未担任过后宫代理人（即埃夫卡弗－哈瑞门的官方代理人），但他当过

- 243 -

优素福阿迦的私人代理人，虽说这两个职位的界限有时比较模糊。穆斯塔法贝伊·库兹拉表面上是法卡里一派的成员，而艾哈迈德贝伊似乎从属于卡西米派。看来，在斗争不断的背景下，他们的主子优素福阿迦采取了政治上的明智之举：同时恩庇这两个敌对派系的成员。

不过，我们其实也不太确定艾哈迈德贝伊属于哪个派系，这是因为在一份伊斯兰历12世纪初法卡里派的贝伊的名单中，编年史作者贾巴尔蒂在穆斯塔法贝伊·库兹拉的名字后面列出了艾哈迈德贝伊·库兹拉的名字，虽然他还将艾哈迈德贝伊·米努菲亚单独列为卡西米一派的成员。[47] 和穆斯塔法贝伊一样，艾哈迈德从未过多涉足派系斗争，虽然他应该参与过几次卡西米与法卡里两派之间的冲突，因为他似乎委托过别人担任米努菲亚次省的代理总督，而他本人则留在开罗。有不少次省总督都采取过这一策略，而且对于一个身在行省省会，为离任的总管太监效力的人来说，这可能是一项必要的策略。他可能当过一次朝圣负责人，但从未担任过吉尔贾的总督或首席财政官。除此之外，各种编年史中之所以提到他，主要是由于他担任过一支军队的指挥官，这支军队于1695年被派往爱琴海的希俄斯岛和罗得岛，以抵御威尼斯海盗的袭击。艾哈迈德可能还于1696年或1697年担任过吉达的总督，最后他在吉达安详地去世。[48]

艾哈迈德贝伊和穆斯塔法贝伊似乎都没有在埃及留下什么长久的印记，虽然他们肯定都有自己的侍从（包括马穆鲁克），就像其他所有桑贾克贝伊一样。然而，档案资料或者叙事类文献中几乎都没有这些侍从的痕迹。根据达穆达什的记载，穆斯塔法贝伊·库兹

第8章 流放与王国：后宫总管太监与埃及

拉的一名前任马穆鲁克曾住在优素福阿迦的旧宅里。但正如前文所述，此人因为手头拮据，只好将宅子租了出去，所以他虽然住在自己的房产中，实际上却成了一个租客。[49]

多数情况下，总管太监任职之前在埃及逗留（一次或多次）期间，都会培养一些侍从，这些侍从的主要任务是协助总管太监开展各项计划，包括下文讨论的商业活动。伟大的朝觐者贝希尔阿迦至少有两名这种侍从，一个是哈桑阿迦，另一个是阿卜杜拉·法尔（Abdullah al-Fahl）——"法尔"的字面义为"种马"，暗示此人是未去势的马穆鲁克。朝觐者贝希尔在开罗委托建造了一所古兰经学校（见第7章），该学校的捐赠契据提到，哈桑阿迦是埃及察武尚兵团的一名军官——该兵团和缪特菲力卡兵团与总督理事会的联系尤为密切。[50]贝希尔在被流放到塞浦路斯之后、当上后宫总管太监之前，曾在开罗和麦地那有过短暂逗留，这两名侍从就是活跃于这段时期。贝希尔于1716年从塞浦路斯来到开罗，此前不久，哈桑阿迦就帮他买下了大象池附近的那座房子。贝希尔的一名侍从带头修建了那所古兰经学校，直到今天，这所学校还屹立在开罗的达布－贾马弥兹街区（Darb al-Gamamiz），对面就是贝希尔的房子曾经所在的地方。[51]

朝觐者贝希尔还有一名侍从，名叫穆罕默德阿迦，他的事例可以体现出这位后宫总管太监是如何在与权势最大的埃及显贵家庭打交道的同时，管理好为麦加和麦地那供应粮食的村庄的。根据编年史作者贾巴尔蒂（一个埃及人）的记载，这位穆罕默德阿迦很可能是18世纪初某个埃及兵团的军官，而且还是"贝希尔阿迦·库兹拉"的马穆鲁克，这里的贝希尔阿迦·库兹拉无疑就是指

- 245 -

朝觐者贝希尔。穆罕默德曾为一个叫作曼苏尔·扎塔哈吉（Mansur al-Zataharcı）[扎塔哈吉这个名字意为"亚麻籽油制造商"，源自 zayt har（热油）一词的笔误]的人出过一次力，此人是开罗北部的米努菲亚次省的一个埃夫卡弗–哈瑞门的村庄——辛加夫（Sinjalf）的包税人。[52] 为了稳固他们之间的友谊，穆罕默德阿迦安排了一桩婚事：新郎是他的马穆鲁克，叫作哈桑，是埃及艾泽班兵团的兵团长；新娘是曼苏尔之女，人称西特·贾菲雅（al-Sitt al-Jalfiyya）。哈桑后来创立的强大的贾菲家族，就是以妻子的名字命名的，在 18 世纪的很长一段时期，该家族一直是喀兹达勒家族的忠实下属。当时，在奥斯曼埃及，亚麻籽油是一种很受欢迎的燃油，而且由于埃及乡间盛产亚麻[53]，通过出售亚麻便能获得稳定的收入。实际上，亚麻籽油贸易似乎是贾菲家族的经济基础。[54]

贾菲家族与后宫总管太监的联系还不止于此。数十年后，当时的贾菲家族头领、艾泽班兵团的兵团长若德凡（Rıdvan）的女儿嫁给了小伊斯梅尔贝伊，后者是耶尼切里军团指挥官易卜拉欣·克图达·喀兹达勒的一名侍从。这桩婚事巩固了贾菲家族与喀兹达勒家族的同盟关系。新郎的背景非同寻常：他家有五兄弟，其中有四个从伊斯坦布尔移居开罗，在成为"贝希尔阿迦·库兹拉"的侍从之后，加入了易卜拉欣·克图达的家族——这个贝希尔不是指朝觐者贝希尔，我们几乎可以肯定他是朝觐者贝希尔的继任者摩拉勒·贝希尔。[55] 摩拉勒·贝希尔于 1752 年被处死（见第 7 章），这可能就是他的侍从遭到肃清的导火索（优素福阿迦于 1687 年遭到罢免，朝觐者贝希尔于 1746 年去世，这两个事件也引发了类似的动乱），而正是此次肃清行动促使四兄弟逃往开罗。看来，总管太监的侍从需要制订一个"B计划",以应对他们的恩庇人失势的情况。

摩拉勒·贝希尔的侍从得以逃到喀兹达勒家族中避难,该家族曾经与总管太监及其他后宫宦官有过联系。小伊斯梅尔贝伊采取了进一步行动:以联姻的方式来巩固喀兹达勒家族与贾菲家族的关系,而贾菲家族也曾经与朝觐者贝希尔阿迦有一定的关联。总的来看,朝觐者贝希尔和摩拉勒·贝希尔两人的侍从的经历表明,联姻是让总管太监这个"外来"恩庇人的侍从融入地方家族文化中的一项重要手段。如果总管太监亡故或失去权势,联姻关系有可能成为救命的稻草。

优素福阿迦与皇太后代理人:当上名誉显贵的流放总管太监

被流放的后宫总管太监有没有可能充当自己的代理人呢?换言之,他有没有可能不仅从事分内的工作(勘察场地、捐建瓦合甫机构),还直接参与到埃及的家族政治当中?答案似乎是否定的,不过优素福阿迦是个特例。具体来说,1678年,穆罕默德四世的宠妃格努什·埃梅图拉苏丹建立了一个宗教捐献机构,用于资助麦加的一家医院和一处施粥场。我们在第6章中看到,格努什苏丹的那份详尽的捐赠契据中,特别提到了优素福的名字,并称他为该机构的主管,当时优素福还是总管太监(这是他负责监管的第二个帝国宗教捐献机构)。而在优素福遭到罢免后,该机构为他提供了一个看似独一无二的机会,让他得以成为类似埃及名誉显贵的人物。

第6章指出,格努什创办的医院和施粥场的粮食来自埃及的四个村庄以及尼罗河港口布拉克。这四个村庄分别是位于埃及中部的明亚次省的迈莱维村［Mallawi，契据中写作"门莱维"（Menlawi）］，以及位于尼罗河三角洲的西部省次省的博玛村（Birma）、塔塔亚村（Tataya）、贾法瑞亚村（al-Ja'fariyya）。[56] 为什么偏偏是这几个村呢？首先，我们至少可以确认，当时迈莱维村已经被捐献给了埃夫卡弗－哈瑞门。另外，西部省次省位于尼罗河的两条支流罗塞塔河和达米埃塔河之间，也有很多被捐献给埃夫卡弗－哈瑞门的村庄，但博玛村、塔塔亚村、贾法瑞亚村似乎并未被捐献出去，也许正因如此，这三个村子才更受青睐，成为格努什新建的瓦合甫机构的粮食来源地。这些村子供应的粮食先由船运送至布拉克（服务于开罗的河港），然后经陆路到达苏伊士，再从苏伊士用船运到吉达。

这份捐赠契据详细列出了运送物资所用的篮子、麻袋、箱子，以及从布拉克到苏伊士、从吉达到麦加这两段路程使用的牲畜所花费的租金。就连守卫、银行老板、抄写员、码头和各地仓库（包括位于布拉克、苏伊士、吉达、麦加的仓库）的工作人员的名字，都在契据中写得一清二楚。[57] 该契据唯一没有提到的是将这些物资沿尼罗河运到布拉克并跨越红海运到吉达的船只。由于其他方面的信息如此翔实，船只信息的缺失就更引人注目。不过，与该瓦合甫机构相关的一系列收支登记表（现藏于托普卡帕宫档案馆）列出了这些船只的信息。格努什·埃梅图拉的机构没有选择苏伊士造的笨重船只（这种船只经常往返于红海航线，但其适航性不太可靠），而是租用了印度船，这是一种坚固的三角帆船，是红海咖啡贸易中长期使用的一类船只。[58] 同时，该机构还出资造了一批尼罗河船只，用于将物资从迈莱维村运到布拉克。[59]

第 8 章 流放与王国：后宫总管太监与埃及

谁也无法想象这样的场景：格努什·埃梅图拉仔细研究着一张埃及地图，试图想出该把哪些村庄捐给她的机构。她应该会依靠机构的主管优素福阿迦来帮她找出最有前景的村庄，而优素福应该也要依赖他的后宫代理人穆斯塔法贝伊·库兹拉来完成这项任务。当时，穆斯塔法应该仍在担任缪特菲力卡兵团的阿迦。

一般来说，奥斯曼帝国捐献给圣地的产业都有一名当地或者日常的埃及监管人，由埃及的兵团军官或贝伊担任，通常拥有缪特威利的头衔。捐赠契据中并未提到这名官员，不过，该机构从 17 世纪 90 年代到 18 世纪头几年期间的账目（藏于托普卡帕宫档案馆）提到了多名法卡里派的朝圣负责人的名字，他们的头衔是纳兹尔——该头衔偶尔会与"缪特威利"互换使用。奇怪的是，优素福阿迦本人也在 1108-10/1696-99、1112/1700-1、1113/1701-2 这三份账目中被列为纳兹尔。[60] 此时的优素福已经不再担任后宫总管太监，因此，他不可能在担任总管太监的同时兼任该机构的纳兹尔。我们只能猜测，他是在和这些法卡里派的贝伊轮番担任缪特威利一职，甚至有可能和他们竞争此职。1696 年大概就是他卸任圣地谢赫一职，从麦地那回到开罗的时候，因此，尽管在他被苏丹赦免后，埃及行省的财政部开始恢复发放他的俸禄，但他也很有可能想弄点额外的收入——也许是为了重新拥有被免职之前在开罗积累的财产、奴隶、侍从。不管怎么说，在埃及，他实际上扮演着"名誉"地方显贵的角色，对于一名后宫总管太监来说，这是闻所未闻的。

再没有第二名总管太监像优素福一样在遭到免职后还尝试担任缪特威利。优素福的尝试也许表明，他在遭到流放后的处境仍然相当反常，埃夫卡弗-哈瑞门的地方监管职位的状况也依然很不确

- 249 -

定——在易卜拉欣贝伊·伊本·祖菲卡于 1691 年改组了这一职位之后，这种不确定性就一直存在。在被免除总管太监一职、财产被没收之后，优素福显然一蹶不振。这在一定程度上解释了为什么他在埃及的侍从以及这些侍从的侍从似乎一直没富起来，也没当上什么大官，至少不如朝觐者贝希尔的侍从那样富裕、那样有地位。从前，格努什的瓦合甫机构拓展了优素福作为后宫总管太监的宦途，而在后来漫长的流放时期，该机构又让他得以利用地方显贵的身份获得收入来源。

经济基础设施与经济事业

一般而言，在任或者被流放的后宫总管太监的经济计划，要由他的侍从付诸实施（无论是在埃及还是在奥斯曼帝国的其他行省），这些侍从会主动与担任关键职位的当地人建立关系。如果我们回顾穆罕默德阿迦（朝觐者贝希尔的侍从）与曼苏尔·扎塔哈吉（亚麻籽油商人）之间的同盟关系，我们会发现，这名后宫总管太监的侍从利用了一项成熟的、收益稳定的地方经济事业。穆罕默德的恩庇人朝觐者贝希尔在叙利亚也采取了类似的策略：捐赠多达数公顷的种满橄榄树和桑树的土地（见第 7 章）。总体来说，投资利润丰厚且可靠的事业，并修建支持这些事业的基础设施是总管太监（包括在任及被流放的总管太监）的标准策略。埃及是这类投资的首选地，一是因为埃及与埃夫卡弗－哈瑞门有密切关联，二是因为埃及是流放总管太监的常规地点。

第 8 章　流放与王国：后宫总管太监与埃及

欧斯曼阿迦与达乌德阿迦领导的城市开发　实际上，开罗在奥斯曼帝国时代的商业发展有相当一部分似乎都源于后宫总管太监发起的计划。后宫总管太监开始负责监管埃夫卡弗－哈瑞门之后，在不到一代人的时间里，欧斯曼阿迦便在开罗领导并实施了数个大型城市开发项目（后来，在 1603 年的宫廷兵团叛乱中，欧斯曼阿迦和吉庆门总管太监加赞夫阿迦一道被杀）。在开罗的西北城门卢克门（Bab al-Luq）外，欧斯曼阿迦建立了一个大型商业综合体，其中有一家商队驿站、一处屠宰场、两家制革厂、几家磨坊、一家面包店、一家咖啡店、多个马厩、数间库房、几口水井。它们产生的收益被用来资助修建开罗西南边上的一座用于日常礼拜的清真寺，该清真寺还从米努菲亚次省的一个村子获取收益。多丽丝·贝伦斯－阿布瑟夫对该清真寺的捐赠契据进行了研究，她提出，这名总管太监曾打算将自己的坟墓修在这座清真寺附近[61]——这显然说明他已经预料到自己会被流放到开罗，并将在此地度过余生。作为欧斯曼的代理人以及他的捐建项目的缪特威利，达乌德阿迦在当地监督了这所清真寺的建造。为了给这座新建筑腾出地盘，他买下了该地区的几家制革厂，并将它们尽数拆除。同时，他还在附近地区领导修建了另外两个开发项目，其中一个项目形成了如今被称作达乌迪亚（Dawudiyya）街区的核心区域。[62] 遭到流放的后宫宦官——包括达乌德阿迦本人——当时已经开始在这一区域居住，后来的宦官区（前文已有描述）就紧邻该区域。

由于制革厂的气味让人不适，其厂址通常在城市边缘地带，这一地区的制革厂被拆除、迁移，说明欧斯曼和达乌德的项目起到了拓展开罗城市边界的作用，为开罗在奥斯曼帝国时期的总体发展作出了贡献。[63] 然而，欧斯曼被杀害后，强悍的莎菲耶（穆罕默德三世之母）便私自占有了他捐建的产业，她的理由是：这名宦官从未被解放，因此，他没有捐建宗教产业的合法权利。她任命欧斯曼的继任者阿卜杜勒扎克阿迦（1603—1604年在任）担任该产业的主管——当时，这已经成了后宫总管太监的专属职责。[64] 这座清真寺于1610年终告完工，后来被人们称为玛丽卡-莎菲雅清真寺（Malika Safiya mosque）。从建筑学的角度来看，该清真寺沿袭了奥斯曼帝国清真寺的传统风格，只有"米哈拉布"中马穆鲁克风格的多彩大理石镶板是个例外（米哈拉布是清真寺中指明麦加方向的壁龛）。[65]

朝觐者穆斯塔法阿迦 可以说，欧斯曼阿迦与达乌德阿迦在开罗留下了巨大的印记。然而，他们的继任者穆斯塔法阿迦在17世纪初对这座城市乃至整个埃及产生的影响，超过了以往任何一名总管太监。一份冗长的阿拉伯语捐赠契据（现藏于埃及宗教捐献事务部）上列了一长串他在开罗的住宅和商业地产，以及他在埃及多个次省中拥有的土地和商业机构。[66] 其中，他在开罗的房产和地产集中于达乌迪亚北面①的萨利巴区（Saliba），这也是他的宅邸所在地（他精明地将这座宅子捐给了自己在开罗建立的瓦合甫机构）。他在祖维拉门北面的穆斯基区（Muski）附近还拥有一个商业综合体，旁边就是爱资哈尔大清真寺、伊斯兰学校以及哈里里可汗大巴扎。这种种迹象很可能表明，穆斯塔法阿迦意在拓展达乌德与欧斯曼于数年前发起的城市开发项目。穆斯塔法的项目肯定对开罗的这个中

---

① 从地图来看，萨利巴区应位于达乌迪亚以南。

第 8 章 流放与王国：后宫总管太监与埃及

心区产生了深远的影响：通过开展这些项目，马穆鲁克时代末期的居住与商业基础设施得以复原，还增加了从前鲜有的新设施。[67]

除了穆斯基区的那个商业综合体，穆斯塔法阿迦捐建的商业机构集中在三个重要港口：尼罗河港布拉克（尼罗河的东支正是由此汇入大海），以及达米埃塔和罗塞塔这两个地中海港口。他在这三个地方各创办或扩建了一家商队驿站，就是那种自法蒂玛王朝以来在开罗涌现的"城市商队驿站"。[位于罗塞塔的那家商队驿站的创建人是埃及总督厄库兹·穆罕默德帕夏（1607—1611 年在任）。][68]商人在将货物运进或运出城之前，可以把货物暂存在商队驿站；他们也可以在驿站住下，把自己的动物留在那里，甚至还可以将驿站当作一个办事处。[69]

和中世纪的商队驿站一样，这些商队驿站为经营特定商品的商人提供住宿。穆斯塔法的捐赠契据明确指出，达米埃塔的那家商队驿站主要用于储存、销售亚麻（自打法老统治埃及以来，亚麻就广泛生长在埃及乡间），因此，这家驿站自然便为埃及亚麻制品的生产提供了支持。[70] 不过，该驿站还具有一个时代特征：它带有一个咖啡馆（罗塞塔的驿站也带有咖啡馆）。此外，罗塞塔的驿站似乎也一直用于开展也门咖啡贸易——也门咖啡于 15 世纪末传到埃及，成为红海及地中海地区的珍贵商品。[71] 就在此前几年，埃及总督哈菲兹·艾哈迈德帕夏（Hafız Ahmed，1591—1595 年在任）在布拉克与罗塞塔两地都建造了带咖啡馆的商队驿站[72]。

17 世纪初，亚麻驿站和咖啡驿站并不是什么特别的机构。不过，穆斯塔法的第三个商队驿站则完全偏离了常规：他在该驿站中建了 11 间用于储藏芋头（"kurkas"）的库房。芋头也称芋（土耳其语：*colocasia*，阿拉伯语：*kolkas* 或 *kilkas*），别名"象耳"，是一种原产自南亚和东南亚的植物，于法老时代被引入埃及。亚洲、非洲的人们用它的根部烹制各种炖菜和汤羹。我还没看到过别的地方有储存芋头的文献记录。这家驿站储存的芋头可能来自埃及的次省，运输的目的地是开罗。旅行家爱维亚·切勒比在描述埃及的菜肴时，将芋头称为穷人的食物[73]，这样看来，储藏在该驿站的芋头不太可能被运到埃及以外的地方，除非奥斯曼帝国的其他行省陷入困境，需要紧急食物援助——不过，应当指出，安纳托利亚中部当时正遭受着严重干旱。[74] 这些芋头可能也是为开罗准备的应急食物。倘若如此，那穆斯塔法阿迦在这当中扮演的角色可以说类似于《圣经》中的约瑟和《古兰经》中的优素福：约瑟和优素福为了应对长达七年的饥荒而屯了许多粮食（《圣经·创世纪》第41—42章；《古兰经》第12章第43—57节）。

穆斯塔法阿迦还在吉萨（Giza）、盖卢比尤（Qalyubiyya）、米努菲亚、西部省这几个次省捐献了土地。除了位于开罗中心区南面的吉萨，其他几个次省都处在从开罗沿尼罗河顺流而下直至地中海的这条路线上。我们从这些地点以及位于罗塞塔和达米埃塔的商队驿站可以看出，这名总管太监想要利用埃及在地中海的港口来发展埃及的贸易——可能主要是亚麻和咖啡贸易。

上文提到的这份宗教捐献契据将穆斯塔法阿迦列为他自己建立的机构的主管，并把令人敬畏的达乌德阿迦指定为缪特威利和代理人。该契据还规定，穆斯塔法阿迦的主管一职将由达乌德接任。因此，达乌德在穆斯塔法阿迦和欧斯曼阿迦的事业当中扮演了类似的角色，凸显了这两名后宫总管太监在开罗的活动的连续性。实际上，

第 8 章 流放与王国：后宫总管太监与埃及

达乌德阿迦所做的相当于后来的后宫代理人的职责——我们在前文中已经看到，到 17 世纪末，后宫代理人将会在埃及显贵当中占据重要的地位。

阿巴斯阿迦 1671 年，在仅仅当了四年总管太监后，阿巴斯阿迦就被流放到了埃及。和此前的穆斯塔法一样，阿巴斯也大力投资亚麻贸易。阿巴斯于 17 世纪 90 年代中期在开罗逝世，一份在他逝世后编制的遗产清单表明，他在尼罗河港布拉克捐建了一家大型商队驿站。我们几乎可以肯定，这家驿站与开罗的加马利亚区（Gamaliyya）一处类似的机构一样，都是专为亚麻贸易而开设的，商人可以在这里储存、贩卖亚麻原料。不过，阿巴斯显然比穆斯塔法阿迦走得更远，因为他还投资生产亚麻布成品，而且不光在开罗投资，还在乡下发展——亚麻在乡下生长，也在乡下被织成布匹。他的遗产清单列出了四个沤制亚麻的作坊（在开始织布之前，先要将亚麻放到水中沤软），它们位于西部省的一个村庄，还有加马利亚区的三个缩绒厂、一家染坊，前文提到的他开设的那家"亚麻驿站"也位于这个区。[75] 这样看来，阿巴斯对整个亚麻行业——从亚麻纤维到经过缩绒和染色的亚麻布成品——相当感兴趣。

对于咖啡贸易的投资，阿巴斯也采取了类似的办法。17 世纪末，咖啡贸易开始在埃及快速发展。耶尼切里军官控制着埃及在地中海和红海的港口海关，以及将咖啡豆从摩卡港（Mocha）运到吉达和苏伊士的印度船只。因为收取关税，这些军官发了大财。[76] 阿巴斯阿迦的遗产清单列出了一家非同寻常的"咖啡综合体"，位于西部省的明亚特－济夫塔镇（Minyat Zifta），阿巴斯是该镇的包税人。自中世纪以来，该镇一直是从开罗将贸易物品经由乡村发往各地的

- 255 -

关键节点。实际上，从阿巴斯那时候算起的 500 年前，这里就是生丝纤维的一个转运点（生丝纤维在当时是一种广泛交易的商品）。[77]阿巴斯的"咖啡综合体"有一个研磨咖啡豆的场所（他的遗产清单称之为"捣咖啡的地方"），在研磨咖啡豆的同时，顾客就在一旁的咖啡屋中享用着冲泡好的咖啡饮料。这个"综合体"与阿巴斯的亚麻布制造作坊的不同之处在于，亚麻生长于埃及，但埃及本地并不产咖啡。明亚特-济夫塔镇的咖啡豆应该是由做小宗生意的客商从开罗批发来的，而开罗的咖啡豆则是从也门进口，经由苏伊士转运过来的。换言之，阿巴斯的"咖啡综合体"促进了咖啡在埃及乡间的传播，就像 500 年前进口丝绸传到埃及乡间一样。

阿巴斯阿迦所采取的促进咖啡与亚麻布加工和贸易的措施，类似于朝觐者穆斯塔法于 50 年前在埃及开展的商业项目，以及 70 年后朝觐者贝希尔在多瑙河三角洲实施的项目。这三位总管太监都意图提振地区贸易——无论是奥斯曼一个行省内的贸易，还是该行省与帝都之间的贸易。他们之间的主要差别在于，阿巴斯是在流放到埃及之后才创立这些事业，而穆斯塔法和贝希尔在担任总管太监时就已经开始了。因此，我们可以认为，阿巴斯创办的这些机构的所有盈利都进了他的腰包。不过，对总管太监而言，服务于圣地的帝国捐献产业与私人捐献产业之间的区别通常比较模糊。穆斯塔法和贝希尔——还有他们的侍从——无疑都从他们捐献的产业当中谋取了利益（这些产业与埃夫卡弗-哈瑞门之间有所瓜葛）；同时，两处圣地也得益于穆斯塔法和贝希尔（可能还包括阿巴斯）的私人捐献产业，因为他们的捐赠契据上写有这样的规定：等到他们的侍从的后代都相继亡故之后，圣地的穷人将会成为该产业的受益人。[78]

第 8 章　流放与王国：后宫总管太监与埃及

团结的流放后宫宦官

我们在前文中看到，早在 1599 年，奥斯曼官僚兼知识分子穆斯塔法·阿里在《描述开罗》一书中就哀叹道：流放至开罗的后宫太监"已经多到不计其数"。根据史官奈马的说法，到了 17 世纪中叶，开罗城中住着大约 30 名流放后宫宦官——前文提到，这些宦官聚居在大象池周边。既然这些流放后宫宦官住在同一个街区，而且还互换房屋，那他们一定对彼此有高度的认同感，甚至可能相当团结。开罗的其他居民肯定觉得他们是一个独立的群体。光是他们的外貌就足以让他们与众不同。由于受过阉割，他们的面部没有胡须（在开罗社会，大多数自由的成年男子都会蓄络腮胡），四肢极长，身材高大，如鹤立鸡群，往往很胖或者很瘦。此外，他们当中大部分人的原籍是埃塞俄比亚及周边地区，因此具有非洲之角居民的肤色和面部特征。假如有一个来到开罗的外地人无意中闯入大象池，他想必很快就会意识到这不是一般的街区。

不过，这个街区之所以让穆斯塔法·阿里这样的观察者感到具有潜在"威胁"，正是因为它不是一个"自我隔离"的宦官区，相反，那里的宦官与埃及的达官显贵比邻而居。从某种意义上来说，17 世纪的大象池就像同一时期的托普卡帕宫——在托普卡帕宫中，非洲籍后宫宦官起到把君主和外界分隔的作用，甚至类似于 9 世纪的巴格达，在那里，哈里发的宫殿周围环绕着非洲宦官的住所。

奈马的编年史让我们对 17 世纪中叶开罗的流放宦官群体的规模和受关注程度有了大致的了解，他的记述甚至比穆斯塔法·阿里在 1599 年的描述更为发自肺腑。伊斯兰历 1065 年（1654 年）发生了奈马所说的"阿比西尼亚事件"（Habeş Vak'ası），这一事件虽然以非洲之角的偏远行省哈比沙为中心，但后来牵涉到了开罗的宦官。事件是这样发生的：一个叫穆斯塔法帕夏的波斯尼亚人买下了哈比沙行省总督一职，但他想待在汉志，于是便派了一名代理人去替他管理该行省。这个代理人将这次任务视为一项肥差，他雇了一个缺乏经验的年轻人，协助他对从红海港口萨瓦金（今苏丹东北）进口货物的哈比沙商人征收高昂的关税。愤怒的商人们向驻扎在该省的奥斯曼士兵求助，士兵们则将这名代理和他的助手关进了大牢。远在汉志的总督穆斯塔法帕夏派来一队人和这些士兵协商，然而士兵们却将这些人尽数杀死了，还连带杀死了总督代理人的助手。随后，穆斯塔法又派出一艘船去攻击这些造反的士兵，但士兵们不费吹灰之力就把船击退了。

到了这时候，穆斯塔法帕夏还是没有亲自前往哈比沙。他向埃及总督哈塞基·穆罕默德（Hasseki Mehmed）帕夏求助，请他出兵镇压叛乱。哈赛基·穆罕默德顺应他的请求，召集了埃及的各个兵团，然而对这些兵团的士兵来说，这段日子过得异常艰辛：他们才刚刚在伊朗与哈布斯堡前线目睹了战火，还参加了一轮"普通"的征伐，这些征伐行动是为了支持麦加谢里夫①，讨伐他的对头，并镇压贝都因人在埃及乡间发动的叛乱。根据奈马的记载，这些士兵的答复如下：

> 我们的任务从来都是镇压贝都因土匪、［向伊斯坦布尔］

---

① 麦加谢里夫（*sharif* of Mecca），管理麦加和麦地那的领袖。

第 8 章 流放与王国：后宫总管太监与埃及

进贡物品、为朝觐负责人效力，我们从来没少干活。至于这一次，就让那些宦官的奴隶和仆从去干这份活吧。他们既然从苏丹那里赚了这么多钱，就应该干点活才对。[79]

开罗的诸位宦官无疑具备集体意识：根据奈马的记载，他们得知那些士兵的答复之后大为光火，于是发起了一场公开抗议，抗议活动的中心大概就在他们的街区。我们可以想象这样的场景：几十名东非宦官（多数是中老年人）在大象池周围或者附近的街道上游行。与此同时，他们的"奴隶和仆从"与那些士兵直接对峙，双方甚至互相撕打起来。

最后，这帮士兵还是在艾哈迈德贝伊·布什纳克（Ahmed Bey Bushnaq，布什纳克意为"波斯尼亚人"）的带领下前去哈比沙镇压了叛乱。他们以巨大的代价取得了胜利，而哈赛基·穆罕默德帕夏决定将最为显赫的几名流放宦官关押到伊布林（Ibrim）的偏远堡垒中，此地位于今埃及与苏丹的边界。恶名昭著的拉拉·苏莱曼阿迦就是被关押在此处的宦官之一（我们在第 6 章中提到过，据说就是他于 1651 年杀害了穆罕默德四世的祖母柯塞姆苏丹）。然而几年过后，他和其他被囚禁的宦官一起回到了开罗，一直在那里生活到 17 世纪 70 年代。1676 年，可能是因为对自己充满自信，拉拉·苏莱曼加入了一队士兵的行列，这队士兵要前往穆罕默德四世在埃迪尔内的宫廷，宣布新任埃及总督遭到罢免的消息。在宫中，他因"妨碍士兵"被捕，不过至少有一篇文献声称，他是因为被指认为杀害柯塞姆苏丹的凶手而遭到逮捕的。随后，他被流放到利姆诺斯岛，最终在该地被处死。[80]

- 259 -

同时，前任总管太监塔什·雅图·阿里阿迦及前任苏丹"密友"麦苏德（Mes'ud）阿迦设法逃到了大马士革，之后又回到埃迪尔内，重新当上了苏丹"密友"。坐上这个牢靠的位置之后，两人发泄了对哈赛基·穆罕默德帕夏的愤怒，哈赛基的宦途就这样被断送了。[81]

阿比西尼亚事件体现出，埃及各个兵团的士兵（也许还包括开罗的全体居民）将这些流放后宫宦官视为一个团结的、有着共同地位和利益的集体。他们也痛苦地意识到，这些宦官掌握着大量财富和人力。实际上，他们的"建议"——让宦官们的仆从去镇压哈比沙的叛乱——透露出这样一层信息：这些仆从配有武器。甚至还有一种可能：这些宦官供养了小规模的私人军队，就像一个世纪之后摩拉勒·贝希尔阿迦在伊斯坦布尔养的那支自己的军队。[82] 无论事实如何，这个宦官群体明显有能力采取集体行动。

结语

在后宫宦官的生活与宦途中，总少不了埃及的身影。多数非洲宦官是在上埃及接受阉割，然后在开罗的大型奴隶市场上被卖为奴隶。他们第一份工作的地点通常是埃及总督或显贵的家中。当然，大部分后宫宦官——无论是否为后宫总管太监——在宫中当差的日子结束后，都会面临流放开罗的命运，还有不少后宫宦官在遭到免职之前就被流放。有数名总管太监死后葬在开罗。

流放宦官们对埃及也有所报答。我们在前文中看到，他们捐建用于亚麻和咖啡豆贸易的商队驿站、开办相当于工厂和购物综合体

第 8 章 流放与王国：后宫总管太监与埃及

的机构（用于制造亚麻成品、售卖咖啡），从而对埃及行省的商业和农业经济作出了巨大乃至举足轻重的贡献。他们的事业对埃及的基础设施建设产生了深远影响。欧斯曼、达乌德、朝觐者穆斯塔法共同复兴了从大象池到哈里里可汗大巴扎之间的地区，在这个过程中，他们建立了一个新街区，而阿巴斯阿迦似乎也给明亚特－济夫塔这个尼罗河三角洲的镇子带来了新的生机。

当然，倘若没有宦官代理人的协助，所有这些计划都无法开展。代理人帮助宦官寻找可开办他们的事业的地点，购买用于资助这些事业的房产和土地，与负责经营这些事业的农民和工匠打交道，也许还要亲自前往伊斯兰法院登记相应的捐赠契据。后宫代理人负责打理与埃夫卡弗－哈瑞门相关的生意，而宦官的私人代理人（有可能同时也是后宫代理人）负责满足宦官在离任后的种种需求，并确保他在到达开罗后，能够获得投资收益（为了给流放生活作准备，宦官会提前在开罗投资一些项目）。

流放到开罗的后宫宦官创办商队驿站、亚麻工厂、咖啡馆，还购置了奢华的宅邸，这些有形的实物都是实实在在的提示，凸显着他们在当地的存在。但它们的作用不仅仅是提示，在这些住宅和商业建筑当中，有一部分永久改变了开罗及其他埃及城镇的地貌。不过，这些宦官本身就是最直白的提示。他们聚居在开罗城堡附近一个地理位置优越的街区，与当地军政两界的精英阶层比邻而居，过从甚密，但即便如此，他们仍然明确感受到自己属于开罗社会中独特的一分子。必要时，他们甚至能够组成一个"压力团体"，以求取特别优待，例如让他们的仆从免于参加军事行动——作为"离任即流放"这一特殊退休模式的受害者，他们应当享有这种特权。

被流放的后宫总管太监捐建瓦合甫机构的目的不仅是投资商业、获取收益，他们也创办了大量宗教和教育机构。前文提到的欧斯曼阿迦的小清真寺和朝觐者贝希尔阿迦的"喷泉亭学校"，只不过是在任及被流放的后宫总管太监创办的诸多此类机构中的冰山一角。这些机构正是第 9 章讨论的主题。

第 9 章
总管太监与奥斯曼宗教文化生活

至此，我们已经看到，有充足的证据证明后宫总管太监的政治和经济影响力，他们在这两方面的影响不仅存在于帝国中心，也存在于奥斯曼诸省。但是，与政治和经济影响交织在一起的，还有他们对奥斯曼帝国的文化和宗教生活的影响。总管太监在很大程度上是通过捐建宗教、教育、慈善机构——尤其是古兰经学校、伊斯兰学校、图书馆、苏菲派道堂——来施加这种影响的。这些机构也体现出后宫总管太监本人的宗教与文化倾向。简而言之，这些倾向主要包括：推广逊尼派教义，追随主流苏菲派教团，反对什叶派，尤其是十二伊玛目派［因为这一派是在萨非王朝（其次是后来的恺加王朝）统治下的伊朗发展起来的］，以及信奉先知穆罕默德。除了重视逊尼派，他们还提倡哈乃斐教派——这是奥斯曼帝国的官方教派，但出人意料的是，18世纪初之前，这一派的地位一直不太显要。

尽管并非所有总管太监都有共同的宗教文化偏好，但他们的倾向基本是一致的，只有一个显著的例外：17世纪末，清教式的卡杜扎德利运动达到了顶峰，一部分高品级的后宫宦官拥护该运动，而另一部分宦官——其中至少有一名后宫总管太监——则坚持提倡特定形式的苏菲主义，而卡杜扎德利运动的支持者认为，这些形式改变了先知穆罕默德制定的惯例，他们无法容忍这种改变。两派之间表面上虽然存在意见分歧，但后宫宦官之间并未爆发公开的争执。不过，这一分歧也许正是数名宦官遭到罢免、流放的原因。这种意识形态上的分歧发生在 17 世纪并不奇怪，毕竟此时全世界正面临全社会范围的危机，社会和意识形态的各个范畴都受到了质疑。

本章首先探讨的是后宫总管太监的宗教文化倾向，尤其是通过重要总管太监创办的宗教与教育机构（主要是各类学校，清真寺较少）反映出的宗教文化倾向。这些机构主要坐落在伊斯坦布尔、开罗、麦地那，少数位于其他地方。之后，我们将会思考总管太监对奥斯曼帝国的文化生活作贡献的方式：捐赠书籍、创办图书馆。最后，通过讨论总管太监捐建的苏菲派机构，我们试图在奥斯曼帝国教派化（confessionalization）的大背景下，厘清总管太监对卡杜扎德利运动的反应（这场运动在很大程度上是反对苏菲派教义的）。

古兰经学校 / 喷泉亭学校

迄今为止，总管太监捐建最多的教育机构是古兰经学校，这类学校规模不大，为年幼（通常是青春期之前）的男孩提供基础宗教教育，并在此过程中培养学生的基本读写能力，而且都不收任何学费。在总管太监捐建的古兰经学校就读的男童通常是孤儿。这类学校的目标通常是让男童通过反复朗诵背下《古兰经》，对经文的复杂诠释不在教学计划内。总管太监通过捐建古兰经学校，让其他穆斯林得以学习这部宗教圣典，因此，他相当于是在履行一项虔敬的义务，穆斯林相信，他会因为这一善举而得入天堂。

在奥斯曼帝国的其他地区，总管太监捐建的古兰经学校作为大型宗教建筑群（现在称为库里耶）的一部分一直存续到了今天。不过，迄今为止现存独立学校数量最多的地方还是开罗，这与一类特殊的古兰经学校——即所谓的"喷泉亭学校"——有很大关系。喷泉亭学校就是建在一座公共喷泉亭之上的古兰经学校，这类学校形成于马穆鲁克王朝晚期，并一直延续到奥斯曼时代。喷泉亭是一个封闭的空间，其中有一到三名工人负责从一个地下蓄水池舀取一杯一杯的水，并通过一个金属窗格将水送出——这就是喷泉亭学校的下层；上层是一个开放或封闭的凉廊，也就是学校所在的区域。整个建筑的一侧通常有一段封闭式台阶。[1] 我们不知道最初为什么会有这样的组合，不过，为穆斯林供水和教授他们《古兰经》一样，也是一种虔敬的行为，穆斯林相信行此善举的人也可以上天堂。由于古兰经学校有时候会受到恶劣天气的影响，开罗温和的气候很可能是这种建筑形式在当地流行起来的决定因素。

哈比沙·穆罕默德阿迦 有意思的是，可能是受到此前在埃及居住的影响，第一任后宫总管太监哈比沙·穆罕默德阿迦似乎曾尝试将喷泉亭学校的建筑形式移植到帝都。1580年左右，他委托人沿着底万悠路这条游行路线（位于伊斯坦布尔老城中心）建造了两所喷泉亭学校。其中一所坐落在君士坦丁纪念柱附近（此柱又名"被烧之柱"），另一所靠近阿亚索菲亚清真寺（两所学校皆已不存）。[2] 这一尝试可谓后无来者：总管太监捐建的其他所有喷泉亭学校都坐落在开罗。

朝觐者穆斯塔法阿迦 在14世纪末的开罗，喷泉亭学校是马穆鲁克苏丹们的清真寺-伊斯兰学校复合体的常见组成部分，这类建筑参考了前人的做法：在宗教建筑的角落修建喷泉亭（不包括古兰经学校）。目前已知的第一所独立的喷泉亭学校由卡特巴苏丹（Qaytbay，1468—1496年在位）委托建造，时至今日仍然矗立在开罗城堡下方的萨利巴区。这座直线型石制建筑完工于1479年，喷泉亭的架子上镶嵌着多彩的石头。

巧的是，这座建筑后来成了开罗第一所由奥斯曼后宫总管太监捐建的喷泉亭学校，这是因为权势显赫的穆斯塔法阿迦于1620年为它进行了修复。那份冗长的阿拉伯语捐赠契据描述了他在埃及捐献过的财产，其中有这样的记录：这所学校要培养十名男孤儿，他们都要由穆斯塔法阿迦本人精心挑选，如果穆斯塔法不在当地，则由当地的捐献产业监管人（缪特威利）来挑选。这些男孩的老师应该是一位"品德高尚"（'afif）、能记诵《古兰经》全文的宗教人士，此外还要有一名助教（'arif）。学生和老师每天都有面包配给，在神圣的斋月期间还能得到一套新衣服。总的来说，我们可以将穆斯塔法阿迦对这所学校的修复看作他在开罗实行的城市开发项目的一部分（第8章已讨论过这一项目），因为他创办的商业机构大多位于该学校所在的萨利巴区，而且他的住所也坐落在这个街区，与喷泉亭学校仅有一街之隔。[3] 另外，所有这些建筑都位于后来宦官群体聚居的大象池附近。

阿巴斯阿迦 穆斯塔法阿迦对卡特巴苏丹的喷泉亭学校的修复似乎开创了一个先例，不过要等到很久之后，这一先例才有人效仿。将近半个世纪后，阿巴斯阿迦在被流放到开罗之前创立了一所喷泉亭学校。爱维亚·切勒比写道，这个学校的喷泉亭"装饰华美，像是一座带有中国画的异教神庙"[4]，除了这句描述，我们对这座今已不存的建筑没有太多了解。不过，在17世纪60年代到70年代的开罗，喷泉亭学校可以说如雨后春笋一般冒出，阿巴斯创立的这所学校就是其中之一。爱维亚惊叹道："七年的时间里，这里就建起了70所喷泉亭学校。"[5]而主持修建这些学校的人既有被流放的后宫宦官（其中包括后宫总管太监），也有当地军官。

优素福阿迦 在这些军官中，有一位名叫穆罕默德，他是开罗耶尼切里军团的兵团长。他在达布-阿玛街修建了一所喷泉亭学校，还创办了一家城市商队驿站（达布-阿玛街是连接祖维拉门和东南方的城堡的一条主干道）。穆斯塔法阿迦的喷泉亭学校就在该街西面的不远处。1677年，时任后宫总管太监的优素福阿迦让他的代理人穆斯塔法阿迦·库兹拉（一名显贵，后来当上了贝伊）买下了穆罕默德的这两座建筑，并将喷泉亭学校重新捐献了出去。

安德烈·雷蒙德研究了这所学校的捐赠契据，他指出，优素福的这所古兰经学校和朝觐者穆斯塔法的那所极其相似，也计划培养十名男孤儿，教他们《古兰经》，他们每个月可以领到一笔助学金，到了斋月也有新衣服穿。二者的不同之处在于，穆斯塔法的喷泉亭学校毕竟只是一座经过修复的马穆鲁克苏丹国时期的建筑，而优素福的学校装饰有蓝白两色的伊兹尼克瓷砖，直到今天，我们还能从喷泉亭里瞥见这些瓷砖中的一小部分，虽然说整个建筑已经"处于衰败的晚期"（雷蒙德语）[6]。此外，与穆斯塔法阿迦的喷泉亭学校不同的是，优素福的学校没有坐落在创办人的居所附近：优素福的宅子在大象池，而他的学校位于宅子的东边，二者相距好几千米。维持学校运转的资金有三个来源：旁边的商队驿站，驿站上面的城市公寓［这种公寓叫作"拉布"（rab'）］，以及马路对面一家带有烘烤和研磨设备的咖啡馆。[7] 这些彼此邻近的建筑就像是复制了朝觐者穆斯塔法阿迦、欧斯曼阿迦、达乌德阿迦在西面和北面建设的基础设施（见第 8 章），只不过规模要小一些。

这份捐赠契据包含几条不太寻常，或者说至少是值得留意的条款。它规定，优素福的代理人穆斯塔法阿迦·库兹拉将终其一生担任该机构的主管，他可能直到 1730 年去世之前还在履行这一职责。该契据还规定，机构的管理者（阿拉伯语：shadd）"从创建人的被解放的奴隶中选出"，月薪为 30 埃及银币（即帕拉）。更出人意料的是，该机构还资助了麦地那先知清真寺的一名主麻日宣教者（海推布）和一名日常领拜人（伊玛目）。优素福阿迦于 1677 年捐献这所学校时，也许没想到自己有一天会负责统率看守先知清真寺和陵墓的那群宦官，当时还没有哪位后宫总管太监担任过这一职位。不过，那群守陵宦官从未被这位时任总管太监忘记，毕竟他们当中有很多人都是之前的后宫宦官。从更广义的层面来说，他们是"另一个后宫"的宦官——所谓另一个"后宫"，指的就是先知清真寺和陵墓周围的圣地。这在一定程度上解释了为什么阿巴斯阿迦（优素福的前任）虽然可能从未踏足麦地那，但他在开罗的藏书中有一册赞颂麦地那的历史著作，作者是 15 世纪末的历史学家桑胡迪（al-Samhudi）。[8]

朝觐者贝希尔阿迦 朝觐者贝希尔并未参与到爱维亚·切勒比提及的那场喷泉亭学校的建设浪潮中，但可以说是他复兴了这波浪潮，因为他在离开开罗、返回托普卡帕宫之前建造了自己的喷泉亭学校，更确切地说是委托一名可靠的代理人建造了这所学校。它坐落在大象池岸边，位于穆斯塔法和优素福的喷泉亭学校的北面、祖维拉门的西南面、19世纪的阿卜丁宫的东南面。[9]和穆斯塔法阿迦一样（但不同于优素福），贝希尔也在自己创建的喷泉亭学校旁边定居——他的宅子其实就在学校隔壁。

贝希尔阿迦的喷泉亭学校的捐赠契据已经由丹尼尔·柯瑞希留斯（Daniel Crecelius）和哈姆扎·阿卜杜·阿齐兹·巴德尔（Hamza Abd al-Aziz Badr）公布。该契据规定，这所古兰经学校要培养20名男孤儿（两倍于朝觐者穆斯塔法或优素福的学校的培养人数），但有意思的是，根据规定，他们的老师应该是一名"哈乃斐派的法基赫"。一般来说，法基赫指的是伊斯兰教法学（*fiqh*）领域的专家，但该契据中的法基赫大概只是一名《古兰经》讲师（朝觐者穆斯塔法的捐赠契据中的法基赫应该也是这个意思）。不过，坚持雇用一名哈乃斐派的老师具有重大意义。虽然哈乃斐教派是奥斯曼帝国的官方教派，埃及的首席法官和先知后人的头领也一直都隶属此派，但埃及行省有很多人拥护其他逊尼教派，尤其是沙斐仪派和马立克派。然而，朝觐者穆斯塔法和优素福的喷泉亭学校的契据完全没提到学校的老师应该属于哪个教派，所以我们可以得出这样的结论：到了朝觐者贝希尔修建喷泉亭学校的那个年代，哈乃斐教派的信徒觉得其他教派对本派的统治地位构成了更大的威胁。

这个结论确实说得通，因为在18世纪初，沙斐仪派和马立克派的成员在埃及的乌理玛当中确实具有更重要的地位。当时，开罗著名的爱资哈尔伊斯兰学校是这个城市中出类拔萃的高等伊斯兰教育机构，其首脑由一名新官员担任，头衔为谢赫-爱资哈尔，这一职位似乎源起于17世纪末。前几任谢赫都是马立克派成员，然而到了1724年，一名沙斐仪派成员赢得了这一职位，由此开创了一个持久的惯例：直到 1870 年以前，没有任何一名其他教派的成员得以染指这个职位。如果再考虑到爱资哈尔伊斯兰学校的沙斐仪派和马立克派的学生人数在这些年里不断增长——大量马立克派的学生从上埃及、西非、摩洛哥来到这里，沙斐仪派的学生也从印度尼西亚和马来西亚赶来——我们就能明白，为什么开罗的哈乃斐派成员会有一种被威胁的感觉。[10] 总的来看，在埃及，沙斐仪派和马立克派成员的数量就是要比哈乃斐派多，尽管后面几任马穆鲁克苏丹对哈乃斐派给予了不少支持，但这一情况依然持续了数个世纪没有改变。考虑到上述情况，朝觐者贝希尔试图通过将孤儿（他们此前和任何教派都没有联系）培养为哈乃斐派成员来扶持该教派的做法也就合情合理了。

摩拉勒·贝希尔阿迦　返回伊斯坦布尔之前，朝觐者贝希尔阿迦在大象池建立了一个哈乃斐派的"滩头阵地"。接任他的后宫总管太监一职的摩拉勒·贝希尔阿迦比他走得更远。摩拉勒于 1750 年（也就是他被处死的两年前）在伊斯坦布尔远程监督了一所伊斯兰学校的建造工程，这是奥斯曼苏丹在开罗委托修建的第一所伊斯兰学校，位于朝觐者贝希尔的喷泉亭学校的北面，二者相距很近。学校名为马哈茂迪耶伊斯兰学校（自然是得名于马哈茂德一世），是一个宗教建筑群的一部分，该建筑群包括一个苏菲派哈尔维蒂教团（Halveti）的道堂，建筑群南端还有另一所喷泉亭学校（图 9.1）。这所伊斯兰学校有 40 名学生，而新修的那所喷泉亭学校有 20 名学生，和朝觐者贝希尔的喷泉亭学校的学生人数相同。新旧两所喷泉亭学校可谓"隔路相望"：二者之间只隔着一条窄道，如今这条窄道被叫作"斯卡塔–哈巴尼亚"（Sikkatat al-Habbaniyya）。两座

图 9.1　朝觐者贝希尔和摩拉勒·贝希尔在开罗创建的喷泉亭学校（前者在右）。图片由本书作者提供

建筑的风格截然不同：朝觐者贝希尔的学校风格朴素，呈直线型，而摩拉勒·贝希尔监建的喷泉亭学校是一座曲线优美的巴洛克式建筑，造型时髦，以其独有的方式让人联想到帝都那些巴洛克风格的精致建筑，尤其是位于托普卡帕宫外门前面的艾哈迈德三世的喷泉亭。摩拉勒·贝希尔本人精于书法，因此，装点着这所喷泉亭学校的那些书法匾额也许就是他设计的。[11] 喷泉亭的内部以蓝白两色的伊兹尼克瓷砖衬边。马哈茂迪耶建筑群显然是不惜重金修建的：连铺路石用的都是从伊斯坦布尔运来的白色大理石。[12]

实际上，马哈茂迪耶宗教建筑群建成之后，大象池旁边的整个街区（几乎所有被流放的后宫宦官都在此地居住）都成了哈乃斐教派的阵地。不过，除了能够暗中还击沙斐仪派和马立克派在埃及的

第9章 总管太监与奥斯曼宗教文化生活

势力,马哈茂迪耶宗教建筑群(连同朝觐者贝希尔的喷泉亭学校)还为埃及显贵建立的越来越多的伊斯兰学校和古兰经学校提供了制度上的支持。这些埃及显贵主要来自飞黄腾达的喀兹达勒家族,他们和几乎所有埃及显贵一样都是哈乃斐派成员,但他们创办的宗教机构并未得到帝国政府的认可与支持,全然处于自主运作的状态。1744年,奥斯曼开罗最伟大的建筑赞助人之一阿卜杜拉曼·克图达·喀兹达勒在开罗建立了一所独立的喷泉亭学校,位于法蒂玛王朝曾经的都城的中心。如今,这座建筑可以说是全世界同类建筑中最有名的一例。[13] 马哈茂德新建的这个宗教建筑群昭示了这样一层信息:就开罗的哈乃斐派教育而言,帝国中央政府仍然参与其中。

苏丹对大象池地区的关注,也许是欧斯曼·克图达·喀兹达勒在西北面的阿兹巴基亚区定居并建立一座宗教建筑群的原因之一(欧斯曼是一名强悍的耶尼切里军官,于18世纪20年代担任喀兹达勒家族的头领),当时,阿兹巴基亚区才刚刚开始挑战大象池作为精英住宅区的地位。[14] 后来,阿兹巴基亚区南边的卡那提-斯巴区(Qanatir al-Siba')也建了一所喷泉亭学校,创建人是总管太监阿布-乌库福·艾哈迈德阿迦(1755—1757年在任)。卡那提-斯巴区位于大象池的南面和西面,当时还不算精英住宅中心,虽然阿布-乌库福之前的居所就在这里。[15]

总的来说,这些喷泉亭学校反映出,后宫总管太监希望向男孤儿讲授《古兰经》,让他们学会读书写字。就此而论,我们不能忽视如下事实:在我们提到的总管太监赞助修建的这些喷泉亭学校当中,有三所学校邻近赞助人在当地的居所。这有点类似盛行于麦加的一种惯例:守卫卡巴天房的宦官队伍中,下属成员在培训期间就

- 273 -

住在队伍头领家中。就读于开罗古兰经学校的那些孤儿也许不属于后宫总管太监家的一员，但他们可以算是总管太监的侍从。我们甚至可以说，他们是总管太监的干儿子，就像麦加的那些年轻宦官一样。这是因为总管太监通过喷泉亭学校养育了新一代有文化的逊尼派穆斯林。具体而言，其中一些总管太监（至少包括朝觐者贝希尔和摩拉勒·贝希尔）养育的是逊尼派的哈乃斐派穆斯林。

伊斯兰学校

对后宫总管太监来说，创建古兰经学校是一回事，开办伊斯兰学校又是另外一回事。伊斯兰学校相当于穆斯林的神学院，只不过这类学校特别重视教法学、《古兰经》诠释（tefsir），以及圣训（hadith）——也就是先知穆罕默德的言行录。一般来说，伊斯兰学校对各方面的需求都更高一些：空间、食物、燃料、人员、资金等。一所伊斯兰学校的学生人数从十名或二十名到几百名不等（比如爱资哈尔伊斯兰学校就有几百名学生），他们通常就住在校园内，其中多数学生是从很远的地方搬过来的。除了宿舍，他们还需要一座用于做每日礼拜的清真寺，一座用来存放他们研习的书籍的图书馆，以及一间厨房、一个浴场、多间厕所。因此，一所伊斯兰学校所需的实际空间远大于一所古兰经学校。另外，古兰经学校只有一名老师，而伊斯兰学校需要多名老师，以及数名图书馆馆员，清真寺领拜人，负责点灯、扫地等工作的维护人员（虽然许多伊斯兰学校的捐赠契据规定这些活由学生自己干）。所有工作人员的薪水以现金形式发放，学校还经常给他们配发食品、衣物。这样看来，创办伊斯兰学校是一项需要大量资源的艰巨事业。

因此，后宫总管太监创办的伊斯兰学校也就相对较少。总管太监虽然热衷于在开罗建立古兰经学校，但他们当中谁也没有在开罗创办过伊斯兰学校，只有摩拉勒·贝希尔阿迦对马哈茂迪耶伊斯兰学校的建造工程进行了远程监督。[16] 总管太监开办的伊斯兰学校存在于两圣地、帝都、奥斯曼巴尔干半岛地区。

哈比沙·穆罕默德 1582—1583 年，第一任总管太监哈比沙·穆罕默德阿迦又开创了一个先例：他创立了一所容纳十名学生的伊斯兰学校。这所学校（今已不存）由伟大的建筑师希南设计，似乎是为了补充哈比沙·穆罕默德的喷泉亭学校的不足（这所喷泉亭学校位于君士坦丁纪念柱附近）。作为帝都的一所伊斯兰学校，它的学生很可能属于哈乃斐教派。[17]

朝觐者穆斯塔法 朝觐者穆斯塔法延续了哈比沙·穆罕默德开创的先例：1602 年（也就是穆斯塔法当上后宫总管太监的三年前），在去麦加朝圣期间，穆斯塔法在麦加建立了一所伊斯兰学校。这所学校的特别之处在于，它同时提供哈乃斐派和沙斐仪派的教育。自从哈乃斐派成为奥斯曼帝国的官方教派以来，这种教育形式在帝国的任何机构中几乎都是前所未有的。不过，在麦加的常住人口以及前往该城的朝圣者中，沙斐仪派信徒确实占有相当比例。其实，整个红海地区遍布着该教派的追随者：下埃及和也门海岸的多数居民都是沙斐仪派信徒。朝觐者穆斯塔法肯定希望能照顾到麦加的这一重要群体，同时，他可能还想通过创办这样一所学校来消解也门的栽德派伊玛目的思想感染力——17 世纪初，这些伊玛目不断地将奥斯曼人驱逐出也门行省。[18]

在开罗，朝觐者穆斯塔法也同时照顾到了哈乃斐派和沙斐仪派：他出资请了30名《古兰经》诵经人，让他们在晨礼前后以及宵礼前后朗诵经文。穆斯塔法的捐赠契据规定，每次礼拜都由一名谢赫负责带领自己圈子（majlis）的诵经人。他还出资请了九个人在爱资哈尔清真寺诵经，契据中对这批诵经人也有同样的规定。[19] 可能是为了凸显他对沙斐仪派的尊重，穆斯塔法请了三个人在沙斐仪本人的陵墓前念诵开端章（《古兰经》第一章）[沙斐仪的陵墓位于开罗那座庞大的卡拉发（Qarafa）公墓之中]。[20] 阿巴斯阿迦于17世纪90年代逝世于开罗，葬在沙斐仪的陵墓附近——这个选址看上去不仅仅是巧合。将近80年后的一份陵墓整修命令表明，服务于沙斐仪之墓的捐献机构的主管是总管太监杰夫海尔·穆罕默德阿迦（1772—1774年及1779—1783年在任）。[21]

这些宦官之所以效忠于沙斐仪，可能是因为他们的家乡是埃塞俄比亚：在过去，埃塞俄比亚的大多数穆斯林信奉沙斐仪教派。[22] 虽然非洲宦官当中很少有穆斯林[23]，但如果穆斯塔法和阿巴斯——可能还有其他后宫宦官（包括哈比沙·穆罕默德，如果我们相信他被俘虏的那个故事的话）——生来就是穆斯林的话，那么他们的家人就有可能是沙斐仪派成员。如果是这样，那他们可能就会对这个教派及其创始人保有一定程度的忠诚。

朝觐者贝希尔阿迦 没有哪个后宫总管太监创办的教育机构数量比得上在任多年的朝觐者贝希尔阿迦。光是在麦地那，他就开办了一所伊斯兰学校和一所圣训学校。一份现存于苏莱曼尼耶图书馆的长篇契据对这两个机构进行了描述。其中，这所伊斯兰学校创办于 1738 年，是在此前一座建筑的基础上修复而成的，规模适中，有八个房间，附带一个图书馆（kitabhane），以及一个用于培训古兰经学校老师的"教师屋"（mu'allimhane）。整个机构提供绝佳的"实践性学习"：伊斯兰学校的学生负责打理图书馆，担任每日礼拜的领拜人，保持地面和厕所清洁，他们还和"教师屋"的学生一起向小孩子讲授《古兰经》。因此，这个机构相当于一所"三合一"的学校。捐赠契据没有提到对伊斯兰学校或"教师屋"的生源的任何限制，这样看来，只要能学好相应的课程，大概谁都可以上这所学校。

贝希尔的圣训学校显然是特意建造的，资金来源于大马士革周边土地的收益。与上文提到的伊斯兰学校不同的是，这所圣训学校的宗旨是"把有用的知识教给原籍为罗姆的人"（原话为 fi-ül-asıl diyar-i Rum ahalisinin 'ulum-u nafi'e）——"罗姆"即指奥斯曼中心地区，特别是安纳托利亚和巴尔干半岛东部。具体来说，学校的寄宿生必须是 20 名未婚罗姆人。为了明确这一点，捐赠契据补充道："以下人士不得使用这 20 间房：已婚人士、北非人（Magribi）、印度人（Hindi）、波斯人（A'cam）、农民（fellah）、什叶派信徒（revafiz，暗指异教徒）、其他种族人士（ecnas）。"[24] 这些规定可以确保学生是清一色的哈乃斐派信徒，因为几乎所有罗姆人都是这个教派的成员。学生的老师（müderris）也是土生土长的罗姆人，由守陵宦官的首领（同时也是该机构的主管）和麦地那的首席法官选任。如果在麦地那找不到对《古兰经》诠释、先知传统、伊斯兰教法学有足够了解的罗姆人，那么这两名官员可以申请从伊斯坦布尔派一名能够胜任这份工作的老师。

这些规定意味着，麦地那不缺少罗姆学生。他们显然与来自不同地区和背景的其他学生共处，因此，他们肯定能轻松掌握这些地区的教义阐释和惯例。这样看来，该机构的核心目的可以说是确保这些学生接受统一的哈乃斐派的法学和宗教教育。换言之，这所圣训学校意在阻止汉志的罗姆学生被本地同化，同时也试图巩固哈乃斐派在该地区的地位，毕竟这是奥斯曼帝国的官方教派。

和上文提到的伊斯兰学校的学生一样，这所圣训学校的学生也要自己做饭、打扫卫生、干杂务。捐赠契据列举了圣训学校图书馆的藏书，这些书囊括了哈乃斐教派的法学和释经典籍。综合来看，这两所学校的作用在于支持麦地那的哈乃斐教派——在过去，麦地那这座城市的多数人口信奉的是栽德派和伊斯玛仪派（二者都是什叶派的分支）。除了培养哈乃斐派的新学生，这两个机构还为麦地那的哈乃斐派乌理玛和访问该城市的哈乃斐派朝圣者提供本派典籍的手抄本。

在多瑙河港口西斯托瓦，也就是与麦地那相对的奥斯曼帝国的另一端，朝觐者贝希尔阿迦创建了另一所伊斯兰学校，时间大概是1745年。对于一所由总管太监捐建的伊斯兰学校来说，这个选址看似比较奇怪，毕竟该地区的绝大多数人口都信奉东正教，仅有的少数穆斯林也全都属于哈乃斐教派。贝希尔对这个多瑙河谷有着浓厚的兴趣（见第7章），因为它是与哈布斯堡王朝和俄罗斯帝国相对的一个战略要地，也是向伊斯坦布尔供应粮食的重要渠道。

在斯维什托夫这个多瑙河的重要港口，有许多大型基础设施项目。相比之下，贝希尔建立的伊斯兰学校只是其中的一个小工程。如今，此地已经没有这所学校存在过的痕迹，我们也找不到关于学校图书馆的任何记录:这座图书馆的规模肯定不小,它的主要藏书肯定是哈乃斐派的重要著作,正如麦地那那所圣训学校的图书馆一样。就连贝希尔的那份长篇捐赠契据也只是提到了学校附近的一家羊蹄店。[25] 不过,我们不难想见,在一个远离帝都,甚至远离省会的基督徒占多数的城市,要想弄到哈乃斐派的释经学和法学典籍手抄本,肯定比在麦地那难上许多。贝希尔的伊斯兰学校让哈乃斐派教育在这个城镇得以存续,为当地和周边地区输送了该教派的传播者,例如伊玛目和古兰经学校老师。

贝希尔阿迦还在托普卡帕宫的南面委托建造了另一所伊斯兰学校,作为他的宗教建筑群的一部分,此后不到一年,贝希尔中风,身体因此瘫痪。时至今日,该建筑群的相当一部分依然状态良好。除了伊斯兰学校,整个建筑群还包括一座清真寺、一所古兰经学校、一间苏菲派纳格什班迪耶教团的道堂(下文有讨论)、一座公共喷泉亭(位于围墙的一角)、一座图书馆。这所伊斯兰学校的要求几乎和贝希尔在麦地那的那所圣训学校一样严苛:学生必须未婚,而且不得离开学校去从事除了学习伊斯兰教法及神学以外的活动。如果违反规定,他们就得让出在此学习的名额。麦地那的那所圣训学校对学生的种族地域有着严格限制,而这所伊斯兰学校没有这种限制。不过,既然学校位于伊斯坦布尔,大部分学生自然应该都是罗姆人。虽说如此,二者确实形成了鲜明的对比:一个郑重警告"外人勿闯",另一个则不对其他族群的人设防。[26]

和其他伊斯兰学校一样,这所学校的学生也要承担各种日常工作:担当看门人(*bevvab*)、清扫工(*ferraş*)、点灯人(*siraçı*)、图书馆助理(*mustahfız*)。所有这些工作都根据学生住的房间分配,而且都有一份象征性的薪水。贝希尔的宗教建筑群还包括一所古兰经学校（这显然是一项惯例）。有了这两所学校，一个男孩——甚至是孤儿——就有可能在这里受到持续的穆斯林教育，也许还能被培养为乌理玛——当然，他不可能获得帝国乌理玛团体的最高职位（担任这些职位的人来自苏丹在伊斯坦布尔、埃迪尔内、布尔萨创办的大型伊斯兰学校），不过可以得到普通的教职和清真寺领拜人的职位。

然而，这并不是一个普通的教育综合体，而显然是一个展示性机构，用于吸引精英乌理玛、宫廷高官，甚至是苏丹的目光。这里的清真寺显然也不是通常的那种"伊斯兰学校清真寺"（这种清真寺供学生做每日礼拜用）。该清真寺雇用了一小队领薪水的领拜人、讲道人、诵经人、宣礼员，其中有几个人专门负责主麻日的午间聚礼。清真寺还为苏丹设立了一个廊台（mahfil），并备有专门的宣礼员。这说明马哈茂德一世及其继任者偶尔会来参观这座清真寺，毕竟它离皇宫很近。同样，这里的古兰经学校也更为复杂：它配备了一名书法老师，甚至附带一所"高级学校"（mekteb-i mu'alla），学生每周在此学习两天"实用科学"（'ulum-u nafi'e）——大概指的是基本的经文阐释。总管太监捐建的古兰经学校招收的一般是孤儿，但这所学校可能不是。捐赠契据上完全没提到孤儿，而且学生在斋月收到的衣物都是一些配饰（披风、毡帽、饰带、袜子），而不是基本的衣服裤子。[27]

至于这里的图书馆，它的藏书量即使不是在全帝国名列前茅，在整个伊斯坦布尔肯定也是数一数二的，而且囊括了最重要的书籍［这些藏书构成了如今苏莱曼尼耶图书馆中"朝觐者贝希尔"

（Hacı Beşir）这个类别的核心部分〕。该图书馆共有 690 种藏书，共 1007 册，包括《古兰经》阐释、圣训评注、哈乃斐派法学这几个领域的典籍，此外，还有历史书、地理书、传记汇编、语法和词法书、医学著作、神秘主义著作、诗歌集、美文集，就写作语言来说，有奥斯曼土耳其语、阿拉伯语、波斯语。[28] 也就是说，这些书不仅是用来给伊斯兰学校的学生查阅的标准文本。难怪这座图书馆雇用了四名"专业"图书馆馆员，每名馆员的头衔都是"书籍守护者"（*hafiz-i kütüb*），除此之外，还有一名书籍装订员（*mücellid*）和一名清扫图书馆地板的员工。捐赠契据强调，不得将这些藏书带出图书馆，就连经常研读或誊抄的书也不能带出去。从这个规定中，我们可以感受到贝希尔阿迦有多么担心他的藏书遭到损毁，毕竟他花了许多年才积累下这些书，其中无疑包括奥斯曼或国外显要人物赠送给他的稀有手抄本。这些书籍闲置时，工作人员就将它们存放在清真寺中米哈拉布右边的一个库房里（图 9.2），这种处理办法

图 9.2 位于托普卡帕宫附近的朝觐者贝希尔的建筑群。图片由本书作者提供

传达出的信息是：这些书籍是神圣的珍品，读者应把它们当作某种禁忌之物。

在皇宫旁边创建一所重要的哈乃斐派伊斯兰学校，相当于发表了这样一项声明：培养宫廷男仆固然很好（贝希尔阿迦也曾受益于这项教育），但培养乌理玛——包括可能进入帝国官僚体系的乌理玛——至少也同样重要。另外，我们也可以想见，贝希尔建立的伊斯兰学校和图书馆让皇宫中的伊玛目、海推布、卡迪、穆夫提（可能还包括与贝希尔有往来的大穆夫提）得以在此查阅重要书籍，或者视察接受培训的乌理玛。

图书馆与书籍捐赠

在奥斯曼帝国，图书馆一般隶属于宗教建筑群或者教育综合体，但它不一定是伊斯兰学校或者圣训学校的一部分。尽管如此，18世纪仍被认为是一个独立图书馆的时代。第一座值得留意的独立图书馆实际上在世纪之交以前就建立了：它就是科普鲁律图书馆，由后来的大维齐尔科普鲁律·法佐·穆斯塔法帕夏在1678年建成，坐落在伊斯坦布尔的中央主干道底万悠路旁边，图书馆的西面就是法佐的父亲科普鲁律·穆罕默德帕夏兴建的宗教建筑群。[29]

到了艾哈迈德三世统治时期，建造图书馆的风潮才真正开始兴起。在皇太后格努什·埃梅图拉的那个完工于1711年、位于于斯屈达尔的清真寺建筑群中（见第7章），就有一座藏有66册手抄本的图书馆。[30]她的儿子也不甘示弱，于1719年委托在托普卡帕宫

第 9 章　总管太监与奥斯曼宗教文化生活

第三庭院建造了一座独立图书馆。如今,托普卡帕宫博物馆各部门负责人的办公室就位于这座建筑中。这座图书馆曾经收藏的手抄本如今成了托普卡帕宫博物馆图书馆的核心藏书,这些书籍也是研究奥斯曼帝国和伊斯兰教历史的学者参考的主要文献。[31] 艾哈迈德的接班人马哈茂德一世于 1739 年在阿亚索菲亚清真寺内部兴建了一座小图书馆,又于 1742 年在征服者穆罕默德的清真寺旁边建了另外一座。[32] 几十年后,大维齐尔拉格希卜·穆罕默德帕夏(同时也是一名多产的知识分子)在伊斯坦布尔的拉雷利(Laleli)建了一座藏书 1000 册的图书馆。[33]

人们普遍认为,朝觐者贝希尔阿迦对宫廷图书馆的建造起到了至关重要的作用,甚至认为他曾向苏丹提议修建图书馆。然而,当时两位主要的宫廷史官穆罕默德·拉希德埃芬迪和斯拉达·穆罕默德阿迦都没有提过这位总管太监是否参与了此事。[34] 如果他的确负责或参与过宫廷图书馆的建造工作,那么可以说这预示了他后来开展的大规模捐书活动。他终其一生至少捐赠了其主要藏书的五六成,其中最主要的部分捐给了下列机构:他在托普卡帕宫旁边的建筑群、他在麦地那办的圣训学校、艾郁普区一个类似圣训学校的机构,此外可能还包括他在斯维什托夫建的伊斯兰学校。比起诸位前任总管太监的藏书活动,贝希尔的这些捐赠活动似乎是一种进步。举例来说,17 世纪 90 年代死于开罗的阿巴斯阿迦留下了大量藏书,其中包括装饰精美的《古兰经》、哈乃斐派教法著作,以及其他各类书籍。[35] 但无论是他本人还是朝觐者贝希尔的多名前任,似乎都没有像贝希尔一样花费力气去确保这些书得到流通和使用。

贝希尔也向已有的机构捐过书(虽然捐赠的数量不算太多),

- 283 -

其中以开罗的爱资哈尔伊斯兰学校和巴格达的阿布·哈尼法之墓最为著名。在爱资哈尔伊斯兰学校，他向土耳其学生住宿学院（Riwaq al-Atrak）捐赠了一些书籍。这所伊斯兰学校有 25 个住宿学院（riwaqs），每个学院的学生都来自一个特定地区。土耳其学生住宿学院就是这 25 个学院之一，也是少数几个只招收哈乃斐派学生的学院，这个学院的学生应该会乐于接受贝希尔捐赠的哈乃斐派法学以及《古兰经》诠释方面的重要著作。这些捐赠书籍合并到了贝希尔在开罗的那所喷泉亭学校的捐赠书籍中。[36] 捐赠契据没有详细说明这些书籍的借阅条款。

贝希尔对阿布·哈尼法的清真寺和陵墓的捐赠则是另外一回事。现藏于苏莱曼尼耶图书馆的一份四页的捐赠契据列出了 13 本捐赠书籍（都是哈乃斐派法学和释经典籍），并规定：这些书可以借阅，但不能带到"小区"（mahalle）外面。[37] 最后这项条款表明，清真寺和陵墓周围的"小区"住着一群团结的哈乃斐派信徒，其中包括能够阅读这些书籍的乌理玛和学生。实际上，该契据强调，这些书籍供学生使用。情况的确如此：奥斯曼人属于哈乃斐教派，该派的信徒认为教派创始人阿布·哈尼法（逝于 767 年）是"最伟大的伊玛目"（al-imam al-a'dham），他的陵墓所在的区域如今叫作阿哈弥亚（Adhamiyya）。像他这样的大师的陵墓自然会吸引许多朝圣者和虔诚的信徒，其中一些人甚至想在陵墓附近定居。因此，让这些书在小范围内流通大概没什么危险，这样一来，深居简出的年长学者以及在家中教授学生的学者就能借阅这些书了。

后宫总管太监——尤其是朝觐者贝希尔阿迦——无疑利用了宗教捐献的形式来促进书籍（特别是哈乃斐派学术著作）的流通和使

用。可是，总管太监本人有没有读过自己捐赠的书呢？有几位总管太监和其他高品级后宫宦官肯定是读过的。他们捐赠的书可不只是华贵的礼物或者精明的投资。在阿巴斯阿迦和朝觐者贝希尔阿迦收藏的哈乃斐派著作中，有很多著作是后宫宦官在托普卡帕宫接受教育时需要研习的文本。因此，高品级的后宫宦官至少在学习阶段读过这些书。不过，对于他们当中的许多人来说，阅读远不只是学生时代的功课。图尔汗苏丹的"密友"霍卡·雷汉阿迦是一名博学之士，他在伊斯兰科学方面的学问堪比任何一位乌理玛成员（我们在第6章介绍过霍卡·雷汉，后文还会提到他）。根据法国商人让-克洛德·弗拉察的说法，摩拉勒·贝希尔阿迦每天都要在他的一大堆书中浸淫数小时。[38] 总管太监一般是"爱书人"，而爱书肯定也就意味着他们有看书的习惯。[39]

朝觐者贝希尔与爱维亚·切勒比的《游记》 只有忠实的读者才会去复制、传播《游记》（*Seyahatname*）这部了不起的著作，它的作者是17世纪的一名侍臣，名叫爱维亚·切勒比（约1611—1682年），而这位"忠实读者"就是朝觐者贝希尔。贝希尔在人生的最后数年里致力于传播这部作品，他对奥斯曼知识文化作出的最重要的贡献可能也正在于此。

在总管太监的任期行将结束之际，贝希尔从开罗得到了《游记》一书。该书作者爱维亚·切勒比在开罗度过了人生的最后十来年，他在开罗的身份是卡西米派显贵、朝圣负责人厄兹贝克贝伊［全名为厄兹贝克贝伊·伊本·阿布·沙瓦里布·若德凡贝伊（Özbek Bey ibn Abu al-Shawarib Rıdvan Bey）］的宾客，二人结识于1671—1672年的朝觐中。爱维亚在开罗完成了这部作品，他去世的时候（大约在 1682 年），作品的手稿依然在开罗。厄兹贝克贝伊似乎替他保管过手稿。1719 年，厄兹贝克去世，手稿传给了其子易卜拉欣·切勒比（Ibrahim Çelebi）。1742 年，某个人——或许是易卜拉欣·切勒比的一个儿子——将手稿（据说是爱维亚的亲笔手稿）寄到了伊斯坦布尔，作为送给朝觐者贝希尔的礼物。我们可以猜测，贝希尔当时已经对这部作品有所耳闻，也许他是在成为后宫总管太监之前在开罗的一次短暂逗留期间得知有这么一部书。收到手稿后，贝希尔把它分多次送到加拉塔萨雷，该地就在托普卡帕宫外，是培训宫廷男仆的场所之一。《游记》的手稿就由这里的一些男仆负责抄写。

已故的皮埃尔·麦凯对《游记》手稿的曲折历史进行了详尽的探索。[40] 简而言之，朝觐者贝希尔向自己的图书馆捐赠了一部完整的《游记》手抄本，但在他死后，这部多卷本的书散落各地，直到数十年后才重新被归拢为完整的一部书。如今，苏莱曼尼耶图书馆藏有此书的不同手抄本，归在"朝觐者贝希尔"这个类别中，但卷数都不齐全（这个类别还包括来自贝希尔的宗教建筑群的其他藏书）。

几乎可以肯定，贝希尔阿迦从来没见过爱维亚·切勒比，但他深知《游记》一书有多么重要。该书共十卷，描绘了奥斯曼帝国的大部分疆域（除了北非，这个例外值得注意），刻画并评价了整个奥斯曼社会：精英与老百姓，城里人与乡下人，宗教机构与社会组织，不同族群的语言样本，对关键战役和重要官员的描述，传说与荒诞奇闻。在此之前，在奥斯曼帝国的疆域内，甚至是在其他任何地方，还没有人写出类似的巨著；在此之后，应该也再不会有第二部这样的作品了。对任何一个人来说，向奥斯曼中心地区的读者介绍这样一部独特的著作，就是对奥斯曼文学的最大贡献之一。

然而，这一里程碑式的成就只不过是总管太监对奥斯曼文化生活所作贡献的一部分。我们将会在第11章看到，有几位总管太监曾委托制作泥金装饰手抄本或普通手抄本，内容包括奥斯曼帝国历史、节日庆典等。在那个印刷术尚未普及的年代，无论是制作手抄本，还是以宗教捐献的形式捐书（这是总管太监惯用的方式），这些活动都有助于把书籍供给奥斯曼社会中一小部分有文化的人——主要是宫廷成员、政府官僚、乌理玛。同时，这些书籍也向读者灌输了总管太监支持的逊尼派正统教义和奥斯曼身份认同。

苏菲派道堂

有不少后宫总管太监都倾向于苏菲派，虽然他们当中似乎很少有人隶属于某个教团（*tariqa*）。阿巴斯阿迦死后在开罗留下的书籍中，就有几本中世纪穆斯林神秘主义的经典著作（在这些著作成书的年代，苏菲派教团尚未成形）：中世纪波斯神秘主义者法里德丁·阿塔尔（Farid al-Din 'Attar'，约逝于1221年）的《百鸟朝凤》（*Mantiq al-tayr*）和《圣徒列传》（*Tabaqat al-awliya'*），以及伟大的神学家安萨里（al-Ghazali，逝于1111年）的晚期著作《幸福的魔力》（*Kimiya-i sa'ada*）。其中，《百鸟朝凤》是关于灵魂追寻精神满足的寓言,《圣徒列传》描绘了多名神秘主义圣徒的人生,《幸福的魔力》促进了逊尼派正统与神秘性满足/精神满足之间的调和。

（顺便一说，这些都是阿拉伯语和波斯语原版著作，阿巴斯和其他后宫总管太监都读过。）阿巴斯的藏书当中还有一本《奥拉德诵读法》（Qira'at al-awrad），"奥拉德"（awrad）既可以指《古兰经》中叫作"奥拉德"的章节（做完每日五次礼拜之后，私下做额外的礼拜时念诵的章节），也可以指苏菲派神秘主义修行的念诵部分，又称迪克尔（dhikr）。

收藏、阅读这些神秘主义著作和创立道堂比起来，可谓小巫见大巫。所谓道堂，就是某些苏菲派教团的成员聚在一起生活并追求神秘性满足的地方。这样一座道堂需要的很多东西也是一所伊斯兰学校所需要的：宿舍、用于做每日礼拜的清真寺、厨房、浴场、厕所。此外，二者都须雇用维修工人。（这在一定程度上解释了为什么此类道堂通常都是较大的宗教建筑群的一部分。）不过，道堂最需要的是一处公共空间——通常是一个圆形的厅堂，用于进行该教团特有的神秘主义修行（即念诵迪克尔）。由于每个苏菲派教团的迪克尔都不一样，道堂通常是为特定的教团专门打造的，但也有例外。

奥斯曼宫廷与梅夫拉维教团的关系很近，这一点有目共睹。该教团在奥斯曼中心地区尤为活跃，其创始人是梅夫拉那·贾拉尔丁·鲁米（Jelal al-Din Rumi，1207—1273 年，梅夫拉那意为"我们的师父"）的儿子。[41] 然而，没有一个后宫总管太监创立过梅夫拉维道堂。另外，有几位总管太监资助了另外两个主流教团：哈尔维蒂教团和纳格什班迪耶教团。不过，总的来看，在选择资助哪个教团的道堂这方面，这几位总管太监似乎持一种相当"兼容并包"的态度，因此我们可以说，他们普遍支持"教团苏菲主义"（tariqa

Sufism）——也就是信奉某个教团的苏菲主义，而不是没有特定教团的神秘主义，后者流行于萨菲王朝和恺加王朝统治下的伊朗（甚至如今的伊朗也流行着这种神秘主义）。

哈比沙·穆罕默德阿迦　前文提到，哈比沙·穆罕默德的那座里程碑式的宗教建筑群（位于伊斯坦布尔的恰尔尚巴）包含一座苏菲派道堂。该道堂隶属于哈尔维蒂教团，而这个教团于15世纪形成于阿塞拜疆，并于16世纪传入奥斯曼帝国境内（当时，教团的谢赫纷纷逃离处于扩张中的萨菲王朝，来到了奥斯曼帝国）。[42] 生活于18世纪的哈菲兹·侯赛因·艾万萨拉伊（Hafız Hüseyin Ayvansarayi）写过一本描述伊斯坦布尔各个清真寺的纲要，他在书中指出，这座道堂的第一位谢赫是亚雅巴什扎德·赫泽（Yayabaşızade Hızır）埃芬迪，这名谢赫还在哈比沙·穆罕默德的圣训学校讲解过《古兰经》。哈比沙·穆罕默德显然成了他的弟子。哈比沙信奉哈尔维蒂教团，这与当时奥斯曼皇室的精神倾向是一致的（当时在位的苏丹是哈比沙的恩庇人穆拉德三世）。穆拉德像着了迷一样追随哈尔维蒂教团的舒卡谢赫（Şeyh Şuca，逝于1582年），这名谢赫简直成了穆拉德的精神知己，学界也对两人的关系作过一些研究。[43] 穆拉德的母亲努尔巴努苏丹和大维齐尔谢姆西·艾哈迈德帕夏（逝于1580年）都给哈尔维蒂教团捐建过道堂（谢姆西是努尔巴努圈子中的一员）。[44]

朝觐者穆斯塔法与阿巴斯　这两位17世纪的总管太监（我们在前文中研究过他们的捐赠契据）在开罗捐建过苏菲派道堂，道堂所属的教团无从得知。朝觐者穆斯塔法捐建的那座道堂是在原建筑的基础上修复的，道堂旁边有一个尼罗河上的商队驿站，就在前往布拉克的航道上。[45] 托普卡帕宫档案馆有一份关于阿巴斯阿迦捐献产业的文件，其中提到了他在伊斯坦布尔贝西克塔什区建立的一座道堂，它隶属于一个小型宗教建筑群，该建筑群还包括一座清真寺（存续至今）。此外，文件还提到了一个"德尔沙尼"（dershane，似乎是一个演讲的地方）、一个"教师屋"（mu'allimhane，培训古兰经学校教师的机构）。阿巴斯在于斯屈达尔也建了一座道堂外加一座清真寺。值得一提的是，在这份文件中，阿巴斯的代理人卡夫贝伊·伊本·穆罕默德（Cafer Bey ibn Mehmed，他先前是一名阿迦）被列为贝西克塔什区那座道堂的前任"巴巴"（baba），也就是谢赫。[46] 阿巴斯的埃及遗产清单也提到了开罗的一座道堂。[47]

可惜的是，两份文件都没有提供任何细节。就拿开罗那座道堂来说，文件中甚至没有记录它具体位于何处。紧挨着列在它前面的是两处房产，都位于征服门（Bab al-Futuh）外，此门是法蒂玛王朝的旧城卡西拉的北大门。考虑到哈尔维蒂教团的一个分支在这一区域比较受欢迎[48]，我们可以猜测，阿巴斯的这座道堂也属于这个教团，至于真实情况如何，那就无法确定了。也许不止一个苏菲派教团使用过这些建筑，这种情况偶有发生。

朝觐者贝希尔　说到朝觐者贝希尔，他对苏菲派的资助也可谓兼容并包——这是根据那份长篇捐赠契据所作的判断，该契据详细记录了他在埃及之外的其他地方开展的各种项目。在伊斯坦布尔，他向几座已有的道堂提供了食品补贴，包括一座为弓箭手而设的道堂，位于奥克梅丹（金角湾北面的一处射箭场），以及位于艾郁普区，附属于拉里扎德·赛义德·阿卜杜巴齐（Lalizade Seyyid Abdülbaki，逝于 1738 年）埃芬迪之墓的一座道堂。[49] 捐赠契据没

第9章 总管太监与奥斯曼宗教文化生活

有提及两座道堂所属的教团,至于那座弓箭手的道堂,我们对它更是完全不了解。不过我们可以对拉里扎德作一点研究:他先后当过耶路撒冷、开罗、麦加、伊斯坦布尔的首席教法官(卡迪),是一名"拜拉米-梅拉米"(Bayrami-Melami)。拜拉米指的是一项神秘主义传统,其创始人是14世纪安纳托利亚神秘主义者朝觐者拜拉姆·维力(Hajji Bayram-ı Veli),此人活跃于安卡拉及周边地区;而梅拉米指的是一个松散团体,其成员都是曾在其他教团中接受训练的一些苏菲派谢赫,维多利亚·霍尔布鲁克(Victoria Holbrook)将这一团体称为"超教团"(supra-order)。[50] 拉里扎德本人对梅拉米和拜拉米这两个团体作过权威的描述,其中包括对二者历史沿革的介绍。

梅拉米是一个相当神秘且有争议的团体,它结合了对"万有单一论"(*wahdat al-wujud*)这一概念的信奉和极其谦卑、厌恶抛头露面的态度。"万有单一论"是中世纪神秘主义传奇人物伊本·阿拉比(Ibn Arabi,1165—1240年)创造的概念,其要义为:真主存在于万物中。16—17世纪,梅拉米教团成员多次受到迫害,到了18世纪,他们便完全转入地下,不过该教团吸引了奥斯曼帝国中一些有影响力的知识分子和手握大权的官员[51],其中也许包括朝觐者贝希尔。

另外,贝希尔阿迦还修复了森布·锡南(Sünbül Sinan,逝于1529年)埃芬迪的陵墓。[52] 森布埃芬迪是哈尔维蒂教团最伟大的谢赫之一,其陵墓位于伊斯坦布尔,毗邻大维齐尔科贾·穆斯塔法帕夏(逝于1512年)的清真寺。科贾·穆斯塔法的女婿是森布埃芬迪的信徒,他在森布里耶教团(Sünbüliyye,由森布谢赫创立的哈尔维蒂教团的分支）的所在地建了一座道堂，该道堂包含40个用于静修的小房间——静修是哈尔维蒂教团特有的一种仪式。[53] 森布谢赫就葬在这座道堂附近，同葬此处的还有其他几位森布里耶教团的领袖。[54]

我们在第7章中看到，朝觐者贝希尔资助了科贾·穆斯塔法帕夏街区的几项基础设施改造项目（该街区得名于科贾·穆斯塔法帕夏，位于马尔马拉海以北）。这个街区之所以能够引起贝希尔的关注，可能有相当一部分原因在于坐落在此地的森布埃芬迪的道堂和陵墓。贝希尔于1738年修复了这座陵墓，那时候，对哈尔维蒂教团的资助应该比哈比沙·穆罕默德阿迦那个年代更为常见，因为该教团在当时已经是奥斯曼帝国境内传播最广的苏菲派教团了，它在安纳托利亚、巴尔干半岛、阿拉伯地区都有分支。[55]（如前文所述，附属于开罗马哈茂迪耶伊斯兰学校的苏菲派道堂是哈尔维蒂教团的道堂，而这所伊斯兰学校的监建人是朝觐者贝希尔的继任者。）除了修复陵墓，贝希尔还修复了一个小型公共喷泉亭，该喷泉亭由胡斯雷夫贝伊始建于16世纪初。[56] 在临终前，贝希尔为森布埃芬迪之墓提供了《古兰经》唱诵、礼拜、蜡烛照明。[57]

尽管为哈尔维蒂教团做了这么多事，朝觐者贝希尔显然还是更偏爱纳格什班迪耶教团。纳格什班迪耶教团发源于14世纪的中亚，15世纪末传到伊斯坦布尔（当时奥斯曼才征服这座城市不久），到了17世纪末，该教团已经传遍奥斯曼帝国的大部分地区，尽管其地位还算不上稳固。[58] 纳格什班迪耶教团因坚持逊尼派正统实践而闻名，也因而引起了伊朗萨非王朝的极度反感。在萨非王朝发动攻势之前，该教团的一些谢赫逃离了伊朗。朝觐者贝希尔

第 9 章　总管太监与奥斯曼宗教文化生活

担任后宫总管太监期间，纳格什班迪耶教团的分支穆贾迪德教团（Mujaddidi）正在席卷奥斯曼帝国的阿拉伯地区，并开始传入帝国中心。穆贾迪德教团的教义是对纳格什班迪耶教团思想的一种阐释，这种阐释坚决推崇伊斯兰教法，其开创者是具有改革思想的印度神秘主义者艾哈迈德·希尔信迪（Ahmad Sirhindi，1564—1624年）。穆贾迪德教团比早期的纳格什班迪耶教团的流传更广，也正是穆贾迪德教团促使朝觐者贝希尔开展了下面提到的各项资助。

朝觐者贝希尔为一名纳格什班迪耶教团的谢赫提供薪金，请他教授安萨里的巨著《圣学复苏》（Ihya 'ulum al-din）。讲授地点是在伊斯坦布尔的伊本·瓦法谢赫清真寺（Shaykh ibn Wafa' Mosque），位于阿布·艾尤布的陵墓附近。至少从 16 世纪中叶开始，此地就出现了纳格什班迪耶教团的踪迹。[59] 同时，贝希尔在托普卡帕宫旁建的那个宗教建筑群中的苏菲派道堂也属于纳格什班迪耶教团。这座道堂是一个居住场所，其运作方式与附近的伊斯兰学校差不多。道堂的谢赫及其弟子分别住在道堂主体建筑周围的九个房间里，多数日常工作——扫地、做饭、看门、宣礼——由他们自己分担。和建筑群中的那所伊斯兰学校一样，这座道堂只招收未婚人士。捐赠契据中有如下警示："除谢赫本人以外，居此道堂者不可成婚。若有人成婚，或移居他处，或亡故，则其住处分配给满足要求的［宗教］学生。"[60]

这些苏菲派信徒显然和伊斯兰学校的学生一同进餐，捐赠契据明确记载了他们的食物：平时吃面包、米汤、抓饭、羊肉。到了礼拜五晚上、开斋节、古尔邦节，以及整个斋月期间，他们可以得到额外的米饭和肉，完整念诵一遍《古兰经》后，还能得到椰枣。完成"卡腾 - 克瓦加耿"（*khatm al-Khwajagan*）也可以得到椰枣作为奖励——卡腾 - 克瓦加耿是一种时而静默时而发声的念诵仪式，根据捐赠契据的描述，该仪式"按照纳格什班迪耶教团的要求"在礼拜一和礼拜五举行。[61] 契据还要求偶尔供应"泽德"（*zerde*），也就是番红花米布丁，这是一种在"特别的日子"里食用的节庆甜品。

因此，朝觐者贝希尔阿迦在这里所做的不仅仅是资助已有的苏菲派机构，而是新建一个这样的机构，以便按照纳格什班迪耶教团的仪规来培养未婚男青年。他的捐赠契据详细列出了这座纳格什班迪耶道堂的相关条款，这表明道堂的创建者发自内心地信奉纳格什班迪耶教团。同时，这些规定也让在道堂接受培训的纳格什班迪耶教团成员与伊斯兰学校的学生之间能够经常接触。也许有一部分伊斯兰学校的学生后来加入了这座道堂。因此，我们可以说，尽管贝希尔帮忙照看了拉里扎德的道堂和森布的陵墓，但这只不过说明他对拜拉米 - 梅拉米团体和哈尔维蒂教团抱有适当的尊重，而他的宗教建筑群中的那座道堂则反映出，他希望在帝都内传播（至少是巩固）纳格什班迪耶教团。

卡杜扎德利运动

我们可能会觉得诧异：尽管后宫总管太监长期以来一贯支持教团苏菲主义，但某些权势甚高的后宫宦官也支持卡杜扎德利运动——这是在奥斯曼境内对有组织的苏菲主义的最大威胁。卡杜扎

第9章　总管太监与奥斯曼宗教文化生活

德利运动是逊尼派中哈乃斐派的一个分支，首次出现于17世纪的头几十年，具有好战、反创新的特点。玛德琳·吉尔菲（Madeline Zilfi）指出，卡杜扎德利运动的成员是一些地方清真寺的领拜人（主要是在安纳托利亚），他们对哈尔维蒂教团感到不满，因为哈尔维蒂教团在将近17世纪中叶时几乎包揽了伊斯坦布尔、埃迪尔内、布尔萨这些地方众人瞩目的清真寺领拜人职位。实际上，该运动得名于卡杜扎德·穆罕默德（Kadızade Mehmed）埃芬迪，他是一个清真寺领拜人，来自安纳托利亚西部的巴勒克西尔（Balıkesir），于1631年得到了阿亚索菲亚大清真寺（位于伊斯坦布尔）的职位。两年后，卡杜扎德·穆罕默德的职业生涯达到了顶峰：他在圣纪节那天成功辩倒了哈尔维蒂教团的谢赫司瓦西（Sivasi）埃芬迪，辩论地点是苏丹艾哈迈德清真寺，穆拉德四世出席了此次辩论。不过，苏丹与卡杜扎德·穆罕默德并没有太多来往，卡杜扎德利运动在皇宫内的影响仍然有限。[62]

下一代卡杜扎德利成员改变了这一局势。他们的头领是乌斯图瓦尼·穆罕默德（Üstüvani Mehmed）埃芬迪，是一个土生土长的大马士革人。为了在皇宫中获得影响力，乌斯图瓦尼动员那些有读写能力的宫廷成员，包括后宫宦官。霍卡·雷汉阿迦就是他动员的主要对象之一（"霍卡"意为"老师"）。雷汉阿迦是一名颇有权势的后宫宦官，也是穆罕默德四世之母图尔汗苏丹的"密友"。1651年，他和其他后宫宦官参与谋杀了讨人厌的柯塞姆苏丹，也就是图尔汗的婆婆。几年后，多亏雷汉出手相救，年幼的穆罕默德四世才没被苏丹私人寝宫的男仆刺杀。雷汉以深谙伊斯兰神学及律法而著称，曾担任穆罕默德四世的老师，教他这两个领域及其他相

- 295 -

关方面的知识。

到了 17 世纪 50 年代，一方面，霍卡·雷汉的权势已经大到差不多能让自己看中的任何人担任宫中任一职位，就像总管太监拜润阿迦一样。[63] 根据奈马的记载，雷汉邀请乌斯图瓦尼来到托普卡帕宫第三庭院，好让后者能向年幼的苏丹进言。此后，乌斯图瓦尼被人称为"苏丹的谢赫"（padişah şeyhi）。[64] 另一方面，雷汉阿迦自然也能让任何触怒他的人被免职，毁掉他们的人生，甚至让他们丢掉性命。卡杜扎德利成员也因此而受益：1653 年，乌斯图瓦尼·穆罕默德和他的手下被一本书激怒，该书作者是广受欢迎的清真寺领拜人库德·莫拉·穆罕默德（Kürd Molla Mehmed，"库德"即"库尔德人"）。于是，霍卡·雷汉和大穆夫提介入此事，将这名作者流放。[65] 在 1656 年 3 月的"悬铃树事件"中，总管太监拜润阿迦被杀害，此后，宫廷兵团在与拜润的继任者迪拉维尔阿迦打交道的过程中，依然支持乌斯图瓦尼。[66]

几个月后，乌斯图瓦尼的影响力骤然消失。当时，科普鲁律·穆罕默德帕夏刚刚就任大维齐尔，而卡杜扎德利成员正准备全力袭击伊斯坦布尔的苏菲派道堂。卡杜扎德利运动似乎在扰乱公共秩序，科普鲁律·穆罕默德对此感到恐慌，于是便把包括乌斯图瓦尼在内的三名卡杜扎德利领袖流放到了塞浦路斯。[67] 总的来说，科普鲁律·穆罕默德坚持全面的行政控制，这意味着他无法容忍卡杜扎德利团体与他争权夺利。反过来看，在 1656 年之前，卡杜扎德利成员在宫廷的权势极盛，这是科普鲁律·穆罕默德追求不受约束之权力的原因之一。

对卡杜扎德利团体而言，这无疑是一次挫败，但他们还会迎来

第 9 章　总管太监与奥斯曼宗教文化生活

权势的巅峰——讽刺的是，这个巅峰是在科普鲁律·法佐·艾哈迈德帕夏的帮助下达到的。法佐是科普鲁律·穆罕默德的儿子，后来继任了父亲的大维齐尔一职。在担任安纳托利亚东北部省份埃尔祖鲁姆的总督时，法佐与卡杜扎德利团体的第三位伟大领袖瓦尼·穆罕默德埃芬迪成了朋友，当时瓦尼·穆罕默德是埃尔祖鲁姆的一名清真寺领拜人。1661 年，法佐受召返回伊斯坦布尔担任大维齐尔，他把瓦尼·穆罕默德也一并带了回来。这名卡杜扎德利领袖很快就成了 20 岁的穆罕默德四世的私人宗教顾问。

虽然穆罕默德四世和他的大维齐尔支持卡杜扎德利团体，但没有任何迹象表明在他统治后期的总管太监也一样支持他们。我们在前文中看到，阿巴斯阿迦死后，留下了几本神秘主义书籍和一座苏菲派道堂。[68] 阿巴斯曾于 1671 年被流放到开罗，这当然有可能是因为他的苏菲派倾向让瓦尼·穆罕默德以及其他卡杜扎德利成员感到不悦。不过，假如真是这样的话，阿巴斯的继任者应该明显倾向于卡杜扎德利团体。但我们并未看到这种倾向。接任他的优素福阿迦在任多年，但总体上对瓦尼·穆罕默德和卡杜扎德利运动没太大兴趣。第 6 章提到，奥斯曼帝国于 1683 年兵败维也纳之后（瓦尼曾对这次围攻战表示支持），卡拉·穆斯塔法帕夏被处死，而害死他的人正是优素福。置他于死地这件事不太可能是瓦尼身边的人干的，毕竟瓦尼本人也因为这次惨败而被下放到乡村。

卡杜扎德利成员虽然得到了高品级后宫宦官的支持，甚至还有雷汉阿迦这样的拥护者——他也许是奥斯曼历史上最富学识的后宫宦官，而且还是皇太后的"密友"——但后宫宦官在任何特定时期的精神倾向和所赞同的教义并不统一。在后宫宦官这个集体当中，

- 297 -

对教团苏菲主义的支持似乎已经根深蒂固，无法消除——即便是在卡杜扎德利团体的势力如日中天之时也是如此。这个团体在宦官当中的地位也许反映了它在整个奥斯曼社会中的地位：卡杜扎德利运动并非是一种无所不包的意识形态，而是一种类似于西方清教主义的态度，在不同地方和社会中的不同领域，这些态度都有所差异，而且会随时间的推移而改变，就像这场运动的成员一样。

教派化与正统斗争

也许最重要的一点在于，卡杜扎德利运动反映了奥斯曼境内的一场斗争，这场斗争关乎哈乃斐派正统的本质，更具体地说，关乎这样一个问题：奥斯曼帝国的官方正统是否应该容纳一系列流行的传统，例如苏菲派的各种仪礼和对圣徒陵墓的祭拜。这场斗争是17世纪危机的重要组成部分，它与阶级冲突、帝都和地方行省之间的冲突、城乡冲突联系在一起。和奥斯曼社会中的这些分歧一样，卡杜扎德利团体与苏菲派教团之间的斗争在17世纪期间一直持续着，但在18世纪基本平息，结局有利于苏菲派。

不过，卡杜扎德利运动也触及了"教派化"这个更大的问题。教派化是研究近代早期欧洲的历史学家所采用的术语，指的是一个国家对官方宗教正统的采纳。在欧洲，"教派化年代"从15世纪一直持续到17世纪，在这个时期，西欧的各大王国和帝国都采纳了基督教的某一分支作为官方正统。这些政体中的臣民通过各种方式——例如参与国家认可的宗教仪式、采用国家批准的象征物——

第 9 章　总管太监与奥斯曼宗教文化生活

来构建各自的基督教正统,并在公共场合表现这些正统信仰。[69]

"教派化"这一概念也于近代早期在奥斯曼大地上风行起来,它是形成奥斯曼官方宗教信仰的一种方式:差不多在同一时期,奥斯曼官方愈发重视信奉逊尼派(伊斯兰教的多数派)以及逊尼派哈乃斐派。[70] 在奥斯曼帝国,教派化的体现是:①将苏丹视为全世界逊尼派穆斯林的哈里发;②公开蔑视与奥斯曼敌对的什叶派萨非王朝;③从基督教改信伊斯兰教逊尼派的人越来越多。对哈乃斐身份的公开认同也可以算是奥斯曼帝国教派化的一部分,具体表现为:礼拜前小净时使用活水、参加昏礼。公开参加或强烈抵制苏菲派仪礼,同样也是教派化的体现。

卡杜扎德利运动相当于奥斯曼教派化的一个分水岭,因为这次运动迫使奥斯曼社会对如下问题作出公开表态:教团苏菲主义能否成为逊尼哈乃斐派正统的一部分?卡杜扎德利运动分裂的一个标志是,在 17 世纪期间,这场运动使得后宫宦官分成了两派,至少有数名宦官捍卫该运动,而其他宦官则坚守苏菲派仪礼。虽然卡杜扎德利主义严守伊斯兰教法,甚至具有清教的特点,但它绝没有反智或反理性的思想,这一主义某些最为著名的支持者还提倡理性探究——哈立德·罗伊海的研究表明,在 17 世纪,这种理性探究的精神逐渐深入奥斯曼帝国的文化生活。这在一定程度上解释了卡杜扎德利主义为何能够吸引诸如霍卡·雷汉阿迦这样的知识分子。[71]然而,到 18 世纪初,苏菲派在这场斗争中胜出,巩固了它作为奥斯曼正统重要组成部分的地位,虽然说在维也纳惨败过了很久之后,仍有小部分人抱有反苏菲派情绪。

尽管卡杜扎德利成员反对苏菲派的许多仪礼,认为这些仪礼

"不正统"，但他们让奥斯曼社会拥护了逊尼派正统的一个相关要素，即信奉先知穆罕默德。卡杜扎德利成员的一项计划就是将信徒的热情从苏菲派"圣徒"和大众信奉的其他人物身上转移到先知身上。他们这一立场的主要思想之一来源于16世纪学者（同时也是神秘主义者）比盖维·穆罕默德（Birgevi Mehmed）埃芬迪，又名比吉利·穆罕默德（Birgili）。他的论著《穆罕默德之道》（*Al-Tariqat al-muhammadiyya*）描述了一条精神道路，它与某些苏菲派教团（尤其是纳格什班迪耶教团）的精神道路有些类似[72]，但它只关注先知，而完全忽略能够充当中介者的神秘主义大师。后宫总管太监通过担任埃夫卡弗－哈瑞门的主管和先知陵墓守陵官的总管，与先知穆罕默德产生了密切关联，卡杜扎德利成员必定对此刮目相看。一些总管太监对先知的认同也许更甚于他们对苏菲派的支持。

显而易见的是，总管太监捐建的机构以不同方式、从不同程度传达出奥斯曼帝国宗教正统的各项要素：逊尼派教义、哈乃斐派教义、信奉先知、教团苏菲主义（因卡杜扎德利运动而有所间断）。举例来说，朝觐者贝希尔阿迦在麦地那开办的圣训学校就体现了对先知的信奉，同时，遍布学校图书馆的哈乃斐派释经学及法学著作则反映出奥斯曼官方对哈乃斐派的认同。就像看守先知陵墓和卡巴天房的宦官队伍一样，总管太监在麦加和麦地那建立的所有机构同样也凸显了逊尼派奥斯曼帝国对这两个圣地的掌控，这与萨非王朝的什叶派和后来的纳迪尔沙形成了鲜明对照。

总而言之，总管太监捐建的那些明显属于哈乃斐派的机构传达出相当广泛的精神信息，因为在不同地点、不同时间捐建的机构，其含义也有所差别。朝觐者贝希尔向阿布·哈尼法之墓（位于巴格

第9章 总管太监与奥斯曼宗教文化生活

达）捐赠书籍，这一行为就隐含着反什叶派的意味，因为伊拉克曾经是奥斯曼与萨非互相争夺的区域，而阿布·哈尼法之墓正是这两个帝国之间斗争的重要象征。萨非人每次征服巴格达，便立即将这座陵墓摧毁，奥斯曼人在夺回该城后又将其修复。[73] 另外，贝希尔在斯维什托夫办的伊斯兰学校就像是以基督教为正统的海洋中的一座逊尼哈乃斐派岛屿。同时，朝觐者贝希尔和摩拉勒·贝希尔在开罗创办的古兰经学校也面临着当地显贵建立的类似机构的暗中挑战。

一般来说，18世纪的捐建项目，对哈乃斐派的重视程度明显更高一些，其原因尚不清楚。卡杜扎德利运动虽然以失败告终，但也许正是这次运动激发了奥斯曼乌理玛对哈乃斐派的认同。当然，还有一个因素是，埃及沙斐仪派和马立克派乌理玛（尤其是爱资哈尔清真寺的这两派乌理玛）的地位愈发重要。在伊拉克（可能在两圣地中亦如此），纳迪尔沙推崇的贾法里派引发的挑战也可能是哈乃斐派采取应对措施的原因，因为前者可能让十二伊玛目派披上逊尼派的外衣，从而赢取人们的支持。到18世纪初，总管太监显然再也不能像一个世纪前的朝觐者穆斯塔法那样捐建服务于非哈乃斐派的机构了。

教派化是一个在公共空间中显现出来的社会过程，它本身带有表演性质：信徒群体公开实践他们的正统信仰，比如说在礼拜五的晌礼之前在公共场合用活水清洗身体。后宫总管太监的捐建机构自然也为公开表现奥斯曼正统信仰提供了场所。他们建立的古兰经学校、伊斯兰学校、宗教建筑群都是公众能够看到的建筑空间，参与这些机构的活动的学生、宗教工作人员也都是公众可以目睹的——

- 301 -

他们就在这些空间内部及周围活动。公众还能听见宣礼声、礼拜五的教义宣讲、哈乃斐派经文的念诵，甚至看到苏菲派的某些仪礼。对正统宗教身份的反复公开表现促进了奥斯曼帝国宗教的教派化，而这种表现之所以能够实现，要多亏宦官赞助的这些机构。

严格说来，总管太监的坟墓或陵墓并非对奥斯曼宗教或文化生活的贡献，但它们处于公众的视野范围内，因此能引起公众对总管太监的关注，而且这些墓的位置、碑文、装饰可以表现出对先知，对苏丹，或者对其他大人物的忠诚。总管太监的画像也能起到类似的作用，只不过这些画像的观众少之又少。第 11 章将会探究这些纪念后宫总管太监的事物。

第 10 章
改革出局——后宫总管太监的下场

第 9 章列举了一些后宫总管太监对奥斯曼宗教文化生活的资助事例，这些事例都发生在 18 世纪末之前。这并非巧合，因为到了 18 世纪末，后宫总管太监的势力无疑已经开始走下坡路（表 10.1）。作为总管太监，朝觐者贝希尔阿迦的仕途漫长而卓著，而摩拉勒·贝希尔和阿布－乌库福·艾哈迈德的仕途（相对）短暂而（非常）动荡。在他们之后，总管太监的地位开始发生变化，18 世纪末和 19 世纪初的奥斯曼宫廷编年史让我们对此有了一定的了解。在 17 世纪和 18 世纪初的政治叙述中，总管太监是一类常见的人物，但后来的主要编年史很少提到总管太监——这些编年史的作者包括萨度拉·恩维里（Sadullah Enveri，1735—1794 年）、艾哈迈德·瓦西夫（Ahmed Vasif，约 1730—1806 年）、恩塔比·艾哈迈德·阿森（Ayntabi Ahmed Asım，1755—1820 年）、撒尼扎德·穆罕默德·阿托拉（Şanizade Mehmed Ataullah，1771—1826 年）等。下面这一事实无疑反映出总管太监在这个时代不再受重视：萨度拉在他的编年史中对总管太监着墨最多的部分是对穆萨希卜·贝希尔阿迦（1757—1768 年在任）之死的记述。这名总管太监是阿布－乌库福·艾哈迈德阿迦的继任者，他是被一名庸医不小心毒死的。[1]

总管太监的抄写员（Darüssaade Ağası katibi / yazıcı）被史官提及的概率甚至大于总管太监本人，尤其是有些大维齐尔曾担任

第 10 章 改革出局——后宫总管太监的下场

表 10.1　18 世纪末到 20 世纪初后宫及第三庭院主要人物（本章提及的人物用斜体标示）

	后宫	第三庭院（或后来皇宫中的类似场所）	
		执剑侍从（1830 年以前）	
皇太后	**后宫总管太监** *杰夫海尔·穆罕默德（两次）* *萨瑞奇·贝希尔* 伊德里斯 毕宇克·比拉 哈立德 柯区克·比拉 麦绛 卡森 安伯 *哈菲兹·伊萨*	吉庆门	苏丹私人寝宫
		宫廷司库 埃比·塞利姆（代理）	**贴身男仆** *阿卜杜法塔* **持马镫者** **私人寝宫首领**
	后宫司库 贝基尔 毕宇克·比拉 哈立德 柯区克·比拉 安伯 **金库代理人**（Hazine Vekili） *毕宇克·比拉* *柯区克·比拉* 尼兹尔 *穆罕默德·拉佐格鲁（埃及）* **苏丹"密友"** *毕宇克·比拉* *柯区克·比拉* *杰夫海尔* *纳迪尔*		

- 305 -

此职。这个职位的职责是登记对圣地所作的宗教捐献,至少从17世纪后期开始,该职位就是升任高官的一条路径。我们在第6章中看到,哈姆扎帕夏之所以能当上埃及总督,就是因为他之前担任过优素福的抄写员(他的任期刚结束,优素福阿迦即遭罢免)。一个世纪之后两次短暂担任大维齐尔的伊泽特·穆罕默德(İzzet Mehmed,1774—1775年及1781—1782年在任)帕夏在其仕途早期也当过总管太监的抄写员,这主要是由于他和特伯达兵团(Teberdar corps)有联系——特伯达兵团即与总管太监往来密切的旧宫戟兵团。[2]但到了后来,总管太监的抄写员再也不是高级军事管理者的专属职位。根据萨度拉的记载,至少有两名官僚曾于18世纪60年代担任过这一职位,而按照艾哈迈德·阿森的记录,"第二咖啡制作师"①(Second Coffee-Maker)于1789年就任此职。[3]

相比之下,大维齐尔在这些编年史中几乎无处不在。实际上,在18世纪,奥斯曼帝国大维齐尔的势力稳步增长,与此同时,不光是总管太监和后宫中的其他官员,就连苏丹私人寝宫中的官员——特别是苏丹的执剑侍从——的影响力也因此而减弱(我们在第6、7章中看到,当时的执剑侍从是第三庭院男仆的头领)。之所以出现这种势力的此消彼长,是因为大维齐尔一职不再从苏丹私人寝宫的官员中选任。到18世纪中叶,大维齐尔一般来自奥斯曼帝国文书部,尤其是首席抄写官——由于首席抄写官开始在外交事务中发挥领导作用,这一官职的地位也就变得愈发重要。第一位

---

① 负责为苏丹供应咖啡的官职,17世纪中叶,咖啡已成为奥斯曼帝国宫廷复杂仪式的一部分,咖啡制作师会在40多名助手的协助下,隆重地为苏丹准备和提供咖啡。

第10章 改革出局——后宫总管太监的下场

当上大维齐尔的首席抄写官是拉米·穆罕默德（Rami Mehmed）帕夏，虽然他在大维齐尔的位置上只坐了7个月（1703年1—8月）即遭罢免（埃迪尔内事件之后）。他之后的一连串继任者都是传统的军人出身，但到了18世纪中叶，首席抄写官升任大维齐尔这一模式已经确立下来，其中最典型的例子就是备受尊敬的科贾·拉格希卜·穆罕默德（Koca Raghib Mehmed）帕夏，他于1757—1763年担任大维齐尔。

如前所述，拉格希卜帕夏在担任大维齐尔的早期曾努力扼制后宫总管太监阿布-乌库福·艾哈迈德的势力。实际上，扼制宦官势力的倾向始于斯拉达·达马特·阿里帕夏，当时他就试图禁止从东非输入阉奴。拉格希卜所作的努力可以说是顺应了这种倾向，而斯拉达的前任乔尔卢勒·阿里帕夏也采取了类似举措，使得执剑侍从（而不是吉庆门总管太监）成为第三庭院的头号人物。这三位大维齐尔环环相扣的举措似乎表明，他们意识到后宫和吉庆门的宦官仍然能对宫廷政治产生重大影响。然而，在18世纪，来自帝国文书部的大维齐尔越来越多，他们的权力也不断增长，这意味着帝国文书部实际上可以超越后宫与第三庭院的较量。到18世纪末，帝国首都的政治权力中心在很大程度上已经从皇宫内转移到了大维齐尔在"高门"的官邸。同时，在皇宫之内，苏丹的家庭仍然由熟悉的"二人组"来掌管：一个是代表第三庭院的执剑侍从或首席贴身男仆（Baş Çuhadar），另一个是代表后宫的后宫总管太监。不过，他们在这一时期更多是作为队友，而不是对手。

- 307 -

18 世纪末的改革轨迹

由于这些情况的变化,再加上在与俄罗斯帝国和哈布斯堡王朝的对抗中打了一连串大败仗,奥斯曼政府亟须进行军事和行政改革。1774 年,屈辱的《库楚克-凯那尔吉和约》结束了俄罗斯帝国与奥斯曼之间的战争。根据和约规定,奥斯曼人被迫将大片领土割让给俄罗斯帝国和哈布斯堡王朝,并宣布克里米亚独立,同时允许俄罗斯帝国维护奥斯曼境内东正教徒的利益。[4]

阿卜杜勒-哈米德一世(1774—1789 年在位)在这一败涂地的惨淡境况中即位,接下了统领帝国的严峻任务。他认识到,奥斯曼军队有必要采用欧洲的新型军事训练和战略——数十年前,彼得大帝统治下的俄罗斯帝国正是采取了这种做法。之前的几位苏丹已经雇用过欧洲的军事顾问,其中最著名的有两位:一位是法国大炮专家邦纳瓦尔伯爵(Comte de Bonneval),后来被称为洪巴拉奇·艾哈迈德(Humbaracı Ahmed,1675—1747 年)帕夏;另一位是原籍匈牙利的法国军官托特男爵(Baron de Tott,1733—1793 年)。[5] 托特开办了奥斯曼帝国第一门正式的海军学课程,授课地点是 1773 年新建的海军工程学校,位于伊斯坦布尔卡森帕夏区(Kasımpaşa)的帝国船厂附近。这所学校的第一批老师都是像托特这样的欧洲专家。阿卜杜勒-哈米德政府扩建了该学校,将其重命名为帝国海军工程学校,并为学校提供翻译成奥斯曼土耳其语的欧洲技术手册。[6]

1789 年,阿卜杜勒-哈米德一世的侄子塞利姆三世继位。塞利姆不仅保留了他叔叔的革新,还实施了奥斯曼帝国截至当时最为大刀阔斧的军事及行政改革。他从欧洲引进了更多的军事教官和技术顾问,在海军工程学校的基础上新增了一所军事学校。最具争议的是,他按照欧洲模式组建了一支全新的军队(连军服都是奥斯曼帝国此前从未有过的欧式贴身制服),并在马尔马拉海上修了一座全新的兵营(存续至今),士兵可以在兵营中操练、备战。这支军队和耶尼切里军团相比可谓天差地别——1789年的耶尼切里军团徒有其名,根本打不了仗。[仍然自称为耶尼切里军并领取耶尼切里军饷(这是最重要的一点)的那些人,基本上是做各种生意的商人。[7]]新军队和随之产生的新行政体系被称为"新秩序"(*Nizam-i Cedid*)。为了养这支新军,塞利姆特设了一个叫作"新收入"(*İrad-i Cedid*)的金库,金库的代理人负责审查军队的薪金名单,把那些没有履行职责却还在领薪水或者有权收取税款的人筛出去。[8]

虽然塞利姆的改革集中在军事和财政方面,但除此之外,他也推行了一项影响深远的外交革新。奥斯曼帝国首次在欧洲各国首都设立了常驻大使馆:最初是伦敦(1792年),接着是柏林和维也纳(1795年),后来是法国大革命之后的巴黎(1796年)。[9] 新大使来自乌理玛委员会和帝国文书部。自从1699年《卡罗洛维茨条约》签订后,外交在奥斯曼地缘政治战略中的地位变得愈发重要,首席抄写官的影响力也相应增强,所以这些大使也就应运而生了。[10] 首席抄写官的权力增长同时也反映出,18世纪期间,大维齐尔及其官邸的影响力稳步提升,而宫廷官员(尤其是总管太监)则因此式微。

后宫宦官的宦途新轨迹

后宫总管太监并不处于这些改革的前沿。没有任何一个总管太监加入以塞利姆为中心的核心集团——正是这个集团提出、讨论、实行了这些改革,不过,皇太后倒是该集团的一员。大体来看,后宫宦官(主要是总管太监)扮演了保守派的角色,他们维护着帝国的一些特定传统,正是这些传统让他们得以在帝国后宫中任职。朝觐者贝希尔阿迦对纳迪尔沙推崇的贾法里派持反对态度,这可以说是总管太监的典型保守态度,只不过贝希尔阿迦的继任者并不像他那样对外交政策有如此程度的干预。(唯一的例外是杰夫海尔·穆罕默德阿迦,他是穆斯塔法三世和阿卜杜勒-哈米德一世统治时期的后宫总管太监,曾试图推动英国出面调解,以终结1768—1774年的俄土战争。[11])

然而,并非所有后宫总管太监都坚决反对这些改革。一幅著名的细密画描绘了这样的场景:塞利姆三世统治早期的一位总管太监站在大维齐尔科贾·优素福(Koca Yusuf,1791—1792年在任)帕夏身后,而优素福帕夏的前方则是塞利姆,三人在一个礼仪帐篷中检阅"新秩序"军队。[12] 由于这一场景发生在1792年,画中的宦官想必是哈立德阿迦(1791—1798年在任)。

同时,在塞利姆统治期间,升任总管太监的宦途轨迹也反映出改革的风向。从属于后宫金库的官职比以往任何时候都更重要。前文提到,17世纪末期,在科普鲁律家族的大维齐尔的领导下,后宫司库一职成了升任总管太监的必经之途。一个世纪过后,升任总管太监的路上又多了一个新职位,其字面义为"金库代理人"

第 10 章 改革出局——后宫总管太监的下场

(hazine vekili)——该职位成了晋升后宫司库的垫脚石。金库代理人一职显然源自旧宫(已故或遭到罢黜的苏丹的妃子和女性家人就住在这里)。18世纪末,亚美尼亚译员穆拉德热亚·多桑写道,金库代理人是继任旧宫总管太监的主要人选。[13] 不过,在成为总管太监之前,仍须先担任后宫司库。如果金库代理人这个新官职的运作方式和后宫司库相同,那么设立该职的目的之一便是扼制总管太监的权力,具体方法为:让不是总管太监门徒的人来充当他的下属。

重要的一点在于,这个新官职刚设立时,就是后宫总管太监宦途轨迹中的关键一环。当时,塞利姆刚刚登基,第一个担任该职的人就是他的一位"密友",叫作比拉阿迦〔后来人称毕宇克·比拉,即"老比拉"〕。从青春期开始到登基之前的十来年里,塞利姆一直住在后宫的"囚笼"中,在此期间,比拉肯定属于塞利姆一派。在短短几个月的时间里,比拉先是被提拔为后宫司库,接着在伊德里斯阿迦于1790年被罢免后,又升任总管太监。按照惯例,总管太监本应由贝基尔继任——他曾在伊德里斯担任总管太监期间当过几年后宫司库——但这次事出反常,贝基尔没能顺利升任这一最高官职。[14] 这说明刚登基的塞利姆三世和他的顾问很想在总管太监一职上安插明确属于自己一派的成员。如果不是身体原因,毕宇克·比拉应该会协助苏丹开展改革,只可惜他因为身患疾病,长期出不了门,无法及时处理后宫事务。1792年,比拉死于任上,不出所料,接任他的是后宫司库哈立德阿迦。

哈立德在成为后宫司库之前并未担任过金库代理人,但他的继任者柯区克·比拉(Küçük Bilal,即"小比拉")的确遵循了从金库代理人到后宫司库的升迁路线。历史学家艾哈迈德·阿森埃芬迪

- 311 -

记录了小比拉的死讯，其中透露了如下信息：他成长于伊瓦兹·穆罕默德·帕夏扎德·哈利尔（Ivaz Mehmed Pashazade Halil）帕夏家中，后者曾在穆斯塔法三世时期短暂担任过大维齐尔（1769年12月—1770年12月在任）。后来，哈利尔帕夏将他进献给苏丹，由此开启了他的宫廷生涯。[15] 小比拉在皇宫中的宦途是老比拉宦途的重演，而且他也是塞利姆皇子一派的成员。和老比拉一样，在塞利姆皇子继位之后，小比拉也成了一名苏丹"密友"，随即在短时间内步步高升：先是当上金库代理人，然后又升任司库（当时的总管太监是哈立德阿迦）。历史学家艾哈迈德·阿森想必很是钦佩小比拉，他热切地写道："他就像第二个科贾·贝希尔阿迦一样。"——科贾·贝希尔指的就是传奇人物朝觐者贝希尔。[16] 1807年3月，柯区克·比拉逝世，接任他的是麦绛阿迦。在艾哈迈德·阿森和19世纪晚期的历史学家艾哈迈德·杰夫代特帕夏看来，麦绛阿迦伙同金库代理人尼兹尔阿迦，为塞利姆三世倒台铺平了道路。[17]

改革与宗教捐献产业

前任诸位苏丹从来没像塞利姆一样如此担忧汉志的问题。从13世纪初开始，该地区一直由麦加谢里夫、先知穆罕默德后代，以及原先的什叶栽德派成员统治着。[18] 塞利姆登基时，萨鲁·伊本·马萨德（Sarur ibn Mas'ad，1772—1788年在位）刚去世不久，这位传奇的谢里夫是英勇和公正的典范，他将敌对的谢里夫家族逐出汉志，给汉志带来了一段万众一心、商业繁荣的时期。然而，在

第10章 改革出局——后宫总管太监的下场

他死后,他那个野心勃勃的弟弟加利卜(Ghalib)篡夺了谢里夫之位——萨鲁本来打算将此位传给自己两个儿子中的一个。

谢里夫宫廷中的宦官也卷入了这场斗争。艾哈迈德·杰夫代特引用了历史学家阿卜杜谢库(Abdüşşekür)埃芬迪叙述的一件事:加利卜深知宫廷宦官拥有巨大影响力,因此,他将萨鲁的私人宦官的总管亚雅·索塔(Yahya Saltuh)阿迦关押起来,后者曾"密谋制造动乱和叛变"(阿卜杜谢库语)。不过,这名宦官设法逃了出去,投奔了萨鲁的两个儿子——穆罕默德和阿卜杜拉,两人把他藏了起来。随后,穆罕默德对加利卜发起军事攻击,猛烈轰击他的宅邸,以至于"禁寺[麦加大清真寺]中的人们无法做礼拜,就连主麻日的礼拜也做不了"[19]。不过,到了最后,穆罕默德败下阵来,和阿卜杜拉一道被俘,后者当时还只是一个小男孩。

这时候,亚雅·索塔逃到了伊斯坦布尔,请求塞利姆三世将已故的萨鲁的慈善施粥场转至阿卜杜拉名下,不要让它落入加利卜谢里夫的手中。但新任苏丹没有采取相应举措,于是亚雅·索塔离开伊斯坦布尔前往开罗,可能在那里过完了余生。"看看这个无赖,"阿卜杜谢库愤然写道,"他把施粥场转到一个未成年男子的名下,为的是将权力掌握在自己手中,还在真主的安居之地——麦加制造大规模叛乱!"[20] 阿卜杜谢库和杰夫代特显然都认为,阉人干政注定会引发这样的事。阿卜杜谢库的抨击也许不如穆斯塔法·阿里(第8章)和德尔维什·阿卜杜拉埃芬迪(第7章)来得猛烈,但他的文字充分体现出,奥斯曼知识分子依然对非洲宦官抱有偏见。

此事应该会让当时的总管太监伊德里斯阿迦感到忧心忡忡,这

- 313 -

不是因为宫廷宦官亚雅·索塔遭到虐待（或者说因为他挑起叛乱），而是因为像萨鲁的施粥场这样的慈善机构隶属于圣地宗教捐献产业。塞利姆本人担心全帝国范围内的此类施粥场没有得到好的修缮，所以他的改革大计中的一项关键举措就是改革埃夫卡弗－哈瑞门的管理模式。

我们在第 8 章看到，捐献产业收益的征收工作一直由地方显贵代为开展。像哈桑阿迦·比利福亚这样的显贵在数十年的时间里一直掌管着某些埃夫卡弗－哈瑞门的包税农庄（同见第 8 章），而过了很久之后，穆斯塔法三世（1757—1774 年在位）才正式将终身包税区制度的范围扩展到埃夫卡弗－哈瑞门，这实际上是对一项早已确立的做法的官方许可。强悍的大维齐尔拉格希卜·穆罕默德（穆斯塔法三世统治时期在任）命令帝国首席财政官检查埃夫卡弗的登记簿，这是他限制后宫总管太监势力的措施之一，但在拉格希卜于 1763 年去世之后，检查登记簿的职责又回落到了总管太监的头上，而此时的总管太监权势更大，更有能力将自己的侍从安插到监管类职位上（至少多桑是这样记载的）。[21] 不过这次改革中，"新收入"金库接管了这些包税农庄，并将它们重新分配给捐献产业的缪特威利，也就是当地主管，他们的顶头上司就是总管太监。这些缪特威利本身当然也是当地显贵，但他们的人数很少，而从前的包税人有好几十个，所以管控缪特威利应该容易得多。[22]

1790 年，塞利姆罢免了伊德里斯阿迦，让他的侍从毕宇克·比拉接替他。塞利姆没有把伊德里斯送到开罗，而是让他到麦地那担任先知陵墓的守陵宦官的总管。但这并非偏离常规的做法，而是一种持续存在的趋势。这一趋势似乎始于萨瑞奇·贝希尔阿迦，他是

第 10 章 改革出局——后宫总管太监的下场

阿卜杜勒-哈米德一世的第一位总管太监,于 1779 年被免职,随后被派往麦地那。四年后,他的继任者杰夫海尔·穆罕默德阿迦也来到了麦地那。当时,杰夫海尔刚刚结束作为总管太监的第二次任期:第一次任期是 1772 年 7 月到 1774 年 2 月,那时他是穆斯塔法三世的最后一位总管太监。萨瑞奇·贝希尔被罢免之前不久,身在开罗的杰夫海尔就被召回皇宫,随后开始了第二次任期。从此以后,直到总管太监一职在青年土耳其党人革命后被废除,基本上所有未在皇宫中亡故的总管太监离任之后都去了麦地那。

将被罢免的总管太监直接派到麦地那,这一做法可能始于萨鲁担任麦加谢里夫时期,其目的就是监视萨鲁,毕竟当地没有敌对的谢里夫家族来制衡他的权力。然而,萨鲁死后,皇室便急须派一名宫廷代表常驻汉志,以监视狡猾的加利卜谢里夫。加利卜通过在吉达收取关税而获利甚巨——运载着也门咖啡豆、开往苏伊士的印度船只经常在吉达停靠,为每年来到麦加的朝圣者供应食物等必需品也让加利卜大赚了一笔。[23]

1798 年,法国人占领埃及,拿破仑作了一个宽宏大量的决定:允许朝圣队伍每年继续前往麦加,并将奥斯曼帝国埃及总督的副手(*kethüda*)任命为 1799 年的朝圣负责人。加利卜谢里夫愉快地接纳了法国人,他们于 1798 年 12 月占领苏伊士,保护红海的咖啡贸易,而加利卜正是红海咖啡贸易的大股东。[24] 换言之,这位代表奥斯曼苏丹统治麦加的先知后人,为了种种实际利益而与占领了经济最发达的奥斯曼行省的军队结盟。由于法军驻扎在开罗,被免职的总管太监便无法前往此地,再加上穆罕默德·阿里帕夏后来的崛起,故将奥斯曼后宫宦官流放到开罗的做法就此终结。

瓦哈比人 1801年，在与奥斯曼帝国和英国达成一项协议后，法国人离开了埃及。[25]没过多久，瓦哈比人就从自己的领地内志（位于阿拉伯半岛深处）闯入了汉志。瓦哈比人信奉的是对伊斯兰教逊尼派教义的一种极端清教式的阐释，这一阐释由内志学者穆罕默德·伊本·阿布杜勒·瓦哈比（Muhammad ibn 'Abd al-Wahhab）创立。瓦哈比人认为奥斯曼苏丹的统治不合法，因此，他们的部落军队在酋长穆罕默德·伊本·沙特（Muhammad ibn Saud）的率领下攻占的阿拉伯半岛领土，实际上已不再属于奥斯曼帝国的疆域。他们迅捷的骆驼骑兵于1803年和1805年分别占领了麦地那和麦加，让加利卜和塞利姆三世惊慌不已。

按照当时瓦哈比派的教义，麦地那先知陵墓的守陵宦官和看守麦加卡巴天房的宦官（后者人数少一些）违反了圣行，即"逊奈"（sunna）。毕竟，这两个宦官群体是阿尤布王朝或者赞吉王朝时期才出现的，那时候先知已经归真差不多550年了。因此，瓦哈比人占领两圣地后，将这些宦官从他们的职位上撤了下来，但并没有惩罚或以暴力威胁他们。很多宦官逃到了埃及，其中包括当时的守陵宦官的总管安伯阿迦，他和麦地那首席法官一同抵达了开罗。[26]

1811年，在苏丹的支持下，穆罕默德·阿里帕夏终于将瓦哈比人逐出了汉志（穆罕默德于1805年当上埃及总督，一直当到1848年）。然而，这并不意味着奥斯曼帝国恢复了对汉志的掌控，就像什么也没发生过一样。首先，尽管穆罕默德·阿里的几个儿子隔一段时间就会带兵攻入内志，但瓦哈比人和他们的沙特盟友仍然控制着该地区。这意味着瓦哈比人的威胁从未间断，一直到瓦哈比人于20世纪初重新夺回汉志。其次，穆罕默德·阿里在赶走瓦哈比人后,并未立即将汉志交回马哈茂德二世手中,而是在强悍的加利卜谢里夫(逝于1813年)及其接班人的协助下亲自管理该地区。1830—1840年,穆罕默德·阿里的军队一直占领着叙利亚,直到1841年英国出面斡旋达成了一项协定,穆罕默德·阿里的军队从叙利亚撤走后,奥斯曼帝国才恢复了对两圣地的完全控制。

即便在埃及被法国人控制期间,遭到免职的后宫总管太监依然来到麦地那担任守陵宦官的总管。此外,看守先知陵墓和卡巴天房的宦官数量在19世纪猛增,一部分原因无疑是瓦哈比人的威胁。根据18世纪末和19世纪初的游客的观察,先知陵墓的宦官有40—50名,卡巴天房的宦官有20—40名,而根据理查德·弗朗西斯·伯顿爵士于19世纪50年代的观察(他当时乔装参加了朝圣),先知陵墓有120名宦官,卡巴天房有80名宦官。[27] 另外,由于长途运输与通信技术水平在19世纪有了提高,朝圣者的人数因此增长,自然就需要更多宦官看护陵墓和天房。鉴于瓦哈比人离汉志很近,奥斯曼中央政府可能会觉得,为了彰显帝国在圣地的威权,应该让一名与显贵有交情的圣地谢赫带领一群难缠的宦官看护先知陵墓和卡巴天房(瓦哈比人曾打算毁掉先知陵墓,以防止游客"敬拜"它)。

罢黜、处死——塞利姆三世的下场

对于塞利姆三世的改革,一些人直言不讳地提出了批评,还有一些人坚决反对。最主要的批评者和反对者是耶尼切里军团和作为耶尼切里军团后备力量的雇佣兵，他们都认为自身利益受到了"新秩序"军队的威胁。根深蒂固的宫廷利益集团也面临着类似的威胁：新设立的金库要核查他们的收入，改革派成员转向依赖欧洲顾问。因此，这些利益集团也加入了反对改革的队伍。改革派政权能在重重反对之下存活近20年，也真是奇事一桩。1807年，一支雇佣兵（单数形式：yamak）终于起兵造反，突袭伊斯坦布尔。很快，耶尼切里军团的主力也加入了他们。多部宫廷编年史都记录了如下场景：这些士兵聚集在托普卡帕宫附近，要求塞利姆废止"新秩序"，开除最不得人心的顾问。塞利姆默许之后，他们又逼他退位。在受到数日逼迫后，塞利姆同意退位，于是叛军宣告塞利姆的堂弟穆斯塔法为新任苏丹。[28]

在多瑙河沿岸的今保加利亚地区，鲁斯丘克［Rusçuk，今鲁塞（Ruse），在斯维什托夫以东不远］的总督开始自发行动起来。此人叫作阿朗达尔·穆斯塔法（Alemdar Mustafa）帕夏，是一名地方显贵，拥有一支庞大的私人军队，早年曾阻碍皇室在各行省中开展改革。正如斯坦福·肖（Stanford Shaw）所指出的那样，阿朗达尔从来没支持过"新秩序"，但在耶尼切里军团及其同盟接管伊斯坦布尔后，他发现这些叛军反对像他这样的地方显贵日益增长的行动自由。[29]于是，他拿起武器对抗叛军，于1808年7月向伊斯坦布尔进发，决意让塞利姆重登皇位。[30]

阿朗达尔的军队抵达帝都时，与新任苏丹穆斯塔法四世关系密切的宫廷官员已经开始考虑除掉塞利姆（当时他已被打入后宫），这样就能挫败阿朗达尔的计划。这些官员都是后宫和苏丹私人寝宫

第 10 章　改革出局——后宫总管太监的下场

中的高官,这两个皇宫私人空间的成员并没有像 17 世纪那时候一样互相竞争,而是一致行动。因此,同谋者当中既有首席贴身男仆阿卜杜法塔(Abdulfettah,格鲁吉亚人,前任大维齐尔的一名马穆鲁克)阿迦和代理宫廷司库(勿与后宫司库混淆)埃比·塞利姆(Ebe Selim)阿迦,也有总管太监麦绛阿迦(塞利姆任命的最后一名总管太监)和金库代理人尼兹尔阿迦。[31]

史官对塞利姆被杀害的过程进行了详尽描述,读起来像是一部动作片的剧本。正是因为看了这些描述,艾哈迈德·杰夫代特才会在事隔几十年后仍然对参与谋杀的两名宦官恶语相加。杰夫代特在他冗长的编年史中写下了大量带有肤色偏见的文字:他骂尼兹尔是"一头名为尼兹尔的黑脸猪,这头猪下辈子的脸也是黑的"[32]。相比之下,他对麦绛阿迦的态度要复杂一些,虽然这种态度明显也是负面的。他写道:"像麦绛阿迦这样黑脸黑心肠的人都能当上总管太监,这说明苏丹塞利姆的黑暗命运不是没有缘由的。"撒尼扎德则称麦绛为"婊子的儿子",说他"煽动了造反和叛变"。[33] 然而,从一定程度上来说,麦绛似乎只是个从犯,而不是主犯,他基本上只是帮忙传达消息,而这也是总管太监的常规职责。叛变刚开始的时候,他向塞利姆传达了叛军打算拥立穆斯塔法的消息,于是塞利姆便退位了。阿朗达尔帕夏当上大维齐尔后,麦绛在他的要求下通知穆斯塔法:乌理玛和众多高官希望塞利姆复位。然而,当穆斯塔法及其亲信策划谋杀塞利姆之时,麦绛却对该计划表示了赞同。"他要么是因为支持这些该死的[恶人],要么是由于对他们的计划感到恐惧和不安。"杰夫代特总结道。另外,麦绛还掌管着后宫,未经他允许,谁也不能进入后宫。可是,他并未阻止那些凶手闯进后

- 319 -

宫抓捕他们的猎物。[34]

阿朗达尔·穆斯塔法接近吉庆门之时（门的一侧是第二庭院，另一侧是位于第三庭院最前方的苏丹谒见厅），那些凶手已经进入后宫，正赶往塞利姆的寝宫。之后，他们就在寝宫中将塞利姆刺死了。杀掉塞利姆之后，他们又前往时年 24 岁的马哈茂德皇子（塞利姆的堂弟）的寝宫。这时候，阿朗达尔的军队还在猛砸吉庆门，想要把门砸开，而凶手们正沿着后宫曲折的通道前进。突然间，塞利姆的格鲁吉亚妃子冲到这些刺客行进的路上，将后宫浴室的热灰洒向他们的眼睛。这延缓了他们前进的步伐，让马哈茂德的两名随从宦官——他的老师安伯阿迦以及安伯的助手哈菲兹·伊萨阿迦——得以将他赶紧带到后宫的屋顶上。根据杰夫代特的描述，虽然马哈茂德还在流血：他的左肩有一处刺伤，眉毛上方被后宫的门撞了个口子，但屋顶上的皇子"就像冉冉升起的节日的月亮"[35]。此时，阿朗达尔终于冲破吉庆门，结果却发现塞利姆的尸体横陈在谒见厅前面。阿朗达尔的军队涌入皇宫，抓捕了大部分同谋，包括麦绛阿迦和尼兹尔阿迦。阿朗达尔和他的手下宣誓效忠马哈茂德，马哈茂德于当晚正式被拥立为苏丹，即马哈茂德二世。[36]

改革派与保守派之间的斗争，以及延伸到塞利姆三世的支持者与穆斯塔法四世的支持者之间的斗争，并未分裂后宫与苏丹私人寝宫，而是分裂了敌对的皇位争夺者的随从以及后宫宦官，尤其是后者。麦绛虽然是在塞利姆时期当上总管太监的，但他和尼兹尔一样支持穆斯塔法，而安伯和伊萨则支持以马哈茂德二世为代表的改革派。

坐稳皇位后，马哈茂德开始了他的复仇计划。在他的命令下，

第 10 章　改革出局——后宫总管太监的下场

回到后宫的穆斯塔法四世于 1808 年 11 月被处死。其他共犯的下场也差不多。撒尼扎德记载了每名共犯被捕的地点以及被处死的方式和场所：金库代理人尼兹尔在于斯屈达尔被捕，然后被绞死于高门对面建在宫墙之上的"游行亭"（Alay Köşkü）前面；首席贴身男仆阿卜杜法塔阿迦跨越马尔马拉海，逃到了卡巴塔什区（Kabataş），但还是被抓了回来，最终被绞死在托普卡帕宫外门（帝王之门）前面；代理司库埃比·塞利姆直到一年后才被抓获，最后在游行亭外被斩首；总管太监麦绛没有逃走，而是在遭到免职后被送往皇宫外的"鱼屋城堡"（Balıkhane Kasrı），这是处决被贬宫廷官员的常规地点，他在那里被斩首，尸体被挂到通向第二庭院的带塔楼的中门之外，作为他放任杀人犯进入后宫的惩罚。还有两名后宫宦官被斩首于帝王之门前面，分别是杰夫海尔和安伯（勿与马哈茂德的安伯老师混淆）。按照惯例，后宫司库卡森当上了后宫总管太监，而司库一职则由忠实的安伯老师接任，这样一来，他日后升任总管太监几乎就是板上钉钉的事了。[37]

许多其他研究都叙述了阿朗达尔起义和马哈茂德登基的结局。简单来说，由于起义成功，阿朗达尔的胆子大了起来，他敦促年轻的苏丹向地方显贵作出让步。让步的结果是，马哈茂德与来自巴尔干半岛和安纳托利亚的几个行省的显贵在 1808 年 9 月签订了《联盟协定》（Sened-i İttifak）。然而，阿朗达尔当上大维齐尔后，其专横的行事风格激起了宫廷以及不愿和解的耶尼切里军团的反对，马哈茂德只好将他免职——此时距他扶持马哈茂德登上皇位才过了四个月。天性浮夸的阿朗达尔被逼入绝境后，为了不被活捉，通过炸掉火药库结束了自己的生命。[38]

穆罕默德·阿里与圣地

此时的马哈茂德成了独掌大权的苏丹——果真如此吗？虽然瓦哈比人已经离开汉志，但马哈茂德还是没能掌控此地，而且埃及的问题让他感到非常棘手，因为穆罕默德·阿里帕夏已经在埃及建立了稳固的政权。众所周知，穆罕默德·阿里于1801年带领一支奥斯曼军队来到埃及监督法国撤军。在此次行动中，他的头衔是"赛切什玛"（ser çeşme），指的是非正规军的指挥官，而他带领的这支军队的成员多数为阿尔巴尼亚人。在接下来的四年里，他经历了多任总督与两名格鲁吉亚显贵的侍从之间的竞争（这两名显贵分别是易卜拉欣贝伊和穆拉德贝伊）。1805年，他本人也终于被任命为总督。[39]

穆罕默德·阿里正式成为奥斯曼帝国埃及行省的总督。与瓦哈比人不同的是，他在这一职位上有义务维护奥斯曼帝国在汉志确立的基础体系，包括每年来自开罗、为圣地运送粮食的朝圣队伍（现由他负责监管），卡巴天房的幕帘，以及象征先知的"驼轿"（mahmal，一种架在骆驼背上的木轿，在埃及又称为mahfil）。[40]当然，这一基础体系还包括埃夫卡弗－哈瑞门——它将上埃及的某些产粮村捐献给麦加和麦地那，并为两圣地中的水井、施粥场、医院、学校的修建与维护提供资助。另外，看护卡巴天房和先知陵墓的宦官群体也是这一基础体系的一部分，到19世纪时，这些宦官多数来自伊斯坦布尔。[41]

穆罕默德·阿里在开罗的宫殿中有来自东非的宦官，他甚至偶尔会派一些宦官去卡巴天房效力。[42]同时，穆罕默德·阿里的宫廷

第 10 章 改革出局——后宫总管太监的下场

宦官与伊斯坦布尔的帝国后宫宦官之间仍然有相当程度的流动。例如，前文提到，哈菲兹·伊萨阿迦协助安伯阿迦援救马哈茂德皇子（当时，刚杀了塞利姆三世的凶手正在追杀马哈茂德），这位哈菲兹阿迦此前就在穆罕默德·阿里的宫中当过差。[43] 此外，穆罕默德·阿里和一个叫吉萨于勒·阿里（Cezayırlı Ali，吉萨于勒意为"阿尔及利亚人"）阿迦的宦官有联系，这名宦官后来成了伊斯坦布尔旧宫中宦官守卫的头领（旧宫中住着已故苏丹的母亲、未婚姊妹、女儿）。[44]

虽然说在 19 世纪期间，遭到免职的总管太监及其他后宫宦官很少被流放到开罗，但埃夫卡弗–哈瑞门的大部分收益（更不用说粮食）依然来自埃及，因此，皇室自然想要继续掌控总管太监在开罗的常驻代理人。而穆罕默德·阿里则迅速采取行动，试图从帝国政府手中夺取对整个埃夫卡弗–哈瑞门官僚体系的控制权。首先，他把自己的政治集团成员——尤其是他的副手，也就是著名的穆罕默德·拉佐格鲁（Mehmed Lazoğlu）——安插到代理人一职上。[45] 数年后，他写信给时任总管太监兼金库代理人哈菲兹·伊萨阿迦（就是上文提到的那位），提议将圣地的管理和资金转变为一个由他本人（这一点自不必说）掌控的系统。[46] 奥斯曼中央政权和穆罕默德·阿里在埃及的小王朝都想做圣地的管理者，因此，双方之间关系紧张，这种紧张关系将会一直持续到奥斯曼帝国土崩瓦解为止（到那个时候，瓦哈比人又开始入侵汉志了）。因此，在穆罕默德·阿里统治埃及期间，奥斯曼皇室自然就一直采用新的流放模式，也就是把被免职的总管太监直接派到麦地那。

坦志麦特改革

马哈茂德二世振兴了他叔叔塞利姆三世的改革大业,让奥斯曼帝国走上了西化改革之路,这一西化改革一直持续到 1876 年。在统治初期,马哈茂德面临着耶尼切里军团的持续威胁,因为他们随时有可能叛变,不过他在 1826 年彻底除去了这个心头大患。他下令全面取缔耶尼切里军团以及附属于该军团的苏菲派拜克塔什教团,为了扫除耶尼切里军团的残余势力,苏丹的手下搜遍了整个奥斯曼中心地区。[47] 如此一来,复兴的"新秩序"军队就成了奥斯曼帝国的欧式职业军队的核心。

塞利姆和马哈茂德开启了改革之风,而他们的接班人阿卜杜勒-迈吉德一世(1839—1861 年在位)和阿卜杜勒-阿齐兹(1861—1876 年在位)则于 19 世纪中叶领导了一系列大刀阔斧的改革,统称为"坦志麦特"(Tanzimat,意为"重组"),具体实施者为大维齐尔及其他政府大臣。这条新的改革道路对奥斯曼宫廷宦官造成的影响不亚于对宫中其他任何成员,从许多方面来看,宫廷宦官们受到的影响甚至更大。马哈茂德统治末期,曾经在托普卡帕宫第三庭院巡逻的白人宦官几近绝迹。英国陆军上校查尔斯·怀特曾于 19 世纪 40 年代中期在伊斯坦布尔住过三年,在此引用他的一段话:"吉庆门阿迦(原文写作 kapoo aghaassy)这个官职不复存在,除了一些老朽的白人宦官以及三四个被进献到宫中的年轻宦官,整个白人宦官集团已是日薄西山。"他还补充道:"目前的头领是个老人,他的手下也多是老叟。他死了之后,这个官职也就会随之消失。"[48] 马哈茂德的改革也敲响了苏丹私人寝宫集团的丧钟,执剑

第 10 章 改革出局——后宫总管太监的下场

侍从一职早在 1830 年就被废除了（见第 6 章），在此之前，这一官职取代了吉庆门阿迦的地位，成了实际上的私人寝宫首领。[49]

对后宫总管太监而言，改革时期的危险并不少。1839 年，阿卜杜勒-迈吉德一世颁布了坦志麦特改革的第一道重大改革令，也就是所谓的"花厅御诏"。根据怀特的记述，此时的后宫总管太监一职处于"搁置状态"。怀特接着解释道："库兹拉阿迦（原文写作 Kislar Aghassy）一职虽然没有完全被废除，但自从上一任阿迦……于现任苏丹即位不久后逝世以来，该职位就一直空缺。目前，该职位的职责由黑人宦官集团中的二把手司库阿迦代为履行。"[50] 怀特的观察肯定有不准确之处：1898 年出版的《后宫总管太监名册》连续记录了截至当年的后宫总管太监的名字（在下一章中，我们还会讲到他们当中一些人的陵墓）。不过，怀特觉得这一官职处于"搁置状态"，这还是很能说明问题的。他之所以产生这种混乱的印象，可能是由于在坦志麦特改革时期，奥斯曼的官僚和史官愈发频繁地使用库兹拉阿迦这个头衔来代称吉庆宫阿迦。（他们之所以更喜欢用库兹拉阿迦这个头衔，可能是因为"吉庆宫"会让人想起托普卡帕宫的后宫，而不是坦志麦特时代的苏丹们喜欢的欧式宫殿，也有可能是因为吉庆宫阿迦这个头衔会让人联想到监管埃夫卡弗-哈瑞门的职责。[51]）无论如何，相对于从前地位在他之下的其他后宫宦官而言，总管太监的地位和受关注程度显然已经骤然下跌。

这些变化主要表明了科普鲁律家族的大维齐尔的最终胜利：他们在将近两个世纪前推行的宦途轨迹终于卓见成效。我们很容易就能明白，坦志麦特时代的那些力图改革的大维齐尔为什么像之前科普鲁律家族的大维齐尔一样，更希望让财政官员来统领后宫宦官集团，而不是选择时任后宫总管太监的一名侍从。同时，意料之中的是，金库代理人的职权有所扩大（该职设立于18世纪末，目的在于加强中央对后宫开支的管控），他取代了从前的执剑侍从作为皇宫总管的地位。[52] 另外，总的来说，苏丹"密友"这个灵活的职位也变得比以往任何时候都更为重要。18世纪期间，品级在总管太监和后宫司库之下的后宫宦官官职都是由一群"密友"担任。[53] 到了帝国的晚期，苏丹的"首席密友"（Baş Musahib）成了皇宫中权力最大的宦官。

早在花厅御诏颁布之前，马哈茂德二世就剥夺了总管太监对圣地宗教捐献产业的监管权。怀特对此作了评论："虽然皇室保留了他对圣地和领地的名义上的监察权，但剥夺了他所有的实际影响力，只让他负责掌管后宫。"[54] 为了取代总管太监，马哈茂德于1826年创立了与国库挂钩的圣地宗教捐献产业监管部（Evkaf-ı Hümayun Nezareti）。1845年，下一任苏丹阿卜杜勒－迈吉德一世将这个机构转变为欧式的宗教捐献事务部（Vizaretü'l-Evkaf），由一位改革派帕夏掌管。[55]

随着坦志麦特改革的推行，就连后宫宦官的面貌都发生了改变，苏丹本人和他的军队，以及所有政府官员也都是如此。长可及地的袍子不见了，改革时代之前的那种堂皇的冠帽也消失了。每个人头上戴的都是相对较小的毡帽（即菲斯帽），穿的都是稍加改变的欧式服装，很多人还佩戴欧式的勋章和绶带。[56] 这意味着后宫总管太监不得不抛弃从前在正式公共典礼上戴的别致的圆锥形头巾，和其他官员一样改戴毡帽。不过，由于在1839年之后，后宫总管太监一职的影响力和受关注程度都大幅下降，所以这种衣着上的转变也许没有我们想象中的那样令人惊讶。

英国人与穆罕默德·阿里

就在马哈茂德二世及其继任者实施这些内部改革的时候（后宫总管太监和其他宫廷宦官的地位因此发生了变化），外部力量正在催生影响更为深远的变革。英国政府从 19 世纪 30 年代开始敦促全世界废止奴隶贸易，阉奴自然是这些废奴派成员的重点关注对象。为了回应英方的敦促，马哈茂德下令禁止皇室以外的奥斯曼臣民实施阉割或雇用阉奴。虽然有不少富贵人家违反这条禁令，但据怀特估计，到 1843 年，伊斯坦布尔的阉奴已经不超过 400 名了。[57]

相较于英国倡导的废奴运动，穆罕默德·阿里在埃及近乎独裁的统治（形成于 1805 年）对面向奥斯曼帝国的东非阉奴贸易的影响也许更为深远。他将阉奴和其他非洲奴隶输送到开罗（在他之前，没有哪个埃及总督用过那么多奴隶），供自己的宫廷使用，因此，在某种程度上可以说，他在和帝国宫廷争夺（供应量逐渐减少的）非洲阉奴。他在开罗建立的宫廷几乎是奥斯曼帝国宫廷的翻版：其中有他自己的后宫宦官集团，只不过没有在私人寝宫当差的白人宦官（这一点区别很明显）。穆罕默德·阿里刚当上总督时，这类白人宦官基本上已经成为历史。[58] 奥斯曼帝国后宫宦官与穆罕默德·阿里宫廷的后宫宦官在职责和权益方面有一部分重叠，而且，如前文所述，一名宦官在自己的官宦生涯中有可能为两个政权都效过力。

不过，给奥斯曼帝国宫廷的非洲宦官供应带来最深刻变化的，是穆罕默德·阿里的领地扩张行为。1811年，他在汉志参与了镇压瓦哈比人叛乱的行动，这让他的势力得以长期存在于麦加和麦地那，乃至整个红海地区。这意味着他能够直接利用当时最热门的一条奴隶运输路线，这些奴隶是来自非洲之角的新被俘的年轻男子。1821年，他的儿子易卜拉欣帕夏带兵入侵苏丹，征服了此地，因而终结了久负盛名的芬吉苏丹国，并在此过程中建立了喀土穆城。[59] 从那时起到1956年，埃及一直控制着苏丹，也控制着从达尔富尔和古老的芬吉都城森纳尔进入埃及的商队路线，沿这些路线运输的奴隶（其中一小部分将来会成为阉奴）因而也就处于穆罕默德·阿里及其后代的管辖之下。

1800年之后，开罗不再是奥斯曼帝国后宫总管太监的流放地，因为穆罕默德·阿里及其后代掌控着埃及（他建立的王朝对埃及的统治持续到了1952年）——虽说早在穆罕默德·阿里执掌大权以前，汉志就成了被免职的总管太监的主要流放地（如第8章所述）。19世纪期间，大部分被免职的后宫宦官会被流放到麦地那，加入守陵宦官的队伍，而且他们当中有很多都在那里过完了自己的余生。穆罕默德·阿里帕夏自己的后宫宦官也有一部分在被免职后去看护先知陵墓，有几个甚至当上了圣地谢赫。同时，在开罗，穆罕默德·阿里及其后代开展的大范围市区重建项目抹去了大象池宦官聚居区仅存的一丝痕迹。大象池本身也于19世纪中期被填平，从此不复存在。[60]

第 10 章 改革出局——后宫总管太监的下场

公众可见度降低

奥斯曼后宫宦官文化之所以发生这些引人注目的变化,一是因为穆罕默德·阿里,二是由于坦志麦特改革使得奥斯曼帝国政府的专业程度越来越高。18 世纪下半叶的大维齐尔已经成功挑战了总管太监的权威,而到了坦志麦特改革时期,大维齐尔越来越像一位首相,帝国理事会的其他成员也逐渐类似内阁大臣。总管太监采取非正式手段干预政事的能力因此受到限制。到马哈茂德二世登上皇位之时,后宫总管太监已经无法对政事产生太大影响——像从前的朝觐者贝希尔那样推翻奥斯曼帝国与纳迪尔沙的谈判简直是无法想象的事。

与此同时,总管太监的公众可见度也急剧降低。在这一时期,我们再也没看到由总管太监创建的清真寺或者伊斯兰学校,甚至连喷泉亭学校也没有;再也没有宏伟的总管太监陵墓,没有描绘总管太监的泥金装饰手抄本。摄影术于 19 世纪中叶传入奥斯曼帝国,但到了那个时候,总管太监一职已处于"搁置状态"——至少怀特是这么说的,因此,只有品级较低的一些后宫宦官出现在了奥斯曼帝国晚期的照片中。因此,尽管后宫宦官仍然和以前一样陪同苏丹参加正式的公共游行,但他们更有可能只是普通宦官。

此外,在 19 世纪期间,后宫宦官活动的实际空间也发生了巨大改变,因为苏丹放弃了托普卡帕宫,移居到了博斯普鲁斯海峡西岸的欧式宫殿中。阿卜杜勒-迈吉德搬到了岸边那座宏伟而光彩夺目的多尔玛巴赫切宫,他的儿子阿卜杜勒-哈米德二世则更喜欢贝西克塔什区那座位于山丘上的耶尔德兹宫。在这两座宫殿中,后宫都完全独立于宫殿的公共空间——这些公共空间是苏丹会见大维齐尔及其他官员、接见外国使者及其他来客的地方。[61] 后宫不再像从前那样可以从公共空间（如苏丹的谒见厅）进入，这是这两座19世纪宫殿与托普卡帕宫的本质区别。因此，后宫宦官与外界的接触受到了极大限制，不过他们与苏丹的往来并未中断，因为苏丹的大部分私人时间依然是在后宫度过的。

到了1908年，青年土耳其党人革命实际上终结了阿卜杜勒-哈米德的统治，此时的后宫宦官的政治影响力几乎为零。阿卜杜勒-哈米德确实还有一个完整的后宫宦官集团，包括他的"首席密友"杰夫海尔阿迦，以及他的"第二密友"（İkinci Musahib）——年轻的纳迪尔阿迦。不过，在这些宦官中，没有一个人拥有吉庆宫阿迦的头衔，这一点很能说明问题。杰夫海尔被视作他的总管太监——有时候也被称为库兹拉阿迦。青年土耳其党人对杰夫海尔很是怀疑，他们指控他参与了1909年4月的那场意在恢复阿卜杜勒-哈米德政权的兵变。这场反革命政变失败后，他被绞死在当时新近开放的加拉塔桥上。[62] 这场政变虽然以失败告终，但它切实地终结了后宫宦官制度。纳迪尔阿迦和其他后宫宦官比杰夫海尔幸运得多：他们开始在新兴的土耳其共和国凭借自己的努力谋生。

纳迪尔阿迦

从纳迪尔阿迦的独特经历中，我们可以看到奥斯曼帝国衰落时期，后宫宦官这个群体发生的巨大变化。20世纪50年代，已经年

第 10 章 改革出局——后宫总管太监的下场

迈的纳迪尔接受了《生活》(*Hayat*)杂志的深入采访(图 10.1)。此外,《社会史》(*Toplumsal Tarih*)期刊也发表了他和一名女子深入谈话的概述,该女子名叫尼哈尔·埃图(Nihal Ertuğ),在纳迪尔晚年时,两人住得比较近。[63] 纳迪尔向这两份刊物提供的信息不太一致:他故乡的情况、他的家人、他被抓走时是多大年纪、某些事件发生的年份……两份资料中的这些细节都不太吻合。

和几个世纪以来的无数奥斯曼后宫宦官一样,纳迪尔也来自埃塞俄比亚,具体来说,是来自埃塞俄比亚王国南部的一个边远地区。"我是盖拉人(Galla)",他对邻居尼哈尔·埃图说道——盖拉人也就是如今我们所说的奥罗莫人——但"我是个穆斯林"。纳迪尔

图 10.1 左为皇宫中的纳迪尔阿迦,右为年老的纳迪尔阿迦。来源:Hayat, 29 November 1957, and Yedigün 83, 10 Birinciteşrin(October)1934. 图片由 Ata Potok 提供

被奴役时，埃塞俄比亚的大部分奥罗莫人的确是穆斯林，但在大约一个世纪前，那里的奥罗莫人应该多数是泛灵论信徒。作为19世纪末受雇于奥斯曼帝国的一名奥罗莫人，纳迪尔一点也不特殊：长期经受磨难的英国旅行家查尔斯·道提就曾写道，在阿拉伯半岛的各个谢赫国，在该地区的奥斯曼军队，甚至在一位"波斯阿迦"的朝圣陪同人员当中，都有大量"盖拉人"奴隶。[64]

也许是在1880年左右，纳迪尔的家乡遭到了野蛮的劫掠，当时的纳迪尔还只是个孩子，他就这样被抓走了。根据纳迪尔的讲述，袭击者当着他的面杀死了他的父亲和许多同村的人。抓走他的那些人将他阉割，显然是想让他流血而亡，但他苏醒了过来，然后穿过森林，回到家中。被吓坏的妹妹惊叫道："你再也不是个人了！"[65]这样看来，他被奴役和阉割的过程比从前的一些后宫宦官要随意得多，从前的后宫宦官都是被带到上埃及的一座科普特修道院中做阉割"手术"的——这座修道院是一个历史悠久的阉割点。之所以出现这种差异，可能是由于非洲阉奴贸易的变化，导致这些变化的起因是马哈茂德二世和穆罕默德·阿里帕夏为应对英国废奴运动而发起的改革，在改革之后，基本上不可能再出现大规模、有计划的非洲阉奴供应。同样引人注目的是，19世纪末的埃塞俄比亚南部极其动荡不安，奴隶劫匪显然可以随时袭击任何地方。之所以缺乏安全保障，一部分原因在于埃塞俄比亚政府当时正一门心思抵抗意大利以及苏丹人马赫迪①的入侵。这表明奥斯曼阉奴贸易也容易受到

---

① 指穆罕默德·艾哈迈德·马赫迪（1844—1885年），19世纪末苏丹马赫迪起义领袖。

非洲之角地区的政治动乱的影响。

一两年后，纳迪尔再度被俘获，劫匪带他跨越红海来到麦加，在那里，他和其他200名非洲男童成了待售的商品。[66] 根据他的讲述，他当时十分瘦弱，劫匪都觉得没法把他卖出去。最后，阿卜杜拉埃米尔（麦加谢里夫的兄弟）的妻子赛雅尔夫人（Seyyare Hanım）将他买下，把他带回了家。她给他取名纳迪尔，这是她和丈夫之前一名阉奴的名字。纳迪尔在麦加和塔伊夫生活了三年，在此期间，他的恩人赛雅尔夫人给他穿土耳其人的衣服，还雇了一位老师教他阿拉伯语。[67] 因此，他的这段职业生涯符合后宫宦官的"常规"：当地显贵家庭就相当于他们的"进修学校"。纳迪尔的"进修学校"位于麦加，这说明在19世纪期间，圣地取代了埃及的地位，成为宦官进宫之前生活的地方以及离开宫廷后的常规流放地。（颇为讽刺的是，后宫宦官在这一时期与圣地之间的关联更加密切，然而总管太监已经失去了监管圣地宗教捐献产业的职权。）

三年后，麦加谢里夫将纳迪尔和另外11名年轻的阉奴进献到皇宫中。纳迪尔在宫中的职业生涯再次遵循了既定模式，尽管他从来都不是谢里夫家族的一员。他来到耶尔德兹宫的时间恰到好处，因为阿卜杜勒-哈米德二世正要用埃塞俄比亚宦官换掉宫中他不太信任的苏丹宦官，于是苏丹连忙收下纳迪尔以及另外22名年轻的埃塞俄比亚阉奴。[68] 此时的纳迪尔还很小，不超过17岁，但不出四年，他就成了苏丹最喜欢的宦官密友。后来，他对爱尔兰记者弗朗西斯·麦卡拉讲述了这位以多疑而闻名的苏丹的爱好、担忧、困扰，这些内情很少有人知道，就连阿卜杜勒-哈米德的妃子都不了解。根据纳迪尔的讲述，阿卜杜勒-哈米德曾在宫中精心布设眼线，这

- 333 -

些眼线通过书面报告向他提供"情报"。然而，他们的情报大多不准确，苏丹因为这些情报而变得更加多疑，更加不信任身边的人。[69]

纳迪尔在1909年反对青年土耳其党政府的兵变中起到了关键作用。经麦卡拉证实，纳迪尔和杰夫海尔共同创立了穆罕默德同盟（Muhammadan League），从而为此次兵变打下了基础；两人还帮忙把贿赂分发给军阶较低的士兵，说服他们起兵造反。然而，在阿卜杜勒－哈米德被罢黜之后，纳迪尔为了免遭处死，给青年土耳其党人提供了关于这位前任苏丹的有用信息，尤其是他藏匿贵重物品的地点。[70]麦卡拉表示，纳迪尔似乎真的背叛了他从前的主子，"阿卜杜勒－哈米德的心是石头做的，无辜的人血流成河，他也没有丝毫同情"[71]。

1909年的这场反政变失败后，纳迪尔阿迦和剩下的所有后宫宦官以及妃嫔一样，被迫离开皇宫。麦卡拉描绘了一幅让人心生怜悯的场景：这些妃嫔（基本上是切尔克斯人）在托普卡帕宫集合，等着与亲属团聚——青年土耳其党政府给她们的亲属发了电报，所以可能会有人来认领她们。[72]可是没有人和后宫宦官团聚。东非奴隶贸易向来都是把奴隶运送到远离家乡的地方，而且没有记录这些奴隶的名字，所以他们几乎不可能和原生家庭维持联系。与此形成鲜明对比的是，一些来自高加索地区的德夫希尔梅制度出身的士兵和马穆鲁克一直和家人保持着联系，甚至还把家人带到奥斯曼宫廷中。此外，埃塞俄比亚的动乱更是让寻亲之路难上加难。

巧的是，纳迪尔阿迦是我们所知的唯一一个试图寻找家人下落的后宫宦官。阿卜杜勒－哈米德二世请求埃塞俄比亚皇帝孟尼利克二世（Menelik II，1889—1913年在位）的特别代表协助寻找纳

第10章 改革出局——后宫总管太监的下场

迪尔的两个妹妹。根据纳迪尔的叙述,他最终得知两个妹妹从动荡的埃塞俄比亚逃到了当时处于英国统治下的肯尼亚。但孟尼利克的代表没能获得更多消息。经过漫长的等待,纳迪尔收到了这名代表的一封信。根据纳迪尔的回忆,信的内容如下:

> 孟尼利克皇帝陛下对你的情况表示关切。我们从亚的斯亚贝巴派出一支队伍前往林姆[纳迪尔出生的村子]展开调查,可惜的是未能找到你的家人。经过调查,我们得知,你的全家人从埃塞俄比亚南部迁到了肯尼亚。虽然我们衷心希望能找到你的家人,但还是没能给你带来好消息,对此我们深感抱歉。
> 　　随信附送两根牙和一枚金币。此外,你还会收到皇帝陛下授予你的[埃塞俄比亚]一级狮子徽章。这两根象牙取自从林姆村附近捕获的大象。我们向你致以最深的敬意。

收到此信后,纳迪尔放弃了寻找两个妹妹的念头。他向《生活》杂志透露,数年后,他得知两人都已离世。[73]

和许多前任后宫宦官一样,与埃塞俄比亚再无联系的纳迪尔在奥斯曼帝国覆灭后(一战之后)留在了伊斯坦布尔,不过,和他们中的大部分人一样,他也搬到了博斯普鲁斯海峡的亚洲一侧。他们作出这个决定也许有两个原因:其一,让宦官留在城墙内"污染"此地是一种历史禁忌;其二,这些宦官希望远离曾经的帝都繁华的商业中心,因为他们在那里会很显眼。我们应该能够理解他们的这种心情。相比之下,当时伊斯坦布尔的亚洲区大多是一些小村庄和未开垦的农地。纳迪尔搬到了位于马尔马拉海岸的戈兹特佩区

（Göztepe），在那里买了一座房子和一片地。后来他还买了一群克里米亚奶牛，开办了乳品公司。根据他的叙述，他成了伊斯坦布尔第一个送瓶装牛奶的人。[74] 纳迪尔于1957年离世，显然是自然死亡。那时他应该已经年近九十了。[75]

其他几名前任后宫宦官集资在于斯屈达尔（也是位于博斯普鲁斯海峡的亚洲一侧）买了一栋房子，他们就像是住在宿舍或者旅舍一样住在这里。我们可以想见，他们在奥斯曼帝国灭亡后的土耳其社会中所面临的困难。人们一眼就能看出他们从前是奥斯曼后宫的宦官，他们的工作机会肯定少得可怜，这不单单是因为新土耳其共和国的雇主不愿意雇用他们，也是由于在宫中当差的经历并没有给他们带来多少实用技能——虽说从奥斯曼帝国晚期后宫宦官的一些照片中可以看出，至少有一名宦官会削苹果、干各种杂活。[76] 有一些宦官仍然是流亡皇室成员的随从，不过由于反奴役法的存在，他们现在应该算是领薪水的员工。并非所有皇室成员都养得起这些仆人，而且，不管怎么说，并不是所有前任后宫宦官都想继续为皇室服务。讽刺的是，穆斯塔法·凯末尔·阿塔图尔克[①]雇了一名叫作奈西普（Nesip）埃芬迪的非洲阉奴来照看他的养女，不过我们不清楚这名阉奴是否为从前的宫廷宦官。[77]

至少有50名住在伊斯坦布尔的前任后宫宦官组成了一个互助会，在奥斯曼帝国灭亡后的数十年里，该互助会一直定期举行集会。纳迪尔阿迦便是参与者之一。不难想见，该组织的目的在于为这个独特的群体提供一种集体感以及物质援助。[78]

---

① 土耳其共和国第一任总统。

第 10 章 改革出局——后宫总管太监的下场

1925 年，麦地那再次被沙特阿拉伯人和瓦哈比人组成的同盟占领。1932 年，阿卜杜勒 - 阿齐兹·本·沙特（Abdulaziz ibn Saud）宣布成立沙特阿拉伯王国，从那时起，沙特王国一直为自己"圣地仆人"的身份而备感骄傲。考虑到瓦哈比人拒绝接受对先知圣行做的任何革新，我们可能会觉得，在接管麦地那后，沙特政府应该会废止宦官守陵制度，给当时留在麦地那的宦官发放养老金，打发他们离开，或者直接将他们流放到外地。毕竟，正如前文所述，沙特阿拉伯人从 19 世纪初就开始这么做了。然而，他们这一次非但没有这样做，反而还继续从东非和印度输入年幼的男奴，将他们阉割，这种行为直到 1962 年沙特阿拉伯王国正式废除奴隶制才停止。在这些阉奴中，有几位直到今天还在守卫着先知陵墓，不过他们正在逐渐离世。[79] 虽然这些阉人从未当过后宫宦官，但他们可以说是本书考察的阉奴文化的最后遗迹。

结语

我们应该会有这样的感受：纳迪尔阿迦和不幸的杰夫海尔阿迦经历的种种戏剧性事件是后宫宦官制度可悲的终曲，这一制度的辉煌早已成为过往。尽管如此，我们也不应该急于作出如下结论：西化改革在一定程度上对后宫总管太监一职产生了不利影响，削弱了总管太监非凡的影响力。假若事实如此的话，这一官职可能在坦志麦特改革期间就会被废除。然而，即便在耶尼切里军团于 1826 年遭到取缔之后，后宫总管太监一职也依然存在。不过，人们甚至对总管太监一职在19世纪30年代之后是否存在都有点困惑不清。还有一点疑惑在于，假定该职位在此之后仍然存在，那当时的任职者有哪些具体职责呢？

后宫总管太监的权势之所以衰微，是由于埃夫卡弗-哈瑞门的变革。马哈茂德二世设立的圣地宗教捐献产业监管部实质上剥夺了总管太监对宗教捐献产业的监管职责，自从穆拉德三世设立后宫总管太监一职以来，这一职责就一直属于总管太监。官方的宫廷编年史几乎没提到马哈茂德二世的举措对19世纪的总管太监产生了哪些影响，但我们不难猜到答案：总管太监再也不需要常驻开罗的后宫代理人，不需要在埃及、大马士革以及其他重要行省精心构建侍从网。因此，总管太监应该很少有机会像他们的前任一样，在这些地区创建精致的宗教和教育机构。总管太监一职失去了对埃夫卡弗-哈瑞门的掌控，实际上也就失去了他影响力的主要来源，从某种角度来看甚至可以说失去了存在的理由。这肯定是人们对19世纪后期总管太监的地位感到困惑不清的原因，也是苏丹的"首席密友"取代总管太监的原因（至少在阿卜杜勒-哈米德二世统治时期是如此）。

监管埃夫卡弗-哈瑞门是后宫总管太监存在的理由：这一职权让他的势力超过了吉庆门总管太监，而且让他得以发挥巨大的政治和经济影响力，从而成为整个帝国权势最大的人物之一（在17世纪期间以及18世纪初，少数后宫总管太监甚至就是奥斯曼帝国权力最大的人）。但是，当总管太监的这一职权被剥夺后，这个职位很快就成了奥斯曼帝国的一个点缀。

当然，后宫宦官这个整体并没有在这次变革中消失。从某种角

第 10 章 改革出局——后宫总管太监的下场

度来看，由于后宫总管太监的职权遭到永久削弱，后宫宦官群体中的其他成员才有了施展自己的空间。不然的话，纳迪尔阿迦不太可能和阿卜杜勒-哈米德走得那么近——毕竟他只是苏丹的"第二密友"——也不太可能在这位老苏丹被罢黜之后占据如此显要的地位。当然，他把握时势的能力也不容小觑。

简而言之，坦志麦特改革削弱了后宫宦官在后宫之外的影响力。颇为讽刺的是，在这种新情势下，后宫宦官与苏丹及其他皇室成员的私人关系又一次变得至关重要，这使得后宫宦官的地位回到了穆拉德三世将埃夫卡弗-哈瑞门的监管权转交给哈比沙·穆罕默德之前的水平。因此，后宫总管太监再也没有能力在奥斯曼帝国的皇宫之外留下任何印记。

正是由于这些变化，奥斯曼晚期的后宫宦官留下的"纪念物"相对来说就比较少。他们——包括杰夫海尔和纳迪尔——的确留下了一些照片，但大多是在帝国灭亡后拍的。现存的有关他们的纪念建筑很少，他们的坟墓往往集中在苏丹或皇室女性成员的陵墓周围，也有一些集中在耶尔德兹宫附近。第 11 章将会讨论后宫宦官的这些纪念物。

第 11 章
纪念后宫总管太监

纪念一个人的方式多种多样。葬礼上华丽的悼词、称颂逝者的墓志铭，这是两种久经考验、行之有效的方式，许多后宫总管太监去世后，人们就是用这两种方式纪念他们的。不过，除此之外，人们还可以通过后宫总管太监在世时捐建的建筑、委托创作的细密画等来纪念他们。我们在前文中已经考察过后宫总管太监委托修建的一些清真寺、学校、苏菲派道堂。这些建筑虽然见证了他们的财富、权势、虔诚，但并没有展现出他们个人的一面，只有建筑上的铭文有一些描述他们的只言片语：虔诚的穆斯林，坚定的哈乃斐派信徒，忠诚的哈尔维蒂或纳格什班迪耶教团成员，忠诚的奥斯曼人（这是最重要的身份）。可是，这些描述都没什么人情味。

细密画和陵墓/坟墓就有所不同了。它们直接表现了总管太监个人的一面，而不是把他们简单描绘成虔诚的穆斯林或苏菲派信徒。当然，这些细密画和陵墓/坟墓是在特定的背景下出现的。因此在观画时，我们必须结合叙事文本和其他画作；在考察他们的墓葬时，我们必须考虑到墓葬附近的清真寺建筑群或周围的其他坟墓。

本章探究的便是描绘后宫总管太监的细密画以及他们的陵墓/坟墓，目的在于确定它们是如何表现总管太监的。总管太监一般会委托画师为自己作画，而且他们当中有很多人是自己选择墓地的。

第 11 章　纪念后宫总管太监

因此，通过这两项考察，我们可以判断出这些总管太监希望人们以什么样的方式描绘他们、铭记他们。这些细密画和坟墓让我们得以接近他们，从而了解到他们的个人特点。

细密画中的后宫总管太监

宫廷工作室及其作品　奥斯曼细密画是一种用作书籍插图的单页画，以色彩鲜艳、笔法精细而闻名于世。这种画由成立于苏莱曼一世时期的宫廷工作室制作，工作室的成员包括伊斯兰世界最有才华的画师、制图师、书法匠、书籍装帧师。这个美术工作室可能就在皇宫外面，如果有特殊项目，托普卡帕宫第一庭院还会增设一个临时工作室。[1] 在这里，这个美术"梦之队"辛勤地制作着各种作品（包括文学作品和历史著作）的抄本，他们的工作包括抄写、画插图、装帧。[2]

与奥斯曼敌对的什叶派萨非帝国也有自己的宫廷工作室，该工作室以制作中世纪波斯文学经典的泥金装饰手抄本而闻名。而奥斯曼帝国的宫廷工作室制作的多为编年史和宗教史的插图本。穆拉德三世统治时期，奥斯曼宫廷工作室制作了多部同时代及晚近时代的奥斯曼编年史，其中有几部是宫廷史官（şehnameci）赛义德·洛克曼（Seyyid Lokman）的著作，在这些年里，他似乎监督了宫廷中泥金装饰手抄本的制作生产[3]。许多这些作品的首席插画师都是纳卡什·欧斯曼（Nakkaş Osman，即"插画师欧斯曼"），他是一位传奇人物，在穆拉德三世统治时期长期担任宫廷工作室的主管。[4]

- 343 -

另外，他也是《苏莱曼记》（*Süleymanname*）和一部《列王纪》（*Shahname*）的主要细密画插画作者——前者是苏莱曼一世的官方史传，成书于穆拉德三世统治时期，而后者是一部翻译成奥斯曼土耳其语的泥金装饰手抄本，塞利姆二世加冕时，萨非王朝的君主塔赫玛斯普将浩繁的《列王纪》原著献给了塞利姆。

《苏莱曼记》中出现了不少宫廷宦官的身影，但他们全都是托普卡帕宫第三庭院的吉庆门白人宦官。（至于画中的他们是否代表特定的人物，这很难确定。[5]）这其实不足为怪，因为在苏莱曼登基之前以及在位期间，吉庆门宦官的势力相当强大。相较之下，这部著作没有描绘任何一名非洲籍后宫宦官。

哈比沙·穆罕默德阿迦 记载穆拉德三世统治的奥斯曼史书对后宫宦官有更多刻画，这主要是由于穆拉德的后宫总管太监哈比沙·穆罕默德阿迦积极委托制作这类史书的泥金装饰手抄本。因此，他处于一个独特的位置，能够影响奥斯曼帝国以及为帝国效力的那些人的（文字和图画）形象。

埃米内·费特瓦奇令人信服地指出，哈比沙·穆罕默德委托绘制的每一幅重要画作都是为了彰显苏丹的权威或帝国的身份，同时也有助于界定后宫总管太监的地位。因此，成书于 1583 年的《史粹》（*Zübdetü't-tevarih*）将奥斯曼苏丹与亚伯拉罕诸教的先知联系了起来，从而将奥斯曼描绘成一个神授的帝国（此书是赛义德·洛克曼写的一部通史，其中的细密画由纳卡什·欧斯曼创作）。[6] 为了纪念 1582 年穆罕默德三世（穆拉德三世的儿子和接班人）的割礼，诗人尹提扎米（Intizami）写了《节庆之书》（*Surname*），此书描绘了奥斯曼宫廷的等级，其中后宫总管太监的品级比以往都要高。同时，此书强调了奥斯曼帝国的连续性以及它对先知穆罕默德的传统的遵守。另外，这部作品反复描绘了工艺协会成员在伊斯坦布尔赛马场游行并接受苏丹的赠予的场景，从而凸显了苏丹的富有和慷慨。[7]《征服占贾的战利品》（Kitab-i Gencine-i Feth-i Gence）一书则对哈比沙·穆罕默德的门徒费尔哈德帕夏征服阿塞拜疆的占贾表示了庆贺，巩固了哈比沙作为"维齐尔任命者"的名声，同时也让我们得以一窥穆拉德三世宫廷中互相较量的各个派系。[8]

《万王之王》（Şahanşahname）是哈比沙·穆罕默德最早委托创作的一部作品，成书于1581年，作者是洛克曼。之所以特别提到此书，是因为作者对这位宦官作了非同一般的描写。费特瓦奇认为，在该书记载的穆拉德三世的统治史中，哈比沙·穆罕默德阿迦象征着正义的胜利以及奥斯曼皇权在面临政治危机和不确定因素时的坚韧品质。这部作品中有一组细密画描绘了1579年刺杀索库鲁·穆罕默德帕夏（也就是我们在第4章讲过的那位权势非凡的大维齐尔）的场景。这组细密画的中心人物正是哈比沙·穆罕默德，正如第4章所述，他并非索库鲁的侍从，而是穆拉德三世之母的恩庇网中的一员——索库鲁和这位皇太后是敌对的两派。

这样看来，《万王之王》对哈比沙的描绘似乎就有点奇怪了。在一幅画中，皮肤呈棕灰色的哈比沙·穆罕默德被描绘成这样一个英雄：索库鲁被刺伤后，他骑着马冲进来控制局势（图11.1）。此外，其他画还分别表现了如下场景：哈比沙在马背上看望负伤的索库鲁，观察临终卧床的索库鲁，将索库鲁的死讯告知穆拉德三世，下令逮捕刺客。[9]在这几页画中，他几乎都位于画面中央，只有苏丹所处的位置比他显要。但他显然是苏丹权威和帝国连续性的化

图 11.1 哈比沙·穆罕默德阿迦。来源：Lokman, *Şahanş-ahname*, vol. 1（1581）. Istanbul University Library, MS F. 1404, fol. 131b. 经伊斯坦布尔大学图书馆许可使用

身。他不是索库鲁的党徒，但正是他结束了此次可怕的事件。

毕竟，这部书写的是奥斯曼苏丹（"万王之王"），而不是苏丹的大维齐尔。值得一提的是，书中的这组插画之前有一幅双页插画描绘了未来的穆罕默德三世会见一名维齐尔的场景，画中还有至少 17 名品级较低的非洲籍后宫宦官。这似乎是在暗示，后宫的影响力将会延续到穆罕默德三世在位期间，无论索库鲁是否在世。[10]

虽然其他编年史中的插画中也有哈比沙·穆罕默德阿迦的身影（其中既有受他委托的作品，也有并非他委托的作品），但数量少得多，而且他在大部分插画中显然只是个配角。就拿《节庆之书》来说——这是穆拉德三世统治时期最有名的手抄本之一——书中有许多插画描绘穆拉德在宫殿阳台上检阅穿过赛马场的伊斯坦布尔工艺协会成员的场景（宫殿的原主人是苏莱曼的大维齐尔易卜拉欣帕夏），可是这些画中都没有哈比沙·穆罕默德。他只出现在手抄本的最后一页，在这页插画中，他和颇有权势的侏儒宦官泽雷克（Zeyrek）阿迦在画作中央并排坐着，接见《节庆之书》的作者尹提扎米。然而，这幅画传达了一句并不算太隐晦的潜台词：这两名宦官是《节庆之书》的负责人，正是他们向穆拉德求情，才让这位没什么名气的诗人有机会得到创作此书的委托。[11] 哈比沙·穆罕默德是这幅画中最大的人物，他和尹提扎米两人各拿着一本装订精美的书——很可能就是《节庆之书》——这仿佛是为了强调哈比沙与此书的关系。[12]

哈比沙·穆罕默德阿迦委托创作泥金装饰手抄本，其实与他委托修建建筑物的策略（见第 4 章）如出一辙：这些手抄本同样传达了有关奥斯曼帝国主权的具体信息，以及他个人的职责。总的来看，他委托的书籍和建筑塑造了一个强大的逊尼派伊斯兰帝国的这样一种形象：它正在以胜利者的姿态扩张，同时又管理得当，是一个正义的国度。同时，后宫总管太监扶持着这个帝国，甚至亲自出面填补权力空白（比如在索库鲁遭到刺杀后出现的权力空白），让帝国得以完成它的使命。

17 世纪 在哈比沙·穆罕默德阿迦委托创作了这一系列著作之后，泥金装饰宫廷编年史的制作虽然并未完全停止，但其数量陡然下降。紧随穆拉德三世之后的几位继任者委托创作的插画史书都没有以前多，不过他们委托创作了题材多样的文集、画集和论著。17 世纪的普遍危机无疑是导致编年史制作数量下降的原因之一，因为此次危机将资源从宫廷转移到了奥斯曼帝国的多边军事行动上，抵抗杰拉里叛乱分子便是其中一项行动。在这一时期，奥斯曼帝国一方面被杰拉里叛军侵扰，以至于进入危急存亡之秋，另一方面又缺少成年的皇子，因此，奢华的节庆书籍就显得尤为浪费、无足轻重。

在这样的局势下，穆拉德的几位继任者还委托创作了不少作品，而且其中的插画都描绘了后宫总管太监，这已经很不容易了。不过，权势显赫的朝觐者穆斯塔法阿迦也对泥金装饰手抄本感兴趣，而且赞助了几名宫廷画师，其中一名画师为艾哈迈德一世创作了一本画集，画集中有朝觐者穆斯塔法阿迦出现在苏丹旁边的场景。[13]

在伊朗民族史诗《列王纪》的一个土耳其语译本中，朝觐者穆斯塔法阿迦的身影更为引人注目。该译本由穆斯塔法委托诗人迈赫迪（Mehdi）翻译，当时在位的苏丹是结局悲惨的奥斯曼二世（艾哈迈德的儿子和接班人)。在这本书的双页卷首插画中,朝觐者穆斯塔法阿迦将此书进献给皇位上的苏丹(图 11.2)。画面的布局非同一般:奥斯曼二世的皇位将画面空间垂直分为两部分:左侧是第三庭院的白人宦官和苏丹私人寝宫的主要官员,而右侧是非洲籍后宫宦官。这一场景形象地表现出后宫与第三庭院的空间划分,同时描绘出苏丹被夹在两者之间的状态,虽然说他的皇位稳居画面中的"后宫"一侧。尤为引人注目的是画师对后宫宦官的个性化描绘:朝觐者穆斯塔法阿迦五官清秀,皮肤呈浅灰色,而他那位手持念珠的助手则比他壮实许多,皮肤的颜色也更深。其他普通后宫宦官的

图 11.2 奥斯曼二世与后宫宦官和第三庭院宦官。图片来源:Mehdi, *Şehname-iTürki*, Uppsala University Library, MS O. Celsig 1, fols. 1b–2a. 经乌普萨拉大学图书馆许可使用

皮肤颜色各异，有的是浅褐色，有的是浅灰色，还有的是炭灰色，他们的面部特征也各不相同，其中有几个宦官以侧面轮廓出现在画中。相比之下，第三庭院的宦官——除吉庆门总管太监以外——基本上是一个没什么差异的群体，他们都面向前方。还有一个特征本身不太显著，但也很能说明问题，那便是朝觐者穆斯塔法阿迦在画中的位置：他只略低于苏丹，与苏丹私人寝宫的官员处于同一条水平线上，而且显然高于吉庆门总管太监。

苏莱曼阿迦是朝觐者穆斯塔法阿迦的门徒及接班人，宫廷诗人纳迪里（Nadiri）在一部叙述奥斯曼二世征讨霍京的作品中，对苏莱曼多有描绘：在此次以惨败告终的军事行动中，这名身材高大、炭灰色皮肤的宦官总是站在苏丹左边，或骑马跟在苏丹左侧；帝国理事会决定征讨霍京时，苏莱曼也在场，站在大穆夫提及其他宗教官员身后。[14] 他所处的位置体现了他的重要地位，而编年史作者易卜拉欣·佩切维（Ibrahim Peçevi）也提到，苏莱曼阿迦与苏丹过从甚密。苏莱曼在这一系列插画中处于中心地位，这不禁让人联想到《万王之王》对哈比沙·穆罕默德阿迦的英雄式刻画。

到 17 世纪末，负责赞颂并简要总结苏丹统治生涯的宫廷诗人（*şehnameci*）——纳迪里就是其中一位——被官方的宫廷史学家（*vak'anüvis*）取代，宫廷史学家需要负责撰写奥斯曼帝国的编年史。[15] 编年体史书（无论是官方正史还是其他）大量涌现于 17 世纪后半叶及 18 世纪初，它们通常对特定事件有极为细致的描述，还会列出长串的行政官职人员更替名单。与宫廷诗人的作品相比，这些以文本为中心的编年史很少会采用系列插画［比如说，我们很难想象描绘一名卡迪接替另一名卡迪的色彩斑斓的双页细密画会出现在这些史书中］。与此同时，单页绘画开始流行起来，不仅流行于宫廷之中，就连日益壮大的纳税商人阶级和其他拥有可支配收入的臣民也开始喜欢上这种画作。一个名叫莱福尼（Levni）的宫廷画师的毕生画作大部分都是此类作品，见于1720年的《节庆之书》（下文有专门讨论）和两本奥斯曼苏丹的肖像书[16]，而在此之前的穆拉德三世和穆罕默德三世统治时期，纳卡什·欧斯曼和他的工作室曾制作过多部泥金装饰编年史。

但这并不是说，16世纪80年代到18世纪20年代期间，皇家没有举行过大型庆典，也不是说后宫总管太监没有参与到这些庆典中。第5章提到了1612年的一次庆祝大维齐尔纳苏赫帕夏与艾哈迈德一世之女订婚的游行（编年史作者托普切拉·卡提比对此有记述），以及两年后的第二次游行，这次是为了护送新郎到托普卡帕宫后宫。1614年的埃迪尔内也有一次类似的游行[17]。苏丹的女儿或姐妹出嫁时，肯定都会按惯例举行这种游行活动。

我们在第6章看到，优素福阿迦主持过穆罕默德四世的两个儿子的割礼纪念活动，活动时间长达两周，之后又为这位苏丹的女儿主持了长达18天的婚礼庆典。阿卜迪埃芬迪是一名宫廷诗人，此前当过优素福阿迦的抄写员，他也为割礼纪念活动创作了一部《节庆之书》[18]，但似乎没有与这部作品相关的细密画（至少现存文献中没有）。实际上，据我所知，就连优素福阿迦的画像也未存于世。和1588年的那部同名著作一样，这部《节庆之书》的作者似乎也是由总管太监亲自挑选的，他甚至有可能是总管太监的门徒。

1720年版《节庆之书》　　1720年秋，艾哈迈德三世让他的四个儿子（2—10岁不等）接受割礼，为此，帝都举行了为期两周的庆祝活动。和1675年的割礼庆祝活动一样，此次庆典也与婚礼有联系：在皇子行割礼之前，已故的穆斯塔法二世的两个女儿已经出嫁。[19] 和1582年的割礼庆祝活动一样，1720年的这次庆典也被记录在一部带有精美插图的《节庆之书》中，该书有意模仿了前一本同名著作。书中的细密画由宫廷画师莱福尼创作，文字部分基本上是对割礼庆祝活动的描写，其作者是赛义德·维比，他是一名诗人，也是乌理玛委员会成员，后来在好几个重要的地方城市做过法官。维比的文字满溢着对大维齐尔达马特·易卜拉欣帕夏的赞美。[20] 实际上，他能得到这个委托任务，似乎要归功于大维齐尔和苏丹，而不是当时的后宫总管太监朝觐者贝希尔。

和1588年的《节庆之书》相比，1720年的这个版本使用的色彩组合更柔和一些，而且采用了透视画法，尤其是在描绘游行的画作中。埃辛·阿特指出，与1588年的那部作品不同，1720年这个版本中的苏丹并未置身于庆祝活动之外（没有在易卜拉欣帕夏的宫殿阳台上远远观望），虽然说他在许多插画中都被描绘成一个静立的"观看者"。此外，这些插画中的苏丹基本上都不是孤身一人，有不少官员——比如达马特·易卜拉欣帕夏和他的助理官员穆罕默德帕夏（头衔为 kethüda bey）——和他一起扮演"观看者"的角色。[21] 三位参与活动的皇子和伺候他们的几名后宫宦官经常站在苏丹的身旁，而在1588年版《节庆之书》的插画中，苏丹的身旁通常只有三人：两名执剑侍从以及穆罕默德皇子。[22]

朝觐者贝希尔和宫廷画师莱福尼的关系，也许比他和编年史作者维比的关系更近一些。他甚至可能像哈比沙·穆罕默德一样担任过宫廷工作室的主管。倘若如此，那他应该相当了解莱福尼。也许正因如此，比起维比的文字，莱福尼的插画对贝希尔的描绘更多：维比的文字仅有四次提到了贝希尔，而且只有一次提到了他的名字。[23] 相比之下，在莱福尼的细密画中，有九幅都有贝希尔的身影（其他后宫宦官总共出现在24幅细密画中）。1588年版《节庆之书》的情况则与此相反：在此书中，只有最后一页的细密画描绘了哈比沙·穆罕默德阿迦，而开头的文字却多次提到了他。[24]

朝觐者贝希尔在与割礼直接相关的仪式的插图中（莱福尼所绘）得到了非常突出的描绘，割礼开始的时间是在正式庆祝活动结束一周之后。在"割礼游行"这幅插画中，贝希尔和吉庆门宦官并排骑着马，后面跟着一小队宫廷官员（图11.3）——这幅画描绘的是将皇子送回托普卡帕宫接受手术的场景，回到宫中后，大维齐尔向苏丹鞠躬——这是在向苏丹征求开始手术的许可，贝希尔则在一边旁观。在这些细密画中，贝希尔要么位于画面中心，要么位于画面的前景，这表明他是其中最重要的人物。这绝对是一种恰当的画法，毕竟贝希尔要负责指导皇子们的学习、监督手下的后宫宦官们，这些宦官也要每天伺候皇子（《节庆之书》中也有很多插画描绘了这些宦官）。

维比笔下的贝希尔与莱福尼的细密画中的贝希尔之间甚至存在显著差异。在一页画中（图11.4），贝希尔将达马特·易卜拉欣帕夏的礼物进献给苏丹，当时，苏丹坐在帐篷中，身边围着自己的三个儿子和伺候这三个儿子的非洲籍后宫宦官（他共有四子，但小儿子当时只有两岁，因此未参加庆祝活动）。可以看到，贝希尔阿迦处在这幅画的正中。维比也记载了向苏丹进献大维齐尔的礼物一事，却没有提进献这些礼物的人是贝希尔阿迦。[25]

图 11.3 游行队伍中的朝觐者贝希尔与吉庆门总管太监。图片来源：Vehbi, *Surname-i Vehbi*（1720）. Topkapı Palace Museum Library, MS A. 3593, fol. 170b. 经托普卡帕宫博物馆图书馆许可使用

第 11 章 纪念后宫总管太监

图 11.4 朝觐者贝希尔将大维齐尔的礼物进献给艾哈迈德三世。图片来源：Vehbi, *Surname-i Vehbi*（1720）. Topkapı Palace Museum Library, MS A. 3593, fol. 26b. 经托普卡帕宫博物馆图书馆许可使用

本书的封面图翻印自这部《节庆之书》的最后一幅插图，在这幅图中，贝希尔阿迦带领三位皇子经过皇宫第三庭院中的新图书馆，来到第四庭院中的割礼室。他就在画面的前方，跟在后面的是达马特·易卜拉欣帕夏（身着白衣）和另一位维齐尔，这两人挽着十岁的苏莱曼皇子。可是，维比却写道，达马特·易卜拉欣扶着苏莱曼的右臂，总管太监贝希尔挽着他的左臂，另外两位皇子由其余四名维齐尔带领。[26] 简而言之，在维比对割礼庆祝活动的描写中，贝希尔阿迦处于边缘位置，而毫不夸张地说，莱福尼将贝希尔从边缘拉到了前方和中心。

对宦官的体貌描绘 如果将莱福尼在《节庆之书》中对朝觐者贝希尔及其手下的后宫宦官的体貌刻画，与别的画师对哈比沙·穆罕默德及其他后宫宦官的体貌刻画相比较（如上文所述，哈比沙偶尔会和其他后宫宦官一同出现在16世纪晚期手抄本的插画中），我们就会发现，东非宦官的面部特征和肤色的传统画法在穆拉德三世和艾哈迈德三世统治时期之间发生了变化。在早期的作品中，后宫宦官的脸基本上是一个样子，和其他宫廷人员没什么差别。画师仅仅是用一层颜料（通常是淡蓝色）来体现哈比沙·穆罕默德与其他后宫宦官的非洲人特征。只有《万王之王》用了不同的颜色来描绘总管太监的皮肤（淡灰褐色）和普通后宫宦官的皮肤（黑褐色）。[27] 这也许正符合《万王之王》不同寻常的特点：这部作品意在赞颂哈比沙·穆罕默德，将他描绘成与普通后宫宦官不同的一类人。

在17世纪的头几十年里，对宦官的描绘渐渐变得更多样（尽管并不一定写实）。艾哈迈德一世画集之中的朝觐者穆斯塔法，与纳卡什·欧斯曼在16世纪80年代画的一众宦官并没有太大差别，可是，在迈赫迪为奥斯曼二世翻译的《列王纪》的插画中，穆斯塔法及其助手都有了独特的体貌特征和肤色。同时，《列王纪》中的普通宦官的肤色也不尽相同，虽然说他们的面部特征区别不大。

另外，在由莱福尼绘制插画的1720年版《节庆之书》中，后宫宦官的皮肤是深褐色，类似于咖啡豆的颜色，个别宦官的皮肤呈灰褐色。此外，莱福尼或其助手似乎想要表现出东非阉人的独特之处：后宫宦官的鼻子和脸颊画得比较宽，这种特征是由缺乏睾丸素引起的。当然，这只不过是对宦官画像的主观印象，据此推定画师的动机是非常不可靠的。不过，在莱福尼的画作中，后宫宦官的特征确实与其他人——包括来自非洲以外地区的人，尤其是未去势的人——有显著区别。总体而言，在由莱福尼负责插画的《节庆之书》中，基本上所有人物（甚至还包括许多动物）的面部特征都更具个性，这一点是16世纪末甚至17世纪初的作品所不能及的。这也许体现了欧洲绘画以及莫卧儿宫廷肖像画的影响。[28]

总的来看，这些插画的区别体现出画师逐渐转向描绘非洲籍后宫宦官（乃至所有宫廷人员）多样的体貌特征。不过，这可能也表明，随着时间的推移，宫廷画师对非洲籍后宫宦官愈发熟悉。毕竟，在穆拉德三世统治时期，非洲宦官才刚刚在托普卡帕宫中站稳脚跟，虽然说他们的人数比后来还要多。穆拉德即位之初，吉庆门阿迦仍然是苏丹家庭的总管，因此，非洲籍后宫宦官尽管数量庞大，但他们当时在宫廷周边受到的关注应该还不如18世纪初。此外，正如第7章所述，到18世纪初，奥斯曼皇室在托普卡帕宫外的半公共空间举行的重大庆祝活动越来越多，因此，伊斯坦布尔不断壮大的中产阶级可以亲眼看到苏丹、皇子、皇室女子身边的大量非洲宦官，并熟悉这些宦官的整体面貌。

至于用来描绘东非宦官肤色的颜料颜色的变化，很有可能只是因为获取某些颜料的难度越来越低或越来越高。这一变化也可能是由于 16 世纪 80 年代到 18 世纪 20 年代期间，画师采用的色彩组合发生了改变，或者说是绘画传统发生了改变。不过，如果我们上文的假设成立的话，也就是说，如果宫廷画师的确对非洲宦官愈发熟悉的话，那么这种颜色变化可能是由于画师想要更准确地描绘宦官的肤色，这也符合画作中人物的面部特征变得更具个性的趋势。我们注意到，在描绘不是来自非洲的人物时，莱福尼通常采用同一类灰白色（纳卡什·欧斯曼和其他同时代的画师用的也是这种颜色），不过，为了表现这些人物肤色的细微差异，他有时候会使用桃红色、黄色、棕褐色、灰色，这种做法在 16 世纪的细密画中很少见。总的来看，后来的画作因此显得更为真实。

宦官的搭配和位置 除了宫廷工作室制作的这些华丽的手抄本，奥斯曼画师创作的描绘后宫宦官的画作存量很少。实际上，我只想得到一幅画：一部阿拉伯语动物寓言中的插画。该书名为《听学者讲寓言》，又名《鲁格曼寓言集》，成书于 17 世纪的埃及或叙利亚。书中的这幅插画画的是两名年轻的宦官用弓箭狩猎一头雄鹿。[29] 其中一名宦官是黑人，另一名是白人，两人都身穿短袍：黑人宦官的袍子为橘黄色，白人宦官的袍子为紫色。有意思的是，两人都戴着小小的金头饰，类似于欧式王冠。配图文字并未说明他们是谁，也没说为什么要把他们画成颜色互补的一对人物，而是讲了一则有名的寓言：一头雄鹿瞧不起自己的细腿，却对自己雄伟的鹿

第 11 章 纪念后宫总管太监

角引以为傲，结果就在他试图逃离猎人追捕的时候，因为鹿角被灌木缠住而无法脱身。画中的两名宦官扮演的就是寓言中的猎人：黑人宦官抓住雄鹿的细腿，同时白人宦官举弓瞄准猎物。

不过，黑白两名宦官搭配的图像在观察奥斯曼宫廷生活的奥斯曼画师和欧洲画师当中显然非常流行。16 世纪末的佛兰德斯画师兰伯特·德沃斯（Lambert DeVos）曾创作过一本关于奥斯曼服饰的书，书中的一幅彩色画中也画了一对骑着马的黑白宦官，他们分别是吉庆门阿迦和首席司库（图 11.5）。[30] 我们在第 5 章看到，托普切拉·卡提比记述了前文提到的 1612 年的那次订婚游行，在他的记述中，伟大的朝觐者穆斯塔法阿迦与吉庆门总管太监并排骑着马。一个多世纪后，莱福尼描绘了朝觐者贝希尔和吉庆门总管太监带领"割礼游行队伍"的场景，队伍陪着皇子们从奥克梅丹来到托普卡帕宫行割礼。和寓言集中的那幅画一样，莱福尼这幅画中的两名宦官在颜色上也是互补的：朝觐者贝希尔身穿一件深红色无袖外套，而吉庆门总管太监的无袖外套则为深绿色，两人的外套边缘都衬有黑色皮毛，里面都穿了白色的卡夫坦长衫。如果说这种互补的色彩搭配最初是用来表现后宫与第三庭院的分野（如第 5 章所述）——这种分野自然而然地将黑人宦官与后宫、白人宦官与第三庭院联系起来——但在后宫的影响力超过第三庭院，二者之间的关系从对抗变成合作之后，这种搭配仍然存续了很长时间。

最后说一下总管太监在这些画中的位置。在许多例子中，哈比沙·穆罕默德和朝觐者贝希尔都占据了画面的前方或中心。最为引人瞩目的例子莫过于《万王之王》中的那幅画，它将哈比沙·穆罕默德刻画成在索库鲁·穆罕默德遇刺后拯救帝国的英雄。在《节庆

- 359 -

图 11.5 两名宫廷宦官。图片来源：Lambert DeVos, *Turkish Costumes*（1574）. American School of Classical Studies at Athens, Gennadius Library, MS A986q, plate 42. 经金纳迪厄斯图书馆（Gennadius Library）许可使用

第 11 章 纪念后宫总管太监

之书》的末页,哈比沙·穆罕默德也出现在了画面中央,和泽雷克一同接见该书的作者。在描绘朝觐者贝希尔带领三位皇子和六名维齐尔穿过托普卡帕宫第三庭院的那幅画中,贝希尔阿迦紧贴画框。不过,如果苏丹和总管太监同时出现在一幅画中,后者就不太可能占据画面的前方或中心了。在这种情况下,总管太监基本上处于从属地位,但即便如此,他也不仅仅是一个从属人物,而是发挥着他常见的作用:在苏丹的私人空间和由更庞大的一群宫廷官员组成的公共空间之间划定界限。比如说,在 1584 年的《技艺之书》(*Hünername*)中,有一幅托普卡帕宫的双页平面图,在图的一角,哈比沙·穆罕默德与穆拉德三世单独出现在后宫外。[31] 哈比沙背对着后宫,其实是在把穆拉德和这个通常只限宫中女子居住的空间分隔开来(虽然说穆拉德有时候也住在后宫)。

至于朝觐者贝希尔阿迦,在《节庆之书》的那幅细密画中,他虽然位于画面中心,正在向艾哈迈德三世进献大维齐尔的礼物,但他是站在苏丹的帐篷的边缘,位于苏丹的下方,将苏丹和手持礼物的一队戟兵分隔开来。在倒数第二页的插画中,他再次起到了分隔不同群体的作用:他的一侧是苏丹和正在向苏丹征求开始割礼许可的大维齐尔,而另一侧是大维齐尔手下的诸位维齐尔以及令人敬畏的戟兵。甚至在描述他把三位皇子带向割礼室的那幅非凡画作中,紧贴画框的他也相当于一个"分隔者":他将第三庭院和假想观察者所处的空间分隔开来。至于品级较低的后宫宦官(1720 年的《节庆之书》中有不少细密画都描绘了他们),他们总是站在苏丹或皇子的后面,形成了一道象征性的屏障,将苏丹 / 皇子与宫中其他人隔开,也可以说是将苏丹 / 皇子与画中未见的公共空间隔开。

还需要注意的一点是，哈比沙·穆罕默德和朝觐者贝希尔的身影出现在了许多插画手抄本的末尾，这似乎不只是巧合。出现在这个位置的后宫总管太监相当于一种"封印"，标志着书中描述的正式活动到此结束，更进一步说，也标志着纪念这些活动的作品到此结束。因此，从某些方面来看，总管太监——至少是画中的总管太监——充当着一种边界，边界的一侧是书中的世界，其中包含着文字和图画描绘的各种事件，另一侧则是产生这些事件的现实世界。

陵墓与坟墓

后宫总管太监在世之时也许受到了许多细密画和文字的赞颂，但他们和所有凡夫俗子一样，终要归于尘土——虽然说许多总管太监活到了80多岁，朝觐者贝希尔阿迦和优素福阿迦甚至活到了90多岁。他们死后受到的纪念不亚于生前受到的纪念，甚至往往更胜一筹，只不过纪念他们的形式不再是细密画，而是墓碑和墓石上的铭文。本小节将考察总管太监是如何亡故的（根据我们掌握的有限资料来判断），他们死后发生了什么，他们的坟墓或陵墓的外观和位置，以及这些墓透露的信息：他们希望以何种方式被人们铭记。

总管太监之死 很少有总管太监在叛乱中死去——死于1603年的欧斯曼阿迦是一个特例。依照苏丹御令被悄无声息地处死的总管太监也不多，包括摩拉勒·贝希尔阿迦、拉拉·苏莱曼阿迦、乌尊·苏莱曼阿迦。大多数总管太监是寿终正寝的，死因不外乎常见的老年疾病，或者是阉割和激素缺乏导致的长期后遗症。一般来说，

第 11 章 纪念后宫总管太监

记录时任或前任总管太监之死的奥斯曼史官并不会注明具体死因,也许是因为他们去世时的年龄就足以解释原因了。因此,来自开罗的编年史作者艾哈迈德·切勒比在提到优素福阿迦之死时,只是写道:"赖比尔·敖外鲁月 12 日夜[1717 年 2 月 23 日],优素福阿迦·库兹拉逝世,享年 96 岁。"[32]

正如第 7 章所述,对于朝觐者贝希尔阿迦的情况,一名俄罗斯外交官的记录填补了奥斯曼编年史的空白,让我们真切感受到了这名老宦官缓慢而痛苦的死亡过程,他中了风,身体急剧衰竭。在后宫总管太监当中,这种缓慢的死亡肯定并不罕见,毕竟他们当中有很多人都活到了很大岁数。罕见的是死在任上,对于大多数总管太监而言,他们生命的最后几年甚至几十年,都是在远离伊斯坦布尔的流放地度过的。

无论总管太监死于何处,有关他们葬礼的资料都很少。我们的推测是,男子通常不参加他们的葬礼祈祷,编年史作者塞拉尼基写道,人们在征服者穆罕默德的清真寺(位于伊斯坦布尔法提赫区)的陵院部分为哈比沙·穆罕默德阿迦念诵了经文,然后将遗体运到西面不远处的哈比沙·穆罕默德的清真寺建筑群(在恰尔尚巴区)。[33] 这可能主要是皇室女性成员参加哈比沙葬礼的一种方式——她们与这位奥斯曼高官的关系最为亲近。下葬是露天的、更为公开的活动,参与下葬的应该基本上是男人。至于被葬在伊斯坦布尔艾郁普公墓的 11 名总管太监,我们可以猜测,他们的葬礼礼拜在阿布·艾尤布·安萨里的清真寺内举行(该清真寺中肯定有一个陵院),但各种编年史都没有提到这一点。至于被死在开罗或麦地那的被免职的总管太监,无论是地方编年史还是宫廷编年史都未提及他们的葬礼，这些史书更喜欢记载没收他们资产之类的事件。[34]

安息之地：陵墓 只有三名总管太监被葬在独立的陵墓中：哈比沙·穆罕默德、朝觐者穆斯塔法、朝觐者贝希尔。我们在第4章看到，奥斯曼史上第一名后宫总管太监哈比沙·穆罕默德逝于1591年，其陵墓就在他那座位于恰尔尚巴区的清真寺外面，该清真寺由达乌德阿迦修建，他是希南的学徒和接班人。哈比沙是这座陵墓唯一的主人，他显然没有妻子或子女，如果有的话，他们也许会被葬在他旁边。陵墓没有任何铭文（至少今已不存），但清真寺入口上方有这样一句铭文："愿真主照亮穆罕默德之墓！"这是一个纪年铭，标注的年份是999年，也就是1590—1591年。[35]

虽然其他后宫总管太监也委托建造了自己的清真寺，甚至是完备的宗教建筑群，但只有两名总管太监被葬在了自己的宗教建筑群内，其中一名就是哈比沙·穆罕默德，另一名是苏莱曼阿迦，后者在打倒奥斯曼二世的叛变中被杀，被埋葬在自己那座位于库姆卡帕区（Kumkapı）的小清真寺的院子里。之所以只有他们两人被葬在自己的宗教建筑群内，很可能是因为哈比沙·穆罕默德是第一个地位超过吉庆门阿迦的后宫总管太监（当时的吉庆门阿迦是大权在握的加赞夫）。清真寺建筑群中这座独立的陵墓传达了这样的信息：哈比沙·穆罕默德成为权势最大的宫廷宦官。也许是作为回应，加赞夫也在自己位于萨拉察内的宗教建筑群内建了一座陵墓。

朝觐者穆斯塔法和朝觐者贝希尔则葬在阿布·艾尤布·安萨里之墓的两侧，他们的陵墓位于伊斯坦布尔著名的艾郁普公墓（图11.6）。朝觐者穆斯塔法的陵墓只能通过阿布·艾尤布之墓的入口进入。如今，这座陵墓内有一具相当简朴的棕色大灵柩，一幅描绘

第 11 章 纪念后宫总管太监

图 11.6 朝觐者穆斯塔法和朝觐者贝希尔的陵墓分立于阿布·艾尤布·安萨里之墓的两侧（前者位于右侧）。图片由 Doğa Öztürk 提供

卡巴天房的壁毯——这证明了这名已故总管太监曾担任过埃夫卡弗－哈瑞门的主管。朝觐者贝希尔的陵墓总体而言则更为精致：有一个单独的入口，外墙上有两篇互成直角的镀金铭文。其中一篇铭文位于一扇格子窗上方，就在阿布·艾尤布之墓的入口左侧，其内容为《古兰经》的第一章，即开端章（通常在葬礼上念诵，并刻在墓碑上）。另一篇铭文印在一堵毗邻公共广场的墙顶上，就在贝希尔之墓入口的正上方，其内容如下：

吉庆宫［即后宫］从前的顶梁柱，
德行出众、品格高尚的贝希尔阿迦长眠于此。
多年以来，他行事慷慨，此乃权力宝座最耀眼的装饰。

> 他像奴仆一般听从宣礼的召唤。
>
> 他离开这个世界，找到了另一个所在。
>
> 他深知此世的欢乐皆为过眼云烟。
>
> 看吧，他以何等诚意踏上这最后的旅途。
>
> 人们在哈立德［即阿布·艾尤布·安萨里］近旁为他造了一处停歇之地。
>
> 愿真主宽恕他的罪过。
>
> 愿他在天堂中有博学之友陪伴。[36]

陵墓内的灵柩上是这名后宫总管太监的头饰。

这两座陵墓的位置很能说明问题：两名已故的宦官实际上守卫着阿布·艾尤布·安萨里之墓的入口。我认为，这有意暗示了守卫麦地那的先知清真寺和陵墓的那些宦官的存在。而且，阿布·艾尤布·安萨里的身份不断凸显着这种类比关系。先知于 622 年逃离麦加之后，他在麦地那的一些"辅士"（阿拉伯语：ansar）便欢迎他来到麦地那，阿布·艾尤布就是其中一名辅士。根据圣训和先知传记文献的记载，先知抵达麦地那后，阿布·艾尤布让出了自家的一层作为先知的临时住处。后来，在早期穆斯林群体对抗麦加多神教徒的战斗中，他担任了先知的旗手。672 年，早期的倭马亚王朝围攻君士坦丁堡，当时垂垂老矣的阿布·艾尤布加入了倭马亚的军队。身患重病后，他请求人们在他死后将他葬在拜占庭的陆墙之下。[37] 过了 781 年后，奥斯曼苏丹穆罕默德二世征服了君士坦丁堡，苏丹手下的人意外地发现了阿布·艾尤布的坟墓，于是征服者穆罕默德便下令在此地建一座清真寺，并将艾尤布的坟墓改建为陵墓。

第11章 纪念后宫总管太监

总而言之,阿布·艾尤布是改信伊斯兰教的一名信徒,曾在麦地那为先知效力,后来在为新兴的倭马亚王朝效力期间死于君士坦丁堡,并被葬在此地。朝觐者贝希尔阿迦的情况也差不多:他也是改信伊斯兰教的信徒,也曾在麦地那为(已故的)先知效力,后来搬到伊斯坦布尔,在人生最后的岁月里效力于一个穆斯林王朝。朝觐者穆斯塔法也有同样的经历,只不过他没有在麦地那生活过。

安息之地:坟墓 大多数总管太监和其他后宫宦官都被葬在"普通"坟墓中,这种坟墓的一侧是墓碑,另一侧是墓脚的台石。和所有奥斯曼官员及宗教人物一样,这些总管太监坟墓的墓碑顶部形如他们的官帽,这意味着19世纪中叶之前的总管太监墓碑很容易识别,因为那时总管太监的官帽很独特,形如一个高高的圆锥。而在坦志麦特改革之后,他们的墓碑顶部只有一个菲斯帽的形状,因此从外表上很难与其他奥斯曼官僚的墓碑区别开来。这些墓碑上的铭文只有寥寥几笔,记录的信息包括总管太监的名字,名字之前通常是几句华丽的赞辞和"已为他的亡灵念诵开端章"这句话,最后是逝世年份。除此之外,再无其他信息。柯区克·比拉阿迦的墓碑就是一个相当典型的例子〔他于1798—1807年担任总管太监(当时在位的苏丹是塞利姆三世),死后被葬在艾郁普公墓〕。此例中的铭文也许稍长一些,其内容如下:

他〔真主〕是永恒的造物主。
高贵的吉庆宫阿迦,
比拉阿迦,哈利尔帕夏[38]〔从前的奴仆〕
已经故去,已被宽恕,需要宽恕一切的主来怜悯他。

为了他高贵的灵魂，愿无上的真主喜悦于他。

开端章（*Fatiha*）。

1222年穆哈兰姆月［1807年3月］。

除了特别设计的陵墓，总管太监坟墓的选址似乎并未遵循特定的模式（品级较低的后宫宦官的墓地位置更是没有规律）。不过，有一个共同点在于：他们都被葬在亡故时所在的城市，因为穆斯林律法规定，人死后应在24小时之内埋葬。除了朝觐者穆斯塔法和朝觐者贝希尔，还有九名宦官被葬在艾郁普公墓的不同地点，其中年代最早的是柯区克·阿卜杜拉曼阿迦的坟墓——阿卜杜拉曼阿迦从1703年到1704年担任总管太监，逝于1727年。在这些坟墓中，有一些聚在一处，不过可能是很久之后才被迁到一起的，因为古代穆斯林公墓中的墓碑经常被移动。哈立德阿迦（1791—1798年在任）和上文提到的柯区克·比拉的坟墓都坐落在米赫丽莎（Mihrişah）苏丹之墓外面的一片围地中——米赫丽莎是塞利姆三世之母，而塞利姆三世就是这两名宦官曾经效力的苏丹。（米赫丽莎逝于1805年，在哈立德之后、柯区克·比拉之前，这说明哈立德的墓碑有可能是后来才被移到此处的。）另外，帕夏奇拉（"帕夏的门徒"）·阿卜杜拉阿迦（1839—1840年在任）和他的继任者塔希尔阿迦（1840—1844年在任）也葬在一处。

除开艾郁普公墓内的情况不论，宦官坟墓的选址似乎相当随意，至少在18世纪中叶之前是这样：森布阿迦（又称瑟夫，1591—1592年在任）葬在底万悠路的某处（底万悠路即从托普卡帕宫通向拜占庭陆墙的大道）；第一位麦绛阿迦（1717年任职数月）

葬在恰什卡普区（Çarşıkapı）某处（该街区位于伊斯坦布尔大巴扎南面）。不过，到 18 世纪下半叶，我们可以看到，有一些总管太监的坟墓坐落在他们生前效力的苏丹的建筑物附近。最显著的一例便是阿亚兹玛（Ayazma）清真寺，它由穆斯塔法三世（1757—1774 年在位）创建，坐落在于斯屈达尔南部（博斯普鲁斯海峡的亚洲一侧）。清真寺后面是一个小型墓地，埋葬着第二位麦绛阿迦（1768—1772 年在任）以及苏丹私人寝宫的主要官员：执剑侍从、贴身男仆、私人寝宫首领（名义上的私人寝宫主管，是一名白人宦官）。除此之外，清真寺的几名工作人员和两名后宫宫女也被葬在此处。他们逝世的年份跨度为 1759—1788 年，晚于穆斯塔法三世逝世的时间。[39] 麦绛阿迦的墓碑是墓地中最大的一块墓碑之一，比私人寝宫首领的墓碑足足高上两英尺。

需要特别指出的是，穆斯塔法三世并未被葬在阿亚兹玛清真寺，而是被葬在拉雷利建筑群的院子里——这是他建立的另一个大清真寺建筑群，位于伊斯坦布尔老城中心，他的儿子塞利姆三世和三位女儿的陵墓也坐落在此地。这样看来，皇室成员与皇家职员之间几乎形成了一种地形上的分隔：前者享有葬在帝都中心的特权，而后者只能葬在较为偏远的于斯屈达尔。但不管怎么说，这些皇室私人空间的守卫者在死后也算是重聚到了一处——两座苏丹清真寺中较为偏远的那一座的后方。他们的坟墓所在地具有某种象征意义：一方面，此地与皇室保持着适当距离，另一方面，这也是一种死后的荣誉，因为他们相当于苏丹在于斯屈达尔的代理人——毕竟苏丹即便在死后也没法同时出现在两个地方。

穆斯塔法三世的接班人——他的侄子阿卜杜勒 - 哈米德一世

（1774—1789年在位）改变了这种建筑格局：阿卜杜勒-哈米德一世在贝勒贝伊区（Beylerbeyi，博斯普鲁斯海峡的亚洲一侧）建立了一座清真寺，却将附属于清真寺的建筑建在了伊斯坦布尔中心的西尔凯奇街区（Sirkeci），这些建筑包括施粥场、伊斯兰学校、图书馆、公共喷泉亭、他本人的陵墓，其中只有陵墓存留至今。阿卜杜勒-哈米德的陵墓旁边坐落着他的儿子穆斯塔法四世的陵墓（穆斯塔法四世只是在塞利姆三世被废之后当过一小段时间的苏丹），还放置着许多在婴儿或儿童时期便早夭的子女的小棺材。阿卜杜勒-哈米德的陵墓内保存着据说是先知穆罕默德留下的足迹，是根据墓主的要求从大马士革附近的一个村子运过来的。陵墓外面是一个小墓地，里面有一些后宫和苏丹私人寝宫官员的坟墓，这些坟墓的排列与阿亚兹玛清真寺的那些坟墓极为相似，唯一的区别在于：这些官员的坟墓与皇家陵墓相隔只有几米。这些坟墓的主人包括私人寝宫的司库以及总管太监阿布·贝基尔阿迦，贝基尔阿迦在任职约两年后于1825年逝世。他的坟墓相当精致，比墓地中的大多数坟墓都要高，除了墓碑和墓脚的台石，还包括一个雕纹石棺。墓的右方是一名叫作穆罕默德·拉希德（逝于1812年）的下级后宫宦官的坟墓，相比之下，这座坟墓明显矮不少。[40]

埋葬在这片墓地的大多数人都曾在致力于改革的马哈茂德二世统治时期的宫中效力，并且在这一时期亡故。据此，我们可以得出一个合理的结论：由于在他们亡故之时，马哈茂德二世的陵墓尚未修建，因此他们被葬在了上一任苏丹穆斯塔法四世之墓的旁边，这也是阿卜杜勒-哈米德一世的陵墓所在地。

和弟弟穆斯塔法四世一样，马哈茂德二世在位期间没有建过清

第 11 章 纪念后宫总管太监

真寺。1839 年,马哈茂德二世逝世,葬在位于伊斯坦布尔中心的底万悠路上的显眼位置。这座奢华的独立陵墓附近就是蓝色清真寺和赛马场。后来,他的陵墓内还放置了阿卜杜勒-阿齐兹一世(1861—1876 年在位)、阿卜杜勒-哈米德二世(1876—1909 年在位)、多名妃子及子女的灵柩。陵墓的花园中还有许多别的坟墓,包括塔哈阿迦的坟墓。塔哈阿迦担任总管太监的时间段几乎横跨阿卜杜勒-阿齐兹的整个统治时期。他的墓碑呈圆台形,未雕刻任何官帽的形状。虽然说他的坟墓和苏丹的陵墓隔着一个花园,花园中还有许多别的坟墓,但从象征角度来看,我们可以说他守卫着自己服侍过的苏丹的安息地。[41]

到了 19 世纪中叶,奥斯曼宫廷已经从托普卡帕宫迁到了位于博斯普鲁斯海峡欧洲一侧的"现代"宫殿中:先是搬到多尔玛巴赫切宫,之后又迁入耶尔德兹宫。前一个宫殿建于 1843—1856 年,而后者初建于 18 世纪末,是独裁者阿卜杜勒-哈米德二世偏爱的住处。这意味着后宫宦官(当然还包括其他宫廷人员)的坟墓开始大量出现在伊斯坦布尔老城中心的北面,而老城中心则是大多数苏丹的陵墓所在地。虽然说有几位 19 世纪的总管太监葬在艾郁普公墓,但至少有两名总管太监以及多名品级较低的后宫宦官都葬在亚雅(Yahya,逝于 1571 年)埃芬迪的陵墓外面——亚雅埃芬迪是 16 世纪的宗教学者、苏菲派谢赫、苏莱曼大帝的兄弟,他的陵墓位于贝西克塔什区,靠近耶尔德兹宫的东南入口。葬在该陵墓外面的两位总管太监分别是穆罕默德·拉辛和穆罕默德·亚佛,前者于 1856 年任职五个月,逝于 1874 年 11 月,后者任期为 1888—1898 年,死于任上。除此之外,还有不少低品级后宫宦官(包括帝国后宫宦官和多名官员府中的宦官）的坟墓零星分布于此，他们的墓碑相当一致，都刻有后坦志麦特时代的菲斯帽的形状，不过有一部分坟墓的墓碑雕刻质量要高一些，而且还带有像阿卜杜勒－哈米德一世陵墓中的那种石棺。他们的死亡年份跨度为19世纪50年代到90年代，其中多数人的死亡年份在区间后半。我们可以认为，这些坟墓"守护"着受人尊敬的亚雅埃芬迪的陵墓——时至今日，还有一些游客来到陵墓前敬拜，求他保佑，不过，这些坟墓大多坐落在亚雅埃芬迪之墓的上坡，似乎更像是后者在保护前者。不管怎么说，这里像是后宫宦官的专属墓地，大部分墓主生前都在附近的耶尔德兹宫效力。这里的不同寻常之处在于，在奥斯曼帝国的历史上，我们找不到早于该时期的类似墓地。

真的找不到吗？对于更早时期的宦官，或者不太受欢迎的宦官而言，于斯屈达尔也有可能成为他们的安息地。此外，阿亚兹玛清真寺后面的那片墓地也算一个。坐落在于斯屈达尔东南边的巨大的卡拉卡·艾哈迈德公墓（Karaca Ahmet cemetery）曾经也有一片指定用于埋葬后宫宦官的墓地。托普卡帕宫档案馆藏有这片墓地的一幅平面图（日期为1881年）。[42]不过墓地本身似乎已消失在时间的迷雾中。

除了这些"普通"宦官，有几个未得善终的总管太监也被葬在了于斯屈达尔，其中最早的一个是拜润阿迦，他在1656年悬铃树事件中被处死（见第5章）。[43]因为行事无度而于1752年遭处死的摩拉勒·贝希尔阿迦葬在于斯屈达尔的多安喆拉区，他的墓旁是哈尔维蒂教团的谢赫那苏希·穆罕默德（Nasuhi Mehmed）埃芬迪的陵墓。这片毗邻清真寺的墓地得到了悉心护理，但摩拉勒的墓碑今已不存。据说，阿卜杜勒-迈吉德一世（1839—1861年在位）统治末期的总管太监穆罕默德·阿里夫阿迦（1850—1855年在任）也葬在多安喆拉区，他逝于1863年年末。位于伊斯坦布尔城中心之外的于斯屈达尔因此成为埋葬宦官的"安全"地点，尤其是那些死得不光彩的宦官。说到这里，值得一提的是，所谓的"叛徒墓地"（Hainler Mezarlığı）位于如今伊斯坦布尔东部边缘的彭迪克区（Pendik），该墓地由伊斯坦布尔市市长指定用于埋葬在2016年7月那场未遂的军事政变中死去的凶犯。

伊斯坦布尔之外的坟墓

大多数后宫总管太监都葬在了伊斯坦布尔以外的地区，他们当中的大部分人都逝于开罗（流放地）或麦地那（担任守陵宦官总管的地方）。葬在开罗的总管太监至少有16名，不过，令人惊讶的是，其中只有一名总管太监——阿巴斯阿迦——的坟墓位置可以确定。阿巴斯葬在穆罕默德·本·伊德里斯·沙斐仪（Muhammad ibn Idris al-Shafi'i，767—820）的陵寝附近，位于开罗城堡东南方的"死人城"的那片大墓地之中。沙斐仪是伟大的教法学家，伊斯兰教逊尼派中的沙斐仪教派就是以他的名字命名的，他这座带有华丽穹顶的陵墓由阿尤布王朝的数名苏丹建于13世纪初——这些苏丹信奉的沙斐仪派在当时是下埃及地区传播最广的教派。[44]这座陵墓虽然带有法蒂玛王朝的建筑风格，但它象征着逊尼派重新取得对开罗的控制，而此前开罗已经被什叶派的伊斯玛仪派统治了200年。

阿尤布王朝的首任苏丹萨拉丁在沙斐仪原来的坟墓附近建了一所伊斯兰学校，他利用这个神学机构来对抗法蒂玛王朝的伊斯玛仪派意识形态，取得了非常不错的成效。安息在这座陵寝中的除了沙斐仪，还有下令修建该陵寝的一位阿尤布王朝苏丹，以及这位苏丹的母亲。在奥斯曼帝国统治期间，新任埃及总督在向北前往开罗城堡的路上，通常会按照规矩，在沙斐仪的陵寝前稍作停留。[45]

在这样的背景下，尽管沙斐仪派和奥斯曼帝国的官方教派哈乃斐派之间长期处于竞争状态，但前任后宫总管太监希望自己能葬在沙斐仪旁边，这似乎再自然不过了。毕竟，奥斯曼帝国的身份是逊尼派世界的首要保护者（保护逊尼派世界免遭什叶派异端的侵入），而总管太监是彰显这一身份的大功臣。（另外，如第9章所述，埃塞俄比亚的穆斯林也信奉沙斐仪派，虽然我们不知道阿巴斯是否生来就是穆斯林。）正如阿布·艾尤布·安萨里的陵墓充当了朝觐者贝希尔的安息地，沙斐仪的陵寝也充当了阿巴斯的安息地。同样，我们也可以说，阿巴斯"守护"着沙斐仪的陵墓，捍卫着逊尼派伊斯兰教的一位顶梁柱，就像朝觐者贝希尔和朝觐者穆斯塔法守护着阿布·艾尤布的陵墓一样，或者说就像塔哈阿迦守护着阿卜杜勒-阿齐兹的陵墓一样。

我们在第7章看到，到18世纪末，后宫总管太监在被罢免之后通常会去麦地那担任一段时间的守陵宦官总管。穆罕默德·阿里帕夏及其后代接管埃及之后，麦地那取代开罗成为被罢免的总管太监的常规流放地。这当然意味着在麦地那死去并葬在麦地那的总管太监越来越多——总共至少有11个。

在麦地那亡故的宦官被葬在当地一个叫占乃提-巴奇（Jannat

al-Baqi，简称巴奇）的公墓中。这座公墓就在离先知清真寺和先知陵墓最近的一道城门——居玛门（Bab al-Juma'a）——之外，距先知陵墓东面的宦官区很近。这是个名副其实的名人墓地，因为最早的穆斯林群体的一些重要成员都葬在这里，包括先知的所有妻子（除了逝于麦加的原配夫人赫蒂彻）、所有女儿（可能要除去法蒂玛）、他的叔父阿拔斯（阿拔斯王朝的始祖）、奥斯曼·本·阿凡（逊尼派承认的第三位哈里发）、哈桑·本·阿里·本·阿比·塔利卜。于1924年被剥夺职衔的奥斯曼帝国最后一任哈里发——阿卜杜勒-迈吉德二世也葬在了此地，然而两年后，这座公墓就被沙特人摧毁了。对于这些死去的宦官而言，能和这么多名人长眠于一处可谓荣幸之至，而且，先知陵墓就在他们附近，这意味着他们在离开尘世的守陵宦官队伍之后，仍然在另一个世界守卫着先知陵墓。实际上，这象征着他们完成了"向真主和他的先知迁徙"这一使命——在最初被派到麦地那时，他们就开始了这次"迁徙"。

少数几名后宫总管太监在其他地方亡故。有一些总管太监被流放到爱琴海岛屿后不久便遭处死，然后被就地埋葬，其中包括拉拉·苏莱曼阿迦（于1676年被流放到利姆诺斯岛）和乌尊·苏莱曼阿迦（于1713年和朝觐者贝希尔一同被流放至塞浦路斯）。他们的坟墓今已不存。有三名总管太监逝于埃迪尔内，并被葬在当地——大概是在该城众多历史悠久的墓地之一（在穆罕默德四世及其后三位苏丹的大部分统治时期，埃迪尔内一直是奥斯曼皇廷的所在地）。

结语

综上所述，从象征角度来看，许多后宫总管太监在死后仍然奉行着他们生前的传统职责：守护在尊贵的穆斯林人物的近旁——无论是奥斯曼苏丹、皇室女子、先知穆罕默德、先知的旗手、苏菲派谢赫，还是早期的伊斯兰教法大师。当然，这一职责并非是决定总管太监的墓地位置的唯一因素。对于已故的宦官来说，葬在知名人物附近可以带来一定益处，比如说，一个宗教名人可以散发出神圣的光环，也许还可以保佑众生。不过，鉴于伊斯兰律法严格要求在24小时内埋葬死者，选择宦官墓地时考虑的主要因素肯定是便利性和距离上的邻近。另外，失宠的宦官应该无法享受葬在著名穆斯林人物附近的待遇。对于他们以及许多其他宦官（尤其是普通后宫宦官）而言，葬在于斯屈达尔似乎更合适：此地位于奥斯曼皇宫和主要的苏丹清真寺对面，中间隔着博斯普鲁斯海峡，因此，从象征意义上来说，这条海峡将他们与苏丹的空间隔绝了开来。

死去的宦官象征性地守卫显赫人物的陵墓——这种观点似乎有些牵强附会，但如果我们对这种策略性的坟墓选址进行一番联想，就不会觉得牵强了。阿布·艾尤布陵墓附近的宦官坟墓自然会让人联想到麦地那先知陵墓的宦官卫士。与此类似，奥斯曼苏丹及皇室女子的陵墓附近埋葬的宦官也会让我们想起马穆鲁克苏丹国的苏丹们的守陵宦官，甚至是中国明朝皇帝的守陵宦官。除此之外，这些"守陵墓葬"还让人想起中国各个朝代广泛采用的"人俑"，如守卫秦始皇陵墓的著名的西安兵马俑，以及汉代诸帝采用的比兵马俑小得多的泥人，这些泥人被雕刻成裸体，但穿着真正的衣服。此外

第 11 章 纪念后宫总管太监

还有在中国和韩国的一些坟冢外发现的陵墓卫士雕像。[46]

从前，人们认为皇家陵寝是一个极其神圣、危险的地方——举个例子来说，埃及的金字塔内刻有诅咒，这是为了防止有人侵扰法老的陵墓。考虑到古人的这种观念，我们应该就能理解宦官作为守陵人的职责。另外，对于这些宦官而言，葬在显赫人物的旁边让他们有了一个合适的"停歇之地"——这是朝觐者贝希尔阿迦的碑文中的说法——他们相信自己在履行了守陵的职责后，能够得到从"停歇之地"前往天堂的回报。

如果说陵墓纪念的是已故的后宫总管太监，那么细密画纪念的则是在世之时的他们：这些画作展现了他们当时（即制作包含这些画的手抄本之时）的影响力和受关注度。另外，画中的总管太监通常履行着他死后在坟墓或陵墓中履行的职责，也就是说，画中的他是一名守护者。从象征角度来看，画中的他巡逻在一条边界线上，这条边界线将苏丹与众多宫廷人员，乃至皇宫外的公众，分隔开来，甚至还将苏丹与看画的人隔离开来，保护苏丹免遭侵扰。然而，总管太监偶尔也会占据画面的突出位置，甚至是画面中央，正如极个别总管太监——特别是朝觐者穆斯塔法和朝觐者贝希尔——得以长眠在位于中心区、广受关注的陵墓中（这两名总管太监都葬在了阿布·艾尤布·安萨里之墓的旁边）。但在所有这些例子中，总管太监的影响力皆源自他与苏丹及其他皇室成员的关系，或者说——就葬在艾郁普公墓的总管太监而言——源自他与先知及其同伴的联系。从这个角度来看，对总管太监的纪念——无论是为他作画还是建陵墓——总是取决于他所服侍的显赫人物的地位。无论是死后还是生前，也无论是在画中还是在别的地方，总管太监都是一个典型的守护者。

- 377 -

第12章
结 论

帝国的轨迹

本书试图从两个角度来展现后宫总管太监的宦途轨迹:一是他们的个人宦途,二是总管太监这个整体在大约三个世纪中的发展历程。我们看到,后宫总管太监一职在相当大程度上遵循着奥斯曼帝国的总体发展轨迹。该官职创立之时,奥斯曼帝国的苏丹正变得越来越与世隔绝,大部分私人时间是在托普卡帕宫的后宫中度过。第一位总管太监哈比沙·穆罕默德阿迦之所以拥有种种职权,可能是因为他强大的个人势力,但在他死后,这些职权便正式确立了下来。其中,监管圣地宗教捐献产业这项职权尤为突出,因为从哈比沙·穆罕默德开始,这一监管权基本上一直掌握在后宫总管太监手中,直到马哈茂德二世于1826年设立圣地宗教捐献产业监管部为止——另外,16、17世纪出现的一些权势显赫的吉庆门总管太监(特别是加赞夫阿迦)可能夺回过这一职权。

在17世纪的危机期间,后宫总管太监的权势可以说达到了顶峰。这一时期出现了一连串未成年或精神状态不稳定的苏丹,因此皇太后和与之合作的总管太监成了皇宫中的实际掌权者。在这段动荡岁月里,后宫中的敌对派系在接近苏丹、担任宫廷官职、挑选大维齐尔、参与制定帝国大政方针等方面争权夺势。1651年,强悍

第12章 结 论

的柯塞姆苏丹惨遭谋杀（据说总管太监拉拉·苏莱曼是主谋），此次事件无疑证明了这种敌对关系是何等危险且根深蒂固。科普鲁律家族从17世纪后半段开始担任大维齐尔后，后宫中的对抗趋于缓和。尤为值得一提的是，该家族的前两名大维齐尔通过安插他们的家庭成员，来规避潜在的侍臣之间的竞争，甚至从他们的私人侍从当中任命总管太监。

18世纪上半叶是奥斯曼帝国经济复苏和文化繁荣的时期。在此期间，后宫总管太监在促进国际贸易（尤其是与西欧之间的贸易）和新的公共社交文化发展方面发挥了主导作用。从法国和意大利进口的奢侈品以及奢靡的花园娱乐活动成为所谓"郁金香时代"的标志——郁金香时代是一个文化繁荣的短暂和平时期，它的开创者包括朝觐者贝希尔阿迦和大维齐尔内夫谢希尔勒·达马特·易卜拉欣帕夏。朝觐者贝希尔及其继任者摩拉勒·贝希尔是彻拉安娱乐和哈尔瓦聚会的主要策划人——彻拉安娱乐是一种户外活动，旨在庆祝每年春天郁金香的开放；哈尔瓦聚会是一种冬日聚会，人们在聚会上制作并食用哈尔瓦这种甜食。

总之，从设立后宫总管太监一职到西化改革开始（塞利姆三世时期）的大约200年的时间里，总管太监总是处于奥斯曼帝国所有重大"时代"的最前沿：苏丹与世隔绝的时代、危机时代、郁金香时代。但随着19世纪西化改革的实施（坦志麦特改革是这场改革的顶峰），这种趋势也逐渐消失。虽然多名总管太监对这些改革表示支持或反对，但他们当中没有一个人带头提出或执行改革计划。指导改革的人物是大维齐尔，以及经大维齐尔和苏丹的任命进入帝国理事会的改革派官员。等到坦志麦特改革生效之时，后宫总管太监显然已经成了一个形同虚设的官职。后宫总管太监位高权重的时代已然成为过往。

繁衍与延续

1574—1826 年的这 252 年里，是什么让后宫总管太监得以发挥如此大的影响力呢？关键因素在于，总管太监在此期间对帝国的繁衍起到了至关重要的作用：在那个年代，奥斯曼的皇子由妃嫔所生，并在后宫中成长。一般来说，在奥斯曼、莫卧儿、明清时期的中国这样的专制帝国中，后宫（或者说内宫）是帝国繁衍的场所，是皇帝的妻妾生养皇位继承人的地方。总管太监是这个繁衍过程中不可或缺的一员，因为正如第 11 章末尾提到的那样，他是典型的守护者。总管太监是处在两个世界中间的边缘人物：他管控着将后宫与男性空间分隔开来的边界，同时还监督着后宫女子的性生活。

正是这种中间性让后宫总管太监得以履行这一职责。由于他无法生育，永远处于前青春期状态，再加上"另类"的肤色和籍贯，他对皇室女子与皇子居住的这个空间构不成任何威胁。同时，由于外貌特征为男性，他也可以在男性空间工作，包括苏丹及其男仆居住的空间，以及大维齐尔及其下属官僚活动的空间。因此，他可以在所有这些空间中周旋，而又从来不属于任何一方。

这种能力让总管太监得以帮助奥斯曼帝国繁衍后代，具体做法是将妃嫔（通常由皇太后挑选）带到苏丹的寝宫。也许更重要的一点在于，他监督皇子们的学习，协助皇太后、太皇太后、宠

第 12 章　结　论

妃参与政治斗争（无论斗争对象是其他后宫成员，还是苏丹及其男仆，又或者是大维齐尔），从而象征性地为帝国的繁衍提供了帮助。

然而，对繁衍和世代延续的影响远远超出了帝国的后宫。总管太监以宗教捐献的形式在全帝国范围内创建了多个教育机构——古兰经学校、伊斯兰学校、圣训学校——从而塑造了新一代逊尼派穆斯林，实现了文化和宗教的繁衍。在总管太监创办的古兰经学校中，这些刚刚接受教育的年轻穆斯林通常是孤儿，也就是说，总管太监确实让一群未经雕琢的孩子拥有了明确的宗教信仰。这些机构至少从 18 世纪初就开始强调灌输哈乃斐派教义，这也成为奥斯曼帝国教派化的一个重要标志。与这种趋势一致的是，奥斯曼帝国对信奉十二伊玛目派的萨非王朝以及自称为该王朝救星的纳迪尔沙的态度变得强硬起来，并且意图巩固皇室的哈乃斐派，同时削弱地方显贵的哈乃斐派力量。通过捐建这些机构，总管太监的宗教和文化目标与地方政策和外交政策方面的目标得以紧密结合在一起。

总管太监不仅关注奥斯曼帝国和整个逊尼派穆斯林群体的世代延续，还关注后宫宦官群体的世代延续。一名精明的后宫总管太监就曾从年轻一"代"宦官中培养自己的门徒。他可以提拔这些晚辈，而且可以通过巧妙利用开罗等地的瓦合甫机构和侍从网，来让自己的房屋、书籍，甚至商业组织得以传继。这样一来，总管太监对后宫宦官集团的"繁衍"也作出了贡献。

瓦合甫、基础设施、影响力

在后宫总管太监这一官职存在的大部分时间里，其任职者都拥有监管帝国圣地宗教捐献产业的权力。这些产业让总管太监能够为奥斯曼帝国的城市基础设施建设作出重大贡献，其中一些设施直到今天依然清晰可见。从另一方面来说，这些基础设施项目也是后宫总管太监发挥其宗教、教育、经济影响力的媒介。

后宫总管太监捐建的项目让多个奥斯曼城市和朝圣之路沿线的有形基础设施大为改观。我们大概可以这样说：17世纪初期的总管太监欧斯曼和朝觐者穆斯塔法在代理人达乌德的大力帮助下，让整个开罗旧貌换新颜，使得这个城市比以往都更接近一个区域贸易和国际贸易枢纽。第一任总管太监哈比沙·穆罕默德阿迦在多瑙河三角洲地区创立了伊斯梅尔格齐德这个城市。18世纪初，朝觐者贝希尔阿迦进一步巩固了哈比沙在此地修建的基础设施。朝觐者贝希尔本人也在奥斯曼帝国的各个地方——从开罗到保加利亚的斯维什托夫，从希俄斯岛到阿勒颇——建立了商业基础设施。

商业基础设施与宗教和教育基础设施密不可分，这在很大程度上是由于穆斯林宗教捐献（瓦合甫）的表现形式：举例来说，一座清真寺或一所伊斯兰学校通常邻接为其提供资金的商店、巴扎或者浴场，因此，捐建一个大型宗教机构通常会形成一个全新的城市街区，在乡村则会形成一个全新的村子。后宫总管太监在帝国的每一个行省都建立了数十个清真寺、伊斯兰学校、古兰经学校（包括喷泉亭学校）、苏菲派道堂、公共喷泉亭、图书馆，以及囊括所有这些要素的宗教建筑群。因此，这些建筑对帝国的城市基础设施以及

第 12 章 结 论

宗教教育与实践产生了超乎想象的影响。我们在之前的章节已经看到，朝觐者贝希尔阿迦创办的许多机构为开罗、麦地那、斯维什托夫的孤儿及其他男童提供了伊斯兰教逊尼派的哈乃斐派教育，为开罗、巴格达、麦地那、伊斯坦布尔的学生和乌理玛提供了哈乃斐派释经学和法学领域重要著作的手抄本，还为伊斯坦布尔和开罗的苏菲派教团提供了住处。总的来看，总管太监创办的这些宗教机构向整个奥斯曼帝国的人民宣扬了逊尼派伊斯兰教、哈乃斐教派、教团苏菲主义，以及对先知穆罕默德的信奉。

就穆斯林圣地而言，总管太监通过修路，打井，在朝圣之路上提供住宿，在圣地中建立宗教与教育机构，从而为人们前往麦加朝圣，去麦地那拜访先知的清真寺和陵墓带来了便利。这些设施与机构强化了奥斯曼苏丹作为"两圣所的仆人"（阿拉伯语：*khadim al-Haramayn*）的身份。这个短语中的两个词都与宦官有所联系：*khadim* 一词字面义为"仆人"，早在 9 世纪，该词就是宦官的委婉说法（现代土耳其语中仍有此用法），而 *haram* 指的是一个圣地或禁地，比如麦加/麦地那的清真寺或者苏丹的后宫。因此，从各方面来看，我们都可以认为后宫总管太监是一位"两圣所的仆人"：作为一名仆人和宦官，他既服务于圣地，又为后宫效力。对他而言，"两圣所"（*Haramayn*）一方面可以特指麦地那的先知清真寺和陵墓，另一方面可以指奥斯曼帝国的后宫。

这种宗教赞助对 16 世纪和 17 世纪奥斯曼帝国的"教派化"尤为重要——所谓教派化，就是对官方宗教身份的接纳和公开表现。形成于这段时期的官方宗教身份包括逊尼派、哈乃斐派、苏菲派（即三四个"主流"苏菲派教团之一的成员身份），以及先知信徒。

捐建宗教机构，担任守陵宦官的总管，选择自己的墓地（后两项体现的是对先知的信奉）——总管太监通过这些行为塑造了奥斯曼帝国的官方正统信仰，也为巩固、传播这种信仰作出了贡献。

总管太监之所以扮演着多重角色，是因为在坦志麦特时代之前，奥斯曼宫廷成员缺乏明确的专业职责。从18世纪开始，奥斯曼官员的职责越来越专业化、标准化，总管太监以及其他"非正式官员"（如皇太后和执剑侍从）的影响力因此遭到削弱。这样带来的结果是，大维齐尔和首席抄写官的影响力得到了提高——此时的大维齐尔大概相当于首相，而首席抄写官相当于外交部长。换言之，从18世纪开始，部分奥斯曼官员的职权出现此消彼长的局面：一些官职的权力出现增长，是由于制度化程度逐步提高，官职本身独立于苏丹的家庭，而另一些官职（特别是后宫总管太监）的权力之所以减小，是因为它们的职责在很大程度上仍然取决于任职者与苏丹及其他皇室成员的私人关系，也取决于任职者投靠在哪位皇室成员的门下。后宫总管太监对埃夫卡弗-哈瑞门的监管权被撤销后，他与苏丹家庭的联系甚至比之前还要密切，这可以说是其权力减小的一个缘由。

全球图景

在其他帝国和王国中——包括印度的莫卧儿帝国、伊朗的恺加王朝、中国的清王朝、朝鲜半岛的朝鲜王朝——宦官总管乃至宫廷宦官的情况也差不多。随着西化改革的开展，这些帝国的行政官职

第 12 章 结 论

逐步专业化，因此，宫廷宦官的影响力总体上变得衰落。当然也有例外：一个有名的例子是，在中国的清朝晚期，由于光绪帝尚年幼，再加上他的母亲去世，他的姨母——强悍的慈禧太后便成了清朝的实际掌权者。在守卫紫禁城的宦官的协助下，慈禧从 1881 年开始统治清王朝，一直到她去世为止。[1]

尽管如此，在上述政体以及它们之前的一些政体中（比如罗马帝国、拜占庭帝国、明代中国、中世纪的几乎所有伊斯兰帝国），宫廷宦官对君主家庭和国家机器的运转都起到了关键作用（在前现代时期，君主的家庭就是国家机器的所在）。同时，他们还确保了王朝的延续和承继。除了这个必不可少的职责，各个帝国宦官的特点和职能都不太一样。奥斯曼宦官对宗教教育和宗教身份表现产生的影响，只有拜占庭宦官比得上，尽管他们不像拜占庭宦官一样可以成为宗教集团的成员。相比之下，中国的宦官一般不识字，不过他们可能会给佛教和儒教的各类寺庙捐款。另外，在莫卧儿王朝统治下的印度和萨非王朝统治下的伊朗，皇帝的宫廷不断从一个城市转移到另一个城市，这似乎让宫廷宦官无法广泛参与城市的基础设施建设。

虽然当代学生觉得宫廷宦官是一个怪异甚至畸形的群体，但直到约 200 年以前，世界上大部分地区（除俄国和拉丁美洲以外）还在使用宫廷宦官。在奥斯曼帝国和沙特阿拉伯，这一群体消失的时间还要晚得多。西欧虽然没有和奥斯曼后宫宦官类似的群体，但阉人歌手曾存在于梵蒂冈，他们的原型可以说是拜占庭帝国的宫廷阉人歌手。在 18 世纪的西欧各国首都，他们就像摇滚明星一样颇受欢迎。

总的来说，宫廷宦官是前现代世界的助手、顾问、私人秘书。他们没有生育能力，而且在大多数情况下与他们效力的王朝或帝国的臣民没有联系，这两点可以保证他们忠于自己所效力的王朝或帝国。在近代早期，侍臣的职能变化不定，因此他们可以扮演各类角色：守卫、心腹、信使、殡仪员、顾问、导师、娱乐活动负责人、教育者。尽管他们中的大多数来自遥远的国度，遭到了强行奴役，而且进宫当差也并非自愿，但他们还是逐渐对自己所效力的王朝或帝国产生了强烈的认同感。很少有人像这些宦官一样忠于自己效力的王朝或帝国。

就这一点而言，孙耀庭的故事可以给我们带来一些启发。作为中国末代皇帝溥仪的最后一个宦官，他在20世纪上半叶的北京是一个非常知名的人物。1996年末，孙耀庭逝世，享年94岁。《纽约时报》刊登的讣告叙述了他的经历：他的家人将他阉割，希望他为清王朝效力，从而让全家摆脱贫困。然而，他遭遇了残酷的讽刺：被阉割后没几个月，清王朝就被推翻（1911年），这标志着中国两千多年帝制时代的终结。虽然孙耀庭得以侍奉废帝溥仪的妻子，但他"一直为清王朝的衰亡哀叹不已，他曾经一心想要为这个王朝效力"——他的官方传记作者如是说。这位作者还补充道："这是他一生的遗憾。"[2] 对于一名宦官来说，没有了可以为之效力的帝国（具体来说是皇室），他的人生也就没了目标。另外，没有宦官或类似人物的皇室也缺少能够确保王朝繁衍的手段，无论是子嗣的繁衍还是王朝的延续，作为基督教国家的埃塞俄比亚就是一例。简而言之，皇室没有宦官便无法运转，反之亦然，二者互相依存，而无法独立存在。

第12章 结 论

自我与人格

不过,宦官对自己所效力的王朝的认同带来了一个问题,也是我们的最后一个问题:我们真的能了解到后宫总管太监的自我吗?也就是说,总管太监提出的政策、挑选的侍从、捐建的特定建筑、对特定画师或苏菲派教团的赞助等,是否真的反映了他的个人偏好,还是说它们反映的只不过是苏丹或者皇室的偏好?这是一个合乎情理的问题,因为苏丹(或者皇太后)的计划与总管太监的计划之间的界限有时候相当模糊:和总管太监一样,苏丹也希望推广伊斯兰教逊尼派,而且赞助了主流的苏菲派教团。如第8章所述,莎菲耶苏丹侵占了欧斯曼阿迦在开罗捐建的清真寺,这说明就连总管太监捐建的机构也不完全属于他自己,而是在他死后变为皇室的财产。

但我坚持认为,我们的确可以了解到总管太监本人的意愿,甚至是个性,即便这些信息并不总是处于现有文献中的突出位置,而是出现在各种奥斯曼编年史和档案的边边角角。哈比沙·穆罕默德被奴役的故事(这是个名副其实的"边缘故事",因其出现在一份文献的页面边缘),朝觐者贝希尔对纳迪尔沙的贾法里派的批评(只有短短一行,见于杉达尼扎德的著作),以及贝希尔在一份长达119页的捐赠契据里提出的短短几句请求——恳请人们不要将他的书从他的宗教建筑群中搬走……我们可以从诸如此类的文字中窥见总管太监们的自我形象。我们会发现,他们所看重的事与奥斯曼帝国所看重的事截然不同。非文本资料(尤其是细密画和陵墓)以更生动的形式展现了他们的形象:哈比沙·穆罕默德在《万王之王》中被刻画为国家的救星，朝觐者贝希尔在《节庆之书》中占据了显要位置（除去维比的文字部分），也许最重要的一点是，朝觐者贝希尔和朝觐者穆斯塔法都被葬在了先知旗手的旁边——这些信息体现了吉庆宫阿迦个人的一面。应当承认，他们的个人形象无法和公共形象完全分离开来，后者包括对奥斯曼帝国的忠诚、对伊斯兰教逊尼派和先知穆罕默德的信奉。同时，我们必须在奥斯曼苏丹、奥斯曼政府的主导叙事当中解读总管太监的个人特点——这一主导叙事是他们的个人特点产生的背景，并让这些特点具有了意义，正如一段文本的主体部分让旁边的注释或插画变得有意义（反之亦然）。这也是我在本书中所作的尝试。

鉴于上文提到的种种因素，用本书开头提到的"非文本信息"——也就是封面图——来结束此书不失为一种恰当的方式：在这幅图中，朝觐者贝希尔正带领艾哈迈德三世的三个儿子前往托普卡帕宫第四庭院中的割礼室。我们已经知道，这幅细密画出现在一部节庆之书中，该书的插画师莱福尼让贝希尔阿迦占据了画面的显著位置，而相较之下，诗人维比在此书中对贝希尔的描写只有寥寥几笔。莱福尼将贝希尔移到画框的最前方，这似乎是为了强调，他在这个标志着人生转折点的仪式中扮演着关键角色——从更宽泛的视角来看，贝希尔是在一条边界线上巡逻，这条边界将皇室与他们统治的臣民分隔了开来。不过，莱福尼的画法也许从始至终都没有错，因为正如我们所见，在皇家的割礼和所有其他有助于奥斯曼家族繁衍与延续的仪式中，贝希尔阿迦和其他后宫总管太监的确是必不可少的人物。没有他们，也就没有奥斯曼帝国的"图景"。

奥斯曼帝国历任后宫总管太监

名字	在位苏丹	任期（伊斯兰历）	任期（公历）	逝世年份/地点
哈比沙·穆罕默德（Habeshi Mehmed）	穆拉德三世	981—999	1574—1591	1591，伊斯坦布尔
瑟夫，又名森布（Server/Sünbül）	穆拉德三世	999—1001	1591—1593	—，开罗
贝亚兹·穆斯塔法（Beyazi Mustafa）	穆拉德三世	1001—1004	1593—1596	1596，波斯尼亚瓦卡库夫"（Varcar Vakuf）
欧斯曼（Osman）	穆拉德三世，穆罕默德三世	1004—1011	1596—1603	1603，伊斯坦布尔
阿卜杜勒扎克（Abdurrezzak）	艾哈迈德一世	1011—1012	1603	1604，伊斯坦布尔"
杰夫海尔·乔哈尔（Cevher Jawhar）	艾哈迈德一世	1012—1013	1604—1605	—，开罗
朝觐者穆斯塔法（El-Hajj Mustafa）	艾哈迈德一世，奥斯曼二世	1014—1029，1032—1033	1605—1620，1623—1624	1624，伊斯坦布尔
苏莱曼（Süleyman）	奥斯曼二世	1029—1031	1620—1622	1622，伊斯坦布尔"
马拉蒂亚的伊斯梅尔（Malatyalı Ismail）	穆斯塔法一世	1031—1032	1622—1623	1635，马拉蒂亚

- 391 -

(续上表)

名字	在位苏丹	任期（伊斯兰历）	任期（公历）	逝世年份/地点
伊德里斯（Idris）	穆拉德四世	1032—1049	1624—1640	1640，—
易卜拉欣（Ibrahim），或为蔡楚（Çaçu）	穆拉德四世	1049—1050	1639—1640	1656，伊斯坦布尔*b
森布（Sünbül）	易卜拉欣	1050—1054	1640—1644	1644，爱琴海的卡尔帕索斯岛附近
塔什·雅图·阿里（Taş Yatur Ali）	易卜拉欣	1054—1055	1644—1645	1655，埃迪尔内
杰拉里·易卜拉欣（Celali Ibrahim）	易卜拉欣，穆罕默德四世	1055—1057,1058—1059	1645—1647,1648—1649	1651，开罗
伊沙克（Ishak）	易卜拉欣	1057年4—7月，8—9月①	1647年5—8月，9月	—，开罗
穆萨希卜·穆罕默德（Musahib Mehmed）	易卜拉欣	1057年7—8月	1647年8—9月	1647，伊斯坦布尔
麦苏德（Mes'ud）	易卜拉欣	1057—1058	1647—1648	1650，伊斯坦布尔

① 指伊历月份，即赖比尔·阿色尼月至赖哲卜月，以及舍邦月至赖买丹月。下同。

(续上表)

名字	在位苏丹	任期（伊斯兰历）	任期（公历）	逝世年份/地点
穆罕默德（Mehmed）	穆罕默德四世	1059—1061	1649—1651	一，开罗
拉拉/乌尊·苏莱曼（Lala/Uzun Süleyman）	穆罕默德四世	1061—1062	1651—1652	1676，利姆诺斯岛*
拜润（Behram）	穆罕默德四世	1062—1066	1652—1656	1656，伊斯坦布尔*
迪拉维尔（Dilaver）	穆罕默德四世	1066—1668	1656—1658	一，开罗
索拉克·穆罕默德（Solak Mehmed）	穆罕默德四世	1068—1073	1658—1662	一，开罗
穆斯里（Musli）	穆罕默德四世	1073—1078	1663—1668	1668，埃迪尔内
阿巴斯（Abbas）	穆罕默德四世	1078—1082	1668—1671	约1697，开罗
优素福（Yusuf）	穆罕默德四世	1082—1098	1671—1687	1717，开罗
哈兹尼达·阿里（Hazinedar Ali）	苏莱曼二世	1098—1099	1687—1688	约1713，开罗
穆斯塔法（Mustafa）	苏莱曼二世	1099—1101	1688—1689	一，开罗
卡拉格兹·戈代·艾哈迈德（Karagöz Gedai Ahmed）	苏莱曼二世，艾哈迈德二世	1101—1102	1690—1691	1691，埃迪尔内
乌尊·伊斯梅尔（Uzun Ismail）	艾哈迈德二世	1102—1103	1691—1692	一，开罗

- 393 -

(续上表)

名字	在位苏丹	任期（伊斯兰历）	任期（公历）	逝世年份/地点
卡巴/乌尊·尼兹尔（Kaba/Uzun Nezir）	艾哈迈德二世	1103—1105	1692—1694	—，开罗
乌尊·伊沙克（Uzun Ishak）	艾哈迈德二世	1105—1106	1694—1695	—，开罗
亚普拉克西兹·阿里（Yapraksiz Ali）	穆斯塔法二世	1106—1112	1695—1700	—，开罗
索拉克·尼兹尔（Solak Nezir）	穆斯塔法二世	1112—1115	1700—1703	1703，利姆诺斯岛*
柯区克·阿卜杜拉曼（Küçük Abdurrahman）	艾哈迈德三世	1115—1116	1703—1704	1727，伊斯坦布尔
乌尊·苏莱曼（Uzun Süleyman）	艾哈迈德三世	1116—1125	1704—1713	1715，塞浦路斯*
安伯·穆罕默德（Anber Mehmed）	艾哈迈德三世	1125—1129	1713—1717	—，开罗
麦绛（Mercan）	艾哈迈德三世	1129	1717	1721，伊斯坦布尔
朝觐者贝希尔（El-Haji Beshir）	艾哈迈德三世，马哈茂德一世	1129—1159	1717—1746	1746，伊斯坦布尔
摩拉勒·贝希尔（Morali Beshir）	马哈茂德一世	1159—1165	1746—1752	1752，伊斯坦布尔*
哈兹尼达·贝希尔（Hazinedar Beshir）	马哈茂德一世，奥斯曼三世	1165—1168	1752—1755	1759，开罗

(续上表)

名字	在位苏丹	任期（伊斯兰历）	任期（公历）	逝世年份/地点
阿布-乌库福·艾哈迈德（Ebu'l-Vukuf Ahmed）	奥斯曼三世	1168—1171	1755—1757	1757，哈纳卡莱*
穆萨希卜·贝希尔（Musahib Beshir）	穆斯塔法三世	1171—1182	1757—1768	1768，伊斯坦布尔
麦绛（Mercan）	穆斯塔法三世	1182—1186	1768—1772	1772，伊斯坦布尔
杰夫海尔·穆罕默德（Cevher Mehmed）	穆斯塔法三世，阿卜杜勒-哈米德一世	1186—1187,1193—1197	1772—1774,1779—1783	一，麦地那
萨瑞奇·贝希尔（Sarıkçı Beshir）	阿卜杜勒-哈米德一世	1187—1193	1774—1779	一，麦地那
伊德里斯（Idris）	阿卜杜勒-哈米德一世，塞利姆三世	1197—1204	1783—1789	1796，麦地那
毕宇克·比拉（Büyük Bilal）	塞利姆三世	1204—1206	1789—1791	1791，伊斯坦布尔
哈立德（Halid）	塞利姆三世	1206—1213	1791—1798	1798，伊斯坦布尔
柯区克·比拉（Küçük Bilal）	塞利姆三世	1213—1222	1798—1807	1807，伊斯坦布尔
麦绛（Mercan）	塞利姆三世，穆斯塔法四世	1222—1223	1807—1808	1808，伊斯坦布尔*

(续上表)

名字	在位苏丹	任期（伊斯兰历）	任期（公历）	逝世年份/地点
卡森（Kasım）	马哈茂德二世	1223—1227	1808—1812	1822，麦地那
安伯·穆罕默德（Anber Mehmed）	马哈茂德二世	1228—1230	1813—1815	1826，麦地那
哈菲兹·伊萨（Hafiz Isa）	马哈茂德二世	1230—1239	1815—1823	1845，麦地那
阿布·贝基尔（Ebu Bekir）	马哈茂德二世	1239—1241	1823—1825	1825，伊斯坦布尔
雷列克/乌尊·阿卜杜拉（Leylek/Uzun Abdullah）	马哈茂德二世	1241—1255	1825—1839	1840，伊斯坦布尔
帕夏奇拉·阿卜杜拉（Paşacırağı Abdullah）	阿卜杜勒-迈吉德一世	1255—1256	1839—1840	1841，伊斯坦布尔
塔希尔（Tahir）	阿卜杜勒-迈吉德一世	1256—1260	1840—1844	1844，伊斯坦布尔
泰福（Tayfur）	阿卜杜勒-迈吉德一世	1260—1266	1844—1850	1850，麦地那
穆罕默德·阿里夫（Mehmed Arif）	阿卜杜勒-迈吉德一世	1266—1271	1850—1855	1863，伊斯坦布尔
穆罕默德·贝辛（Mehmed Besim）	阿卜杜勒-迈吉德一世	1271	1855	1871，麦地那

(续上表)

名字	在位苏丹	任期(伊斯兰历)	任期(公历)	逝世年份/地点
侯赛因（Hüseyin）	阿卜杜勒-迈吉德一世	1271—1272	1855—1856	1857，伊斯坦布尔
穆罕默德·拉辛（Mehmed Rasim）	阿卜杜勒-迈吉德一世	1272	1856	1874，伊斯坦布尔
塔赫辛（Tahsin）	阿卜杜勒-迈吉德一世	1273—1275	1856—1859	1859，麦地那
海雷丁（Hayreddin）	阿卜杜勒-迈吉德一世	1275—1277	1859—1860	1873，麦地那
维萨雷丁（Visaleddin）	阿卜杜勒-迈吉德一世	1277	1860—1861	1888，麦地那
塔哈（Talha）	阿卜杜勒-阿齐兹	1277—1292	1861—1875	1875，伊斯坦布尔
杰夫海尔（Cevher）	阿卜杜勒-阿齐兹	1292	1875	1887，伊斯坦布尔
拉拉·苏莱曼（Lala Süleyman）	穆拉德五世	1293	1876	1880，伊斯坦布尔
努热丁（Nureddin）	阿卜杜勒-哈米德二世	1293—1297	1876—1880	1880，伊斯坦布尔
哈菲兹·拜润（Hafiz Behram）	阿卜杜勒-哈米德二世	1297—1304	1880—1887	1887，伊斯坦布尔

(续上表)

名字	在位苏丹	任期(伊斯兰历)	任期（公历）	逝世年份/地点
谢雷菲丁（Şerefeddin）	阿卜杜勒-哈米德二世	1304—1306	1887—1888	1889，麦地那
穆罕默德·亚佛（Mehmed Yaver）	阿卜杜勒-哈米德二世	1306—1315	1888—1898	1898，伊斯坦布尔
阿卜杜尔迦尼（Abdülgani）	阿卜杜勒-哈米德二世	1315—1318	1898—1901	—，—
塔基卜·泰福（Thakib Tayfur）	阿卜杜勒-哈米德二世	1318—1325	1901—1908	—，—
杰夫海尔（Cevher，"首席密友"）	阿卜杜勒-哈米德二世	1325—1326	1908—1909	1909，伊斯坦布尔*
法雷丁（Fahreddin）	穆罕默德五世·雷沙德	1326	1909	1976，—

* 表示遭到处死。

a 感谢 Sanja Kadrić 提供这一信息。

b 不确定他和察楚·易卜拉欣阿迦是否为同一人（察楚在 1656 年的悬铃树事件中遭杀害）。

注 释

第 1 章　后宫总管太监简介

1. İ. H. Uzunçarşılı, *Osmanlı Devletinin Saray Teşkilatı* (Ankara, 1945; reprinted 1984, 1988), 72–83.
2. Gülru Necipoğlu, *Architecture, Ceremonial, and Power: The Topkapı Palace in the Fifteenth and Sixteenth Centuries* (New York and Cambridge, MA, 1991), 43, 49, 73, 74, 79, 89–90, 102, 111, 115, 117, 121, 133–135, 160–164, 174, 177–183, 225, 230; Leslie P. Peirce, *Imperial Harem: Women and Sovereignty in the Ottoman Empire* (New York, NY, 1993), 11–12, 46, 49, 125, 135–137, 195–196, 206, 235, 241–242; M. Çağatay Uluçay, *Harem II* (Ankara, 1971), 117–126; N. M. Penzer, *The Harem: An Account of the Institution as It Existed in the Palace of the Turkish Sultans, with a History of the Grand Seraglio from Its Foundation* (Philadelphia, 1936; 2nd ed. London, 1965; reprinted New York, 1993), especially 117–192.
3. Sema Ok, *Harem Dünyası: Harem Ağaları* (Istanbul, 1997); George H. Junne, *The Black Eunuchs of the Ottoman Empire: Networks of Power in the Court of the Sultan* (London, 2016).
4. 见第 2 章关于埃及的讨论以及参考文献中的"非洲阉奴及相关话题"和"其他社会中的宦官"两部分。
5. Helen Berry, *The Castrato and His Wife* (Oxford, 2011), especially 13, 15–16, 18, 68, 76–77, 183; Neil Moran, "The Choir of the Hagia Sophia", Oriens Christianus 89 (2005): 1–7; Georges Sidéris, "Une Société de ville capitale: les eunuques dans la Constantinople byzantine (IVe–XIIe siècle)", in Les Villes capitales au Moyen Âge-XXXVIe Congrès de la SHMES (Istanbul, 1er-6 juin 2005) (Paris, 2006), 262. 感谢 Sidéris 教授给了我一份他这篇文章的复印件。
6. Orlando Patterson, *Slavery and Social Death: A Comparative Study* (Cambridge, MA, 1982), 323.

7. Kathryn Ringrose, *The Perfect Servant: Eunuchs and the Social Construction of Gender in Byzantium* (Chicago, IL, 2003), chapters 4, 7; Shaun Tougher, *The Eunuch in Byzantine History and Society* (London, 2008), 86, 89, 106–107, 113–115.
8. Leslie P. Peirce, *Imperial Harem Women and Sovereignty in the Ottoman Empire (New York, 1993)*, 136.
9. David Ayalon, *Eunuchs, Caliphs, and Sultans: A Study in Power Relationships* (Jerusalem, 1999), 33–34, 45–58.
10. Leslie P. Peirce, *Imperial Harem Women and Souereignty in the Ottoman Empire (New York, 1993)*, 11; Koçi Bey, *Koçi Bey Risaleleri*, ed. Zuhuri Danışman, prepared by Seda Çakmakoğlu (Istanbul, 2008), 103.
11. 该术语由历史学家艾哈迈德·雷菲克·阿尔特纳伊（Ahmet Refik Altınay，1881—1937年）于1916年首创。
12. Leslie P. Peirce, *Imperial Harem Women and Sovereignty in the Ottoman Empire (New York, 1993)*, 11.
13. Ibid., 136.
14. Shaun Marmon, *Eunuchs and Sacred Boundaries in Islamic Society* (New York, NY, 1995), 90.
15. Georges Sidéris, *Une Société de Ville Capitale: Les Eunuques dans la Constantinople Byzantine* (IVe-XIIe siècles), 245; Pascal Boulhol and Isabelle Cochelin, "La Réhabilitation de l'eunuque dans l'hagiographie antique (IVe–VIe siècles)", *Studi di antichita cristiana* 48 (1992): 48, 49–76; Ringrose, *Perfect Servant*, chapters 1–3, 6; Tougher, *The Eunuch in Byzantine History and Society*, 3, 5, 34 –35, 50–51, 52, 96–118, 129; Mathew Kuefler, *The Manly Eunuch: Masculinity, Gender Ambiguity, and Christian Ideology in Late Antiquity* (Chicago, IL, 2001), 96–102, 218–244.
16. Ringrose, *Perfect Servant*, chapter 5; Tougher, *The Eunuch in Byzantine History and Society*, chapter 5 and 120, 123; Sidéris, "Les Eunuques dans la Constantinople byzantine", 253, 256.
17. Shih-shan Henry Tsai, "Eunuch Power in Imperial China", in *Eunuchs in Antiquity and Beyond*, ed. Shaun Tougher (Swansea, 2002), 227–229; Shih-shan Henry Tsai, *The Eunuchs in the Ming Dynasty* (Albany, NY, 1996), 42–43 and chapters 4–9.
18. Ringrose, *Perfect Servant*, 130–141; Tougher, *The Eunuch in Byzantine History and

Society, 5, 35, 40, 97, 116, 120, 121, 122, 126, appendix 2 passim; Tsai, *Eunuchs in the Ming Dynasty*, chapter 4. 有关中世纪伊斯兰帝国的讨论见本书第 2 章。

19. Necipoğlu, *Architecture, Ceremony, and Power*, 180.
20. John Lewis Burckhardt, *Travels in Arabia* (Beirut, 1972), 342, 344; Richard Francis Burton, *Personal Narrative of a Pilgrimage to al-Madinah and Meccah*, memorial ed. (London, 1893; reprinted, New York, NY, 1964), I: 372.
21. Ayalon, *Eunuchs, Caliphs, and Sultans*, appendix A.

第 2 章　与非洲的联系

1. Tougher, *The Eunuch in Byzantine History and Society*, 60–65, 103, appendix 2, passim; Tsai, Eunuchs in the Ming Dynasty, 14–15, 115, 127, 135, 138–139, 144, 202, 205.
2. Stanley Burstein, ed. and trans., Ancient African Civilizations: Kush and Axum (Princeton, NJ, 1998), 118–120, 127–131.
3. Ayalon, *Eunuchs, Caliphs, and Sultans*, 277; EI^2, s.v. "Khasi", by Charles Pellat.
4. *Encyclopaedia Iranica*, s.v. "Eunuchs, III. The Early Islamic Period", by C. Edmund Bosworth; Ayalon, *Eunuchs, Caliphs, and Sultans*, 66-68.
5. Al-Ya'qubi, *Buldan*, in Bernard Lewis, ed. and trans., *Islam from the Prophet Muhammad to the Capture of Constantinople*, vol. 2: *Religion and Society* (Oxford, 1974, 1987), 75.
6. N.J. Dawood, trans., *Tales from the Thousand and One Nights* (Hammondsworth, Middlesex, 1954; reprinted, 1985), 15–17. 众所周知,《一千零一夜》中的很多故事在马穆鲁克苏丹国统治时期重新得到了传播，其中一些故事甚至反映出奥斯曼时代的影响。
7. Hilal al-Sabi, *Rusum dar al-khilafa: The Rules and Regulations of the 'Abbasid Court*, trans. Elie A. Salem (Beirut, 1977), 14; David Ayalon, "On the Eunuchs in Islam", *Jerusalem Studies in Arabic and Islam* 1(1979): 110–114, 123; Ayalon, Eunuchs, Caliphs, and Sultans, 349–352; Eliyahu Ashtor, *The Jews of Moslem Spain* (Philadelphia, 1973, reissued 1992), I: 290, II: 69 ff., 105; Jane Hathaway, "Eunuchs", *EI3*, http://referenceworks.brillonline.com./entries/encyclo paedia-of-islam-3/eunuchs-COM_27821?s.num=19.

8. Ayalon, *Eunuchs, Caliphs, and Sultans*, 128–131.
9. Matthew S. Gordon, *The Breaking of a Thousand Swords: A History of the Turkish Military of Samarra, A.H. 200–275/815–889 C.E.* (Albany, NY, 2001); David Ayalon, "The Muslim City and the Mamluk Military Aristocracy," *Proceedings of the Israel Academy of Sciences and Humanities* 2(1968): 311–329.
10. Al-Sabi, *Rusum dar al-khilafa*, 14 n. 1; Ayalon, *Eunuchs, Caliphs, and Sultans*, 45–46.
11. Ayalon, *Eunuchs, Caliphs, and Sultans*, 39–42, 71–103.
12. E.g., Muhammad b. Jarir al-Tabari, *The History of al-Tabari*, vol. 31: *The War between Brothers: The Caliphate of Muhammad al-Amin, A.D. 809–813/A.H. 193–198*, trans. Michael Fishbein (Albany, NY, 1992), 14, 57, 178, 188, 242.
13. E.g., Milton Gold, trans., *Tarikh-e Sistan* (Rome,1976), 206, 208, 224, 270–272; C. Edmund Bosworth, "The Army of the Ghaznavids", in *Warfare and Weaponry in South Asia, 1000–1800*, eds. Jos J.L. Gommans and Dirk H.A. Kolff (New Delhi, 2001), 153–184; *Encyclopaedia Iranica*, s.v. "Eunuchs, III. The Early Islamic Period", by C. Edmund Bosworth; Donald S. Richards, ed. and trans., *The Annals of the Saljuq Turks: Selections from al-Kamil fi'l-Ta'rikh of 'Izz al-Din Ibn al-Athir* (London, 2002), 44, 48, 206; Kenneth Allin Luther, trans., *The History of the Seljuq Turks from the* Jami 'al-Tawarikh, *an Ilkhanid Adaption [sic] of the Saljuq-nama of Zahir al-Din Nishapuri*, ed. C. Edmund Bosworth (Richmond, Surrey, 2001), 77–78, 110, 116; Ayalon, *Eunuchs, Caliphs, and Sultans*, 39–41, 47–48, 153–173, 163–164, 169–173, 176–190, 274, 286–287, 323, 326–329, 343–344.
14. Speros Vryonis, Jr., "Seljuk Gulams and Ottoman Devishirmes", *Der Islam* 41 (1965): 224–252.
15. Al-Maqrizi, quoted in Lewis, ed. and trans., *Islam...*, vol. 1: *Politics and War* (Oxford, 1974, 1987), 44–45.
16. Lewis, ed. and trans., *Islam...*, I: 43–46; Bernard Lewis, *Race and Slavery in the Middle East: An Historical Enquiry* (New York, 1990), 59–60; Ayalon, *Eunuchs, Caliphs, and Sultans*, 340.
17. Yaacov Lev, "Army, Regime, and Society in Fatimid Egypt, 358–487/968–1094", *International Journal of Middle East Studies* 19 (1987): 340–342, 347–351, 357.
18. Ayalon, *Eunuchs, Caliphs, and Sultans*, 160–161, 184, 188–190, 343; Luther, trans.,

History of the Seljuq Turks, 121; *Encyclopaedia Iranica*, s.v. "Eunuchs, III. The Early Islamic Period", by Bosworth.
19. Ayalon, *Eunuchs, Caliphs, and Sultans*, 139.
20. Ibid., 21, 49–54.
21. Ibid., 141–143, 340–342.
22. Delia Cortese and Simonetta Calderini, *Women and the Fatimids in the World of Islam* (Edinburgh, 2006), 37, 74, 78, 80, 81, 82, 84–85, 88, 162; *EI²*, s.v. "Djawhar al-Sikilli", by Hussein Monés.
23. *Encyclopaedia Iranica*, s.v. "Eunuchs, III. The Early Islamic Period", by Bosworth; Gold, trans., *Tarikh-e Sistan*, 282; Richards, trans., *Annals of the Saljuq Turks*, 284.
24. Gavin Hambly, "A Note on the Trade in Eunuchs in Mughal Bengal", *Journal of the American Oriental Society* 94, 1 (1974): 125–130; Jessica Hinchy, "Eunuchs and the East India Company in North India", in *Celibate and Childless Men in Power: Ruling Eunuchs and Bishops in the Pre-Modern World*, eds. Almut Höfert et al. (London, 2018), 149–174; *Encyclopaedia Iranica*, s.v. "Eunuchs, IV. The Safavid Period", by Kathryn Babayan.
25. Ayalon, *Eunuchs, Caliphs, and Sultans*, 349–352.
26. Robert Irwin, *The Middle East in the Middle Ages: The Early Mamluk Sultanate 1250–1382* (London, 1986), especially 1–61.
27. *EI²*, s.v. "Mamluk", by David Ayalon; Halil Inalcik, "The Question of the Closing of the Black Sea under the Ottomans", in Inalcik, *Essays in Ottoman History* (Istanbul, 1998), 416–445, especially 424, 426, 431–432, 434–435, 441, 443–444.
28. Shai Har-El, *The Struggle for Domination in the Middle East: The Ottoman-Mamluk War, 1485–1491* (Leiden, 1995).
29. Jane Hathaway, "The 'Mamluk Breaker' Who Was Really a *Kul* Breaker: A Fresh Look at Kul Kıran Mehmed Pasha, Governor of Egypt 1607–1611", in *The Arab Lands in the Ottoman Era: Essays in Honor of Professor Caesar Farah*, ed. Jane Hathaway (Minneapolis, MN, 2009), 93–109; Jane Hathaway, "The *Evlad-i 'Arab* ('Sons of the Arabs') in Ottoman Egypt: A Rereading", in *Frontiers of Ottoman Studies: State, Province, and the West*, vol. 1, eds. Colin Imber and Keiko Kiyotaki (London, 2005), 203–216.

30. Ayalon, *Eunuchs, Caliphs, and Sultans*, 41–42, 54–57, 309; Marmon, *Eunuchs and Sacred Boundaries*, 11–12.
31. Marmon, *Eunuchs and Sacred Boundaries*, 10–13.
32. Ibn Jubayr, *Rihla*, quoted in Marmon, *Eunuchs and Sacred Boundaries*, 131.
33. Marmon, *Eunuchs and Sacred Boundaries*, 15–77.
34. Frans Jonckheere, "L'Eunuque dans l'Égypte pharaonique", *Revue d'Histoire des Sciences* 7, 2 (1954): 139–155; Gerald E. Kadish, "Eunuchs in Ancient Egypt?" in *Studies in Honor of John A. Wilson* (Chicago, 1969), 55–62; John Cameron, "The Anatomy of the Mummies", in *The Tomb of Two Brothers*, ed. Margaret Alice Murray (Manchester and London, 1910), 33–47, especially 33.
35. James Bruce, *Travels to Discover the Source of the Nile in the Years 1768, 1769, 1770,1771, 1772, and 1773* (Dublin, 1790–1791), II:115; J.Spencer Trimingham, *Islam in Ethiopia* (London, 1965),38 n.1; LászlóTörök, *The Kingdom of Kush: Handbook of the Napatan-Meroitic Civilization* (Leiden, 1997), 443, 452, 455, 456, 459, 484; David M. Goldenberg, *The Curse of Ham: Race and Slavery in Early Judaism, Christianity, and Islam* (Princeton, NJ, 2003), 17–25.
36. Laurence Kirwan, *Studies on the History of Late Antique and Christian Nubia*, eds. Tomas Hägg et al. (Aldershot, Hampshire, UK, 2002).
37. Richard Francis Burton, *First Footsteps in East Africa: or, An Exploration of Harar*, ed. Isabel Burton (London, 1894), II: 2–3; See also Trimingham, *Islam in Ethiopia*, 182; Taddesse Tamrat, *Church and State in Ethiopia*, 1270–1527 (Oxford, 1972), 135–137, 155, 173.
38. Tamrat, *Church and State in Ethiopia*, 86, 87 and 86–87 n. 6, 136–137; J. Spencer Trimingham, *Islam in Ethiopia*, 66–67; Ayalon, *Eunuchs, Caliphs, and Sultans*, 305–306; Humphrey Fisher, *Slavery in the History of Muslim Black Africa* (New York, 2001), 280.
39. Bruce, *Travels*, II: 228; Burton, *First Footsteps*, II: 3 (conflating Adal and Hadiya).
40. Burton, *First Footsteps*, II: 34–35.
41. Bruce, *Travels*, V: 110.
42. Fisher, *Slavery in the History of Black Africa*, 281, 285–290, 292–293.
43. Ibid., 282.

44. Ibid., 281–284, 298.
45. Ibid., 292; Bruce, *Travels*, V: 248.
46. Fisher, *Slavery in the History of Black Africa*, 293; J.S. Eades, *The Yoruba Today* (Cambridge, 1980), 20–21.
47. J.S. Boston, *The Igala Kingdom* (Ibadan, 1968), 21, 54, 93, 105, 163–175, 197–199, 209–213.
48. Burton, *First Footsteps*, II: 25 n. 1; Trimingham, *Islam in Ethiopia*, 67 n. 1; Harold G. Marcus, *A History of Ethiopia* (Berkeley, CA 1994), 55.
49. Bruce, *Travels*, III: 273, 596; Tamrat, *Church and State in Ethiopia*, 104–105, 269–275.
50. Bruce, *Travels*, III: 273; Samuel Johnson, *A Voyage to Abyssinia*, ed. Joel L. Gold, trans. from the French (New Haven, CT, 1985), 44.
51. Bruce, *Travels*, III: 518.
52. Ibid.,III: 142, 144, 273–274, 291–292, 418–419; IV: 696.
53. Ibid., II: 480–481, 489; III: 52, 56, 156, 172, 213.
54. Bruce, *Travels*, III: 156.
55. Jane Hathaway, *The Politics of Households in Ottoman Egypt: The Rise of the Qazdağlıs* (Cambridge, 1997), 158, 160–164; Jane Hathaway, *Beshir Agha, Chief Eunuch of the Ottoman Imperial Harem* (Oxford, 2006), 25–26.
56. 感谢 Ralph Lee 教授与 Glen Bowersock 教授对此问题的深刻见解。
57. Alice Moore-Harell, "Economic and Political Aspects of the Slave Trade in Ethiopia and the Sudan in the Second Half of the Nineteenth Century," *International Journal of African Historical Studies* 32, 2 (1999): 407, 409, 412; Bruce, Travels, II: 489, III: 242, 263; J.H. Arrowsmith-Brown, ed. and trans., *Prutky's Travels in Ethiopia and Other Countries* (London, 1991), 152.
58. Bruce, *Travels*, II: 401ff., 480–481, 550–551.
59. Bruce, *Travels*, II: 501–504; Cengiz Orhonlu, *Osmanlı İmparatorluğu'nun Güney Siyaseti: Habeş Eyaleti* (Ankara, 1974; 2nd printing 1996), 72–73.
60. Bruce, *Travels*, II: 22; III: 39, 56, 149, 158–167.
61. Bruce, *Travels*, II: 479; III: 155–156, 506–507, 590; IV: 336; Henry Salt, *A Voyage to Abyssinia, and Travels into the Interior of That Country* (Philadelphia, PA, 1816), 293–295; Tamrat, *Church and State in Ethiopia*, 91–92, 136, 173.

62. Bruce, *Travels*, II: 248; III: 40; IV: 320, 437, 675; Tamrat, *Church and State in Ethiopia*, 8, 25–29, 37, 196, 201–202; Marcus, *History of Ethiopia*, 5–6, 10–11, 32.
63. Bruce, *Travels*, III: 320, 323.
64. Ibid., III: 206, 219, 272; Marcus, *History of Ethiopia*, 43.
65. Burton, *First Footsteps*, II: 3; Tamrat, *Church and State in Ethiopia*, 87.
66. Bruce, *Travels*, II: 503.
67. Ibid., III: 40.
68. Ibid., III: 582.
69. Ibid., II: 200–201; III: 419–420; Burton, *First Footsteps*, I: 50, 引自意大利旅行家卢多维科·迪·瓦特玛 (Ludovico di Varthema)〔亦称巴特玛 (Bartema)〕(1503)。
70. Bruce, *Travels*, II: 294–295, 306, 308; Burton, *First Footsteps*, II: 3–4.
71. Bruce, *Travels*, II: 340.
72. Ibid., II: 416.
73. Arrowsmith-Brown, ed. and trans., *Prutky's Travels in Ethiopia*, 178–179.
74. Bruce, *Travels*, III: 416–418.
75. Ibid., IV: 92–93.
76. Sir William Foster, ed., *The Red Sea and Adjacent Countries at the Close of the Seventeenth Century, as Described by Joseph Pitts, William Daniel, and Charles Jacques Poncet* (London, 1949), xxix; Bruce, *Travels*, III: 92.
77. 印度中部地区的德干苏丹国曾雇用过埃塞俄比亚的军事指挥官（非阉人）。见 Omar H. Ali, *Malik Ambar: Power and Slavery across the Indian Ocean* (Oxford, 2016)。
78. P.M. Holt, ed. and trans., *The Sudan of the Three Niles: The Funj Chronicles, 910-1288 / 1504-1871* (Leiden, 1999), 4, 34, 155, 163 n. 13; P.M. Holt and M.W. Daly, *A History of the Sudan from the Coming of Islam to the Present Day*, 5th ed. (Harlow, Essex,UK, 2000), 24–27, 31–32; P.M. Holt, *Egypt and the Fertile Crescent: A Political History, 1516-1922* (Ithaca, NY, 1966), 53–54; Bruce, *Travels*, II: 487–489; Orhonlu, *Habeş Eyaleti*, 73–75.
79. Holt, ed. and trans., *Sudan of the Three Niles*, 4; Holt and Daly, *History of the Sudan*, 28–29.
80. Holt, ed. and trans., *Sudan of the Three Niles*, 19, 72–73, 76, 184–185; Holt and Daly, *History of the Sudan*, 33–35.

81. Holt, ed. and trans., *Sudan of the Three Niles*, 14; Evliya Çelebi, *Seyahatname*, vol. 10, eds. Seyit Ali Kahraman et al. (Istanbul, 2007), 438–439, 462, 519.
82. Holt, ed. and trans., *Sudan of the Three Niles*, 15–16, 100, 106, 108–109, 116; Bruce, *Travels*, III: 242–245, 263.
83. Giancarlo Casale, *The Ottoman Age of Exploration* (Oxford, 2010), 107–108; Holt and Daly, *History of the Sudan*, 26–27; Holt, *Egypt and the Fertile Crescent*, 52–54; Orhonlu, *Habeş Eyaleti*, 31–42, 93–128.
84. Jean Carlier de Pinon, *Relation du voyage en Orient de Carlier de Pinon (1579)*, ed. Edgar Blochet, *Revue de l'Orient latin* 12 (1911), 412–413, and 413 n. 2.
85. Burckhardt, *Travels in Nubia*, 38, 58–59, 217; P.S. Girard, *Mémoire sur l'agriculture, l'industrie et le commerce de l'Égypte*, vol. 17 of the *Description de l'Égypte*, 2nd ed. (Paris, 1824), 278–296; Orhonlu, *Habeş Eyaleti*, 100–102, 130.
86. Louis Frank, "Memoir on the Traffic in Negroes in Cairo and on the Illnesses to Which They Are Subject upon Arrival There", trans. Michel LeGall, in *Slavery in the Islamic Middle East*, ed. Shaun E. Marmon (Princeton, NJ, 1999), 73–74.
87. Burckhardt, *Travels in Nubia*, 276–279, 288, 290.
88. Frank, "Memoir on the Traffic in Negroes in Cairo", 77; Orhonlu, *Habeş Eyaleti*, 102.
89. Burckhardt, *Travels in Nubia*, 291, 293.
90. Frank, "Memoir on the Traffic in Negroes in Cairo", 75.
91. Lewis, *Race and Slavery*, 51; R.W. Beachey, *The Slave Trade of Eastern Africa* (New York, NY, 1976), 172.
92. Ayalon, *Eunuchs, Caliphs, and Sultans*, 304–314; Carlier de Pinon, *Relation du voyage en Orient*, 414 (on the Bulgarian eunuch Mesih Pasha).
93. Quoted in Ayalon, *Eunuchs, Caliphs, and Sultans*, 305.
94. Ayalon, *Eunuchs, Caliphs, and Sultans*, 309.
95. Beachey, *Slave Trade of Eastern Africa*, 170.
96. Ayalon, *Eunuchs, Caliphs, and Sultans*, 306.
97. Burckhardt, *Travels in Nubia*, 294.
98. Frank, "Memoir on the Traffic in Negroes in Cairo", 74.
99. Burckhardt, *Travels in Nubia*, 294.
100. Ibid., 294–295.

101. Ibid., 295.
102. Al-Muqaddisi, 转引自 Ayalon, *Eunuchs, Caliphs, and Sultans*, 304–5, also 219–220.
103. Evliya Çelebi, *Seyahatname*, X: 205.
104. Burckhardt, *Travels in Nubia*, 295; John Lewis Burckhardt, *Notes on the Bedouins and the Wahabys, Collected during His Travels in the East* (London, 1831), II: 329; Ayalon, *Eunuchs, Caliphs, and Sultans*, 306–307; Frank, "Memoir on the Traffic in Negroes in Cairo", 74.
105. Quoted in Ayalon, *Eunuchs, Caliphs, and Sultans*, 306.
106. Evliya Çelebi, *Seyahatname*, X: 205.
107. Quoted in Fisher, *Slavery in the History of Muslim Black Africa*, 282–283; see also 284.
108. Ayalon, *Eunuchs, Caliphs, and Sultans*, 307, 315.
109. Burckhardt, *Travels in Nubia*, 294–295; Frank, "Memoir on the Traffic in Negroes in Cairo", 74–75; Ayalon, *Eunuchs, Caliphs, and Sultans*, 314.
110. Ayalon, *Eunuchs, Caliphs, and Sultans*, 315.
111. Burckhardt, *Travels in Nubia*, 295.
112. Patterson, *Slavery and Social Death*, 320.
113. Ibid.
114. Ringrose, *Perfect Servant*, 1.
115. Mitamura, *Chinese Eunuchs*, 42.
116. Burckhardt, *Travels in Nubia*, 278–279.
117. Ibid.
118. Ibid., 293, also 277.
119. For example, Ibn Butlan (1001–1038), in Lewis, trans., *Islam...*, II: 245–251.
120. Girard, *Mémoire sur l'agriculture, l'industrie et le commerce*, 293.
121. Hüseyin Yılmaz, Caliphate *Redefined: The Mystical Turn in Ottoman Political Thought* (Princeton, NJ, 2018), 10–14; Metin Kunt, "Ethno-Regional (*Cins*) Solidarity in the Seventeenth-Century Ottoman Establishment," *International Journal of Middle East Studies* 5 (1974): 233–39.
122. Mustafa Ali, *Halatü'l-Kahire mine'l-'adati'z-zahire*, Süleymaniye Library, MS Fatih 5427/14, fols. 46b, 53b; MS Esad Efendi 2407, fol. 13b; Mustafa Ali, *Mustafa Ali's*

Description of Cairo of 1599, ed. Andreas Tietze (Vienna, 1975), 40 and plates 24 and 43; Evliya Çelebi, Seyahatname, X: 438–439（此处"罗姆"等同于"白"）。
123. E.g., 'Abd al-Rahman al-Jabarti, *'Aja'ib al-athar fi-l-tarajim wa-l-akhbar*, ed. Shmuel Moreh (Jerusalem, 2013), I: 454.
124. Goldenberg, *Curse of Ham*, 1–6, 74–75; Jane Hathaway, "Out of Africa, into the Palace: The Ottoman Chief Harem Eunuch", in *Living in the Ottoman Realm*, eds. Christine Isom-Verhaaren and Kent F. Schull (Bloomington, IN, 2015), 230.
125. Al-Jahiz, *Risalat mufakharat al-sudan 'ala al-bidan*, in *Rasa'il al-Jahiz*, ed. 'Abd al-Salam Muhammad Harun (Cairo, 1385/1965), I: 173–226; Lewis, *Race and Slavery*, 31–33; Akbar Muhammad, "The Image of Africans in Arabic Literature: Some Unpublished Manuscripts", in *Slaves and Slavery in Muslim Africa*, ed. John R. Willis, vol. 1: *Islam and the Ideology of Enslavement* (London, 1985), 47–65; Baki Tezcan, "Dispelling the Darkness: The Politics of 'Race' in the Early Seventeenth-Century Ottoman Empire in the Light of the Life and Work of Mullah Ali", *International Journal of Turkish Studies* 13, 1–2 (2007): 85–91.
126. Jane Hathaway, *The Arab Lands under Ottoman Rule, 1516–1800*, with contributions by Karl K. Barbir (Harlow, Essex, UK, 2008), 63–64, 66–67, 175–76, 178–80, 183–84, 185–86.
127. Ahmed Çelebi ibn 'Abd al-Ghani, *Awdah al-isharat fi man tawalla Misr al-Qahira min al-wuzara' wa-l-bashat*, ed. A.A. 'Abd al-Rahim (Cairo, 1978), 253. 很多人误解了这番话，认为它表达的是现代意义上的反土耳其情绪。
128. Shihab al-Din ibn Ahmad al-Abshihi, *Kitab al-mustatraf fi kulli fannin mustazraf* (Cairo, 1902), II: 68; Lewis, ed. and trans., *Islam...*, II: 256, quoting a later edition.
129. Al-Jabarti, *'Aja'ib al-athar*, I: 454; Thomas Philipp and Moshe Perlmann, eds., *Al-Jabarti's History of Egypt: 'Aja'ib al-athar fi-l-tarajim wa-l-akhbar*, 4 vols. in 2 (Stuttgart, 1994), I: 648, trans. Charles Wendell and Michael Fishbein.
130. Derviş Abdullah Efendi, *Risale-i teberdariye fi ahval ağa-yı Daru's-sa'ade*, Istanbul, Köprülü Library, MS II/233, fol. 92b, also fol. 91b.

第3章 黑白之分——奥斯曼宫廷宦官

1. Caroline Finkel, *Osman's Dream: History of the Ottoman Empire* (London, 2005),

chapters 1-2; Colin Imber, *The Ottoman Empire, 1300-1650: The Structure of Power* (New York, 2002, 2nd ed. 2009), 3-24. 这两部著作都引用了关于奥斯曼帝国起源的具有争议的学术研究文献。

2. Tougher, *The Eunuch in Byzantine History and Society*, 60-64, 103, 135, 136, 141-144, 146, 149, 151-155, 159, 164-166, 168.
3. Ibn Battuta, *Rihla Ibn Battuta* (Beirut, 1964), 301-302; Lewis, ed. and trans., Islam..., II: 103, Lewis 把 *fityan* 译作"男仆"（pages）。
4. E.g.,Ibn Battuta, *Rihla Ibn Battuta*, 344, 491, 644.
5. Heath W. Lowry, *The Nature of the Early Ottoman State* (Albany, NY, 2003), 75-77, translated from İsmail Hakkı Uzunçarşılı, "Gazi Orhan Bey Vakfiyesi", Belleten 5 (1941): 277-288.
6. Evliya Çelebi, *Seyahatname*, II: 10-11; Uzunçarşılı, *Saray Teşkilatı*, 9.
7. Ibn Battuta, *Rihla Ibn Battuta*, 309; Uzunçarşılı, *Saray Teşkilatı*, 9.
8. Halil Inalcik, "The Conquest of Edirne, 1361", *Archivum Ottomanicum* 3 (1971): 185-210.
9. Uzunçarşılı, *Saray Teşkilatı*, 10.
10. Ibid., 11-12; Tosyavizade Rifat Osman, *Edirne Rehnüması* (Istanbul, 1994), 86-87.
11. Uzunçarşılı, *Saray Teşkilatı*, 10-12; Osman, *Edirne Rehnüması*, 87-88; Necipoğlu, *Architecture, Ceremonial, and Pzower*, 6, 93.
12. Mustafa Özer, "Edirne Sarayı Kazıları'nda Son Bulgular", İstanbul Araştırmalar Enstitüsü, 26 November 2015, www.iae.org.tr/Aktivite-Detay/Edirne-Sarayi-Kazilarinda-Son-Bulgular-MustafaOzer/53; Özüm İtez, "Osmanlı Arkeolojisinin Daha Sağlam Temeller Üzerinde Gelişmesine Öncüllük Etmek İstiyoruz", *Arkitera*, 24 March 2016, www.arktitera.com/soylesi/831/osmanli-arkeolojisinindaha-saglam-temeller-uzerinde-gelismesine-onculluk-etmek-istiyoruz; Ayşegül Parlayan, "Osmanlı'nın Kayıp Sarayı: Edirne Sarayı'nda Arkeoloji, Koruma, ve Restorasyon", *Atlas Tarih* 45 (2017): 80-91. 感谢 Amy Singer 提醒我留意这些资料。试比较 "Ottoman Palace Suffers from Flooding, Neglect", *Hürriyet Daily News*, 31 January 2012.
13. J.A.B. Palmer, "The Origin of the Janissaries", *Bulletin of the John Rylands Library* 35 (1952-1953): 448-481; Paul Wittek, "Devshirme and Shari'a," *Bulletin of the*

School of Oriental and African Studies 17 (1955): 271-278; V.L. Ménage, "Sidelights on the Devshirme from Idris and Sa'duddin", *Bulletin of the School of Oriental and African Studies* 18 (1956): 181-183; *EI*², s.v. "Devshirme", by Ménage; H.A.R. Gibb and Harold Bowen, *Islamic Society and the West: A Study of the Impact of Western Civilization on Moslem Culture in the Near East*, vol. 1, part 1 (London, 1950), appendix A.

14. 有一些身为阉人的大维齐尔是通过德夫希尔梅制度招募来的，比如哈德姆·阿里帕夏（亦称阿提克·阿里帕夏，波斯尼亚人，1501—1503 年及 1506—1511 年在任）、哈德姆·梅西赫帕夏（保加利亚人，1585—1586年在任）、哈德姆·哈桑帕夏（可能为阿尔巴尼亚人，1597—1598 年在任）。见 İ.H. Uzunçarşılı, *Osmanlı Tarihi* (Ankara, 1947-1962), II: 538-539; III, part 2, 346, 357-358.

15. 有关奥斯曼人向马穆鲁克王朝赠送马穆鲁克的记载，参见 Cihan Yüksel Muslu, *The Ottomans and the Mamluks: Imperial Diplomacy and Warfare in the Islamic World* (London, 2014), 88, 98.

16. Necipoğlu, *Architecture, Ceremonial, and Power*, 3-4, 93; Çiğdem Kafesçioğlu, *Constantinopolis/Istanbul: Cultural Encounter, Imperial Vision, and the Construction of the Ottoman Capital* (University Park, PA, 2009), 22-23.

17. Kafesçioğlu, *Constantinopolis/Istanbul*, 23.

18. Necipoğlu, *Architecture, Ceremonial, and Power*, 4-10, 13, 51, 200-201, 208, 221; Kafesçioğlu, *Constantinopolis/Istanbul*, 56-59, 60-66.

19. Necipoğlu, *Architecture, Ceremonial, and Power*, 91-92, 159-161.

20. M. Çağatay Uluçay, Padişahların Kadınları ve Kızları (Ankara, 1980; reprinted, 1985, 1992), 18-21.

21. E.g., Abdurrahman Abdi Pasha, "Abdurrahman Abdi Paşa Vekayi'name'si: Tahlil ve Metin Tenkidi, 1058-1053/1648-1682", ed. Fahri Çetin Derin, unpublished Ph.D. dissertation, Istanbul University, 1993, 163; Silahdar Fındıklılı Mehmed Agha, *Silahdar Tarihi* (Istanbul, 1928), I: 573-574, 717; II: 6, 566-567; Betül İpşirli Argıt, *Rabia Gülnuş Emetullah Sultan, 1640-1715* (Istanbul, 2014), 89.

22. Hathaway, *Politics of Households*, 126.

23. Necipoğlu, *Architecture, Ceremonial, and Power*, 162.

24. Ibid., 161; Ottaviano Bon, in *Relazioni di ambasciatori veneti al Senato*, ed. Luigi

Firpo, vol. 13: *Costantinopoli (1590-1793)* (Turin, 1984), 78, 80-81; Carlier de Pinon, *Relation du voyage en Orient*, 333.

25. Necipoğlu, *Architecture, Ceremonial, and Power*, 160; cf. Carlier de Pinon, *Relation du voyage en Orient*, 196 and 335-337 n. 1.
26. Peirce, *Imperial Harem*, 58-60, 61-63.
27. Necipoğlu, *Architecture, Ceremonial, and Power*, 163; Peirce, *Imperial Harem*, 62.
28. Necipoğlu, *Architecture, Ceremonial, and Power*, 163; Peirce, *Imperial Harem*, 62.
29. Penzer, *The Harem*, 135.
30. Necipoğlu, *Architecture, Ceremonial, and Power*, 163.
31. Peirce, *Imperial Harem*, 63.
32. Ibid., 60-61. 她的几个儿子是在她移居托普卡帕宫之前所生。
33. Necipoğlu, *Architecture, Ceremonial, and Power*, 164-174.
34. Penzer, *The Harem*, 132.
35. Marmon, *Eunuchs and Sacred Boundaries*, 3-30.
36. Penzer, *The Harem*, 120-121; Uzunçarşılı, *Saray Teşkilatı*, 340-342, 354-357; Necipoğlu, *Architecture, Ceremonial, and Power*, 102, 113-114, 118-119, 134-135.
37. Uzunçarşılı, *Saray Teşkilatı*, 174.
38. Peirce, *Imperial Harem*, 3-10, 42-45.
39. Ibid., 10-12, 172-177; Necipoğlu, *Architecture, Ceremonial, and Power*, 23.
40. Ebru Turan, "The Sultan's Favorite: Ibrahim Paşa and the Making of the Ottoman Universal Sovereignty", unpublished Ph.D. dissertation, University of Chicago, 2007.
41. Necipoğlu, *Architecture, Ceremonial, and Power*, 164; Benjamin Arbel, "Nur Banu (c. 1530-1583): A Venetian Sultana?", *Turcica* 24 (1992): 241-259.
42. 穆拉德最终娶莎菲耶为妻的证据可见于 Maria Pia Pedani, "Safiye's Household and Venetian Diplomacy", *Turcica* 32 (2000): 17-19。
43. Ibid., 11-12, 16; Peirce, *Imperial Harem*, 94, 222-224.
44. Pedani, "Safiye's Household", 14-15.
45. Ibid., 21, 25-27.
46. Uzunçarşılı, *Saray Teşkilatı*, 356-357.
47. Pedani, "Safiye's Household", 20-21.
48. Necipoğlu, Architecture, Ceremonial, and Power, 163.

49. Ibid., 170-171.
50. Ibid., 172-173.
51. Ibid., 23, 164-165, 173-174.
52. Ibid., 164-165.
53. Penzer, *The Harem*, 132.
54. Pedani, "Safiye's Household", 23-24.
55. Penzer, *The Harem*, 132. Penzer 给出的数字是 600—800 名，我认为高得不太合理，尤其是在考虑到下面两点的情况下：一是根据前文所引，1475 年的宦官和妾室的估算数目分别为 25 名和 150 名；二是据 Ignatius Mouradgea d'Ohsson 估计，18 世纪末的后宫宦官数目为 200 名；*Tableau général de l'Empire othoman* (Paris, 1787-1820), VII: 54.

第 4 章　总管太监一职的设立与哈比沙阿迦的宦途

1. *E.g., Mustafa Naima, Tarih-i Naima, ed. Mehmed İpşirli (Ankara, 2007), III: 1325, 1333.*
2. Jane Hathaway, *A Tale of Two Factions: Myth, Memory, and Identity in Ottoman Egypt and Yemen* (Albany, NY, 2003), 特别是第 2 章。
3. E.g., Hillary Sumner-Boyd and John Freely, *Strolling through Istanbul: The Classic Guide to the City*, revised ed. (London, 2010 ［1972］), 32, 415; Emine Fetvacı, *Picturing History at the Ottoman Court* (Bloomington, IN, 2013), 49, 53; Gülru Necipoğlu, *The Age of Sinan: Architectural Culture in the Ottoman Empire* (London, 2005), 489-490.
4. Ali b. Abdurrauf el-Habeşi, *Rafa'ilü'l-gubuş fi feza'ilü'l-Hubuş*, Istanbul, Süleymaniye Library, MS Fatih 4360, fol. 9b. 感谢 Günhan Börekçi 帮我弄到了一份原稿的复印件。
5. Fetvacı, *Picturing History*, 150.
6. Hathaway, "The Mamluk-Breaker Who Was Really a Kul-Breaker," 97-102.
7. Fetvacı, *Picturing History*, 150.
8. Ibid.; el-Habeşi, *Rafa'ilü'l-gubuş*, fol. 9b; Peirce, *Imperial Harem*, 104.
9. Necipoğlu, *Age of Sinan*, 498.
10. Peirce, *Imperial Harem*, 55, 261.

11. Uzunçarşılı, *Osmanlı Tarihi*, *III*, part 2, 44
12. Mustafa Safi, *Mustafa Safi'nin* Zübdetü't-Tevarih'i, ed. İbrahim Hakkı Çuhadar (Ankara, 2003), I: 248; Hasanbeyzade Ahmed Pasha, *Hasan Bey-zade Tarihi*, ed. Şevki Nezihi Aykut (Ankara, 2004), II: 338, 339.
13. Peirce, *Imperial Harem*, 91, 94, 281; Uluçay, *Padişahların Kadınları ve Kızları*, 40, 43.
14. Fetvacı, *Picturing History*, 152; Necipoğlu, *Age of Sinan*, 499.
15. Selaniki Mustafa Efendi, *Selaniki Tarihi*, ed. Mehmet İpşirli (Istanbul, 1989), I: 131.
16. Uzunçarşılı, *Osmanlı Tarihi*, II: 552; III, part 1, 49–54; *EI²*, s.v. "Sokollu Mehmed Pasha," by Gilles Veinstein.
17. Mustafa Güler, *Osmanlı Devlet'inde Haremeyn Vakıfları (XVI.-XVII. Yüzyıllar)* (Istanbul, 2002), 213–15; BOA, MD 62, no. 563, p. 249 (2 Receb 996/28 May 1588); Necipoğlu, Age of Sinan, 498; TDVİA, s.v. "Darüssaade," by Ülkü Altındağ.
18. D'Ohsson, *Tableau général*, III: 223–224; Burckhardt, *Travels in Arabia*, 141; Doris Behrens-Abouseif, "Sultan Qaytbay's Foundation in Medina: The Madrasah, the Ribat, and the Dashisha," *Mamluk Studies Review* 2 (1998): 61–72; Güler, *Haremeyn Vakıfları*, 38.
19. Yüksel Muslu, *Ottomans and Mamluks*, 160.
20. Yüksel Muslu, *Ottomans and Mamluks*, 105–106.
21. *EI²*, s.v. "Wakf, II. In the Arab Lands, 1. Egypt", by Doris Behrens-Abouseif; Uzunçarşılı, *Osmanlı Devletinin Saray Teşkilatı*, 177–183; Güler, *Haremeyn Vakıfları*, 172–180; Jane Hathaway, "The Role of the Kızlar Ağası in 17th–18th Century Ottoman Egypt", *Studia Islamica* 75 (1992): 141–142.
22. Tülay Duran, *Tarihimizde Vakıf Kuran Kadınlar: Hanım Sultan Vakfıyyeleri* (Istanbul, 1990), 33–60; Uluçay, *Padişahların Kadınları ve Kızları*, 45.
23. Suraiya Faroqhi, *Pilgrims and Sultans: The Hajj under the Ottomans* (London, 1994), 129.
24. D'Ohsson, *Tableau général*, II: 541; Necipoğlu, *Architecture, Ceremonial, and Power*, 180.
25. Necipoğlu, *Architecture, Ceremonial, and Power*, 174; Fetvacı, *Picturing History*, 152.
26. Pedani, "Safiye's Household and Venetian Diplomacy", 14–22.
27. Ibid., 15; Penzer, *The Harem*, 50.

28. Ahmed Resmî Efendi, *Hamiletü'l-kübera*, ed. Ahmet Nezihi Turan (Istanbul, 2000), 45, 87.
29. Ibrahim Peçevi, *Tarih-i Peçevi*, ed. Bekir Sıtkı Baykal (Ankara, 1981), II: 79–80, 98–100, 112–113, 153; Uzunçarşılı, *Osmanlı Tarihi*, III, part 2, 347–349; EI^2, s.v. "Ferhad Pasha", by V.J. Parry.
30. Hasanbeyzade, *Hasan Bey-zade Tarihi*, II: 339; Naima, *Tarih-i Naima*, IV: 1924; Peçevi, *Tarih-i Peçevi*, II: 99（其中未提及哈比沙·穆罕默德）。
31. Peçevi, *Tarih-i Peçevi*, II: 156–158; Uzunçarşılı, *Osmanlı Tarihi*, III, part 2, 348–349; Fetvacı, *Picturing History*, 225, 230, 46; Hasanbeyzade, *Hasan Bey-zade Tarihi*, II: 374.
32. François-Thomas Delbare, *Histoire des ministres-favoris, anciens et modernes* (Paris, 1820), 321; Anonymous, *Coppie d'une lettre escrite de Constantinople à un Gentilhomme François, contenant la trahison du Bascha Nassouf, sa mort estrange, & des grandes richesses qui luy ont esté trouees* [sic] (Paris, 1615), 4–5; *TDVİA*, 见于 Ömer İşbilir 撰写的"Nasuh Paşa"这一词条。感谢 Günhan Börekçi 让我留意到这两份法语文献。
33. *Coppie d'une lettre*, 4.
34. Necipoğlu, *Architecture, Ceremonial, and Power*, 74, 174; Tommaso Alberti, *Viaggio a Costantinopoli di Tommaso Alberti (1620–1621), pubblicato da Alberto Bacchi della Lega* (Bologna, 1889), 49.
35. Uzunçarşılı, *Saray Teşkilatı*, 428–431.
36. Pedani, "Safiye's Household and Venetian Diplomacy", 15; Peirce, *Imperial Harem*, 197, 210, 228.
37. Delbare, *Histoire des ministres-favoris*, 322.
38. Mustafa Safi, *Zübdetü't-tevarih*, II: 315–324; Rhoads Murphey, "Mustafa Safi's Version of the Kingly Virtues as Presented in His *Zübdetü't-tevarih*, or Annals of Sultan Ahmed, 1012-1023 A.H./1603-1614 A.D.", in *Frontiers of Ottoman Studies*, eds. Imber and Kiyotaki, I: 14, 24; Peçevi, *Tarih-i Peçevi*, II: 318–320; Delbare, *Histoire des ministres-favoris*, 322–337; *Coppie d'une lettre*, 4–5; *TDVİA*, s.v. "Nasuh Paşa", by İşbilir; Uzunçarşılı, *Osmanlı Tarihi*, III, part 1, 66–68, 103; part 2, 365–367; EI^2, s.v. "Nasuh Pasha", by Franz Babinger.
39. Delbare, *Histoire des ministres-favoris*, 328, 330–333.

40. Fetvacı, *Picturing History*, 194, 264.
41. Ibid., 242.
42. Cornell H. Fleischer, *Bureaucrat and Intellectual in the Ottoman Empire: The Historian Mustafa Ali (1541-1600)* (Princeton, NJ, 1986); Hathaway, *A Tale of Two Factions*, 85-86.
43. Mustafa Ali, *Mustafa Ali's Description of Cairo of 1599*, 81-82.
44. Ibid.
45. Mustafa Ali, *Mustafa Ali's Counsel for Sultans of 1581: Edition, Translation, Notes*, ed. and trans. Andreas Tietze (Vienna, 1979-1982), II: 39. 感谢 Lisa Balabanlılar 让我留意到这些段落。
46. Ibid., I: 34.
47. TDVİA, s.v. "Gazanfer Ağa Medresesi", by Semavi Eyice; Fetvacı, *Picturing History*, 253-256. 如今，这里是"加赞夫阿迦伊斯兰学校教育文化中心"所在地，该中心提供宗教讲授及相关服务。
48. Hafız Hüseyin Ayvansarayi, *The Garden of the Mosques: Hafız Hüseyin Ayvansarayî's Guide to the Muslim Monuments of Ottoman Istanbul*, trans. and annotated by Howard Crane (Leiden, 2000), 218-219; Necipoğlu, *Age of Sinan*, 497-501.
49. Necipoğlu, *Age of Sinan*, 499.
50. John Julius Norwich, *A Short History of Byzantium* (New York, NY, 1997), 301, 304, 318, 380.
51. Jane Hathaway, "Habeşi Mehmed Agha: The First Chief Harem Eunuch (Darüssaade Ağası) of the Ottoman Empire", in *The Islamic Scholarly Tradition: Studies in History, Law, and Thought in Honor of Professor Michael Allan Cook*, eds. Asad Q. Ahmed et al. (Leiden, 2011), 179-195; André Raymond, "Les bains publics au Caire à la fin du XVIIIe siècle", *Annales islamologiques* 8 (1969): 129-150.
52. Necipoğlu, *Age of Sinan*, 499.
53. Hathaway, "Habeşi Mehmed Agha", 189.
54. Selaniki, *Selaniki Tarihi*, I: 229-230.
55. https://archnet.org/resources, under "Iskele Camii," "Semsi Pasa," and "Atik Valide Külliyesi."
56. Necipoğlu, *Age of Sinan*, 499; Hathaway, "Habeşi Mehmed Agha," 189-191; www.

uskudar.bel.tr/tr/main/erehber/tarihi-mekanlar/39.

57. Ayvansarayi, *Garden of the Mosques*, 504–505, 515; Hathaway, "Habeşi Mehmed Agha", 189–190.
58. Necipoğlu, *Age of Sinan*, 499.
59. Ibid.
60. Naima, *Tarih-i Naima*, III: 1442.
61. Hathaway, *Beshir Agha*, 100.

第 5 章　17 世纪的危机岁月

1. Sam White, *The Climate of Rebellion in the Early Modern Ottoman Empire* (Cambridge, 2011), especially part 2; Michael A. Cook, *Population Pressure in Rural Anatolia, 1450–1600* (London, 1972); Leila Erder and Suraiya Faroqhi, "Population Rise and Fall in Anatolia, 1550–1620", *Middle Eastern Studies* 15 (1979): 322–345.
2. Ömer Lutfi Barkan, "The Price Revolution of the Sixteenth Century: A Turning Point in the Economic History of the Near East", trans. Justin McCarthy, *International Journal of Middle East Studies* 6 (1975): 3–28, especially 5–6, 9–12, 15–16, 22, 26; Şevket Pamuk, *A Monetary History of the Ottoman Empire* (Cambridge, 2000), chapter 7.
3. Mustafa Akdağ, *Celali İsyanları (1550–1603)* (Ankara, 1963); William J. Griswold, *The Great Anatolian Rebellion, 1000–1020/1591–1611* (Berlin, 1983).
4. Tezcan, *Second Ottoman Empire*, chapter 1 and 141–145.
5. Peirce, *Imperial Harem*, 97–103; Günhan Börekçi, "Factions and Favorites at the Courts of Ahmed I (r. 1603–1617) and His Immediate Predecessors", unpublished Ph.D. dissertation, Ohio State University, 2010, 81–89; Fetvacı, *Picturing History*, 44.
6. Necipoğlu, *Architecture, Ceremonial, and Power*, 164; Fetvacı, *Picturing History*, 34.
7. Hasanbeyzade, *Hasan Bey-zade Tarihi*, III: 765; Naima, *Tarih-i Naima*, I: 228; Börekçi, "Factions and Favorites", 65–68.
8. Börekçi, "Factions and Favorites", 83–84.
9. Bon, in *Relazioni di ambasciatori veneti al Senato*, XIII: 92; Penzer, *The Harem*, 128.
10. Kunt, "Ethno-Regional (*Cins*) Solidarity."
11. Uzunçarşılı, *Kapukulu Ocakları*, II: 146, 148, 152, 162–168.

12. Hathaway, *A Tale of Two Factions*, 27–41.
13. Naima, *Tarih-i Naima*, III: 1325, 1532–1537.
14. Selaniki, *Selaniki Tarihi*, I: 281; Ahmed Resmi, *Hamiletü'l-kübera*, 46. 一些文献将一个叫森布阿迦的人列为瑟夫的继任者，但他们似乎是同一个人。*Defter-i Ağayan-i Darüssaade*, Türk Tarih Kurumu Archives, MS Y 86, published as an appendix to *Hamiletü'l-kübera*, 164; Mehmed Süreyya, *Sicill-i Osmani* (Istanbul, 1308–1315/1890–1897; reprint, Westmead, Farnborough, Hampshire, UK, 1971), IV: 724ff.
15. *Hamiletü'l-kübera*, 46; Selaniki, *Selaniki Tarihi*, I: 281; II: 568.
16. *Hamiletü'l-kübera*, 46.
17. Selaniki, *Selaniki Tarihi*, II: 594.
18. Ibid., II: 594.
19. Ibid., II: 740, 741–742.
20. Marc David Baer, "The Great Fire of 1660 and the Islamization of Christian and Jewish Space in Istanbul", *International Journal of Middle East Studies* 36 (2004): 166–170.
21. Selaniki, *Selaniki Tarihi*, II: 849–850.
22. Ibid., I: 229–230; Necipoğlu, Age of Sinan, 498.
23. *Selaniki Tarihi*, II: 740, 741–742, and Mehmet İpşirli's introduction, I: xvi.
24. Ibid., II: 849–850.
25. Hasanbeyzade, *Hasan Bey-zade Tarihi*, II: 374; III: 518–520, 537–539, 566–572, 690.
26. Agostino Nani, in *Relazioni di ambasciatori veneti al Senato*, XIII: 37–39.
27. Pedani, "Safiye's Household and Venetian Diplomacy", 15.
28. Selaniki, *Selaniki Tarihi*, II: 854–865; Henry Lello, *The Report of Lello, Third English Ambassador to the Sublime Porte*, ed. Orhan Burian (Ankara, 1952), 5–7; Hasan Beyzade, *Hasan Beyzade Tarihi*, III: 618; Baki Tezcan, "Searching for Osman", unpublished Ph.D. dissertation, Princeton University, 2001, 349; Börekçi, "Factions and Favorites", 48–50.
29. Selaniki, *Selaniki Tarihi*, II: 855.
30. Hasan Beyzade, *Hasan Bey-zade Tarihi*, III: 640–641; Nani, in *Relazioni di ambasciatori veneti al Senato*, XIII: 40; Pedani, "Safiye's Household and Venetian Diplomacy", 25; Tezcan, "Searching for Osman", 348; Börekçi, "Factions and

Favorites", 51–53.
31. Katib Çelebi, *Fezleke* (Istanbul, 1286–1287/1869–1871), I: 185–186. 感谢 Maria Pia Pedani 帮我找到这句引文的出处。Hasan Beyzade, *Hasan Bey-zade Tarihi*, III: 682; Peçevi, *Tarih-i Peçevi*, II: 239–240; Naima, *Tarih-i Naima*, I: 216–217, 220; Ahmed Resmi, *Hamiletü'l-kübera*, 46–47; Pedani, "Safiye's Household and Venetian Diplomacy", 27; Börekçi, "Factions and Favorites", 27–41.
32. Hasan Beyzade, *Hasan Bey-zade Tarihi*, III: 765; Mehmed bin Mehmed, "Mehmed bin Mehmed Er-Rumî (Edirneli)'nin *Nuhbetü't-tevarih ve'l-ahbar'ı ile Tarih-i Al-i Osman'ının* Metni ve Tahlilleri", ed. Abdurrahman Sağırlı, unpublished Ph.D. dissertation, Istanbul University, 2000, 595; Naima, *Tarih-i Naima*, I: 228; Börekçi, "Factions and Favorites", 65–66.
33. Hasan Beyzade, *Hasan Bey-zade Tarihi*, III: 740; Naima, *Tarih-i Naima*, I: 265; Ahmed Resmi, *Hamiletü'l-kübera*, 47.
34. 杰夫海尔在下列文献中有记载：MustafaSafi, *Zübdetü't-tevarih*, I: 81; Topkapı Palace Archives, D34, fol. 235a (14 Şaban 1012/1017 January 1604); D 4124, p. 2 (mid-Muharrem 1014/ late May–early June1605); D2025, fols. 6b, 7a, 7b, 8a(1011–1016/1603–1608); E7737/5 (11Cemaziyelevvel 1013/5 October 1604); E 7737/7 (mid-Rebiülevvel 1014/late July–early August 1605); BOA, Maliyeden Müdevver D 169, p. 2 (1013/1604–1605). 感谢 Günhan Börekçi 让我留意到这些档案。有几份后世的参考文献还提到了一个叫雷汉阿迦的人，但当时的文献对此人未有记载。
35. Mustafa Safi, *Zübdetü't-tevarih*, I: 80–81.
36. Cristoforo Valier (term 1612–1616),*Relazioni di ambasciatori veneti al Senato*, XIII: 302–303.
37. Börekçi, "Factions and Favorites", 109.
38. Ayvansarayi, *Garden of the Mosques*, 21–22; Zeynep Nayir, *Osmanlı Mimarlığında Sultan Ahmet Külliyesi ve Sonrası* (Istanbul, 1975); https://archnet.org/resources, under "Sultan Ahmet"；Evliya Çelebi, *Seyahatname*, I: 132.
39. Topçular Katibi, *Topçular Katibi Tarihi*, I: 653–654.
40. Ibid., I: 561; Hasan Beyzade, *Hasan Bey-zade Tarihi*, III: 884–885; Naima, *Tarih-i Naima*, II: 402.
41. Topçular Katibi, *Topçular Katibi Tarihi*, I: 647–648.

42. 感谢 Günhan Börekçi 让我留意到了这篇铭文。铭文文本可见于如下网站：www.ottomaninscriptions.com/verse.aspx?ref=list&bid=2974&hid=4616.
43. Naima, *Tarih-i Naima*, I: 289.
44. Gabriel Piterberg, *An Ottoman Tragedy*, especially 16-29, 82-85, 93-98, 108-109; Tezcan, "Looking for Osman"; Baki Tezcan, "The 1622 Military Rebellion in Istanbul", in *Mutiny and Rebellion in the Ottoman Empire*, ed. Jane Hathaway (Madison, WI, 2002), 25-27.
45. Hasan beyzade, *Hasan Bey-zade Tarihi*, III: 919; Naima, *Tarih-i Naima*, II: 440-441; Piterberg, *An Ottoman Tragedy*, 15-16, 93-98.
46. Naima, *Tarih-i Naima*, II: 450-451; Hasan Beyzade, *Hasan Bey-zade Tarihi*, III: 926; Piterberg, *An Ottoman Tragedy*, 16, 97.
47. Tezcan, "1622 Military Rebellion", 32-33.
48. Topçular Katibi, *Topçular Katibi Tarihi*, II: 701-702; Derviş Abdullah, *Risale-i teberdariye*, fols. 55b-58a.
49. Piterberg, *An Ottoman Tragedy*, 22-25; Tezcan, "1622 Military Rebellion", 26-27; Hathaway, "The 'Mamluk-Breaker' Who Was Really a Kul Breaker", 97, 99-102, 105.
50. Piterberg, *An Ottoman Tragedy*, 22-24, 83-84, 108-109; Topçular Katibi, *Topçular Katibi Tarihi*, II: 706, 711, 723, 726, 740-741.
51. Peçevi, *Tarih-i Peçevi*, II: 355.
52. Ibid., II: 354-363; Hasan Beyzade, Hasan Bey-zade Tarihi, III: 940-942, 945; Piterberg, An Ottoman Tragedy, 25-28; Tezcan, "1622 Military Rebellion", 27, 28.
53. Naima, *Tarih-i Naima*, II: 495.
54. Ayvansarayi, *Garden of the Mosques*, 510; www.uskudar.bel.tr/tr/main/erehber/camiiler/8/agacamii-malatyali-ismail-aga-camii/14.
55. Naima, *Tarih-i Naima*, II: 536-537.
56. Ibid., II: 402.
57. Hasan Beyzade, *Hasan Bey-zade Tarihi*, III: 886-888; Naima, *Tarih-i Naima*, II: 415.
58. Naima, *Tarih-i Naima*, II: 536-537; Ahmed Resmi, *Hamiletü'l-kübera*, 48.
59. Hasan Beyzade, *Hasan Bey-zade Tarihi*, III: 980-987; Uzunçarşılı, *Osmanlı Tarihi*, III, part 2, 379.
60. Hathaway, *Politics of Households*, 55, 57-58, 63.

61. Naima, *Tarih-i Naima*, II: 603-604; Uzunçarşılı, *Osmanlı Tarihi*, III, part 2, 402.
62. Naima, *Tarih-i Naima*, II: 635.
63. Ibid., IV: 1642, also II: 376-377.
64. Silahdar, *Silahdar Tarihi*, I: 256-257; Robert Dankoff, trans., *The Intimate Life of an Ottoman Statesman: Melek Ahmed Pasha (1599-1662)* as Portrayed in Evliya Çelebi's *Book of Travels*, historical introduction by Rhoads Murphey (Albany, NY, 1991), 5 (Murphey), 49.
65. Dankoff, trans., *Intimate Life of an Ottoman Statesman*, passim.
66. Naima, *Tarih-i Naima*, II: 563-564.
67. Uzunçarşılı, *Osmanlı Tarihi*, III, part 2, 10-12.
68. Topçular Katibi, *Topçular Katibi Tarihi*, I: 596-598, 601 n., 622-623; II: 1023, 1025, 1076; Mustafa Safi, *Zübdetü't-tevarih*, I: 138-139; Mehmed bin Mehmed, *Nuhbe*, 244; Naima, *Tarih-i Naima*, II: 93.
69. Topçular Katibi, *Topçular Katibi Tarihi*, I: 617.
70. Ibid., I: 145, 607; II: 892, 1023, 1025, 1072-1073, 1076.
71. Mustafa Safi, *Zübdetü't-tevarih*, I: 15-16; Cemal Kafadar, "Eyüp'te Kılıç Kuşanma Törenleri", in *Eyüp: Dün, Bugün (Sempozyum, 11-12 Aralık 1993)*, ed. Tülay Artan (Istanbul, 1994), 54-55; Tezcan, *Second Ottoman Empire*, 121 and n. 31; Piterberg, *An Ottoman Tragedy*, 10-11; Douglas S. Brookes, "Of Swords and Tombs: Symbolism in the Ottoman Accession Ritual", *Turkish Studies Association Bulletin* 17, 2 (1993): 1-22.
72. *Hamiletü'l-kübera*, 50; Derviş Abdullah, *Risale-i teberdariye*, fol. 58a.
73. Katib Çelebi, *Fezleke*, II: 234; Topkapı Archive, E 8211 (ca. 1054/1644-1645); E 7884/2 (undated); Paul Rycaut, *A History of the Turkish Empire from the Year 1623 to the Year 1677* (London, 1680), 13-15.
74. Katib Çelebi, *Fezleke*, II: 234.
75. Naima, *Tarih-i Naima*, III: 1011-1012, 1028; Ahmed Resmi, *Hamiletü'l-kübera*, 51-53.
76. Uzunçarşılı, *Saray Teşkilatı*, 174-175, 180.
77. Naima, *Tarih-i Naima*, III: 1011-1012.
78. Ibid., III: 1325, 1532-1537.
79. Penzer, *The Harem*, 191-192.

80. Naima, *Tarih-i Naima*, III: 1327–1328, 1342; Abdurrahman Abdi, *Vekayiname*, 29–33.
81. Naima, *Tarih-i Naima*, IV: 1576–1577.
82. Naima, *Tarih-i Naima*, III: 1321–22.
83. Gabriel Piterberg, "The Alleged Rebellion of Abaza Mehmed Pasha: Historiography and the State in the Seventeenth Century", in *Mutiny and Rebellion in the Ottoman Empire*, ed. Hathaway, 15; Silahdar, *Silahdar Tarihi*, I: 61.
84. Uzunçarşılı, *Osmanlı Tarihi*, III, part 2, 400.
85. Naima, *Tarih-i Naima*, III: 1365.
86. Ibid., III: 1368; Abdurrahman Abdi, *Vekayiname*, 33; Silahdar, *Silahdar Tarihi*, I: 62.
87. Naima, *Tarih-i Naima*, III: 1367–1368, 1372, 1392, 1399, 1421–1422, 1550; Abdurrahman Abdi, *Vekayiname*, 34.
88. Uzunçarşılı, *Osmanlı Tarihi*, III, part 2, 402.
89. Naima, *Tarih-i Naima*, III: 1342, 1399.
90. Ibid., III: 1411; Abdurrahman Abdi, *Vekayiname*, 36.
91. Naima, *Tarih-i Naima*, III: 1380–1381.
92. Ibid., III: 1372, also III: 1390, 1399.
93. Ibid., III: 1409–1411.

第6章 科普鲁律家族与优素福阿迦的改革

1. Uzunçarşılı, *Osmanlı Tarihi*, III, part 1, 367–433; Norman Itzkowitz, *Ottoman Empire and Islamic Tradition* (Chicago, IL, 1972), 77–85; Stanford J. Shaw and Ezel Kural Shaw, *History of the Ottoman Empire and Modern Turkey* (Cambridge, 1976–1977), I: 207–215.
2. Metin Kunt, *The Sultan's Servants: The Transformation of Ottoman Provincial Government, 1550–1650* (New York, NY, 1983); Rifaat A. Abou-El-Haj, "The Ottoman Vezir and Paşa Households, 1683–1703: A Preliminary Report", *Journal of the American Oriental Society* 94 (1974): 438–447.
3. Hathaway, *Arab Lands under Ottoman Rule*, 8, 11–12.
4. Naima, *Tarih-i Naima*, III: 1532–1536.
5. Ibid., III: 1537–1538; Ahmed Resmi, *Hamiletü'l-kübera*, 57.
6. Aburrahman Abdi, *Vekayiname*, 73–74; Naima, *Tarih-i Naima*, IV: 1654–1655, 1721,

注 释

1752.
7. Naima, *Tarih-i Naima*, IV: 1700-1701.
8. Tülay Artan, "The Making of the Sublime Porte near the Alay Köşkü and a Tour of a Grand Vizierial Palace at Süleymaniye", *Turcica* 43 (2011): 145-206, especially 150, 182-191.
9. Abdurrahman Abdi, *Vekayiname*, 99-100; Naima, *Tarih-i Naima*, III: 1653; IV: 1697, 1749-1750, 1755, 1759, 1774; Silahdar, *Silahdar Tarihi*, I: 99, 101, 117.
10. Koçi Bey, *Risaleler*, 103-107; Peirce, *Imperial Harem*, 179-180, 183-185.
11. Abdurrahman Abdi, *Vekayiname*, 363; Uzunçarşılı, *Saray Teşkilatı*, 174, 357, 34-35.
12. Abdurrahman Abdi, *Vekayiname*, 185, 249, 250; Silahdar, *Silahdar Tarihi*, I: 256, 391.
13. Abdurrahman Abdi, *Vekayiname*, 249-250; Silahdar, *Silahdar Tarihi*, I: 473.
14. Jane Hathaway, "The Wealth and Influence of an Exiled Ottoman Eunuch in Egypt: The *Waqf* Inventory of Abbas Agha", *Journal of the Economic and Social History of the Orient* 37 (1994): 295, 297, 308-309; Hathaway, *Politics of Households*, 142-143 and n. 15; Topkapı Archive D 7657 (undated), D 8786/2 (1108-1109/1697-1698), E 11691 (1 Şaban 1108/22 February 1697), E 7833/2-3 (1 Ramazan 1079/1 February 1669), E 7833/7 (31 Rebiülevvel 1081/17 August 1670), E 7844/1-3 (1 Receb 1077/27 December 1666), E 7844/4-5 (1 Rebiülevvel 1080/29 July 1669), E 7926 (1 Şaban 1080/24 December 1669), E 7833/4 (11 Ramazan 1080/1 February 1670), E 7920/2 (1 Cemaziyelahir 1080/26 October 1669); BOA, MD 110, no. 49 (mid-Zilkade 1108/4 June 1697), no. 288 (mid-Cemaziyelevvel 1108/9 December 1696), no. 559 (30 Rebiülevvel 1109/15 October 1697); Ayvansarayi, *Garden of the Mosques*, 418.
15. Naima, *Tarih-i Naima*, IV: 1574; Abdurrahman Abdi, *Vekayiname*, 60.
16. Abdurrahman Abdi, *Vekayiname*, 232.
17. Ibid., 276, 282.
18. 穆罕默德四世的宠妃格努什·埃梅图拉苏丹原先就是从克里特岛被抓来的俘房（见下文）。
19. Özdemir Nutku, *IV. Mehmet'in Edirne Şenliği (1675)* (Ankara, 1972; 2nd printing 1987), 42-48 and insert following p. 48; Abdurrahman Abdi, *Vekayiname*, 394ff., 312; Defterdar Sarı Mehmed Pasha, *Zübde-i Vekayiât*, ed. Abdülkadir Özcan (Ankara, 1995), 63.

20. Abdurrahman Abdi, *Vekayiname*, 394–395; Defterdar Sarı Mehmed, *Zübde-i Vekayiât*, 66; Abdi Efendi, *Surname*, in *Osmanlı Saray Düğünleri ve Şenlikleri*, ed. Mehmet Arslan (Istanbul, 2008), V: 492, 505, 513, 524, 531. 感谢 Sinem Erdoğan İşkorkutan 提醒我留意 Arslan 编辑的这个版本。
21. Sieur de la Croix 指出，埃梅图拉的姓氏为韦尔奇奇（Verzizzi），后来也有人采信这一说法，但在记载克里特岛的威尼斯贵族的文献中，我们并未发现这个姓氏的家族。相反，巴罗奇家族是罗希姆诺最为显赫的威尼斯家族之一。See Juergen Schulz, *The New Palaces of Medieval Venice* (University Park, PA, 2004), 118ff. Cf. Sieur de la Croix, *Le Sérail des empereurs turcs: Relation manuscrite du sieur de la Croix à la fin du règne du sultan Mehmed IV*, ed. Corinne Thépaut-Cabasset (Paris, 2007), 165; Uluçay, *Padişahların Kadınları ve Kızları*, 66. See also İpşirli Argıt, *Rabia Gülnuş Emetullah Sultan*.
22. Uluçay, *Padişahların Kadınları ve Kızları*, 66.
23. 体积单位换算参见 André Raymond, *Artisans et commerçants au Caire au XVIIIe siècle* (Damascus, 1973–1974; reprint, Cairo, 1999), I: lvii。
24. Duran, ed., *Tarihimizde Vakıf Kuran Kadınlar*, 134–135.
25. Ibid., 95–157, passim.
26. Silahdar, *Silahdar Tarihi*, II: 85–96; Finkel, *Osman's Dream*, 284–288.
27. Silahdar, *Silahdar Tarihi*, II: 293.
28. Ibid., II: 119–121, 123, 293.
29. Defterdar Sarı Mehmed, *Zübde-i Vekayiât*, 249; Silahdar, *Silahdar Tarihi*, II: 296–298.
30. Uluçay, *Padişahların Kadınları ve Kızları*, 59–60; Silahdar, *Silahdar Tarihi*, II: 484.
31. Silahdar, *Silahdar Tarihi*, II: 277–280, 288–291, 296–298, 305–308, 368; Defterdar Sarı Mehmed, *Zübde-i Vekayiât*, 240–241, 249; BOA, MD 99, no. 381 (mid-Cemaziyelahir 1101/25 March 1690), no. 382 (same date).
32. Al-Hallaq, *Tarih-i Mısr-ı Kahire*, fol. 219a; Ahmed Çelebi, *Awdah al-isharat*, 181.
33. Silahdar, *Silahdar Tarihi*, II: 307.
34. Ahmed Çelebi, *Awdah al-isharat*, 182; André Raymond, "Essai de géographie des quartiers de residence aristocratique au Caire au XVIIIe siècle", *Journal of the Economic and Social History of the Orient* 3 (1963): 66, 67, 72–73, 75–78, 89.
35. Hathaway, "Role of the Kızlar Ağası", 142.

36. John Robert Barnes, *An Introduction to Religious Foundations in the Ottoman Empire* (Leiden, 1987); Daniel Crecelius, "The *Waqf* of Muhammad Bey Abu al-Dhahab in Cairo", *International Journal of Middle East Studies* 23, 1 (1991): 59–63.
37. Silahdar, *Silahdar Tarihi*, II: 273; Uluçay, *Padişahların Kadınları ve Kızları*, 60.
38. Silahdar, *Silahdar Tarihi*, II: 501; Defterdar Sarı Mehmed, *Zübde-i Vekayiât*, 360–361; BOA, MD 99, no. 495 (mid-Receb 1101/23 April 1690).
39. Silahdar, *Silahdar Tarihi*, II: 782–783; Defterdar Sarı Mehmed, *Zübde-i Vekayiât*, 385; BOA, MD 102, no. 751 (1 Receb 1103/18 March 1692); MD 104, no. 787 (1 Receb 1104/7 March 1693); MD 108, no. 242 (1 Cemaziyelahir 1107/6 January 1696).
40. Marmon, *Eunuchs and Sacred Boundaries*, 31–77.
41. Burton, *Personal Narrative*, I: 321 and n. 1.
42. D'Ohsson, *Tableau général*, III: 302, 305–306; Burton, *Personal Narrative*, I: 321–322 n. 2.
43. D'Ohsson, *Tableau général*, III: 305–306; Burckhardt, *Travels in Arabia*, 332–333; Burton, *Personal Narrative*, I: 316 n. 2, 372.
44. Marmon, *Eunuchs and Sacred Boundaries*, 85–92.
45. Al-Sakhawi, cited in Marmon, *Eunuchs and Sacred Boundaries*, 39.
46. Ibid.; d'Ohsson, *Tableau général*, III: 305; Ali Bey al-Abbasi (Domingo Badia y Leyblich), cited in F.E. Peters, *Mecca: A Literary History of the Muslim Holy Land* (Princeton, NJ, 1994), 263, 275, 283（多桑和阿里·贝伊可能采用了萨哈维的数字）; Burckhardt, *Travels in Arabia*, 342; Burton, *Personal Narrative*, I: 372; BOA, MD 99, no. 281 (mid-Cemaziyelevvel 1101/23 February 1691).
47. Naima, *Tarih-i Naima*, I: 55; d'Ohsson, *Tableau général*, III: 280.
48. Naima, *Tarih-i Naima*, II: 508.
49. Ahmad Katkhuda al-Damurdashi, *Al-Durra al-musana fi akhbar al-Kinana*, British Library, MS OR 1073–1074, 99–101; Karl K. Barbir, *Ottoman Rule in Damascus, 1700–1758* (Princeton, NJ, 1980), 13–14, 51–56, and passim.
50. Naima, *Tarih-i Naima*, III: 997; II: 825; III: 1253; BOA, MD 90, no. 436 (30 Şaban 1056/10 October 1646); MD 91, no. 447 (9 Şevval 1056/17 November 1646).
51. Abdurrahman Abdi, *Vekayiname*, 196, 218.
52. *Defter-i Ağayan-ı Darüssaade*, appendix to *Hamiletü'l-kübera*, 171–175.

53. Burckhardt, *Travels in Arabia*, 324, 342-343, and 320-321 (map); Burton, *Personal Narrative*, I, map between 392 and 393.
54. Burckhardt, *Travels in Arabia*, 386.
55. BOA, MD 99, nos. 281 (mid-Cemaziyelevvel 1101/23 February 1690), 303 (30 Cemaziyelevvel 1101/10 March 1690); MD 110, no. 817 (30 Cemaziyelahir 1109/12 January 1698); Burton, *Personal Narrative*, I: 371-372.
56. Burckhardt, *Travels in Arabia*, 116.
57. Ibid., 343; Burton, *Personal Narrative*, I: 372.
58. Al-Qalqashandi, cited in Marmon, *Eunuchs and Sacred Boundaries*, 59.
59. D'Ohsson, *Tableau général*, III: 305-306.
60. Hathaway, *Politics of Households*, 116-119, 126, 130.
61. Ahmed Çelebi, *Awdah al-isharat*, 290.
62. Al-Damurdashi, *Al-Durra al-musana*, 322; Hathaway, "Role of the Kızlar Ağası", 145.
63. Madeline C. Zilfi, *The Politics of Piety: The Ottoman Ulema in the Post-Classical Age, 1600-1800* (Minneapolis, MN, 1988), chapters 5-6; Norman Itzkowitz, "Eighteenth-Century Ottoman Realities", Studia Islamica 16 (1962): 73-94.
64. Kunt, "Ethno-Regional (Cins) Solidarity", 239.
65. E.g., Abdurrahman Abdi, *Vekayiname*, 33, 101, 133, 170, 419; Naima, *Tarih-i Naima*, II: 898.
66. D'Ohsson, *Tableau général*, VII: 58-61; Uzunçarşılı, *Saray Teşkilatı*, 341-346; Naima, Tarih-i Naima, II: 974; III: 1064-1068.
67. Rifaat A. Abou-El-Haj, *The 1703 Rebellion and the Structure of Ottoman Politics* (Leiden, 1984), 34, 42, 47, 49, 53.

第7章　新的范式：贝希尔阿迦及其继任者

1. Harriet Blitzer 教授说，现代希腊语中与此对应的词也是这个意思。Blitzer 教授还给予了我许多帮助，我对她感激不尽。
2. Silahdar Fındıklılı Mehmed Agha, *Nusretname*, ed. İsmet Parmaksızoğlu (Istanbul, 1962), I: 27, 30, 189; Defterdar Sarı Mehmed, *Zübde-i Vekayiât*, 526.
3. Silahdar, *Nusretname*, I: 46.
4. Ibid., I: 95-96.

5. Ibid., I: 170, 193.
6. Ibid., I: 353.
7. Ibid., I: 109, 208, 209.
8. Ibid., II: 44.
9. Ibid., II: 81–82.
10. Zilfi, *Politics of Piety*, chapters 5–6, 215–220; Silahdar, *Nusretname*, II: 140–184; Michael Nizri, *Ottoman High Politics and the Ulema Household* (New York, NY, 2014).
11. Silahdar, *Silahdar Tarihi*, II: 242; İpşirli Argıt, *Rabia Gülnuş Emetullah Sultan*, 93; Nizri, *Ottoman High Politics*, 34–35; Topkapı Archives, E 79/19 (ca. 1701).
12. Abou-El-Haj, *1703 Rebellion*, 50, 57; Silahdar, *Nusretname*, II: 140–184.
13. Abou-El-Haj, *1703 Rebellion*, 51.
14. Ibid., 80; Silahdar, *Nusretname*, II: 192–195; Topkapı Archive E 79/18.
15. Silahdar, *Nusretname*, II: 187.
16. Ibid., II: 160–161, 189; Defterdar Sarı Mehmed, *Zübde-i Vekayiât*, 817.
17. Silahdar, *Nusretname*, II: 189, 196–197, 201.
18. Defterdar Sarı Mehmed, *Zübde-i Vekayiât*, 823.
19. Silahdar, *Nusretname*, II: 192.
20. Ibid., II: 213; Defterdar Sarı Mehmed, *Zübde-i Vekayiât*, 843.
21. Defterdar Sarı Mehmed, *Zübde-i Vekayiât*, 836; Silahdar, *Nusretname*, II: 209, 250–251.
22. Silahdar, *Nusretname*, II: 246, 269; İpşirli Argıt, *Rabia Gülnuş Emetullah Sultan*, 182–186; Topkapı Archive E 79/26.
23. Silahdar, *Nusretname*, II: 215; Mehmed Raşid, *Tarih-i Raşid* (Istanbul, 1282/1865), IV: 242; Ahmed Resmi, *Hamiletü'l-kübera*, 62.
24. Silahdar, *Nusretname*, II: 229, 262, 288; Derviş Abdullah, *Risale-i teberdariye*, fol. 65b.
25. Derviş Abdullah, *Risale-i teberdariye*, fol. 66b.
26. *Silahdar Tarihi*, II: 745.
27. Silahdar, *Nusretname*, II: 295, 306; Derviş Abdullah, *Risale-i teberdariye*, fol. 66b; d'Ohsson, *Tableau général*, VII: 58–60; Mehmed Raşid, *Tarih-i Raşid*, III: 224, Topkapı Palace Archive, E 153/3 (1125–1126/1713–1714).
28. Silahdar, *Nusretname*, II: 332.

29. BOA, MD 114, no. 425 (end Zilkade 1114/16 April 1703); MD 115, no. 1012 (mid-Zilkade 1118/17 February 1707); MD 115, no. 2155 (mid-Zilkade 1119/6 February 1708).
30. Hamza Abd al-Aziz Badr and Daniel Crecelius, "The Awqaf of al-Hajj Bashir Agha in Cairo", *Annales Islamologiques* 27 (1993): 296.
31. Topkapı Archive E 2429/6 (29 Muharrem 1118/12 May 1706); Ayvansarayi, *Garden of the Mosques*, 55.
32. Silahdar, *Nusretname*, II: 336; Mehmed Raşid, *Tarih-i Raşid*, III: 165; İpşirli Argıt, *Rabia Gülnuş Emetullah*, 199.
33. Silahdar, *Nusretname*, II: 380; Mehmed Raşid, *Tarih-i Raşid*, V: 20–102; d'Ohsson, *Tableau général*, VII: 449–450.
34. Rhoads Murphey, "Twists and Turns in the Diplomatic Dialogue: The Politics of Peace-Making in the Early Eighteenth Century", in *The Peace of Passarowitz, 1718*, eds. Charles Ingrao et al. (West Lafayette, IN, 2011), 73–91.
35. Ahmet Refik (Altınay), *Lale Devri, 1130–1143* (Istanbul, 1331〔1915〕); *TDVİA*, s.v. "Lale Devri", by Abdülkadir Özcan; Can Erimtan, *Ottomans Facing West? The Origins of the Tulip Age and Its Development in Modern Turkey* (London, 2008).
36. Shirine Hamadeh, *The City's Pleasures: Istanbul in the Eighteenth Century* (Seattle, WA, 2008), 18–19, 25–30, 59–62, 65–75, 101–108, 113, 135–136, 229–235, 236; d'Ohsson, *Tableau général*, VII: 83, 144.
37. Mehmed Raşid, *Tarih-i Raşid*, V: 205–206; İsmail Asım, *Tarih-i İsmail Asım Efendi* (Istanbul, 1282/1865), 456–459, 556–557.
38. Nermin Menemencioğlu, ed., with Fahir İz, *The Penguin Book of Turkish Verse* (Hammondsworth, 1978), 113–114; *TDVİA*, s.v. "Sadabad", by Banu Bilgicioğlu.
39. Mehmed Raşid, *Tarih-i Raşid*, V: 205; İsmail Asım, *Tarih-i İsmail Asım Efendi*, 457–458; EI^2, s.v. "Čiraghan", by Tahsin Öz; *TDVİA*, s.v. "Çırağan", by Selda Ertuğrul.
40. Jean-Claude Flachat, *Observations sur le commerce et sur les arts d'une partie de l'Europe, de l'Asie, de l'Afrique et même des Indes orientales* (Lyon, 1766), II: 19ff., 27–29, 163.
41. Shirine Hamadeh, *City's Pleasures*, 53; Mehmet Ali Beyhan, "Amusements in the Ottoman Palace in the Early Nineteenth Century", in *Celebration, Entertainment, and*

Theatre in the Ottoman World, eds. Suraiya Faroqhi and Arzu Öztürkmen (London, 2014), 229.
42. Shirine Hamadeh, *City's Pleasures*, 54–55, 101, 113–115, 135–136.
43. James Grehan, "Smoking and 'Early Modern' Sociability: The Great Tobacco Debate in the Ottoman Middle East (Seventeenth to Eighteenth Centuries)", *American Historical Review* 111, 5 (2006): 1352–1377.
44. Filiz Yenişehirlioğlu, "Architectural Patronage of Ayan Families in Anatolia," in *Provincial Elites in the Ottoman Empire*, ed. Antonis Anastasopoulos (Rethmyno, 2005), 321–329; al-Jabarti, *'Aja'ib al-athar*, I: 217–218, 231–232.
45. M. Münir Aktepe, *Patrona İsyanı, 1730* (Istanbul, 1958); Subhi Efendi, *Subhi Efendi Tarihi, in Tarih-i Sami ve Şakir ve Subhi* (Istanbul, 1198/1783), 1–13, 21–24, 26, 43; Şemdanizade Fındıklılı Süleyman Efendi, *Şem'dani-zade Fındıklılı Süleyman Efendi Tarihi: Mür'i't-tevarih*, ed. M. Münir Aktepe (Istanbul, 1976), I: 6–16; Abdi Efendi, *Abdi Tarihi: 1730 Patrona İhtilali Hakkında bir Eser*, ed. Faik Reşit Unat (Ankara, 1943), 26–27, 28–42; Fariba Zarinebaf, *Crime and Punishment in Istanbul, 1700–1800* (Berkeley, CA, 2010), 54–59.
46. Şemdanizade Fındıklılı Süleyman, *Şemdanizade Tarihi*, I: 10.
47. Destari Salih Efendi, *Destari Salih Tarihi: Patrona Halil Ayaklanması Hakkında bir Kaynak*, ed. Bekir Sıtkı Baykal (Ankara, 1962), 19; Avner Wishnitzer, "Into the Dark: Power, Light, and Nocturnal Life in Eighteenth-Century Istanbul", *International Journal of Middle East Studies* 46, 3 (2014): 520–523, 525–526.
48. Şemdanizade Fındıklılı Süleyman, *Şemdanizade Tarihi*, I: 16, 19; Derviş Abdullah, *Risale-i teberdariye*, fols. 67a–b.
49. Şemdanizade, *Şemdanizade Tarihi*, I: 17–21; Abdi, *Abdi Tarihi*, 55–60; Zarinebaf, *Crime and Punishment*, 59. 这种现象中最著名的案例如下：1811 年，穆罕默德·阿里帕夏屠杀了受邀参加在开罗城堡举行的阅兵式的埃及马穆鲁克。
50. Şemdanizade, *Şemdanizade Tarihi*, I: 24; Uluçay, *Padişahların Kadınların ve Kızları*, 73.
51. Şemdanizade, *Şemdanizade Tarihi*, I: 29.
52. İsmail Asım, *Tarih-i İsmail Asım Efendi*, 450–452, 459–460; Abdi, *Abdi Tarihi*, 9–24, 27–28; Hathaway, *Arab Lands under Ottoman Rule*, 95, 97; Holt, *Egypt and the Fertile*

Crescent, 144–146.

53. Stefan Winter, *The Shi'ites of Lebanon under Ottoman Rule, 1516–1788* (Cambridge, 2010), 17–30.
54. Ernest S. Tucker, *Nadir Shah's Quest for Legitimacy in Post-Safavid Iran* (Gainesville, FL, 2006), 114–115; Henning Sievert, *Zwischen arabischer Provinz und Hoher Pforte: Beziehungen, Bildung und Politik des osmanischen Bürokraten Ragib Mehmed Paşa (st. 1763)* (Würzburg, 2008), 102–122.
55. Şemdanizade, *Şemdanizade Tarihi*, I: 123, also I: 61, 103–104, 106–107, 113, 114, 120.
56. Ibid., I: 119–121.
57. Istanbul, Süleymaniye Library, MS Hacı Beşir Ağa 682.
58. Ibid., fols. 6a, 11a–b, 12a–b, 13a.
59. Ibid., fols. 12b–23b, 24b, 52b–68b, 69b–75b.
60. Virginia H. Aksan, *An Ottoman Statesman in War and Peace: Ahmed Resmi Efendi, 1700–1783* (Leiden, 1995), 8–9, 19, 25, 129–130, 196, and 8 n. 23; d'Ohsson, *Tableau général*, VII: 457, 462.
61. Süleymaniye Library, MS Hacı Beşir Ağa 682, fol. 104b; İsmet Kayaoğlu, "Beşir Ağa Vakfı," *Belgeler* 15, 2 (1981–1986): 84–85.
62. Süleymaniye Library, MS Hacı Beşir Ağa 682, fols. 88a–92a.
63. Ibid., fols. 92a–94a.
64. Kayaoğlu, "Beşir Ağa Vakfı," *Belgeler* 11, 15 (1981–86): 77–87; Tahsin Gemil, "Vakifuri otomane fondate pe teritoriul României (sec. XV–XIII)," in *Fațetele istoriei: existențe, identități, dinamici–Omagiu academicianului Ștefan Ștefănescu*, eds. Tudor Teoteoi et al. (Bucharest, 2000), 196–197. 感谢 Catalina 博士让我留意到这两份出版物，并且还帮我翻译了 Gemil 的这篇文章的相关部分。我还要对来自罗马尼亚的苏利纳的 Valentin Lavric 先生表示感激，是他让我开始关注这座灯塔。
65. Kayaoğlu, "Beşir Ağa Vakfı," 83–84.
66. Ahmed Resmi, *Hamiletü'l-kübera*, 63; Adrian Ivanovich Nepluev, *Relation*, Archive of the Foreign Policy of the Russian Empire, Fund 89: Relations of Russia with Turkey, File 2, p. 311, 18 May 1746 (Julian); File 6, pp. 7–8, 5 July 1746 (Julian). 我要特别感谢来自莫斯科国立大学非洲与亚洲研究所的 Mikhail Meyer 教授和 Svetlana Kirillina 教授：Meyer 教授让我得以查阅这份档案资料，而 Kirillina 教授则帮

我把这份资料译成英文。
67. Ahmed Resmi, *Hamiletü'l-kübera*, 63.
68. Nepluev, *Relation*, File 2, p. 311, 18 May 1746 (Julian).
69. Ibid.
70. Nepluev, *Relation*, File 6, pp. 7–8, 5 July 1746 (Julian); Aleksei Andreevich Veshyakov (Russian resident in Istanbul 1734–1736, 1739–1745), letter to the Russian ambassador in Berlin, Archive of the Foreign Policy of the Russian Empire, Fund 89: Relations of Russia with Turkey, File 4, p. 388 obverse, 7 December 1745 (Julian).
71. Flachat, *Observations*, I: 518ff.
72. Topkapı Palace Archive, D 7244/2 (1106/1694–1695).
73. Flachat, *Observations*, I: 384, 409ff.
74. Ibid., II: 153, 156, 160; d'Ohsson, *Tableau général*, VII: 7, 22.
75. Flachat, *Observations*, I: 501, 505–6; II: 163; also II: 10, 176–177, 180–181, 207, 213–214, 216, 218.
76. Ibid., II: 127–128.
77. Ibid., II: 128–129; Ahmed Resmi, *Hamiletü'l-kübera*, 72.
78. Flachat, *Observations*, II: 133–134.
79. Ibid., II: 136.
80. Ibid., II: 153–155, 159, 232, 261–270.
81. Ibid., II: 132; Ahmed Resmi, *Hamiletü'l-kübera*, 72–73; Şemdanizade, *Şemdanizade Tarihi*, I: 164–165; Henning Sievert, "Der schwarze Obereunuch Moralı Beşir Ağa in den Augen von Ahmed Resmi Efendi", in *Islamwissenschaft als Kuturwissenschaft*, vol. 1: *Historische Anthropologie: Ansätze und Möglichkeiten*, eds. Stephan Conermann and Syrinx von Hees (Hamburg, 2007), 345–378.
82. Flachat, *Observations*, I: 151; II: 138–148; Ahmed Resmi, *Hamiletü'l-kübera*, 72–74; Şemdanizade, *Şemdanizade Tarihi*, I: 166–168; II: 2, 76; Ayvansarayi, *Garden of the Mosques*, 416–417; *Defter-i Ağayan-i Darüssaade*, appendix to *Hamiletü'l-kübera*, 170.
83. Barbir, *Ottoman Rule in Damascus*, 103–107 and chapter 3; Hathaway, *Arab Lands under Ottoman Rule*, 87–90, 183–184.
84. Albert Hourani, "Ottoman Reform and the Politics of Notables", in *Beginnings of*

Modernization in the Middle East in the Nineteenth Century, eds. William R. Polk and Richard L. Chambers (Chicago, IL, 1968), 41–68.

85. Hathaway, *Arab Lands under Ottoman Rule*, 88.
86. Ahmad al-Budayri al-Hallaq, *Hawadith Dimashq al-yawmiyya, 1154–1175 h./1741–1762*, ed. Ahmad ʿIzzat Abd al-Karim, condensed by Muhammad Saʿid al-Qasimi (Cairo, 1959), 207–208. 感谢 Dana Sajdi 教授对该文本原始手稿的深刻解读，参见她的专著 *The Barber of Damascus: Nouveau Literacy in the Eighteenth-Century Ottoman Levant* (Stanford, CA, 2013).
87. Barbir, *Ottoman Rule in Damascus*, 30, 178; Hathaway, *Arab Lands under Ottoman Rule*, 89–90; Şemdanizade, *Şemdanizade Tarihi*, II: 13–14; Norman Itzkowitz, "Mehmed Raghip Paşa: The Making of an Ottoman Grand Vizier", unpublished Ph.D. dissertation, Princeton University 1958, 150–154; BOA, MD 160, No. 1 (8 Rebiülevvel 1171/20 November 1757).
88. Şemdanizade, *Şemdanizade Tarihi*, II: 14; Barbir, *Ottoman Rule in Damascus*, 178.
89. 杰夫海尔第一次被免职时先去了开罗，再去麦地那，随后又官复原职，重新当上总管太监。第二次（也是最后一次）被罢免时，他直接去了麦地那。
90. Itzkowitz, "Eighteenth-Century Ottoman Realities", 86.
91. BOA, Mühimme-i Mısır, vol. 7, No. 545 (1 Cemaziyelevvel 1172/30 December 1758).

第 8 章　流放与王国：后宫总管太监与埃及

1. Hathaway, *Politics of Households*; Hathaway, *A Tale of Two Factions*; Hathaway, *Arab Lands under Ottoman Rule*, 83–87, 98–105; Hathaway, "The 'Mamluk Breaker' Who Was Really a Kul Breaker."
2. Foster, ed., *Red Sea and Adjacent Countries*, xxix; Bruce, *Travels*, III: 92.
3. Al-Damurdashi, *Al-Durra al-musana*, 101; Hathaway, *Politics of Households*, 65–70.
4. Al-Damurdashi, *Al-Durra al-musana*, 407; Hathaway, "Role of the Kızlar Ağası", 154.
5. David Ayalon, *L'esclavage du mamelouk* (Jerusalem, 1951), 25ff.
6. Michel Tuchscherer, "Le Pèlerinage de l'émir Sulaymân Ĝâwiš al-Qazduġlî, sirdâr de la caravane de la Mekke en 1739", *Annales islamologiques* 24 (1988): 157 n. 10; Hathaway, *Politics of Households*, 74–79.
7. Hathaway, *Politics of Households*, 160–162.

注 释

8. Raymond, "Essai de géographie", 66, 73-75, 77, 80-81, 100; Hathaway, *Politics of Households*, 162-163.
9. Hathaway, *Arab Lands under Ottoman Rule*, 171-172.
10. Ariel Salzmann, "An Ancien Régime Revisited: 'Privatization' and Political Economy in the Eighteenth-Century Ottoman Empire", *Politics and Society* 21, 4 (1993): 400-402.
11. Hathaway, "Role of the Kızlar Ağası", 153-155; Hathaway, *Politics of Households*, 156-160; Hathaway, "Wealth and Influence", 304 n. 50.
12. 这是 Abd al-Wahhab Bakr 教授于 1989 年 4 月在开罗所作的个人观察。
13. Ahmed Çelebi, *Awdah al-isharat*, 295; BOA, Mühimme-i Mısır, vol. 3, nos. 560 (1138/1725-1726), 603 (1138/1725-1726); vol. 4, no. 8 (1139/1726-1727); Hathaway, "Role of the Kızlar Ağası", 156; André Raymond, "Une 'révolution' au Caire sous les mamelouks: La crise de 1123/1711", *Annales islamologiques* 6 (1966): 95-120; Holt, *Egypt and the Fertile Crescent*, 88-90; Hathaway, *Politics of Households*, 70, 71-74; Hathaway, *A Tale of Two Factions*, 138-139.
14. Ahmed Çelebi, *Awdah al-isharat*, 343-344, 468.
15. Al-Hallaq, *Tarih-i Mısr-ı Kahire*, fols. 204a-b; anonymous, *Akhbar al-nuwwab min dawlat Al 'Uthman min hin istawala 'alayha al-sultan Salim Khan*, Topkapı Palace Library, MS Hazine 1623, fol. 33b; Ahmed Çelebi, *Awdah al-isharat*, 171; Hathaway, *Politics of Households*, 148-150.
16. Hathaway, *Politics of Households*, 149 and n. 40.
17. Al-Hallaq, *Tarih-i Mısr-ı Kahire*, fol. 226a; anonymous, *Akhbar al-nuwwab*, fol. 42a; Ahmed Çelebi, *Awdah al-isharat*, 187; Hathaway, *Politics of Households*, 152-153.
18. Topkapı Palace Archive, E 5211/12 (mid-Zilkade 1110/June 1699); Hathaway, *Politics of Households*, 152-153.
19. André Raymond, "The *Sabil* of Yusuf Agha Dar al-Sa'ada (1088/1677) According to Its *Waqf* Document", in *The Cairo Heritage: Essays in Honor of Laila Ali Ibrahim*, ed. Doris Behrens Abouseif (Cairo, 2003), 225-226; 感谢已故的 André Raymond 教授给我寄来这篇文章的复印件。See also BOA, MD 99, no. 491 (mid-Receb 1101/23 April 1690); Stanford J. Shaw, *The Financial and Administrative Organization and Development of Ottoman Egypt, 1517-1798* (Princeton, NJ, 1962), 192-194; Hathaway,

Politics of Households, 32–33, 37–38, 40, 42, 65, 144, 177.
20. BOA, MD 6, no. 487 (Cemaziyelevvel 572/December 1564), and 29, no. 9 (1 Ramazan 984/21 November 1576); Hathaway, Politics of Households, 11, 37, 65, 82 n. 120, 174, 177.
21. Al-Hallaq, Tarih-i Mısr-ı Kahire, fols. 219a, 223b; anonymous, Akhbar al-nuwwab, fol. 41a; al-Damurdashi, Al-Durra al-musana, 58–59, 322; al-Jabarti, 'Aja'ib al-athar, I: 133; BOA, MD 110, no. 2610 (30 Cemaziyelahir 1110/2 January 1699).
22. Al-Damurdashi, Al-Durra al-musana, 5; al-Jabarti, 'Aja'ib al-athar, I: 26.
23. Al-Hallaq, Tarih-i Mısr-ı Kahire, fol. 219b; BOA, MD 99, no. 491 (mid-Receb 1101/23 April 1690).
24. Al-Damurdashi, Al-Durra al-musana, 293; BOA, Mühimme-i Mısır, vol. 4, no. 217 (1142/ 1729–1730); Hathaway, "Role of the Kızlar Ağası", 156–157.
25. Hathaway, Politics of Households, 91; Hathaway, Beshir Agha, 82–83; BOA, Mühimme-i Mısır, vol. 6, nos. 318, 319, 341, 342 (all 1159/1746); vol. 7, nos. 35 (1 Ramazan 1165/12 July 1752), 36 (same date), 44 (1 Zilkade 1165/9 September 1752).
26. Al-Damurdashi, Al-Durra al-musana, 528–531; Topkapı Palace Archive, E 5215/27–28 (early Ramazan 1160/early September 1747); BOA, Mühimme-i Mısır, vol. 6, no. 426 (1161/1748).
27. Al-Damurdashi, Al-Durra al-musana, 530–531.
28. Ibid., 525; al-Jabarti, 'Aja'ib al-athar, I: 198–200.
29. Al-Damurdashi, Al-Durra al-musana, 531–533; Hathaway, Politics of Households, 91–92; BOA, Mühimme-i Mısır, vol. 6, no. 583 (1163/1750).
30. Topkapı Palace Archive, D 5599.
31. Mustafa Ali, Mustafa Ali's Description of Cairo, 81–82.
32. Naima, Tarih-i Naima, III: 1391–1392.
33. Shaw, Financial and Administrative Organization, 202; Hathaway, "Role of the Kızlar Ağası", 142; Hathaway, Politics of Households, 141.
34. Raymond, "Essai de géographie", 65–67, 72–73, 75–78.
35. Ibid.; Ömer Lutfi Barkan, ed., "Kanunname-i Mısır", in XV ve XVıncı Asırlarda Osmanlı İmparatorluğunda Ziraî Ekonominin Hukuki ve Mali Esasları, ed. Barkan (Istanbul, 1943), vol. 1: Kanunlar, 357–358, 378.
36. Jane Hathaway, "Exiled Harem Eunuchs as Proponents of the Hanafi Madhhab in

Egypt", *Annales islamologiques* 37 (2003): 193.

37. Raymond, "Essai de géographie", 66, 76–77; Topkapı Palace Archive, E 7900 (24 Ramazan 1076/29 March 1666); Hathaway, "Wealth and Influence", 296, 302, 304–305; Evliya Çelebi, *Seyahatname*, X: 156.
38. Topkapı Palace Archive, E 7900 (24 Ramazan 1076/29 March 1666); Hathaway, "Wealth and Influence", 305.
39. Badr and Crecelius, "The *Awqaf* of al-Hajj Bashir Agha in Cairo", 293 and n. 11, 294, 296, 299, 303, 304.
40. Raymond, "Essai de géographie", 73–75, 80–81, 85–103; Doris Behrens-Abouseif, *Azbakiyya and Its Environs from Azbak to Ismail, 1476–1879* (Cairo, 1985), 55ff.
41. Raymond, "Essai de géographie", 66, 77–78, 81, 100.
42. Hathaway, *Politics of Households*, 161–163; BOA, Mühimme-i Mısır, vol. 7, no. 236 (1 Zilhicce 1168/7 September 1755).
43. Al-Hallaq, *Tarih-i Mısr-ı Kahire*, fols. 219a–b.
44. D'Ohsson, *Tableau général*, II: 363, 368; VII: 32.
45. Hathaway, "Wealth and Influence", 304 n. 49; Raymond, "*Sabil* of Yusuf Agha", 227.
46. Ahmed Çelebi, *Awdah al-isharat*, 181–182.
47. Al-Jabarti, *'Aja'ib al-athar*, I: 26.
48. Hathaway, *Politics of Households*, 145–146 and n. 23, 151, 154; al-Hallaq, *Tarih-i Mısr-ı Kahire*, fols. 229b–230a; Ahmed Çelebi, *Awdah al-isharat*, 192; al-Damurdashi, *Al-Durra al-musana*, 5, 17–19, 30, 52, 85; al-Jabarti, *'Aja'ib al-athar*, I: 29, 111; Silahdar, *Silahdar Tarihi*, II: 783.
49. Al-Damurdashi, *Al-Durra al-musana*, 322; Hathaway, *Politics of Households*, 145; Hathaway, "Role of the Kızlar Ağası", 148.
50. Ahmed Çelebi, *Awdah al-isharat*, 290; Badr and Crecelius, "*Awqaf* of al-Hajj Bashir Agha in Cairo", 293–294, 297, 293 n.11; Shaw, *Financial and Administrative Organization*, 194–196; Hathaway, "Wealth and Influence", 294 n. 5; 305 and n. 53.
51. Badr and Crecelius, "*Awqaf* of al-Hajj Bashir Agha in Cairo", 294; Ahmed Çelebi, *Awdah al-isharat*, 290; BOA, Mühimme-i Mısır, vol. 5, no. 522 (1153/1740–1741).
52. Al-Jabarti, *'Aja'ib al-athar*, I: 194; Hathaway, *Politics of Households*, 53–54; Nelly Hanna, *Artisan Entrepreneurs in Cairo and Early-Modern Capitalism (1600–1800)*

(Syracuse, NY, 2014), 214 n. 3; BOA, Mühimme-i Mısır, vol. 4, no. 514 (1145/1732-1733); vol. 5, no. 44 (1146/ 1733-1734); vol. 5, no. 56 (1146/1733-1734).

53. S.D. Goitein, *A Mediterranean Society*, vol. 1: *Economic Foundations* (Berkeley, CA, 1967), 104-105, 224-228, 455-457 n. 61.
54. Hanna, *Artisan Entrepreneurs*, 108-127.
55. Al-Jabarti, *'Aja'ib al-athar*, II: 21-22; Hathaway, *Politics of Households*, 111 and n. 7; Şemdanizade, *Şemdanizade Tarihi*, I: 169.
56. Duran, ed., *Tarihimizde Vakıf Kuran Kadınlar*, 152-153; Hathaway, *Politics of Households*, 150 and n. 41.
57. Duran, ed., *Tarihimizde Vakıf Kuran Kadınlar*, 148-153, 136-145; Evliya Çelebi, *Seyahatname*, X: 159-160.
58. Topkapı Palace Archive, E 33/9 (1093/1682), 33/14 (1094/1683), 33/19 (1111/1699-1700), 33/22 (1113/1701-1702), 33/23 (1116/1704-1705); Hathaway, *Arab Lands under Ottoman Rule*, 158-159.
59. Topkapı Palace Archive, E 33/18 (1111/1699-1700), E 33/19 (1111/1699-1700), E 33/20 (1108/1696-1697), E 33/21 (1112/1700-1701), E 33/22 (1113/1701-1702).
60. Hathaway, *Politics of Households*, 150 and n. 42; Topkapı Palace Archive, E 33/20 (1108/1696-1697), E 33/21 (1112/1700-1701), E 33/22 (1113/1701-1702), and E 33/37 (1108-1110/1696-1699); E 33/16, E 33/18, E 33/19 (all 1111/1699-1700) (former *nazir*); E 33/31 (1123-1125/1711-1713), E 153/5 (1127/1715), E 79/27 (undated) (伊斯梅尔贝伊·伊本·伊瓦兹被列为纳兹尔).
61. Doris Behrens-Abouseif, *Egypt's Adjustment to Ottoman Rule: Institutions, Waqf, and Architecture (16th and 17th Centuries)* (Leiden, 1994), 173-177, 208-211.
62. Ibid., 173-174, 207-208.
63. Ibid., 175; André Raymond, "Le déplacement des tanneries à Alep, au Caire et à Tunis à l'époque ottomane: un 'indicateur' de croissance urbaine", *Revue du monde musulman et de la Méditerranée* 55-56 (1990): 34-43.
64. Behrens-Abouseif, *Egypt's Adjustment to Ottoman Rule*, 176, 210.
65. https://archnet.org/resources, under "Masjid al-Malika Safiyya"; Caroline Williams, *Islamic Monuments in Cairo: The Practical Guide*, new revised ed. (Cairo, 2008), 131-132; Doris Behrens-Abouseif, *Islamic Architecture in Cairo: An Introduction* (Leiden,

1989; new ed. Cairo, 1993), 162–163.
66. Cairo, Wizarat al-Awqaf, No. 302/51 (dated 15 Zilhicce (Dhu'l-Hijja) 1032/10 October 1623). 感谢 Muhammad Husam al-Din Ismail Abd al-Fattah 教授为我提供了该文件的复印件。
67. André Raymond, "The Residential Districts of Cairo's Elite in the Mamluk and Ottoman Periods (Fourteenth to Eighteenth Centuries)", in *The Mamluks in Egyptian Politics and Society*, eds. Thomas Philipp and Ulrich Haarmann (Cambridge, 1998), 210–220.
68. Wizarat al-Awqaf, No. 302/51, p. 31, line 5; BOA, Maliyeden Müdevver 7816 (1066–1070/ 1655–1659).
69. Goitein, *A Mediterranean Society*, I: 186–192.
70. Ibid., I: 224–228, 455–457 n. 61.
71. Hathaway, *Politics of Households*, chapter 7; Jane Hathaway, "The Ottomans and the Yemeni Coffee Trade", in *The Ottomans and Trade*, eds. Ebru Boyar and Kate Fleet, *Oriente Moderno* 25, 1 (2006): 161–171.
72. Muhammad 'Abd al-Mu 'ti al-Ishaqi, *Akhbar al-uwal fi man tasarrafa fi Misr al-Qahira min arbab al-duwal* (Bulaq, 1304/1886–1887), 160; Ahmed Çelebi, *Awdah al-isharat*, 123.
73. Evliya Çelebi, *Seyahatname*, X: 270, 459.
74. White, *Climate of Rebellion*, 140–162.
75. Topkapı Palace Archive, D 7657 (undated); Hathaway, "Wealth and Influence", 302–303, 305; Hathaway, *Politics of Households*, 142; Hathaway, "Role of the Kizlar Ağası", 144.
76. Hathaway, *Politics of Households*, 134–138; Hathaway, "The Ottomans and the Yemeni Coffee Trade", 161–171.
77. Hathaway, "Wealth and Influence of an Exiled Eunuch", 302, 307; Hathaway, *Politics of Households*, 142; Hathaway, "Role of the Kızlar Ağası", 144; Evliya Çelebi, *Seyahatname*, X: 385; Goitein, *A Mediterranean Society*, I: 101–104, 203, 217, 222–224, 264; vol. 2: *The Community* (Berkeley, CA, 1971), 44–50; Jane Hathaway, "A Twelfth-Century Partnership in Silk-Trading in the Egyptian Delta: A Geniza Study", *Journal of the Middle East Studies Society at Columbia University* 2, 1 (1988): 23–37.

78. Wizarat al-Awqaf, No. 302/51, p. 43, lines 1-2.
79. Naima, *Tarih-i Naima*, IV: 1555-1556, 1638-1640, quotation at 1640.
80. Abdurrahman Abdi, *Vekayiname*, 397; Silahdar, *Silahdar Tarihi*, I: 650; al-Hallaq, *Tarih-i Mısr-ı Kahire*, fols. 211b-212b.
81. Naima, *Tarih-i Naima*, IV: 1556, 1640.
82. Al-Hallaq, *Tarih-i Mısr-ı Kahire*, fol. 174b. 这显然是一支宦官所有的军队。

第 9 章　总管太监与奥斯曼宗教文化生活

1. EI^2, s.v. "Sabil, 2. As an Architectural Term", by Doris Behrens-Abouseif; Behrens-Abouseif, *Islamic Architecture in Cairo*, 147; Doris Behrens-Abouseif, *Cairo of the Mamluks: A History of the Architecture and Its Culture* (London, 2007), 84, 86, 221, 320.
2. Ayvansarayi, *Garden of the Mosques*, 110-111; Necipoğlu, *Age of Sinan*, 498.
3. Cairo, Wizarat al-Awqaf, No. 302/51, pp. 13, 24-26, 38-39.
4. Evliya Çelebi, *Seyahatname*, X: 152.
5. Ibid.; Hamza Abd al-Aziz Badr and Daniel Crecelius, "The Waqfs of Shahin Ahmad Agha", *Annales islamologiques* 26 (1992): 79-114.
6. Raymond, "*Sabil* of Yusuf Agha", 223-228, 230-232; Evliya Çelebi, *Seyahatname*, X: 152; Williams, *Islamic Monuments in Cairo*, 98.
7. Raymond, "Sabil of Yusuf Agha", 228-229; Williams, *Islamic Monuments in Cairo*, 98; André Raymond, "The Rab': A Type of Collective Housing in Cairo during the Ottoman Period", in *Architecture as Symbol and Self-Identity*, ed. Jonathan G. Katz (Philadelphia, PA, 1980), 55-61.
8. Hathaway, "Wealth and Influence", 295, 297, 309.
9. Williams, *Islamic Monuments in Cairo*, 157; 个人观察; Süleymaniye Library, MS Hacı Beşir Ağa 682, fols. 38b-39a, 42b-43a, 44a-b.
10. Daniel Crecelius, "The Emergence of the Shaykh al-Azhar as the Pre-Eminent Religious Leader in Egypt", in *Colloque international sur l'histoire du Caire, 27 mars-5 avril 1969*, eds. Andrée Assabgui et al. (Cairo, 1972), 109-123; Afaf Lutfi al-Sayyid Marsot, "The Ulama of Cairo in the Eighteenth and Nineteenth Centuries", in *Scholars, Saints, and Sufis: Muslim Religious Institutions after 1500*, ed. Nikki

R. Keddie (Berkeley, CA, 1972), 149-165; Michael Winter, *Egyptian Society under Ottoman Rule, 1517-1798* (London, 1992), 118-123; Jane Hathaway, "The Role of the 'Ulama' in Social Protest in Late Eighteenth-Century Egypt", unpublished M.A. thesis, University of Texas at Austin, 1986, 17-19, 34-37.

11. Doris Behrens-Abouseif, "The Complex of Sultan Mahmud I in Cairo", *Muqarnas* 28 (2011): 195-220; Flachat, *Observations*, II: 129.

12. 个人观察; Behrens-Abouseif, "Complex of Sultan Mahmud I", 197, 198-199; Williams, *Islamic Monuments of Cairo*, 157; BOA, C.MF.648 (end of Şevval 1166/end of August 1753) and BOA Tahvil Defteri 11/93 (13 Receb 1164/7 June 1751), published in *Mısr fi al-watha'iq al-'uthmaniyya/Osmanlı Belgelerinde Mısır/Egypt in the [sic] Ottoman Documents* (Istanbul, 2007), 12-13; BOA, "Mühimme-i Mısır", vol. 7, nos. 98 (1 Zilkade 1166/29 August 1753) and 99 (1 Şevval 1166/31 July 1753); Hamadeh, *City's Pleasures*, 90, 96, 103-104, 114, 137, 175-176, 196-197.

13. Doris Behrens-Abouseif, "The 'Abd al-Rahman Katkhuda Style in Eighteenth-Century Cairo", *Annales islamologiques* 26 (1992): 117-126; André Raymond, *Le Caire des Janissaires: l'apogée de la ville ottomane sous 'Abd al-Rahman Katkhuda* (Paris, 1995), 98-114.

14. Behrens-Abouseif, *Azbakiyya and Its Environs*, 55ff.; Raymond, "Essai de géographie", 66, 73-75, 78, 80-81, 97-103; Hathaway, *Politics of Households*, 78, 127.

15. BOA, "Mühimme-i Mısır", vol. 7, nos. 411 (1 Rebiülevvel 1171/12 November 1757), 431 (midReceb 1171/late March 1758), 442 (1 Şa'ban 1171/9 April 1758), 450 (same date), 451 (same date), 454 (mid-Şa'ban 1171/late April 1758), 455 (same date), 503 (1 Rebiülevvel 1172/ 1 November 1758), 504 (30 Receb 1172/28 March 1759), 563 (1 Şa'ban 1172/29 March 1759), 566 (mid-Şa'ban 1172/mid-April 1759), 607 (1 Cemaziyelevvel 1173/20 December 1759), 678 (mid-Zilhicce 1173/28 July 1760), 680 (same date); Raymond, "Essai de géographie", 80-81, 98, 100-102.

16. Badr and Crecelius, "*Awqaf* of al-Hajj Bashir Agha in Cairo", 301.

17. Necipoğlu, *Age of Sinan*, 498.

18. BOA, MD 112, no. 1000 (1 Safer 1114/26 June 1702). 该文献表明，索拉克·尼兹尔阿迦为先知生日（圣纪节）准备了哈乃斐派和沙斐仪派的泰拉威礼拜。

19. Wizarat al-Awqaf, No. 302/51, pp. 39-41. 哈乃斐派的午后祷（即晡礼）比其他三

个教派的午后祷大约晚一小时。
20. Topkapı Palace Archive, D 7911 (undated).
21. Topkapı Palace Archive, E 4787 (1194/1780).
22. Hussein Ahmed, *Islam in Nineteenth-Century Wallo, Ethiopia: Revival, Reform, and Reaction* (Leiden, 2001), 65–66.
23. 见第 10 章讨论奥斯曼帝国晚期宦官纳迪尔阿迦的部分。
24. Süleymaniye Library, MS Hacı Beşir 682, fols. 23b–34a, especially 24a.
25. Ibid., fol. 104b; fol. 81a (madrasa in Eyüp).
26. Ibid., fols. 105b–113a; Ayvansarayi, *Garden of the Mosques*, 55–56.
27. Suleymaniye Library, MS Hacı Beşir 682, fols. 106a–109a, 112b–113a.
28. Anonymous, *Defter-i kütübhane-i Beşir Ağa* (Istanbul, 1303/1885); Hathaway, *Beshir Agha*, 88–94.
29. Istanbul, Köprülü Library, MS no. 4, fols. 20a–53a (25 Safer 1089/17 April 1678).
30. İpşirli Argıt, *Rabia Gülnuş Emetullah*, 184–185.
31. *TDVİA*, s.v. "Ahmed III Kütüphanesi", by Semavi Eyice; Esin Atıl, *Levni and the Surname: The Story of an Eighteenth-Century Ottoman Festival* (Istanbul, 1999), 24, 26.
32. http://ayasofyamuzesi.gov.tr/tr/içmi-mahmud-kütüphanesi; *TDVİA*, s.v. "Fatih Kütüphanesi", by İsmail Erünsal.
33. Sadullah Enveri Efendi, *Sadullah Enveri Tarihi* (Bulaq, 1243/1827), II: 163, 178–179.
34. Raşid, *Tarih-i Raşid*, V: 128–129; Silahdar, *Nusretname*, II: 384–385.
35. Hathaway, "Wealth and Influence", 295, 297–301, 308–315; Hathaway, *Politics of Households*, 142 n. 15.
36. Badr and Crecelius, "*Awqaf* of al-Hajj Bashir Agha in Cairo", 301.
37. Istanbul, Süleymaniye Library, MS Yazma Bağışlar 2524 (1146/1734).
38. Flachat, *Observations*, II: 128.
39. Pierre A. MacKay, "The Manuscripts of the *Seyahatname* of Evliya Çelebi–Part I: The Archetype", *Der Islam* 52, 2 (1975): 278.
40. Pierre MacKay, "Manuscripts of the *Seyahatname*", 278–279, 293–294; Hathaway, *A Tale of Two Factions*, 152, 163–164; Jane Hathaway, "The Exalted Lineage of Rıdvan Bey Revisited: A Reinterpretation of the Spurious Genealogy of a Grandee in

Ottoman Egypt", *International Journal of Turkish Studies* 13, 1-2 (2007): 99, 110.
41. Halil Inalcik, *The Ottoman Empire: The Classical Age, 1300-1600*, trans. Norman Itzkowitz and Colin Imber (London, 1973), 190-191, 200-202.
42. Ayvansarayi, *Garden of the Mosques*, 219; Necipoğlu, *Age of Sinan*, 500; John J. Curry, *The Transformation of Muslim Mystical Thought in the Ottoman Empire: The Rise of the Halveti Order, 1350-1650* (Edinburgh, 2010), 21-86; Nathalie Clayer, *Mystiques, état et société: les Halvetis dans l'aire balkanique de la fin du XVe siècle à nos jours* (Leiden, 1994). 6-35; B.G. Martin, "A Short History of the Khalwati Order of Dervishes", in *Scholars, Saints, and Sufis*, ed. Nikki R. Keddie (Berkeley, CA, 1972), 275-285, 290-297.
43. Fleischer, *Bureaucrat and Intellectual in the Ottoman Empire*, 72, 74-75; Curry, *Transformation of Muslim Mystical Thought*, 76-77, 171, 175, 189, 215, 279.
44. Zeynep Yürekli, "A Building between the Public and Private Realms of the Ottoman Elite: The Sufi Convent of Sokollu Mehmed Pasha in Istanbul", *Muqarnas* 20 (2003): 159-185; Aslı Niyazioğlu, "Dreams, Ottoman Biography Writing, and the Halveti Sünbüli Şeyhs of 16th Century Istanbul", in *Many Ways of Speaking about the Self: Middle Eastern Ego-Documents in Arabic, Persian, and Turkish (14th-20th Century)*, eds. Ralf Elger and Yavuz Köse (Wiesbaden, 2010), 173.
45. Wizarat al-Awqaf, No. 302/51, pp. 8-11.
46. Topkapi Palace Archive, E 3941/2 (1082-1083/1672-1673), E 7833/2-7, cited in Chapter 6, n. 14.
47. Topkapı Palace Archive D 7657 (undated); Hathaway, "Wealth and Influence", 296, 302, 305.
48. Behrens-Abouseif, *Cairo of the Mamluks*, 283-284; Doris Behrens-Abouseif, "An Unlisted Monument of the Fifteenth Century: The Dome of Zawiyat al-Damirdaš", *Annales islamologiques* 18 (1982): 105-121; Doris Behrens-Abouseif, "Four Domes of the Late Mamluk Period", *Annales islamologiques* 17 (1981): 191-201; Doris Behrens-Abouseif and Leonor Fernandes, "Sufi Architecture in Early Ottoman Cairo", *Annales islamologiques* 20 (1984): 103-114.
49. Süleymaniye Library, MS Hacı Beşir Ağa 682, fols. 115a, 116a.
50. Süreyya, *Sicill-i Osmani*, III: 298-299; Victoria Rowe Holbrook, "Ibn 'Arabi and

Ottoman Dervish Traditions: The Melami Supra-Order", Parts 1-2, *Journal of the Muhyiddin Ibn Arabi Society* 9 (1991): 18-35; 12 (1992): 15-33.

51. Holbrook, "Ibn 'Arabi and Ottoman Dervish Traditions", Part 1, 25-27.
52. Süleymaniye Library, MS Hacı Beşir Ağa 682, fols. 114b-115a.
53. *TDVİA*, s.v. "Sünbül Sinan," by Hür Mahmut Yücer; http://sumbulefendicami.com.
54. Curry, *Transformation of Muslim Mystical Thought*, 70-73.
55. Ibid., 89-291; Clayer, *Mystiques, état et société*, 143-179; Martin, "Short History of the Khalwati Order of Dervishes", 285-290, 297-305.
56. Süleymaniye Library, MS Hacı Beşir Ağa 682, fols. 44b-45b.
57. Ibid., fol. 115a.
58. Dina Le Gall, *A Culture of Sufism: Naqshbandis in the Ottoman World, 1450-1700* (Albany, NY, 2005), 17-94; Jürgen Paul, *Doctrine and Organization: The Khwajagan/Naqshbandiya in the First Generation after Baha'uddin* (Berlin, 1998); Arthur F. Buehler, *Sufi Heirs of the Prophet: The Indian Naqshbandiyya and the Rise of the Meditating Sufi Shaykh* (Columbia, SC, 1998); Halil İbrahim Şimşek, *Osmanlı'da Müceddidilik, XII./XVIII. Yüzyıl* (Ankara, 2004).
59. Süleymaniye Library, MS Hacı Beşir Ağa 682, fols. 41b-42a; Le Gall, *A Culture of Sufism*, 18, 22, 43, 54.
60. Süleymaniye Library, MS Hacı Beşir Ağa 682, fols. 109a-110b.
61. Ibid., fols. 110b-111a, 112a.
62. Katib Çelebi, *The Balance of Truth*, trans. Geoffrey L. Lewis (London, 1957), 132-134; Zilfi, *Politics of Piety*, 131-138.
63. E.g., Naima, *Tarih-i Naima*, III: 1515.
64. Ibid., III: 1290; IV: 1576-1577, 1708; Zilfi, Politics of Piety, 141-143, 146.
65. Naima, *Tarih-i Naima*, III: 1435.
66. Topkapı Palace Archive, E 3606 (undated), 该文献暗示雷汉可能比迪拉维尔活得久。
67. Abdurrahman Abdi, *Vekayiname*, 83-84; Silahdar, *Silahdar Tarihi*, I: 57-59; Zilfi, *Politics of Piety*, 146-147.
68. Hathaway, "Wealth and Influence", 295, 296, 299-300, 312-314.
69. E.g., Heinz Schilling, "Confessional Europe", in *Handbook of European History, 1400-*

1600, eds. Thomas A. Brady et al. (Leiden, 1995), II: 641-670; Wolfgang Reinhard, "Reformation, Counter-Reformation, and the Early Modern State: A Reassessment", *Catholic Historical Review* 75, 3 (1989): 385-403.

70. Derin Terzioğlu, "Where *'Ilm-i hal* Meets Catechism: Islamic Manuals of Religious Instruction in the Ottoman Empire in the Age of Confessionalization", *Past and Present* 220 (2013): 79-114; Derin Terzioğlu, "How to Conceptualize Ottoman Sunnitization: A Historiographical Discussion", *Turcica* 44 (2012-2013): 301-338; Guy Burak, "Faith, Law, and Empire in the Ottoman 'Age of Confessionalization' (15th-17th Century): The Case of 'Renewal of Faith'", *Mediterranean Historical Review* 28, 1 (2013): 1-23; Guy Burak, *The Second Formation of Islamic Law: The Hanafi School in the Early Modern Ottoman Empire* (New York, NY, 2015); Tijana Krstić, *Contested Conversions to Islam: Narratives of Religious Change and Communal Politics in the Early Modern Ottoman Empire* (Stanford, CA, 2011).

71. Khaled El-Rouayheb, *Islamic Intellectual History in the Seventeenth Century: Scholarly Currents in the Ottoman Empire and the Maghreb* (New York, NY, 2015), 14-18, 24-26, 175, 190-193, 294; Le Gall, *A Culture of Sufism*, 150-156.

72. Le Gall, *A Culture of Sufism*, 112, 153; Michael A. Cook, *Commanding Right and Forbidding Wrong in Islamic Thought* (Cambridge, 2000), 323-330.

73. Alvise Contarini, in *Relazioni di ambasciatori veneti al Senato*, XIII: 389.

第 10 章　改革出局——后宫总管太监的下场

1. Sadullah Enveri, *Sadullah Enveri Tarihi*, II: 251. On Ahmed Vasif, see Ethan L. Menchinger, *The First of the Modern Ottomans: The Intellectual History of Ahmed Vasif* (New York, NY, 2017).

2. Ahmed Vasif Efendi, *Mehasinü'l-asar ve haka'ikü'l-ahbar*, ed. Mücteba İlgürel (Ankara, 1994), 125; Ahmed Asım Efendi, *Asım Tarihi* (Istanbul, 1284/1867), II: 53; d'Ohsson, *Tableau général*, VII: 32; II: 363, 368; Subhi, *Subhi Efendi Tarihi*, I: 41.

3. Sadullah Enveri, *Sadullah Enveri Tarihi*, 175, 215, 235; Ahmed Asım, *Asım Tarihi*, II: 53.

4. Gabriel Noradounghian, *Recueil d'actes internationaux de l'Empire ottoman, vol. 1: 1300-1789* (Paris, 1897), 319-334; Aksan, *An Ottoman Statesman in War and Peace*,

166-167.
5. Virginia H. Aksan, "Enlightening the Ottomans: Tott and Mustafa III", in *International Congress on Learning and Education in the Ottoman World: Istanbul, 12-15 April 1999*, ed. Ali Çaksu (Istanbul, 2001), 163-174.
6. Stanford J. Shaw, *Between Old and New: The Ottoman Empire under Selim III, 1789-1807* (Cambridge, MA, 1971), 153-154.
7. Virginia H. Aksan, "Whatever Happened to the Janissaries? Mobilization for the 1768-1774 Russo-Ottoman War", *War in History* 5, 1 (1998): 23-36.
8. Shaw, *Between Old and New*, 112-179.
9. Ibid., 186-191; Stéphane Yerasimos, ed. and trans., *Deux ottomans à Paris sous le Directoire et l'Empire: relations d'ambassade* (Paris, 1998).
10. Rifaat A. Abou-El-Haj, "Ottoman Diplomacy at Karlowitz", *Journal of the American Oriental Society* 87, 4 (1967): 498-512.
11. M.S. Anderson, "Britain and the Russo-Turkish War of 1768-1774", *English Historical Review* 69, 270 (1954): 51-52.
12. 这幅画历经多次翻印，但其作者难以确认。
13. D'Ohsson, *Tableau général*, VII: 55; Tayyarzade Ahmed Ata, *Osmanlı Saray Tarihi: Tarih-i Enderun*, ed. Mehmet Arslan (Istanbul, 2010), I: 362, 364.
14. Vasif, *Mehasinü'l-asar*, 112, 240.
15. Ahmed Asım, *Asım Tarihi*, I: 246; Süreyya, *Sicill-i Osmani*, II: 24.
16. Ahmed Asım, *Asım Tarihi*, I: 246.
17. Ibid., II: 163, 183, 197; Ahmed Cevdet, *Tarih-i Cevdet* (Istanbul, 1854-1885), VIII: 418.
18. Peters, *Mecca*, 232, 351-352, 370-371.
19. Cited in Ahmed Cevdet, *Tarih-i Cevdet*, IV: 379.
20. Ibid., IV: 380.
21. D'Ohsson, *Tableau général*, II: 534-536.
22. Ibid., II: 536-539; Ahmed Cevdet, *Tarih-i Cevdet*, VI: 151-152, 219-220.
23. Peters, *Mecca*, 226-228.
24. Ibid., 232-236.
25. Al-Jabarti, *'Aja'ib al-athar*, III: 213-228.

26. Ahmed Asım, *Asım Tarihi*, 305, 310.
27. Burckhardt, *Travels in Arabia*, 158; Burton, *Personal Narrative*, II: 319.
28. Ahmed Asım, *Asım Tarihi*, II: 26, 33–34, 38, 178–182; Ahmed Cevdet, *Tarih-i Cevdet*, VIII: 206–229; Shaw, *Between Old and New*, chapter 21.
29. Shaw, *Between Old and New*, 397–404.
30. Ahmed Asım, *Asım Tarihi*, II: 191; Shaw, *Between Old and New*, 386, 397.
31. Ahmed Asım, *Asım Tarihi*, II: 53, 163, 183, 197, 201; Süreyya, *Sicill-i Osmani*, III: 343.
32. Ahmed Cevdet, *Tarih-i Cevdet*, VIII: 391.
33. Ibid., VIII: 171; Şanizade Mehmed Ataullah Efendi, *Şanizade Tarihi*, ed. Ziya Yılmazer (Istanbul, 2008), I: 30.
34. Ahmed Cevdet, *Tarih-i Cevdet*, VIII: 229, 390, 392, 417–418; Ahmed Asım, *Asım Tarihi*, II: 189, 191.
35. Ahmed Cevdet, *Tarih-i Cevdet*, VIII: 394. 指的是标志着斋月结束的新月。
36. Ahmed Asım, *Asım Tarihi*, II: 206, 254, 260; Ahmed Cevdet, *Tarih-i Cevdet*, VIII: 393–399, IX: 35; Shaw, *Between Old and New*, 404–405.
37. Şanizade, *Şanizade Tarihi*, I: 30–32, 48–49; Ahmed Cevdet, *Tarih-i Cevdet*, VIII: 363, 400, 417–418, 425, 463; Ahmed Asım, *Asım Tarihi*, II: 163.
38. Ahmed Cevdet, *Tarih-i Cevdet*, VIII: 420, IX: 2–8, 14–33, 46, 50–52, 332–339.
39. Al-Jabarti, *'Aja'ib al-athar*, III: 349–434, passim; IV: 1–12.
40. D'Ohsson, *Tableau général*, III: 263–265; Burton, *Personal Narrative*, I: 261, 415; Edward W. Lane, *An Account of the Manners and Customs of the Modern Egyptians: The Definitive 1860 Edition*, introduction by Jason Thompson (Cairo, 2003), 437, 438–440.
41. Peters, *Mecca*, 264.
42. Burckhardt, *Travels in Arabia*, 158.
43. Patrick Scharfe, "Muslim Scholars and the Public Sphere in Mehmed Ali Pasha's Egypt, 1801–1841", unpublished Ph.D. dissertation, Ohio State University, 2015, 146–147; Burton, *Personal Narrative*, II: 319.
44. Scharfe, "Muslim Scholars and the Public Sphere", 150 n. 415; Süreyya, *Sicill-i Osmani*, III: 556.
45. Al-Jabarti, *'Aja'ib al-athar*, IV: 170; Scharfe, "Muslim Scholars and the Public Sphere",

152 n. 417.
46. Scharfe, "Muslim Scholars and the Public Sphere", 206; Şanizade, *Şanizade Tarihi*, II: 403.
47. Ahmed Rasim, *Resimli ve Haritalı Osmanlı Tarihi* (Istanbul, 1328–1330/1910–1912), IV: 1826–1833.
48. Charles White, *Three Years in Constantinople, or, Domestic Manners of the Turks in 1844*, 2nd ed. (London, 1846), I: 246; II: 352, 360.
49. Ibid., II: 361.
50. Ibid., I: 206; II: 352–353.
51. E.g., Ahmed Cevdet, *Tarih-i Cevdet*, VIII: 390, 392.
52. White, *Three Years in Constantinople*, II: 358–360.
53. Ata, *Osmanlı Saray Tarihi*, I: 363.
54. White, *Three Years in Constantinople*, II: 357.
55. Barnes, *Introduction to Religious Foundations in the Ottoman Empire*, 109–113; Mustafa N. Alkan, "Tanzimattan Sonra Vakıflar İdaresinde Yeniden Yapılanmaya Dair bir Örnek: Adana Evkaf Müdürlüğü", *Ankara Üniversitesi Osmanlı Tarihi Araştırma ve Uygulama Merkezi Dergisi* 19 (2006): 13–15.
56. Selim Deringil, *The Well-Protected Domains: Ideology and the Legitimation of Power in the Ottoman Empire, 1876–1909* (London, 1998), 26–28, 35–37.
57. White, *Three Years in Constantinople*, II: 353; Ehud R. Toledano, *The Ottoman Slave Trade and Its Suppression, 1840–1890* (Princeton, NJ, 1982), especially chapters 3–4, 6–8.
58. Afaf Lutfi al-Sayyid Marsot, *Egypt in the Reign of Muhammad Ali* (Cambridge, 1984), chapter 5; Khaled Fahmy, *Mehmed Ali: From Ottoman Governor to Ruler of Egypt* (Oxford, 2009), 57–58.
59. Marsot, *Egypt in the Reign of Muhammad Ali*, 205–206; Holt and Daly, *A History of the Sudan*, chapter 3; Khaled Fahmy, *All the Pasha's Men: Mehmed Ali, His Army, and the Making of Modern Egypt* (Cambridge, 1997), 86–89, 92–93.
60. Al-Jabarti, '*Aja'ib al-athar*, III: 377–378; Nadia Fouad Younes, "The Evolution of Birkat al-Fil (from the Fatimids to the Twentieth Century)," unpublished M.A. thesis, The American University in Cairo, 2010, chapter 4 (unpaginated).

61. 个人观察; Chris Hellier, *Splendors of Istanbul: Houses and Palaces along the Bosphorus* (New York, NY, 1993), 151–173, 200–220.
62. Francis McCullagh, *The Fall of Abd-ul-Hamid* (London, 1910), 275; Ayşe Osmanoğlu, in Douglas Scott Brookes, ed. and trans., *The Concubine, the Princess, and the Teacher: Voices from the Ottoman Harem* (Austin, TX, 2010), 172–173.
63. Hasan Ferit Ertuğ, "Musahib-i Sani-i Hazret-i Şehr-yari Nadir Ağa'nın Hatiratı", Parts 1–2, *Toplumsal Tarih* 49 (January 1998): 7–15; 50 (February 1998): 6–14.
64. Charles M. Doughty, *Arabia Deserta*, ed. H.L. MacRitchie (London, 1989), 43, 102, 142, 145, 160, 163, 187.
65. Ertuğ, "Nadir Ağa'nın Hatiratı", part 1, 7. 他妹妹之所以这么说，可能是因为他遭受了非人的经历：先是被俘虏，然后又在麦加遭到阉割。
66. Ibid., 9–11.
67. Ibid., 12.
68. Ibid., 10, 12–13. 根据一份 1893 年的宫廷宦官名单，此事发生于 1889 年，该名单还估算了纳迪尔的出生年份：1874 年。
69. Francis McCullagh, *Fall of Abd-ul-Hamid*, 18–21.
70. Ibid., 53–56, 251; M. Süleyman (Çapanoğlu), "Abdülhamidin En Yakın Adamı Nadir Ağa Eski Efendisi İçin Ne Söylüyör?" *Yedigün* 83 (10 Birinciteşrin [October] 1934), 19–21, reproduced in Ertuğ, "Nadir Ağa'nın Hatiratı", part 2, 12.
71. McCullagh, *Fall of Abd-ul-Hamid*, 132.
72. Ibid., 276–278.
73. Ertuğ, "Nadir Ağa'nın Hatiratı", part 2, 10.
74. Ibid., 8.
75. 根据《生活》杂志的报道，纳迪尔死于 1957 年 11 月 29 日，而就在死前数日，他才刚接受了杂志的采访。
76. Sema Ok, *Harem Dünyası*, 52, 54, 56.
77. Haldun Derin, *Çankaya Özel Kalemini Anımsarken (1933–1951)* (Istanbul, 1995), 38.
78. US Department of State, Papers Relating to Internal Affairs of Turkey, 1910–1929, 867.9111/226: Review of the Turkish Press for 28 June–11 July 1928, p. 17. 感谢已故的 John Burnham 教授为我提供了该文件的复印件。Cf. Ertuğ, "Nadir Ağa'nın Hatiratı", part 2, 9.

79. Adel Quraishi, photo exhibition "The Guardians", Leighton House, London, October–November 2015.

第 11 章　纪念后宫总管太监

1. Fetvacı, *Picturing History*, 74, 150; Alan W. Fisher and Carol G. Fisher, "A Note on the Location of the Royal Ottoman Painting Ateliers", *Muqarnas* 3 (1985): 118-120; Filiz Çağman, "Saray Nakkaşhanesinin Yeri Üzerine Düsünceler", in *Sanat Tarihinde Doğudan Batıya: Ünsal Yücel Anısına Sempozyum Bildirileri* (Istanbul, 1989), 35-46; Zeren Tanındı, "Manuscript Production in the Ottoman Palace Workshop", *Manuscripts of the Middle East* 5 (1990-1991): 67-98; Zeren Tanındı, "Topkapı Sarayı'nın Ağaları ve Kitaplar", *Uludağ Üniversitesi FenEdebiyat Fakültesi Sosyal Bilimler Dergisi* 3, 3 (2002): 42-46; Topçular Katibi, *Topçular Katibi Tarihi*, I: 654, 664; Artan, "Making of the Sublime Porte", 162.
2. Fetvacı, *Picturing History*, 71-72.
3. Ibid., 71.
4. Ibid., 71, 78-79, 83, 91-92.
5. E.g., Esin Atıl, *Süleymanname: The Illustrated History of Süleyman the Magnificent* (Washington, DC, 1986), 93, 97, 99, 199, 227.
6. Fetvacı, *Picturing History*, 158, 164-175.
7. Ibid., 175-181, 183-185.
8. Ibid., 81, 83, 85, 86, 185-187, 210-212.
9. Ibid., 86, 153-157.
10. Ibid., 160.
11. Ibid., 176-177; Tanındı, "Topkapı Sarayı'nın Ağaları ve Kitaplar", 44-45; Zeren Tanındı, "Bibliophile Aghas (Eunuchs) at Topkapı Sarayı", *Muqarnas* 21 (2004): 337-338.
12. Fetvacı, *Picturing History*, 177-178.
13. Tülün Değirmenci, *İktidar Oyunları ve Resimli Kitaplar: II. Osman Devrinde Değişen Güç Simgeleri* (Istanbul, 2012), 76-77, 181. 感谢埃米内·费特瓦奇让我留意到此书。
14. Ibid., 171-174, 210-217, 231, 264-269.

注 释

15. Lewis V. Thomas, *A Study of Naima*, ed. Norman Itzkowitz (New York, NY, 1972), 149-155; *TDVİA*, s.v. "Vak 'anüvis", by Bekir Kütükoğlu.
16. Atıl, *Levni and the Surname*, 33-35.
17. Topçular Katibi, *Topçular Katibi Tarihi*, I: 596-598, 601 n., 617, 622-623.
18. Abdi, *Surname*, in *Osmanlı Saray Düğünleri ve Şenlikleri*, ed. Arslan, V: 485-537; Efdal Sevinçli, "Festivals and Their Documentation: *Surnames* Covering the Festivities of 1675 and 1724", in *Celebration, Entertainment, and Theatre in the Ottoman World*, eds. Suraiya Faroqhi and Arzu Öztürkmen (London, 2014), 186-207; Efdal Sevinçli, "Şenliklerimiz ve Surnamelerimiz: 1675 ve 1724 Şenliklerine İlişkin İki Surname", *Journal of Yaşar University* 1, 4 (2011): 377-416.
19. Raşid, *Tarih-i Raşid*, V: 215; Vehbi, *Surname: Sultan Ahmed'in Düğün Kitabı*, transcribed and translated into modern Turkish by Mertol Tulum, ed. Ahmet Ertuğ (Bern, 2000), fols. 5b, 9a (pp. 56, 60 of the modern text); Uluçay, *Padişahların Kadınları ve Kızları*, 76, 78. Atıl, *Levni and the Surname*, 41-42. 作者似乎对该章节有误读。
20. E.g., Seyyid Vehbi, *Surname*, fols. 61b, 103a, 136a, 147a (Tulum's text, 132, 144, 177, 195).
21. Esin Atıl, *Levni and the Surname*, 85.
22. Fetvacı, *Picturing History*, 179-180.
23. Vehbi, *Surname*, fols. 12a, 144b, 145b, 155a (Tulum's text, 65, 191, 193, 208).
24. Fetvacı, *Picturing History*, 177-178.
25. Vehbi, Surname, fols. 25a-26a (Tulum's text, 72-73).
26. Ibid., fol. 155a (Tulum's text, 208).
27. Ibid., fol 146a.
28. Stuart Cary Welch, *Imperial Mughal Painting* (New York, NY, 1978); Hamadeh, *City's Pleasures*, 199-200, 204, 236. 作者强调的是装饰元素，而非肖像画。
29. Stefano Carboni, "The Arabic Manuscripts", in *Pages of Perfection: Islamic Paintings and Calligraphy from the Russian Academy of Sciences, St. Petersburg*, eds. Yuri A. Petrosyan et al. (Lugano, 1995), 86, 284.
30. 感谢 Bernard Lewis 教授于 1995 年给了我一份这幅画的影印件。
31. Topkapı Palace Library, MS Hazine 1523, fol. 232a: http://commons.wikimedia.org/

wiki/File: Hunername_231b-232_detail.jpg.

32. Ahmed Çelebi, *Awdah al-isharat*, 290.

33. Selaniki, *Selaniki Tarihi*, I: 229–230.

34. E.g., Ahmed Çelebi, *Awdah al-isharat*, 181, 182, 184.

35. Ayvansarayi, *Garden of the Mosques*, 218 and n. 1706.

36. Hathaway, *Beshir Agha*, 105; Recep Akakuş, *Eyyüp Sultan ve Mukaddes Emanetler* (Istanbul, 1973), 190; Yıldız Demiriz, *Eyüp'te Türbeler* (Ankara, 1982), 38–39; Ayvansarayi, *Garden of the Mosques*, 56, 270. 感谢伊斯坦布尔陵墓委员会前主席 Erman Güven 允许我进入朝觐者贝希尔和朝觐者穆斯塔法的陵墓，并与我分享了艾郁普公墓的一些墓碑的照片。

37. Ibn Ishaq, *The Life of Muhammad: A Translation of Ishaq's* Sirat Rasul Allah, ed. 'Abd al-Malik Ibn Hisham, trans. Alfred Guillaume (London, 1955), 228–230; al-Tabari, *History of al-Tabari*, vol. 39: *Biographies of the Prophet's Companions and Their Successors*, trans. Ella Landau-Tasseron (Albany, NY, 1998), 40.

38. 伊瓦兹·穆罕默德·帕夏扎德·哈利尔帕夏（1769—1770 年任大维齐尔），比拉在他家长大。

39. 个人观察。感谢 Davidson McLaren 为我指明墓地所在位置。

40. 个人观察；Ayvansarayi, *Garden of the Mosques*, 480–486。

41. 个人观察。根据 *Defter-i Ağayan-ı Darü's-sa'ade* 这份文献的说法，塔哈的继任者杰夫海尔阿迦也葬在这座陵墓的花园中，但我没找到杰夫海尔的坟墓（杰夫海尔于 1875 年仅仅当了两个月的总管太监，逝于 1887 年）。

42. Topkapı Palace Archive, E 9467 (14 Şa'ban 1298/11 July 1881).

43. *Defter-i Ağayan-ı Darü's-sa'ade*, appendix to *Hamiletü'l-kübera*, 168; Ayvansarayi, *Garden of the Mosques*, 245, 262.

44. Williams, *Islamic Monuments in Cairo*, 134–135.

45. E.g., al-Damurdashi, *Al-Durra al-musana*, 58, 90.

46. 个人观察：西安临潼区秦始皇陵、陕西省博物馆（西安）、陕西省西安市正阳县张家湾的汉阳陵、韩国庆州的新罗元圣王（逝于 798 年）陵墓。

第 12 章 结 论

1. Jung Chang, *Empress Dowager Cixi: The Concubine Who Launched Modern China*

(London, 2013); Pamela K. Crossley, "In the Hornet's Nest", *London Review of Books* 36, 8 (17 April 2014), 9–10.

2. Jia Yinghua, quoted in Seth Faison, "The Death of the Last Emperor's Last Eunuch", *New York Times*, 20 December 1996; Jia Yinghua, *The Last Eunuch of China: The Life of Sun Yaoting*, trans. Sun Haichen (Beijing, 2009).

参考文献

档案资料

Ankara, Türk Tarih Kurumu (Turkish History Foundation) Archives. *Defter-i Ağayân-i Darüssaade* (1898). MS Y 86. Published as an Appendix to Ahmed Resmi Efendi, *Hamiletü'l-kübera*, ed. Ahmet Nezihi Turan, 163-75. Istanbul, 2000.

Cairo, Wizarat al-Awqaf (Ministry of Pious Endowments). MS No. 302/51 (1032/1623).

Istanbul, Başbakanlık Osmanlı Arşivi (Ottoman Prime Ministry Archives). Cevdet Maarif (C.MF) 648 (1166/1753). Published in *Misr fi al-watha'iq al-'uthmaniyya/ Osmanlı Belgelerinde Mısır/Egypt in the [sic] Ottoman Documents*, 13. Istanbul, 2007.

Maliyeden Müdevver (MAD.d). 169 (1013/1604-5), 7816 (1066-70/1655-59).

Mühimme Defteri (A.DVNS.MHM.d). Volumes 6, 29, 62, 90, 91, 99, 102, 104, 108, 110, 112, 114, 115, 160 (973/1565-1172/1758).

Mühimme-i Mısır (A.DVNS.MSR.MHM.d). Volumes 3, 4, 5, 6, 7 (1131/1718-1174/1761).

Tahvil Defteri (A.DVNS.NŞT.d) 11/93 (1164/1751). Published in *Misr fi al-watha'iq al-'uthmaniyya/Osmanlı Belgelerinde Mısır/Egypt in the [sic] Ottoman Documents*, 12. Istanbul, 2007.

Istanbul, Köprülü Library. MS No. 4 (1089/1678).

Istanbul, Süleymaniye Library. MS Hacı Beşir Ağa 682 (1151/1738-1158/1745). MS Yazma Bağışlar 2524 (1146/1734).

Istanbul, Topkapı Sarayı Müzesi Arşivi (Topkapı Palace Museum Archive). D 34, 2025, 4124, 5599, 7244/2, 7657, 7911, 8786/2 (1012/1604-1167/1754).

E 33, 79, 153, 2429, 3606, 3941, 4787, 5211, 5215, 7737, 7833, 7844, 7884, 7900, 7920, 7926, 8211, 9467, 11691 (1013/1604-1298/1881).

Moscow, Archive of the Foreign Policy of the Russian Empire. Fund 89: Relations of Russia with Turkey. Files 2, 5, 6 (1745-46).

Washington, DC, National Archives. United States Department of State. Papers Relating to Internal Affairs of Turkey, 1910–29, 867.9111/226 (1928).

编年史及其他一手叙事文献

Abdi Efendi. *Abdi Tarihi: 1730 Patrona İhtilali Hakkında bir Eser*, ed. Faik Reşit Unat. Ankara, 1943.

Abdi Efendi. *Surname*. In *Osmanlı Saray Düğünleri ve Şenlikleri*, ed. Mehmet Arslan. Volume 5, 485–537. Istanbul, 2008.

Abdullah Efendi, Derviş. *Risale-i Teberdariye fi ahval-ı ağa-yı Darü's-sa'ade*. Istanbul, Köprülü Library, MS II/233.

Abdurrahman Abdi Pasha. "Abdurrahman Abdi Paşa Vekayi'name'si: Tahlil ve Metin Tenkidi, 1053–1058/1648–1682," ed. Fahri Çetin Derin. Unpublished Ph.D. dissertation, Istanbul University, 1993.

Al-Abshihi, Shihab al-Din ibn Ahmad. *Kitab al-mustatraf fi kulli fannin mustazraf*. 2 vols. Cairo, 1902.

Ahmed Çelebi ibn 'Abd al-Ghani. *Awdah al-isharat fi man tawalla Misr al-Qahira min al-wuzara' wa-l-bashat*, ed. A. A. 'Abd al-Rahim. Cairo, 1978.

Alberti, Tommaso. *Viaggio a Costantinopoli di Tommaso Alberti (1620–1621), pubblicato da Alberto Bacchi della Lega*. Bologna, 1889.

Ali, Mustafa. *Halatü'l-Kahire mine'l-'adati'z-zahire*. Istanbul, Süleymaniye Library, MS Fatih 5427/14. MS Esad Efendi 2407.

Mustafa Ali's Counsel for Sultans of 1581: Edition, Translation, Notes, ed. and trans. Andreas Tietze. 2 vols. Vienna, 1979–1982.

Mustafa Ali's Description of Cairo of 1599, ed. and trans. Andreas Tietze. Vienna, 1975.

Anonymous. *Akhbar al-nuwwab min dawlat Al 'Uthman min hin istawala 'alayha al-sultan Salim Khan*. Istanbul, Topkapı Palace Museum Library, MS Hazine 1623.

Anonymous. *Coppie d'une lettre escrite de Constantinople à un Gentil-homme François, contenant la trahison du Bascha Nassouf, sa mort estrange, & des grandes richesses qui luy ont esté trouees*. Paris, 1615.

Anonymous. *Defter-i kütübhane-i Beşir Ağa-yı İstanbul'da Bab-i A'li civarında vaki'dir*. Istanbul, 1303/1885.

Arrowsmith-Brown, J. H., ed. and trans. *Prutky's Travels in Ethiopia and Other Countries*. London, 1991.

Asım Efendi, Ahmed. *Asım Tarihi*. 2 vols. Istanbul, 1284/1867.

Asım Efendi, Ismail (Küçük Çelebizade). *Tarih-i İsmail Asım Efendi*. Istanbul, 1282/1865.

Ata, Tayyarzade Ahmed. *Osmanlı Saray Tarihi: Tarih-i Enderun*, ed. Mehmet Arslan. 5 vols. Istanbul, 2010.

Ayvansarayi, Hafız Hüseyin. *The Garden of the Mosques: Hafız Hüseyin Ayvansarayî's Guide to the Muslim Monuments of Ottoman Istanbul*, trans. Howard Crane. Leiden, 2000.

Barkan, Ömer Lütfi, ed. "Kanunname-i Mısır." In *XV ve XVıncı Asırlarda Osmanlı İmparatorluğunda Ziraî Ekonominin Hukuki ve Mali Esasları*, ed. Ömer Lütfi Barkan. Volume 1: *Kanunlar*. Istanbul, 1943.

Brookes, Douglas Scott, ed. and trans. *The Concubine, the Princess, and the Teacher: Voices from the Ottoman Harem*. Austin, TX, 2008.

Bruce, James. *Travels to Discover the Source of the Nile in the Years 1768, 1769, 1770, 1771, 1772, and 1773*. 6 vols. Dublin, 1790–1791.

Al-Budayri, Ahmad, al-Hallaq. *Hawadith Dimashq al-yawmiyya, 1154–1175 h./ 1741–1762*, ed. Ahmad Izzat Abd al-Karim. Condensed by Muhammad Sa'id al-Qasimi. Cairo, 1959.

Burckhardt, John Lewis (Johann Ludwig). *Notes on the Bedouins and the Wahabys, Collected during His Travels in the East*. 2 vols. London, 1831.

Travels in Arabia. Beirut, 1972.

Travels in Nubia. New York, NY, 1978.

Burstein, Stanley, ed. *Ancient African Civilizations: Kush and Axum*. Princeton, NJ, 1998.

Burton, Richard Francis. *First Footsteps in East Africa, or, An Exploration of Harar*, ed. Isabel Burton. 2 vols. London, 1894.

Personal Narrative of a Pilgrimage to al-Madinah and Meccah. Memorial ed. 2 vols. London, 1893. Reprinted, New York, NY, 1964.

Çapanoğlu, M. Süleyman. "Abdülhamidin En Yakın Adamı Nadir Ağa Eski Efendisi İçin Ne Söylüyör?" *Yedigün* 83 (10 Birinciteşrin [October] 1934): 19–21.

Carlier de Pinon, Jean. *Relation du voyage en Orient de Carlier de Pinon (1579)*, ed. Edgar

参考文献

Blochet. *Revue de l'Orient latin* 12 (1909–1911): 112–203, 327–421.

Cevdet, Ahmed. *Tarih-i Cevdet*. 10 vols. Istanbul, 1854–1885.

Al-Damurdashi, Ahmad Katkhuda 'Azeban. *Al-Durra al-musana fi akhbar al-Kinana*. British Library, MS OR 1073–1074.

Dankoff, Robert, trans. and commentary. *The Intimate Life of an Ottoman Statesman: Melek Ahmed Pasha (1599–1662) as Portrayed in Evliya Çelebi's* Book of Travels. Albany, NY, 1991.

Dawood, N. J., trans. *Tales from the Thousand and One Nights*. Hammondsworth, Middlesex, 1954. Reprinted, 1985.

De la Croix, Sieur. *Le Sérail des empereurs turcs: relation manuscrite du sieur de la Croix à la fin du règne du sultan Mehmed IV*, ed. Corinne Thépaut-Cabasset. Paris, 2007.

Defterdar Sarı Mehmed Pasha. *Zübde-i Vekayiât*, ed. Abdülkadir Özcan. Ankara, 1995.

Delbare, François-Thomas. *Histoire des ministres-favoris, anciens et modernes*. Paris, 1820.

Destari Salih Efendi. *Destari Salih Tarihi: Patrona Halil Ayaklanması Hakkında bir Kaynak*, ed. Bekir Sıtkı Baykal. Ankara, 1962.

DeVos, Lambert. *Turkish Costumes* (ca. 1574). American School of Classical Studies at Athens, Gennadius Library, MS No. A986q.

D'Ohsson, Ignatius Mouradgea. *Tableau général de l'Empire othoman*. 7 vols. Paris, 1787–1820.

Doughty, Charles M. *Arabia Deserta*, ed. H. L. MacRitchie. London, 1989.

Duran, Tülay, ed. *Tarihimizde Vakıf Kuran Kadınlar: Hanım Sultan Vakfiyyeleri*. Istanbul, 1990.

Ertuğ, Hasan Ferit. "Musahib-i Sani-i Hazret-i Şehr-yari Nadir Ağa'nın Hatıratı." Parts 1 and 2. *Toplumsal Tarih* 49 (January 1998): 7–15; 50 (February 1998): 6–14.

Evliya Çelebi. *Seyahatname*, eds. Orhan Şaik Gökyay, Seyit Ali Kahraman, Yücel Dağlı, Robert Dankoff, et al. 10 vols. Istanbul, 1996–2007.

Firpo, Luigi, ed. *Relazioni di ambasciatori veneti al Senato*. Volume 13: *Costantinopoli (1590–1793)*. Turin, 1984.

Flachat, Jean-Claude. *Observations sur le commerce et sur les arts d'une partie de l'Europe, de l'Asie, de l'Afrique et même des Indes orientales*. 2 vols. Lyon, 1766.

Foster, Sir William, ed. *The Red Sea and Adjacent Countries at the Close of the Seventeenth*

Century, as Described by Joseph Pitts, William Daniel, and Charles Jacques Poncet. London, 1949.

Frank, Louis. "Memoir on the Traffic in Negroes to Cairo and on the Illnesses to Which They Are Subject upon Arrival There," trans. Michel Le Gall. In *Slavery in the Islamic Middle East*, ed. Shaun Marmon, 69–88. Princeton, NJ, 1999.

Girard, P. S. *Mémoire sur l'agriculture, l'industrie et le commerce de l'Égypte*. Volume 17 of *Description de l'Égypte*, 2nd ed. Paris, 1824.

Gold, Milton, trans. *Tarikh-e Sistan*. Rome, 1976.

El-Habeşi, Ali b. Abdurrauf. *Rafa'ilü'l-gubuş fi feza'ilü'l-Hubuş*. Istanbul, Süleymaniye Library, MS Fatih 4360.

Al-Hallaq, Mehmed b. Yusuf. *Tarih-i Mısr-ı Kahire*. Istanbul University Library, MS T.Y. 628.

Hasanbeyzade Ahmed Pasha. *Hasan Bey-zade Tarihi*, ed. Şevki Nezihi Aykut. 2 vols. Ankara, 2004.

Holt, P. M., ed. and trans. *The Sudan of the Three Niles: The Funj Chronicles, 910–1288/1504–1871*. Leiden, 1999.

Ibn Battuta, Muhammad b. 'Abdallah. *Rihla Ibn Battuta*. Beirut, 1964.

Ibn Ishaq, Muhammad. *The Life of Muhammad: A Translation of Ishaq's* Sirat Rasul Allah, ed. 'Abd al-Malik Ibn Hisham. trans. Alfred Guillaume. London, 1955.

Al-Ishaqi, Muhammad 'Abd al-Mu'ti. *Akhbar al-uwal fi man tasarrafa fi Misr al-Qahira min arbab al-duwal*. Bulaq, 1304/1886–1887.

Al-Jabarti, 'Abd al-Rahman. *'Aja'ib al-athar fi-l-tarajim wa-l-akhbar*, ed. Shmuel Moreh. 4 vols. Jerusalem, 2013.

Al-Jabarti's History of Egypt: 'Aja'ib al-athar fi-l-tarajim wa-l-akhbar, eds. Thomas Philipp and Moshe Perlmann. Stuttgart, 1994.

Al-Jahiz, 'Amr b. Bahr. *Risalat mufakharat al-sudan 'ala al-bidan*. In *Rasa'il al-Jahiz*, ed. 'Abd al-Salam Muhammad Harun, I: 173–226. Cairo, 1385/1965.

Johnson, Samuel. *A Voyage to Abyssinia*, ed. Joel L. Gold. Translated from the French. New Haven, CT, 1985.

Katib Çelebi. *The Balance of Truth*, trans. Geoffrey L. Lewis. London, 1957.

Fezleke. 2 vols. Istanbul, 1286–1287/1869–1871.

参考文献

Koçi Bey. *Koçi Bey Risaleleri*, ed. Zuhuri Danışman. Prepared by Seda Çakmakoğlu. Istanbul, 2008.

Lane, Edward W. *An Account of the Manners and Customs of the Modern Egyptians: The Definitive 1860 Edition*. Cairo, 2003.

Lello, Henry. *The Report of Lello, Third English Ambassador to the Sublime Porte*, ed. Orhan Burian. Ankara, 1952.

Lewis, Bernard, trans. *Islam from the Prophet Muhammad to the Capture of Constantinople*. Volume 1: *Politics and War*. Volume 2: *Religion and Society*. Oxford, 1974. Reprinted, 1987.

Luther, Kenneth Allin, trans. *The History of the Seljuq Turks from the* Jami' al-Tawarikh, *an Ilkhanid Adaption [sic] of the Saljuq-nama of Zahir al-Din Nishapuri*, ed. C. Edmund Bosworth. Richmond, Surrey, UK, 2001.

McCullagh, Francis. *The Fall of Abd-ul-Hamid*. London, 1910.

Mehmed bin Mehmed. "Mehmed bin Mehmed Er-Rumi (Edirneli)'nin *Nuhbetü't-tevarih ve'l-ahbar'ı ile Tarih-i Al-i Osman*'ının Metni ve Tahlilleri," ed. Abdurrahman Sağırlı. Unpublished Ph.D. dissertation, Istanbul University, 2000.

Naima, Mustafa. *Tarih-i Naima: Ravzatü'l-Hüseyn fi hulasat-i ahbari'l-hafikayn*, ed. Mehmed İpşirli. 4 vols. Ankara, 2007.

Peçevi, Ibrahim. *Tarih-i Peçevi*, ed. Bekir Sıtkı Baykal. 2 vols. Ankara, 1981.

Raşid, Mehmed, Efendi. *Tarih-i Raşid*. 5 vols. Istanbul, 1282/1865.

Rasim, Ahmed. *Resimli ve Haritalı Osmanlı Tarihi*. 4 vols. Istanbul, 1328–1330/1910–1912.

Resmi, Ahmed. *Hamiletü'l-kübera*, ed. Ahmet Nezihi Turan. Istanbul, 2000.

Richards, Donald S., ed. and trans. *The Annals of the Saljuq Turks: Selections from al-Kamil fi'l-Ta'rikh of 'Izz al-Din Ibn al-Athir*. London, 2002.

Rycaut, Paul. *A History of the Turkish Empire from the Year 1623 to the Year 1677*. London, 1680.

Al-Sabi, Hilal. *Rusum dar al-khilafa: The Rules and Regulations of the 'Abbasid Court*, trans. Elie A. Salem. Beirut, 1977.

Sadullah Enveri Efendi. *Sadullah Enveri Tarihi*. 2 vols. Bulaq, 1243/1827.

Safi, Mustafa. *Mustafa Safi'nin Zübdetü't-Tevarih'i*, ed. İbrahim Hakkı Çuhadar. 2 vols. Ankara, 2003.

Salt, Henry. *A Voyage to Abyssinia, and Travels into the Interior of That Country.* Philadelphia, 1816.

Şanizade Mehmed Ataullah Efendi. *Şanizade Tarihi*, ed. Ziya Yılmazer. 4 vols. Istanbul, 2008.

Selaniki Mustafa Efendi. *Selaniki Tarihi*, ed. Mehmet İpşirli. 2 vols. Istanbul, 1989.

Şemdanizade Fındıklılı Süleyman Efendi. *Şem'dani-zade Fındıklılı Süleyman Efendi Tarihi: Mür'i't-tevarih*, ed. M. Münir Aktepe. 2 parts in 3 vols. Istanbul, 1976.

Silahdar Fındıklılı Mehmed Agha. *Nusretname*, ed. İsmet Parmaksızoğlu. 2 vols. Istanbul, 1962.

Silahdar Tarihi. 2 vols. Istanbul, 1928.

Subhi Efendi. *Subhi Efendi Tarihi.* In *Tarih-i Sami ve Şakir ve Subhi.* Istanbul, 1198/1783.

Süreyya, Mehmed. *Sicill-i Osmani.* 4 vols. Istanbul, 1308–1315/1890–1897. Reprinted, Westmead, Farnborough, UK, 1971.

Al-Tabari, Muhammad b. Jarir. *The History of al-Tabari.* Volume 31: *The War between Brothers: The Caliphate of Muhammad al-Amin, A.D. 809–813/A.H. 193–198*, trans. Michael Fishbein. Albany, NY, 1992.

History of al-Tabari. Volume 39: *Biographies of the Prophet's Companions and Their Successors*, trans. Ella Landau-Tasseron. Albany, NY, 1998.

Topçular Katibi. *Topçular Kâtibi 'Abdülkadir (Kadrı) Efendi Tarihi: Metin ve Tahlil*, ed. Ziya Yılmazer. 2 vols. Ankara, 2003.

Vasif, Ahmed, Efendi. *Mehasinü'l-asar ve haka'ikü'l-ahbar*, ed. Mücteba İlgürel. Ankara, 1994.

Vehbi Efendi, Seyyid. *Surname: Sultan Ahmed'in Düğün Kitabı*, dir. Ahmet Ertuğ. Transcribed into Latin letters and with a modern Turkish translation by Mertol Tulum. Bern, 2000.

White, Charles. *Three Years in Constantinople, or, Domestic Manners of the Turks in 1844.* 2nd ed. 2 vols. London, 1846.

Yerasimos, Stéphane, ed. and trans. *Deux Ottomans à Paris sous le Directoire et l'Empire: relations d'ambassade.* Paris, 1998.

二手文献

奥斯曼帝国与伊斯兰教历史

Abou-El-Haj, Rifaat A. *The 1703 Rebellion and the Structure of Ottoman Politics*. Leiden, 1984.

"Ottoman Diplomacy at Karlowitz." *Journal of the American Oriental Society* 87, 4 (1967): 498–512.

"The Ottoman Vezir and Paşa Households, 1683–1703: A Preliminary Report." *Journal of the American Oriental Society* 94 (1974): 438–447.

Akakuş, Recep. *Eyyüp Sultan ve Mukaddes Emanetler*. Istanbul, 1973.

Akdağ, Mustafa. *Celali İsyanları (1550–1603)*. Ankara, 1963.

Aksan, Virginia H. "Enlightening the Ottomans: Tott and Mustafa III." In *International Congress on Learning and Education in the Ottoman World: Istanbul, 12–15 April 1999*, ed. Ali Çaksu, 163–174. Istanbul, 2001.

An Ottoman Statesman in War and Peace: Ahmed Resmi Efendi, 1700–1783. Leiden, 1995.

"Whatever Happened to the Janissaries? Mobilization for the 1768–1774 Russo-Ottoman War." *War in History* 5, 1 (1998): 23–36.

Aktepe, M. Münir. *Patrona İsyanı, 1730*. Istanbul, 1958.

Ali, Omar H. *Malik Ambar: Power and Slavery across the Indian Ocean*. Oxford, 2016.

Alkan, Mustafa N. "Tanzimattan Sonra Vakıflar İdaresinde Yeniden Yapılanmaya Dair bir Örnek: Adana Evkaf Müdürlüğü." *Ankara Üniversitesi Osmanlı Tarihi Araştırma ve Uygulama Merkezi Dergisi* 19 (2006): 13–31.

Anderson, Matthew S. "Great Britain and the Russo-Turkish War of 1768–74." *English Historical Review* 69, 270 (1954): 39–58.

Arbel, Benjamin. "Nur Banu (c. 1530–1583): A Venetian Sultana?" *Turcica* 24 (1992): 241–259.

Artan, Tülay. "The Making of the Sublime Porte Near the Alay Köşkü and a Tour of a Grand Vizierial Palace at Süleymaniye." *Turcica* 43 (2011): 145–206.

Ashtor, Eliyahu. *The Jews of Moslem Spain*. 3 vols. in 2. Philadelphia, 1973. Reissued 1992.

Atıl, Esin. *Levni and the Surname: The Story of an Eighteenth-Century Ottoman Festival*. Istanbul, 1999.

Süleymanname: The Illustrated History of Süleyman the Magnificent. Washington, DC,

1986.

Ayalon, David. *L'esclavage du mamelouk*. Jerusalem, 1951.

Eunuchs, Caliphs, and Sultans: A Study in Power Relationships. Jerusalem, 1999.

"The Muslim City and the Mamluk Military Aristocracy." *Proceedings of the Israel Academy of Sciences and Humanities* 2 (1968): 311-329.

"On the Eunuchs in Islam." *Jerusalem Studies in Arabic and Islam* 1 (1979): 67-124.

Badr, Hamza Abd al-Aziz, and Daniel Crecelius. "The *Awqaf* of al-Hajj Bashir Agha in Cairo." *Annales islamologiques* 27 (1993): 291-311.

"The *Waqfs* of Shahin Ahmad Agha." *Annales islamologiques* 26 (1992): 79-114.

Baer, Marc David. "The Great Fire of 1660 and the Islamization of Christian and Jewish Space in Istanbul." *International Journal of Middle East Studies* 36 (2004): 159-181.

Barbir, Karl K. *Ottoman Rule in Damascus, 1700-1758*. Princeton, NJ, 1980.

Barkan, Ömer Lutfi. "The Price Revolution of the Sixteenth Century: A Turning Point in the Economic History of the Near East," trans. Justin McCarthy. *International Journal of Middle East Studies* 6 (1975): 3-28.

Barnes, John Robert. *An Introduction to Religious Foundations in the Ottoman Empire*. Leiden, 1987.

Behrens-Abouseif, Doris. "The 'Abd al-Rahman Katkhuda Style in Eighteenth-Century Cairo." *Annales islamologiques* 26 (1992): 117-126.

Azbakiyya and Its Environs from Azbak to Ismail, 1476-1879. Cairo, 1985.

Cairo of the Mamluks: A History of the Architecture and Its Culture. London, 2007.

"The Complex of Sultan Mahmud I in Cairo." *Muqarnas* 28 (2011): 195-220.

Egypt's Adjustment to Ottoman Rule: Institutions, Waqf, *and Architecture (16th and 17th Centuries)*. Leiden, 1994.

"Four Domes of the Late Mamluk Period." *Annales islamologiques* 17 (1981): 191-201.

Islamic Architecture in Cairo: An Introduction. Leiden, 1989. New ed. Cairo, 1993.

"Sultan Qaytbay's Foundation in Medina: The Madrasah, the Ribat, and the Dashisha." *Mamluk Studies Review* 2 (1998): 61-72.

"An Unlisted Monument of the Fifteenth Century: The Dome of Zawiyat al-Damirdaš." *Annales islamologiques* 18 (1982): 105-121.

Behrens-Abouseif, Doris, and Leonor Fernandes. "Sufi Architecture in Early Ottoman

Cairo." *Annales islamologiques* 20 (1984): 103-114.

Beyhan, Mehmet Ali. "Amusements in the Ottoman Palace of the Early Nineteenth Century: Revelations from a Newly Analysed *Ruzname*." In *Celebration, Entertainment, and Theatre in the Ottoman World*, eds. Suraiya Faroqhi and Arzu Öztürkmen, 225-236. London, 2014.

Börekçi, Günhan. "Factions and Favorites at the Courts of Ahmed I (r. 1603-1617) and His Immediate Predecessors." Unpublished Ph.D. dissertation, Ohio State University, 2010.

Bosworth, C. Edmund. "The Army of the Ghaznavids." In *Warfare and Weaponry in South Asia, 1000-1800*, eds. Jos J. L. Gommans and Dirk H. A. Kolff, 153-184. New Delhi, 2001.

Brookes, Douglas S. "Of Swords and Tombs: Symbolism in the Ottoman Accession Ritual." *Turkish Studies Association Bulletin* 17, 2 (1993): 1-22.

Buehler, Arthur F. *Sufi Heirs of the Prophet: The Indian Naqshbandiyya and the Rise of the Meditating Sufi Shaykh*. Columbia, SC, 1998.

Burak, Guy. "Faith, Law, and Empire in the Ottoman 'Age of Confessionalization' (15th-17th Century): The Case of 'Renewal of Faith.'" *Mediterranean Historical Review* 28, 1 (2013): 1-23.

The Second Formation of Islamic Law: The Hanafi School in the Early Modern Ottoman Empire. New York, NY, 2015.

Çağman, Filiz. "Saray Nakkaşhanesinin Yeri Üzerine Düsünceler." In *Sanat Tarihinde Doğudan Batıya: Ünsal Yücel Anısına Sempozyum Bildirileri*, 35-46. Istanbul, 1989.

Carboni, Stefano. "The Arabic Manuscripts." In *Pages of Perfection: Islamic Paintings and Calligraphy from the Russian Academy of Sciences, St. Petersburg*, eds. Yuri A. Petrosyan et al., 77-91. Lugano, Switzerland, 1995.

Casale, Giancarlo. *The Ottoman Age of Exploration*. Oxford, 2010.

Clayer, Nathalie. *Mystiques, état et société: les Halvetis dans l'aire balkanique de la fin du XVe siècle à nos jours*. Leiden, 1994.

Cook, Michael A. *Commanding Right and Forbidding Wrong in Islamic Thought*. Cambridge, 2000.

Population Pressure in Rural Anatolia, 1450-1600. London, 1972.

Cortese, Delia, and Simonetta Calderini. *Women and the Fatimids in the World of Islam*.

Edinburgh, 2006.

Crecelius, Daniel. "The Emergence of the Shaykh al-Azhar as the Pre-Eminent Religious Leader in Egypt." In *Colloque international sur l'histoire du Caire, 27 mars-5 avril 1969*, eds. Andrée Assabgui et al., 109–123. Cairo, 1972.

"The *Waqf* of Muhammad Bey Abu al-Dhahab in Cairo." *International Journal of Middle East Studies* 23, 1 (1991): 57–81.

Curry, John J. *The Transformation of Muslim Mystical Thought in the Ottoman Empire: The Rise of the Halveti Order, 1350–1650*. Edinburgh, 2010.

Değirmenci, Tülün. *İktidar Oyunları ve Resimli Kitaplar: II. Osman Devrinde Değişen Güç Simgeleri*. Istanbul, 2012.

Demiriz, Yıldız. *Eyüp'te Türbeler*. Ankara, 1982.

Derin, Haldun. *Çankaya Özel Kalemini Anımsarken (1933–1951)*. Istanbul, 1995.

Deringil, Selim. *The Well-Protected Domains: Ideology and the Legitimation of Power in the Ottoman Empire, 1876–1909*. London, 1998.

El-Rouayheb, Khaled. *Islamic Intellectual History in the Seventeenth Century: Scholarly Currents in the Ottoman Empire and the Maghreb*. New York, NY, 2015.

Encyclopaedia Iranica. London, 1985– .

Encyclopaedia of Islam, 2nd ed. Leiden, 1960–2002.

Encyclopaedia of Islam Three. Leiden, 2007– .

Erder, Leila, and Suraiya Faroqhi. "Population Rise and Fall in Anatolia, 1550–1620." *Middle Eastern Studies* 15 (1979): 322–345.

Erimtan, Can. *Ottomans Facing West? The Origins of the Tulip Age and Its Development in Modern Turkey*. London, 2008.

Fahmy, Khaled. *All the Pasha's Men: Mehmed Ali, His Army, and the Making of Modern Egypt*. Cambridge, 1997.

Mehmed Ali: From Ottoman Governor to Ruler of Egypt. Oxford, 2009.

Faroqhi, Suraiya. *Pilgrims and Sultans: The Hajj under the Ottomans*. London, 1994.

Fetvacı, Emine. *Picturing History at the Ottoman Court*. Bloomington, IN, 2013.

Finkel, Caroline. *Osman's Dream: History of the Ottoman Empire*. London, 2005.

Fisher, Alan W., and Carol G. Fisher. "A Note on the Location of the Royal Ottoman Painting Ateliers." *Muqarnas* 3 (1985): 118–120.

参考文献

Fleischer, Cornell H. *Bureaucrat and Intellectual in the Ottoman Empire: The Historian Mustafa Ali (1541–1600)*. Princeton, NJ, 1986.

Gemil, Tahsin. "Vakifuri otomane fondate pe teritoriul României (sec. XV-XIII)." In *Fațetele istoriei: existențe, identități, dinamici–Omagiu academicianului Ștefan Ștefănescu*, eds. Tudor Teoteoi et al., 193–197. Bucharest, 2000.

Gibb, H. A. R., and Harold Bowen. *Islamic Society and the West: A Study of the Impact of Western Civilization on Moslem Culture in the Near East*. Volume 1, Part 1. London, 1950.

Goitein, S. D. *A Mediterranean Society. Volume 1: Economic Foundations. Volume 2: The Community*. Berkeley, CA, 1967, 1971.

Gordon, Matthew S. *The Breaking of a Thousand Swords: A History of the Turkish Military of Samarra, A.H. 200–275/815–889 C.E.* Albany, NY, 2001.

Grehan, James. "Smoking and 'Early Modern' Sociability: The Great Tobacco Debate in the Ottoman Middle East (Seventeenth to Eighteenth Centuries)." *American Historical Review* 111, 5 (2006): 1352–1377.

Griswold, William J. *The Great Anatolian Rebellion, 1000–1020/1591–1611*. Berlin, 1983.

Güler, Mustafa. *Osmanlı Devlet'inde Haremeyn Vakıfları (XVI.-XVII. Yüzyıllar)*. Istanbul, 2002.

Hamadeh, Shirine. *The City's Pleasures: Istanbul in the Eighteenth Century*. Seattle, WA, 2008.

Hambly, Gavin. "A Note on the Trade in Eunuchs in Mughal Bengal." *Journal of the American Oriental Society* 94, 1 (1974): 125–130.

Hanna, Nelly. *Artisan Entrepreneurs in Cairo and Early-Modern Capitalism (1600–1800)*. Syracuse, NY, 2014.

Har-El, Shai. *The Struggle for Domination in the Middle East: The Ottoman-Mamluk War, 1485–1491*. Leiden, 1995.

Hathaway, Jane. *The Arab Lands under Ottoman Rule, 1516–1800*. With contributions by Karl K. Barbir. Harlow, Essex, UK, 2008.

Beshir Agha, Chief Eunuch of the Ottoman Imperial Harem. Oxford, 2006.

"The *Evlâd-i 'Arab* ('Sons of the Arabs') in Ottoman Egypt: A Rereading." In *Frontiers of Ottoman Studies: State, Province, and the West*. Volume 1, eds. Colin Imber and Keiko

Kiyotaki, 203-216. London, 2005.

"The Exalted Lineage of Rıdvan Bey Revisited: A Reinterpretation of the Spurious Genealogy of a Grandee in Ottoman Egypt." *International Journal of Turkish Studies* 13, 1-2 (2007): 97-111.

"Exiled Harem Eunuchs as Proponents of the Hanafi *Madhhab* in Egypt." *Annales islamologiques* 37 (2003): 191-199.

"Habeşi Mehmed Agha: The First Chief Harem Eunuch (Darüssaade Ağası) of the Ottoman Empire." In *The Islamic Scholarly Tradition: Studies in History, Law, and Thought in Honor of Professor Michael Allan Cook*, eds. Asad Q. Ahmed, Behnam Sadeghi, and Michael Bonner, 179-195. Leiden, 2011.

"The 'Mamluk Breaker' Who Was Really a *Kul* Breaker: A Fresh Look at Kul Kıran Mehmed Pasha, Governor of Egypt 1607-1611." In *The Arab Lands in the Ottoman Era: Essays in Honor of Professor Caesar Farah*, ed. Jane Hathaway, 93-109. Minneapolis, MN, 2009.

"The Ottomans and the Yemeni Coffee Trade." In *The Ottomans and Trade*, eds. Ebru Boyar and Kate Fleet. Special issue of *Oriente Moderno* 25, 1 (2006): 161-171.

"Out of Africa, into the Palace: The Ottoman Chief Harem Eunuch." In *Living in the Ottoman Realm*, eds. Christine Isom-Verhaaren and Kent F. Schull, 225-238. Bloomington, IN, 2015.

The Politics of Households in Ottoman Egypt: The Rise of the Qazdağlıs. Cambridge, 1997.

"The Role of the Kızlar Ağası in 17th-18th Century Ottoman Egypt." *Studia Islamica* 75 (1992): 141-158.

"The Role of the 'Ulama' in Social Protest in Late Eighteenth-Century Egypt." Unpublished MA thesis, University of Texas at Austin, 1986.

A Tale of Two Factions: Myth, Memory, and Identity in Ottoman Egypt and Yemen. Albany, NY, 2003.

"A Twelfth-Century Partnership in Silk-Trading in the Egyptian Delta: A Geniza Study." *Journal of the Middle East Studies Society at Columbia University* 2, 1 (1988): 23-37.

"The Wealth and Influence of an Exiled Ottoman Eunuch in Egypt: The Waqf Inventory of 'Abbās Agha." *Journal of the Economic and Social History of the Orient* 37 (1994): 293-317.

Hellier, Chris. *Splendors of Istanbul: Houses and Palaces along the Bosphorus*. New York, NY, 1993.

Hinchy, Jessica. "Eunuchs and the East India Company in North India." In *Celibate and Childless Men in Power: Ruling Eunuchs and Bishops in the Pre-Modern World*, eds. Almut Höfert, Matthew M. Mesley, and Serena Tolino, 149–174. London, 2018.

Holbrook, Victoria Rowe. "Ibn 'Arabi and Ottoman Dervish Traditions: The Melami Supra-Order." Parts 1 and 2. *Journal of the Muhyiddin Ibn Arabi Society* 9 (1991): 18–35; 12 (1992): 15–33.

Holt, P. M. *Egypt and the Fertile Crescent: A Political History, 1516–1922*. Ithaca, NY, 1966.

Hourani, Albert. "Ottoman Reform and the Politics of Notables." In *Beginnings of Modernization in the Middle East in the Nineteenth Century*, eds. William R. Polk and Richard L. Chambers, 41–68. Chicago, IL, 1968.

Imber, Colin. *The Ottoman Empire, 1300–1650: The Structure of Power*. 2nd ed. New York, NY, 2009 [2002].

Inalcik, Halil. "The Conquest of Edirne, 1361." *Archivum Ottomanicum* 3 (1971): 185–210.

The Ottoman Empire: The Classical Age, 1300–1600, trans. Norman Itzkowitz and Colin Imber. London, 1973.

"The Question of the Closing of the Black Sea under the Ottomans." In Halil Inalcik, *Essays in Ottoman History*, 415–445. Istanbul, 1998.

İpşirli Argıt, Betül. *Rabia Gülnuş Emetullah Sultan, 1640–1715*. Istanbul, 2014.

Irwin, Robert. *The Middle East in the Middle Ages: The Early Mamluk Sultanate, 1250–1382*. London, 1986.

İtez, Özüm. "Osmanlı Arkeolojisinin Daha Sağlam Temeller Üzerinde Gelişmesine Öncüllük Etmek İstiyoruz." *Arkitera*, 24 March 2016. www.arktitera.com/soylesi/ 831/ osmanli-arkeolojisinin-daha-saglam-temeller-uzerinde-gelismesine-onculluketmek-istiyoruz.

Itzkowitz, Norman. "Eighteenth-Century Ottoman Realities." *Studia Islamica* 16 (1962): 73–94.

"Mehmed Raghip Paşa: The Making of an Ottoman Grand Vizier." Unpublished Ph.D. dissertation, Princeton University, 1958.

Ottoman Empire and Islamic Tradition. Chicago, IL, 1972.

Junne, George H. *The Black Eunuchs of the Ottoman Empire: Networks of Power in the Court of the Sultan.* London, 2016.

Kafesçioğlu, Çiğdem. *Constantinopolis/Istanbul: Cultural Encounter, Imperial Vision, and the Construction of the Ottoman Capital.* University Park, PA, 2009.

Kayaoğlu, İsmet. "Beşir Ağa Vakfı." *Belgeler* 15, 2 (1981-86): 77-87.

Krstić, Tijana. *Contested Conversions to Islam: Narratives of Religious Change and Communal Politics in the Early Modern Ottoman Empire.* Stanford, CA, 2011.

Kunt, Metin. "Ethno-Regional (Cins) Solidarity in the Seventeenth-Century Ottoman Establishment." *International Journal of Middle East Studies* 5 (1974): 233-239.

The Sultan's Servants: The Transformation of Ottoman Provincial Government, 1550-1650. New York, NY, 1983.

Le Gall, Dina. *A Culture of Sufism: Naqshbandis in the Ottoman World, 1450-1700.* Albany, NY, 2005.

Lev, Yaacov. "Army, Regime, and Society in Fatimid Egypt, 358-487/968-1094." *International Journal of Middle East Studies* 19 (1987): 337-365.

Lewis, Bernard. *Race and Slavery in the Middle East: An Historical Enquiry.* New York, NY, 1990.

Lowry, Heath W. *The Nature of the Early Ottoman State.* Albany, NY, 2003.

MacKay, Pierre A. "The Manuscripts of the *Seyahatname* of Evliya Çelebi - Part I: The Archetype." *Der Islam* 52, 2 (1975): 278-298.

Marmon, Shaun. *Eunuchs and Sacred Boundaries in Islamic Society.* New York, NY, 1995.

Marsot, Afaf Lutfi al-Sayyid. *Egypt in the Reign of Muhammad Ali.* Cambridge, 1984. "The Ulama of Cairo in the Eighteenth and Nineteenth Centuries." In *Scholars, Saints, and Sufis: Muslim Religious Institutions since 1500*, ed. Nikki R. Keddie, 149-165. Berkeley, CA, 1972.

Martin, B. G. "A Short History of the Khalwati Order of Dervishes." In *Scholars, Saints, and Sufis: Muslim Religious Institutions since 1500*, ed. Nikki R. Keddie, 275-305. Berkeley, CA, 1972.

Ménage, V. L. "Sidelights on the Devshirme from Idris and Sa'duddin." *Bulletin of the School of Oriental and African Studies* 18 (1956): 181-183.

Menchinger, Ethan L. *The First of the Modern Ottomans: The Intellectual History of Ahmed*

Vasif. New York, NY, 2017.

Menemencioğlu, Nermin, ed., with Fahir İz. *The Penguin Book of Turkish Verse.* Hammondsworth, 1978.

Murphey, Rhoads. "Mustafa Safi's Version of the Kingly Virtues as Presented in His *Zübdetü't-tevarih*, or Annals of Sultan Ahmed, 1012–1023 A.H./1603–1614 A.D." In *Frontiers of Ottoman Studies: State, Province, and the West.* Volume 1, eds. Colin Imber and Keiko Kiyotaki, 5–24. London, 2005.

"Twists and Turns in the Diplomatic Dialogue: The Politics of Peace-Making in the Early Eighteenth Century." In *The Peace of Passarowitz, 1718*, eds. Charles Ingrao, Nikola Samardžić, and Jovan Pešalj, 73–91. West Lafayette, IN, 2011.

Nayir, Zeynep. *Osmanlı Mimarlığında Sultan Ahmet Külliyesi ve Sonrası.* Istanbul, 1975.

Necipoğlu, Gülru. *The Age of Sinan: Architectural Culture in the Ottoman Empire.* London, 2005.

Architecture, Ceremonial, and Power: The Topkapı Palace in the Fifteenth and Sixteenth Centuries. New York, NY, 1991.

Niyazioğlu, Aslı. "Dreams, Ottoman Biography Writing, and the Halveti Sünbüli Şeyhs of Sixteenth-Century Istanbul." In *Many Ways of Speaking about the Self: Middle Eastern Ego-Documents in Arabic, Persian, and Turkish (14th–20th Century)*, eds. Ralf Elger and Yavuz Köse, 171–184. Wiesbaden, 2010.

Nizri, Michael. *Ottoman High Politics and the Ulema Household.* New York, NY, 2014.

Noradounghian, Gabriel. *Recueil d'actes internationaux de l'Empire ottoman.* Volume 1: *1300–1789*. Paris, 1897.

Nutku, Özdemir. *IV. Mehmet'in Edirne Şenliği (1675).* Ankara, 1972. 2nd printing, 1987.

Ok, Sema. *Harem Dünyası: Harem Ağaları.* Istanbul, 1997.

Orhonlu, Cengiz. *Osmanlı İmparatorluğu'nun Güney Siyaseti: Habeş Eyaleti.* Ankara, 1974. 2nd printing, 1996.

Osman, Tosyavizade Rifat. *Edirne Rehnüması.* Istanbul, 1994.

"Ottoman Palace Suffers from Flooding, Neglect." *Hürriyet Daily News*, 31 January 2012.

Özer, Mustafa. "Edirne Sarayı Kazıları'nda Son Bulgular." İstanbul Araştırmalar Enstitüsü, 26 November 2015. www.iae.org.tr/Aktivite-Detay/Edirne-Sarayi-Kazilarinda-Son-Bulgular-Mustafa-Ozer/53.

Palmer, J. A. B. "The Origin of the Janissaries." *Bulletin of the John Rylands Library* 35 (1952–1953): 448–481.

Pamuk, Şevket. *A Monetary History of the Ottoman Empire.* Cambridge, 2000.

Parlayan, Ayşegül. "Osmanlı'nın Kayıp Sarayı: Edirne Sarayı'nda Arkeoloji, Koruma, ve Restorasyon." *Atlas Tarih* 45 (2017): 80–91.

Paul, Jürgen. *Doctrine and Organization: The Khwajagan/Naqshbandiya in the First Generation after Baha'uddin.* Berlin, 1998.

Pedani, Maria Pia. "Safiye's Household and Venetian Diplomacy." *Turcica* 32 (2000): 9–32.

Peirce, Leslie. *The Imperial Harem: Women and Sovereignty in the Ottoman Empire.* New York, NY, 1993.

Penzer, N. M. *The Harem: An Account of the Institution as It Existed in the Palace of the Turkish Sultans, with a History of the Grand Seraglio from Its Foundation to Modern Times.* Philadelphia, PA, 1936. 2nd ed., London, 1965. Reprinted, New York, 1993.

Peters, F. E. *Mecca: A Literary History of the Muslim Holy Land.* Princeton, NJ, 1994.

Piterberg, Gabriel. "The Alleged Rebellion of Abaza Mehmed Pasha: Historiography and the State in the Seventeenth Century." In *Mutiny and Rebellion in the Ottoman Empire*, ed. Jane Hathaway, 13–24. Madison, WI, 2002.

An Ottoman Tragedy: History and Historiography at Play. Berkeley, CA, 2003.

Quraishi, Adel. "The Guardians" photo exhibition. Leighton House, London, October–November 2015.

Raymond, André. *Artisans et commerçants au Caire au XVIIIe siècle.* 2 vols. Damascus, 1973–1974. Reprint Cairo, 1999.

"Les Bains publics au Caire à la fin du XVIIIe siècle." *Annales islamologiques* 8 (1969): 129–150.

Le Caire des Janissaires: l'apogée de la ville ottomane sous 'Abd al-Rahman Katkhuda. Paris, 1995.

"Le Déplacement des tanneries à Alep, au Caire et à Tunis à l'époque ottomane: un 'indicateur' de croissance urbaine." *Revue du monde musulman et de la Méditerranée* 55–56 (1990): 34–43.

"Essai de géographie des quartiers de résidence aristocratique au Caire au XVIIIe siècle." *Journal of the Economic and Social History of the Orient* 3 (1963): 58–103.

"The Rabʿ: A Type of Collective Housing in Cairo during the Ottoman Period." In *Architecture as Symbol and Self-Identity*, ed. Jonathan G. Katz, 55–61. Philadelphia, PA, 1980.

"The Residential Districts of Cairo's Elite in the Mamluk and Ottoman Periods (Fourteenth to Eighteenth Centuries)." In *The Mamluks in Egyptian Politics and Society*, eds. Thomas Philipp and Ulrich Haarmann, 207–223. Cambridge, 1998.

"Une 'révolution' au Caire sous les mamelouks: la crise de 1123/1711." *Annales islamologiques* 6 (1966): 95–120.

"The *Sabil* of Yusuf Agha Dar al-Saʿada (1088/1677) According to Its *Waqf* Document." In *The Cairo Heritage: Essays in Honor of Laila Ali Ibrahim*, ed. Doris Behrens-Abouseif, 223–233. Cairo, 2003.

Refik, Ahmet (Altınay). *Lale Devri, 1130–1143*. Istanbul, 1331/1915.

Sajdi, Dana. *The Barber of Damascus: Nouveau Literacy in the Eighteenth-Century Ottoman Levant*. Stanford, CA, 2013.

Salzmann, Ariel. "An Ancien Régime Revisited: 'Privatization' and Political Economy in the Eighteenth-Century Ottoman Empire." *Politics and Society* 21, 4 (1993): 393–423.

Scharfe, Patrick. "Muslim Scholars and the Public Sphere in Mehmed Ali Pasha's Egypt, 1801–1841." Unpublished Ph.D. dissertation, Ohio State University, 2015.

Sevinçli, Efdal. "Festivals and Their Documentation: Surnames Covering the Festivities of 1675 and 1724." In *Celebration, Entertainment, and Theatre in the Ottoman World*, eds. Suraiya Faroqhi and Arzu Öztürkmen, 186–207. London, 2014.

"Şenliklerimiz ve Surnamelerimiz: 1675 ve 1724 Şenliklerine İlişkin İki Surname." *Journal of Yaşar University* 1, 4 (2011): 377–416.

Shaw, Stanford J. *Between Old and New: The Ottoman Empire under Selim III, 1789–1807*. Cambridge, MA, 1971.

The Financial and Administrative Organization and Development of Ottoman Egypt, 1517–1798. Princeton, NJ, 1962.

Shaw, Stanford J., and Ezel Kural Shaw. *History of the Ottoman Empire and Modern Turkey*. 2 vols. Cambridge, 1976–1977.

Sievert, Henning. "Der schwarze Obereunuch Moralı Beşir Ağa in den Augen von Ahmed Resmi Efendi." In *Islamwissenschaft als Kuturwissenschaft*. Volume 1: *Historische*

Anthropologie: Ansätze und Möglichkeiten, eds. Stephan Conermann and Syrinx von Hees, 345–378. Hamburg, 2007.

Zwischen arabischer Provinz und Hoher Pforte: Beziehungen, Bildung und Politik des osmanischen Bürokraten Ragib Mehmed Paşa (st. 1763). Würzburg, 2008.

Şimşek, Halil İbrahim. *Osmanlı'da Müceddidilik, XII./XVIII. Yüzyıl*. Ankara, 2004.

Sumner-Boyd, Hillary, and John Freely. *Strolling Through Istanbul: The Classic Guide to the City*. Revised ed. London, 2010 [1972].

Tanındı, Zeren. "Bibliophile Aghas (Eunuchs) at Topkapı Saray." *Muqarnas* 21 (2004): 333–343.

"Manucript Production in the Ottoman Palace Workshop." *Manuscripts of the Middle East* 5 (1990–1991): 67–98.

"Topkapı Sarayı'nın Ağaları ve Kitaplar." *Uludağ Üniversitesi Fen-Edebiyat Fakültesi Sosyal Bilimler Dergisi* 3, 3 (2002): 41–56.

Terzioğlu, Derin. "How to Conceptualize Ottoman Sunnitization: A Historiographical Discussion." *Turcica* 44 (2012–2013): 301–338.

"Where '*Ilm-i hal* Meets Catechism: Islamic Manuals of Religious Instruction in the Ottoman Empire in the Age of Confessionalization." *Past and Present* 220 (2013): 79–114.

Tezcan, Baki. "The 1622 Military Rebellion in Istanbul." In *Mutiny and Rebellion in the Ottoman Empire*, ed. Jane Hathaway, 25–43. Madison, WI, 2002.

"*Dispelling the Darkness*: The Politics of 'Race' in the Early Seventeenth-Century Ottoman Empire in the Light of the Life and Work of Mullah Ali." *International Journal of Turkish Studies* 13, 1–2 (2007): 85–91.

"Searching for Osman." Unpublished Ph.D. dissertation, Princeton University, 2001.

The Second Ottoman Empire: Political and Social Transformation in the Early Modern World. New York, NY, 2010.

Thomas, Lewis V. *A Study of Naima*, ed. Norman Itzkowitz. New York, NY, 1972.

Toledano, Ehud R. *The Ottoman Slave Trade and Its Suppression, 1840–1890*. Princeton, NJ, 1982.

Tuchscherer, Michel. "Le Pèlerinage de l'émir Sulaymân Ġâwiš al-Qazduġlî, sirdâr de la caravane de la Mekke en 1739." *Annales islamologiques* 24 (1988): 155–206.

Tucker, Ernest S. *Nadir Shah's Quest for Legitimacy in Post-Safavid Iran*. Gainesville, FL, 2006.

Turan, Ebru. "The Sultan's Favorite: Ibrahim Paşa and the Making of the Ottoman Universal Sovereignty." Unpublished Ph.D. dissertation, University of Chicago, 2007.

Türkiye Diyanet Vakfı İslam Ansiklopedisi. Istanbul, 1988-2013.

Uluçay, M. Çağatay. *Harem* II. Ankara, 1971.

Padişahların Kadınları ve Kızları. Ankara, 1980. Reprinted 1985, 1992.

Uzunçarşılı, İsmail Hakkı. "*Gazi* Orhan Bey Vakfiyesi." *Belleten* 5 (1941): 277-288.

Osmanlı Devletinin Saray Teşkilatı. Ankara, 1945. Reprinted 1984, 1988.

Osmanlı Tarihi. 8 vols. Ankara, 1947-1962.

Vryonis, Speros Jr. "Seljuk Gulams and Ottoman Devshirmes." *Der Islam* 41 (1965): 224-252.

Welch, Stuart Cary. *Imperial Mughal Painting*. New York, NY, 1978.

White, Sam. *The Climate of Rebellion in the Early Modern Ottoman Empire*. Cambridge, 2011.

Williams, Caroline. *Islamic Monuments in Cairo: The Practical Guide*. New revised ed. Cairo, 2008.

Winter, Michael. *Egyptian Society under Ottoman Rule, 1517-1798*. London, 1992.

Winter, Stefan. *The Shi'ites of Lebanon under Ottoman Rule, 1516-1788*. Cambridge, 2010.

Wishnitzer, Avner. "Into the Dark: Power, Light, and Nocturnal Life in Eighteenth-Century Istanbul." *International Journal of Middle East Studies* 46, 3 (2014): 513-531.

Wittek, Paul. "Devshirme and Shari'a." *Bulletin of the School of Oriental and African Studies* 17 (1955): 271-278.

Yenişehirlioğlu, Filiz. "Architectural Patronage of Ayan Families in Anatolia." In *Provincial Elites in the Ottoman Empire*, ed. Antonis Anastasopoulos, 321-329. Rethymno, 2005.

Yılmaz, Hüseyin. *Caliphate Redefined: The Mystical Turn in Ottoman Political Thought*. Princeton, NJ, 2018.

Younes, Nadia Fouad. "The Evolution of Birkat al-Fil from the Fatimids to the Twentieth Century." Unpublished M.A. thesis, American University in Cairo, 2010.

Yüksel Muslu, Cihan. *The Ottomans and the Mamluks: Imperial Diplomacy and Warfare in the Islamic World*. London, 2014.

Yürekli, Zeynep. "A Building between the Public and Private Realms of the Ottoman Elite: The Sufi Convent of Sokollu Mehmed Pasha in Istanbul." *Muqarnas* 20 (2003): 159–185.

Zarinebaf, Fariba. *Crime and Punishment in Istanbul, 1700–1800*. Berkeley, CA, 2010.

Zilfi, Madeline C. *The Politics of Piety: The Ottoman Ulema in the Post-Classical Age, 1600–1800*. Minneapolis, MN, 1988.

非洲阉奴及相关主题

Ahmed, Hussein. *Islam in Nineteenth-Century Wallo, Ethiopia: Revival, Reform, and Reaction*. Leiden, 2001.

Beachey, R. W. *The Slave Trade of Eastern Africa*. New York, NY, 1976.

Boston, J. S. *The Igala Kingdom*. Ibadan, 1968.

Cameron, John. "The Anatomy of the Mummies." In *The Tomb of Two Brothers*, ed. Margaret Alice Murray, 33–47. Manchester, 1910.

Eades, J. S. *The Yoruba Today*. Cambridge, 1980.

Fisher, Humphrey. *Slavery in the History of Muslim Black Africa*. New York, NY, 2001.

Goldenberg, David M. *The Curse of Ham: Race and Slavery in Early Judaism, Christianity, and Islam*. Princeton, NJ, 2003.

Holt, P. M., and M. W. Daly. *A History of the Sudan from the Coming of Islam to the Present Day*. 5th ed. Harlow, Essex, UK, 2000.

Jonckheere, Franz. "L'Eunuque dans l'Égypte pharaonique." *Revue d'histoire des sciences* 7, 2 (1954): 139–155.

Kadish, Gerald E. "Eunuchs in Ancient Egypt?" In *Studies in Honor of John A. Wilson*. Studies in Ancient Oriental Civilization No. 35, the Oriental Institute of the University of Chicago, 55–62. Chicago, 1969.

Kirwan, Laurence. *Studies on the History of Late Antique and Christian Nubia*, eds. Tomas Hägg, László Török, and Derek A. Welsby. Aldershot, Hampshire, UK, 2002.

Marcus, Harold G. *A History of Ethiopia*. Berkeley, CA, 1994.

Moore-Harell, Alice. "Economic and Political Aspects of the Slave Trade in Ethiopia and the Sudan in the Second Half of the Nineteenth Century." *International Journal of African Historical Studies* 32, 2 (1999): 407–421.

Muhammad, Akbar. "The Image of Africans in Arabic Literature: Some Unpublished Manuscripts." In *Slaves and Slavery in Muslim Africa*, ed. John R. Willis. Volume 1: *Islam and the Ideology of Enslavement*, 47–65. London, 1985.

Tamrat, Taddesse. *Church and State in Ethiopia, 1270–1527*. Oxford, 1972.

Török, László. *The Kingdom of Kush: Handbook of the Napatan-Meroitic Civilization*. Leiden, 1997.

Trimingham, J. Spencer. *Islam in Ethiopia*. London, 1965.

其他社会中的宦官

Anderson, Mary M. *Hidden Power: The Palace Eunuchs of Imperial China*. Buffalo, NY, 1990.

Berry, Helen. *The Castrato and His Wife*. Oxford, 2011.

Boulhol, Pascal, and Isabelle Cochelin. "La Réhabilitation de l'eunuque dans l'hagiographie antique (IVe–VIe siècles)." *Studi di antichita cristiana* 48 (1992): 48, 49–76.

Chang, Jung. *Empress Dowager Cixi: The Concubine Who Launched Modern China*. London, 2013.

Crossley, Pamela K. "In the Hornet's Nest." Review of Jung Chang, *Empress Dowager Cixi: The Concubine Who Launched Modern China*. *London Review of Books* 36, 8 (17 April 2014): 9–10.

Encyclopaedia Iranica, s.v. "Eunuchs, I. The Achaemenid Period," by Muhammad Dandamayev, and s.v. "Eunuchs, II. The Sasanian Period," by Aly Kolesnikov. London, 1985.

Faison, Seth. "The Death of the Last Emperor's Last Eunuch." *New York Times*, 20 December 1996.

Gaul, Niels. "Eunuchs in the Late Byzantine Empire, c. 1250–1400." In *Eunuchs in Antiquity and Beyond*, ed. Shaun Tougher, 199–219. Swansea, 2002.

Grayson, Albert Kirk. "Eunuchs in Power: Their Role in the Assyrian Bureaucracy." *Festschrift für Wolfram Freiherrn von Soden-Alter Orient und Altes Testament* 240 (1995): 85–98.

Kuefler, Mathew. *The Manly Eunuch: Masculinity, Gender Ambiguity, and Christian Ideology in Late Antiquity*. Chicago, IL, 2001.

Llewellyn-Jones, Lloyd. "Eunuchs in the Royal Harem in Achaemenid Persia (559-331 B.C.)." In *Eunuchs in Antiquity and Beyond*, ed. Shaun Tougher, 19-49. Swansea, 2002.

Mitamura, Taisuke. *Chinese Eunuchs: The Structure of Intimate Politics*, trans. Charles A. Pomeroy. Rutland, VT, 1970.

Moran, Neil. "The Choir of the Hagia Sophia." *Oriens Christianus* 89 (2005): 1-7.

Phillips, William D. Jr. *Slavery from Roman Times to the Early Transatlantic Trade*. Minneapolis, MN, 1985.

Ringrose, Kathryn M. *The Perfect Servant: Eunuchs and the Social Construction of Gender in Byzantium*. Chicago, IL, 2003.

Sidéris, Georges. "'Eunuchs of Light': Power, Imperial Ceremonial and Positive Representations of Eunuchs in Byzantium (4th-12th Centuries A.D.)." In *Eunuchs in Antiquity and Beyond*, ed. Shaun Tougher, 161-175. Swansea, 2002.

"Une Société de ville capitale: les eunuques dans la Constantinople byzantine (IVe-XIIe siècle)." In *Les Villes capitales au Moyen Âge: XXXVIe Congrès de la SHMES (Istanbul, 1er-6 juin 2005)*, 243-73. Paris, 2006.

Tougher, Shaun. *The Eunuch in Byzantine History and Society*. London, 2008.

"In or Out? Origins of Court Eunuchs." In *Eunuchs in Antiquity and Beyond*, ed. Shaun Tougher, 143-159. Swansea, 2002.

Tsai, Shih-shan Henry. "Eunuch Power in Imperial China." In *Eunuchs in Antiquity and Beyond*, ed. Shaun Tougher, 221-233. Swansea, 2002.

The Eunuchs in the Ming Dynasty. Albany, NY, 1996.

Yinghua, Jia. *The Last Eunuch of China: The Life of Sun Yaoting*, trans. Sun Haichen. Beijing, 2009.

其他主题

Norwich, John Julius. *A Short History of Byzantium*. New York, NY, 1997.

Patterson, Orlando. *Slavery and Social Death: A Comparative Study*. Cambridge, MA, 1982.

Reinhard, Wolfgang. "Reformation, Counter-Reformation, and the Early Modern State: A Reassessment." *Catholic Historical Review* 75, 3 (1989): 385-403.

Schilling, Heinz. "Confessional Europe." In *Handbook of European History, 1400-1600*. Volume 2, eds. Thomas A. Brady, Heiko A. Oberman, and James D. Tracy, 641-670.

Leiden, 1995.

Schulz, Juergen. *The New Palaces of Medieval Venice*. University Park, PA, 2004.

网站

Archnet. https://archnet.org/resources. Subheadings "Atik Valide Külliyesi," "Iskele Camii," "Masjid al-Malika Safiyya," "Semsi Pasa," and "Sultan Ahmet."

Ayasofya Museum, Istanbul. http://ayasofyamuzesi.gov.tr/tr/içmi-mahmud-kütüphanesi.

Ottoman Inscriptions. www.ottomaninscriptions.com/verse.aspx?ref=list&bid=2974&hid=4616.

Sünbül Efendi Mosque. http://sumbulefendicamii.com.

Üsküdar Municipality. www.uskudar.bel.tr/tr/main/erehber/tarihi-mekanlar/39.